Lindauer Texte

Texte zur psychotherapeutischen Fort-
und Weiterbildung

Herausgeber:
P. Buchheim   M. Cierpka   Th. Seifert

Springer

Berlin
Heidelberg
New York
Barcelona
Budapest
Hong Kong
London
Mailand
Paris
Tokyo

P. Buchheim M. Cierpka Th. Seifert (Hrsg.)

Teil 1   Konflikte in der Triade

Teil 2   Spielregeln
           in der Psychotherapie

Teil 3   Weiterbildungsforschung
           und Evaluation

Unter Mitwirkung von:

B. Boothe, B. Diepold, J. Cremerius, E. Effer, M. Ermann,
P. Hahn, R. Johnen, L. Köhler, K. König, H. Lang, C. Leggewie,
W. Lutz, G. Rudolf, C. Sies, H. Strupp, U. Streeck,
R. Welter-Enderlin, U. Wirtz, D. Zimmer

Springer

Herausgeber

Prof. Dr. med. Peter Buchheim
Institut und Poliklinik für Psychosomatische Medizin '
und Psychotherapie der Technischen Universität München
Klinikum rechts der Isar
Langerstr. 3
81675 München

Prof. Dr. Manfred Cierpka
Georg-August-Universität Göttingen
Abt. Psychosomatik und Psychotherapie
– Schwerpunkt Familientherapie

Humboldtallee 38
D-37073 Göttingen

Dr. Theodor Seifert
Mörikestraße 54
D-71299 Wimsheim

ISBN 3-540-59161-3 Springer-Verlag Berlin Heidelberg New York

Satz: Reproduktionsfertige Vorlagen von den Herausgebern

Druck- und Bindearbeiten: Druckerei Henrich, Frankfurt a. M.
SPIN: 10497966   26/3134 – 5 4 3 2 1 0 – Gedruckt auf säurefreiem Papier

Vorwort

Mit den *Lindauer Texten* 1995 zur psychotherapeutischen Fort- und Weiterbildung publizieren wir eine Reihe von erweiterten und überarbeiteten Vorträgen, die während der Lindauer Psychotherapiewochen 1994 gehalten wurden. Die ersten beiden Teile des Bandes folgen der Untergliederung der Veranstaltung in die beiden Leitthemen "Konflikte in der Triade" und "Spielregeln in der Psychotherapie". Im dritten Teil berichtet das Projektteam der Evaluations- und Organisationsstudie der Forschungsstelle für Psychotherapie Stuttgart über weitere Ergebnisse ihrer qualitätssichernden Arbeit im Zusammenhang mit den Lindauer Psychotherapiewochen.

Das Thema *Konflikte in der Triade* greift die zentralen menschlichen Fragen um Liebe, Begehren und Eifersucht auf. Es umspannt einen sehr weiten Rahmen vom frühen Beginn des Lebens und seinen auch konflikthaften Fixierungen an die Bezugspersonen bis zur allgemein menschlichen Grundlage unseres Verhaltens, zu Eros und Destruktivität. Gerade die ödipale Thematik gab Anlaß, die mythologische und historische Dimension in die Arbeiten mit einzubeziehen. In den Beiträgen werden die normalen Entwicklungsbedingungen, die Geschlechtsdifferenzierung und das ödipale Begehren ebenso berücksichtigt wie z. B. die Pathologie der "dyadisch-fixierten" oder "triangulierten" Beziehungen. Bei der Formulierung des Themas lag uns daran, das zentrale psychoanalytische Konstrukt des Ödipuskomplexes um die interpersonelle Perspektive der Triade zu ergänzen.

Der zweite Teil des Bandes befaßt sich mit den *Spielregeln in der Psychotherapie*. Nicht nur Individuen, Familien und gesellschaftliche Gruppen handeln nach oft ungeschriebenen Regeln. Auch Psychotherapie kann als eine dem Spiel vergleichbare Interaktionsform verstanden werden, die sich nach Regeln und Plänen konzipieren läßt. Zwar gelten hier grundsätzlich die Übereinkünfte des Behandlungsvertrags, oftmals werden diese jedoch durch unbewußte Kollusionen getestet, verformt oder gar außer Kraft gesetzt. Die sich in der therapeutischen Situation ergebenden Beziehungsmuster und Interaktionsformen beruhen auf Spielregeln, die die Übertragungs- und Gegenübertragungsprozesse gestalten. Klinisch nützen die Psychotherapeuten dieses unbewußte Zusammenspiel, um die Übertragungsbereitschaften des Patienten und seine dysfunktionalen Beziehungen zu erkennen und zu deuten. Als Spielregeln werden die verschiedenen Rahmenbedingungen der

Psychotherapie wie Setting, Dauer, Frequenz, Kontext und Arbeitsbündnis mit einbezogen.

Wir freuen uns, daß wir den Teilnehmerinnen und Teilnehmern der Lindauer Psychotherapiewochen 1994 durch die Veröffentlichung der Beiträge die Vorträge in Erinnerung rufen können und eine Rückmeldung über die Bemühungen zur Evaluation des Kongresses geben können. Wir hoffen, daß die Bearbeitung der beiden klinisch relevanten Themen durch die fachlich anerkannten Autorinnen und Autoren bei den Teilnehmerinnen und Teilnehmern der Lindauer Psychotherapiewochen 1995 und darüber hinaus auch bei einem gewissen Leserkreis auf Interesse stößt.

Wir danken den Autorinnen und Autoren für ihr großes Interesse und ihre hilfreiche Mitwirkung bei der Zusammenstellung dieses Bandes. Wie in den Vorjahren bedanken wir uns ganz besonders bei Frau Dipl. Psych. Anna Buchheim für die engagierte Organisation, für die Textverarbeitung der Beiträge bis zur druckreifen Herstellung des Bandes und für die zuverlässige redaktionelle Bearbeitung, bei der ihr dankenswerter Weise wieder Frau Regine Karcher-Reiners zur Seite stand. Herrn Prof. Toni Graf-Baumann haben wir zu danken für seine Beratung in den technischen und organisatorischen Fragen der Veröffentlichung.

April 1995

Peter Buchheim, München
Manfred Cierpka, Göttingen
Theodor Seifert, Stuttgart

Inhaltsverzeichnis

Teil 1 Konflikte in der Triade

Teil 2 Spielregeln in der Psychotherapie

Teil 3 Weiterbildungsforschung und Evaluation

Mitarbeiterverzeichnis

Brigitte Boothe, Prof. Dr. phil.
Schmelzbergstraße 40, CH-8044 Zürich

Dietmar Czogalik, PD Dr. phil.
Christian-Belser-Straße 79a, 70597 Stuttgart

Johannes Cremerius, Prof. Dr. med.
Obere Schneeburgstraße 24, 79111 Freiburg

Barbara Diepold, Dr. phil.
Schildweg 20, 37085 Göttingen

Erhard Effer, Dr. med.
Herbert-Lewin-Straße 3, 50931 Köln

Michael Ermann, Prof. Dr. med.
Nußbaumstraße 7, 80336 München

Peter Hahn, Prof. Dr. med.
Bergheimer Straße 58, 69126 Heidelberg

Rolf Johnen, Dr. med.
Dr. Schröder Weg 12, 75328 Schömberg

Horst Kächele, Prof. Dr. med.
Am Hochsträß 8, 89081 Ulm

Lotte Köhler, Dr. med.
Pienzenauerstraße 91, 81925 München

Karl König, Prof. Dr. med.
Waldweg 35, 37073 Göttingen

Hermann Lang, Prof. Dr. med. Dr. phil.
Klinikstraße 3, 97070 Würzburg

Claus Leggewie
Karl-Glöckner-Straße 21E, 35394 Gießen

Wolfgang Lutz, Dipl. Psych.
Christian-Belser-Straße 79a, 70597 Stuttgart

Gerd Rudolf, Prof. Dr. med.
Thibautstraße 2, 69115 Heidelberg

Claudia Sies, Dr. med.
Wehler Dorfstraße 32a, 41472 Neuss

Ulrich Streeck, Prof. Dr. med.
Krankenhaus Tiefenbrunn, 37124 Rosdorf

Hans H. Strupp, MD
Vanderbilt University, Nashville, TN, 37240

Rosmarie Welter-Enderlin
Dorfstraße 94, CH-8706 Meilen

Ursula Wirtz, Dr. phil.
Belsitostraße 9, CH-8044 Zürich

Dirk Zimmer, Prof. Dr. habil, Dipl. Psych.
TAVT, Waldhäuserstraße 48, 72076 Tübingen

Drachen, Sphinx und Ödipus *

Peter Hahn

Abb. 1. Ödipus vor der Sphinx

* Gekürzte Fassung des Eröffnungsvortrags zur zweiten Woche der 44. Lindauer Psychotherapiewochen am 24. April 1994

Die Rätselszene stellt uns vor viele Fragen. Wir wollen versuchen, einige Problemkreise herauszugreifen und sie in einem historischen und psychoanalytischen Zusammenhang zu besprechen[**] :

1. Was heißt, was bedeutet der Kampf mit den Ungetümen der Schöpfung für den Menschen? Welche Wesen sind entstanden, muß er überwinden und töten, welche dieser Kräfte kann er sich und seinen Bedürfnissen hilfreich "einverleiben"?

2. Welchen Weg hat die Gestalt dieses einen mythologischen Tier-Wesens genommen, das als "Sphinx" eine fast übermächtige Bedeutung in den alten Kulturen des vorderen Orients gehabt und von den Griechen (in so charakteristischer Weise) umgedeutet wurde? Gibt es Verbindungen zu den Drachen - und Schlangengestalten?

3. Wie ist die Geschichte des Ödipus als Rätsellöser zu verstehen? Finden wir in Ödipus den ersten Vertreter menschlicher Kultur, der den Schritt von der Gewaltlösung zu einer denkerischen (Vernunft-) Lösung symbolisiert? Kann Ödipus nicht nur als Löser-, sondern auch als Erlösergestalt gesehen werden? Und - wie ist dann seine Tragik zu verstehen?

Der Kampf mit dem Drachen

Der Kampf mit dem Drachen ist ein universales Thema der Menschheitsgeschichte. Er ist eng mit den Schöpfungsmythen verbunden. In dem ältesten überlieferten Mythos der Sumerer (um 2500 v. Chr.) findet nach dem Beginn der Schöpfung ein "Heiliger Streit" statt. Enki, der Herr des Süßwasserozeans (des lebenspendenden Grundwassers) besiegt das Ungetüm Kur, den Herrn des Salzwasserozeans. Im babylonischen Mythos sind es Apsu und Tiamat, die als Verkörperung dieser Kräfte miteinander ringen und zahlreiche götterähnliche Ungeheuer hervorbringen. Gegen diese kämpft Marduk, der jüngste, aber mächtigste und weiseste Gott als erster "Drachentöter" und ordnet die Welt.

[**] Neben den kontinuierlichen Gesprächen im Mitarbeiter- und Familienkreise bin ich v. a. meinen Heidelberger Kollegen D. Ritschl und J. Assmann, T. Hölscher und dem Züricher Kollegen N. Bischoff, sowie den Anregungen von R. Vogt und H. Remmler zu Dank verpflichtet. Sie alle haben mich beratend unterstützt und immer wieder zur weiteren Bearbeitung des Themas ermutigt.

Abb. 2. Der siebenköpfige mesopotamische Urdrache

In Ägypten schuf der Gott Atum/Amun den Urhügel und kämpft mit Hilfe des Gottes Seth gegen die Apophis-Schlange.

Abb. 3. Seth kämpft gegen die Riesenschlange Apophis

In der griechischen Göttergeneration ordnet Kronos als erster die "Zeit", Zeus und Herakles kämpfen gegen die Ungeheuer. Apoll besiegt den Python-Drachen und Kadmos gründet Theben auf einer "Drachensaat". Im hohen Norden sind es Midgard-Schlange und Fenriswolf, die als Symbole der Urkräfte (Urfluten) vom Göttervater Odin überwunden werden müssen. Im Gegensatz zu diesem fast immer mit Tötung endenden Kampf hat in den indischen und asiatischen Kontinenten die Auseinandersetzung mit dem Drachen eine andere Wende genommen. Auch hier hat Kampf und Streit stattgefunden, aber es gibt keine "Ausstoßung", sondern der Drache wird zum Symbol der lebens- und regenspendenden Naturgewalt und gleichzeitig das Symbol der abschreckenden und gestaltenden Herrschermacht.

Es ist ein merkwürdiges Mythologem, daß sich der Kampf der siegreichen Götter mit den Naturgewalten v. a. im Kampf mit den Ungetümen der Schlangen- und Drachengestalten ausdrückt.

Wenn wir diese Schöpfungsmythen heute mit unseren neuzeitlichen Augen sehen, so zweifeln wir nicht daran, daß sich in ihnen grandiose Verdichtungen von Menschheitserfahrungen niedergeschlagen haben. Aber die Trennung von "Erfahrungskern", also der durchlebten Wirklichkeit, und innerer Erinnerungs- oder Phantasiewelt ist außerordentlich schwer.

Wieso hat gerade die Drachenwelt, diese Welt der gehörnten, geflügelten, vielköpfigen und feuerspeienden Reptile und der ähnlich gedachten übermächtigen Urschlangen ("Drakon"), deren reale Vorfahren, die Dinosaurier, kein Mensch, auch kein Urmensch jemals unmittelbar zu Gesicht bekommen haben kann, einen so hohen Stellenwert in der mythologischen Geschichte bekommen?

Wir werfen, um die immensen zeitlichen Dimensionen zu verstehen, in denen sich diese Entwicklung abgespielt hat, einen Blick zurück.

Vor etwa 4, 6 Milliarden Jahren begann sich die Staubwolke oder der "feurige Erdball" zu verdichten, und noch eine Milliarde Jahre hat es gedauert, bis überhaupt das erste Leben (kleinste Algen) erschien. Nach zwei weiteren Milliarden Jahren tauchten die ersten Einzeller auf und die Differenzierung der Pflanzen- und Tierwelt begann, die in der Bibel auf sieben Tage verdichtet wird.

Vor etwa 360 Millionen Jahren begannen also die Reptilien zu entstehen und aus ihnen entwickelten sich nach weiteren 100 Millionen Jahren die Schildkröten, Schlangen und Echsen, Krokodile, Vögel und auch - die Dinosaurier, die Vorfahren unserer Drachentiere. Rund 120 Millionen Jahre bevölkerten sie die Erde. Und dann sind sie plötzlich ausgelöscht, als einzige der vielen Tiergruppen, die in ihren Weiterentwicklungen bis zum heutigen Tage überlebt haben.

Noch weitere 60 Millionen Jahre sollte es danach dauern, bis sich der Urzeitmensch einstellt und zum Homo sapiens entwickeln konnte. Seine Lebenszeit auf der Erde beträgt, hoch gerechnet, ganze drei Millionen Jahre.

Wenn man sich diese kaum vorstellbaren zeitlichen Dimensionen in eine heutige Form der Anschauung, vielleicht in einen "modernen Mythos", übersetzt, also z. B. diese Zeiträume auf die Länge eines anschaulich begreifbaren Jahres umrechnet, dann ergibt das folgendes Bild:

Abb. 4. Die Geschichte der Erde, in einem Jahr dargestellt

Am 22. April erscheint das erste Leben, am 21. November der erste Fisch, am 12. Dezember der erste Dinosaurier (er verschwindet wieder am 25. Dezember) und am Nachmittag des 31. Dezember der erste Mensch. Eine groteske Ungeheuerlichkeit, mit der wir wie selbstverständlich leben.

Wie können wir uns aber nun die Möglichkeiten der Erinnerung der frühen Menschheit an diese gewaltige Vorgeschichte vorstellen? Insbesondere die Erinnerung an die Dinosaurier, die bereits 60 Millionen Jahre ausgestorben waren, bevor der Mensch erschien?

Heute haben wir große Mengen von Knochenfunden, die in unseren Museen zusammengesetzt werden, Spuren von Eiergelegen, Fußabdrücken, Nahrungs- und Pflanzenresten und ausgetüftelte Meßmethoden für die Zeiträume, die verstrichen sind.

Haben sie Inbilder, Erinnerungsengramme an die Menschheitsvorgeschichte in sich getragen? Genetische Codices, die aus der Anschauung der noch existieren-

den und vielleicht noch ähnlichen Lebewesen auf die vergangenen schließen lassen? Sind es archetypische Gebilde, die unsere Innenwelt erzeugt hat? Könnte es
einzelne überlebende Exemplare dieser riesigen Spezies auch bis hinein in die
Menschheitszeit gegeben haben? Oder könnten auch unsere Vorfahren Funde,
vielleicht Knochenfunde gemacht haben, die sie unvollständig und fehlerhaft in
ihrer Phantasie ergänzt und zusammengesetzt haben?

Auf solche Gedanken könnte man kommen, wenn man sich z. B. den riesigen
Fayancen vom Ischtar-Tor in Babylon (Vorderasiatisches Museum in Berlin) ge-
genübersieht, auf dem der "Drache von Babylon" mit eben derselben Natür-
lichkeit abgebildet ist, wie Löwe, Rind und Pferd.

Abb. 5a. Fayencen vom Ischtar-Tor in Babylon (580 v. Chr.)

Abb. 5b. Fayencen vom Ischtar-Tor in Babylon (580 v. Chr.)

Abb. 5c. Fayencen vom Ischtar-Tor in Babylon (580 v. Chr.)

Dies kontrastiert deutlich zu dem grimmigen Fabelwesen, das als "Drache von Susa" etwa aus der gleichen Zeit stammt. Es muß viele Schichten des Mythos nebeneinandergegeben haben und es muß auch viele Kristallisationskerne für die Projektionen gegeben haben, deren Manifestationen diese festen und umrissenen Funktionen für die Vorstellungs- und Machtwelt der alten Kulturen hatten.

Abb. 6. Drache von Susa (5. Jh. v. Chr.)

Die Frage überhaupt, wieviel Kampf und Bedrohung, wieviel Sieg und Überwindung der Naturgewalten für den Menschen gerade mit diesen mythologischen Tier- und Göttergestalten verbunden ist, läßt sich durch die ganze Menschheitsgeschichte mit immer neuen Varianten verfolgen.

So wäre es sicherlich auch sehr reizvoll, dem gegenwärtigen Neuzeit-Mythos der Jurassic-Rekonstruktionen und des "Dino-Fiebers" nachzuspüren, aber das würde uns jetzt zu weit vom Thema abführen und deshalb möchte ich Ihnen nur eine kleine aktuelle Kostprobe geben.

Abb. 7. Pleurocoelus aus dem Film "Jurassic Park"

Abb. 8. Tyrannosauruskopf aus dem Film "Jurassic Park"

Nach diesem Ausflug zu den Neuzeit-Drachen kommen wir jetzt zu dem zweiten Fragenkomplex, nämlich den Überlegungen, ob und wie sich Verbindungen von den mythologischen Schlangen- und Drachengestalten zu der Sphinx der Griechen aufzeigen lassen und welchen Weg sie durch andere Kulturen genommen hat.

Der Weg der Sphinx zu den Griechen

Für die Griechen war die Sphinx, wie wir gesehen haben, eine bedrohende, Menschenopfer fordernde zerstörende Gestalt. Die einfache und klare Ästhetik der Rätselstellerin, wie wir sie in der Gegenüberstellung am Anfang kennengelernt hatten, muß eine späte, fast "abgehobene" Darstellung der Szene gewesen sein.

Wenn wir zur Korrektur dieser Vorstellung auf einige andere Vasenmalereien blicken, dann wird das Bild der raubenden und verschlingenden, "verführenden" Kraft, wie es die Griechen erlebten, unmittelbar deutlicher:

Abb. 9 Verfolgung

Abb. 10. Sphinx ergreifend

Wie hat nun alles angefangen? Wie läßt sich der Weg der "Würgerin" (sphingein = würgen) zu den Griechen verfolgen?

Aus vielen Berichten, schon der antiken Schriftsteller, wissen wir, daß die Gestalt der Sphinx in der Verbindung von Löwenleib und Menschenkopf eine Schöpfung der Ägypter war "- ssp - nch - "ewig lebendes Abbild" nannten sie diese Vereinigung von physischer Kraft und menschlichem Denkvermögen.

Abb. 11. Die Sphinx von Giseh

Das monumentale Bildnis der Sphinx von Giseh mit dem Pharaonenkopf und dem über 70 m langen Löwenleib gilt als das älteste bekannte Zeugnis. Es ist zur Zeit der großen Bauunternehmungen der Herrscher der 4. Dynastie (um 2700 v. Chr.) aus dem Kalksteinfelsen gehauen worden und diente - mit den Gesichtszügen wahrscheinlich des Chefren - der Anbetung des Sonnengottes. Später versandete die ganze Anlage mitsamt den Taltempeln, und erst ein Pharao der 18. Dynastie, Tutmose IV (um 1400 v. Chr.) ließ sie wieder ausgraben und als Symbol des Sonnengottes verehren.

Andere Sphingen, die sog. "Königssphingen", sind erst seit der 12. Dynastie bekannt. Die überpersönliche Repräsentation mit Kopftuch, der Uräusschlange und Königsbart ist charakteristisch, kann aber auch einem individuellen vertieften, ernst-majestätischen Gesichtsausdruck weichen (Sesostris III, um 1840 v. Chr.) oder durch eine Löwenmähne ergänzt werden (Amenemhet III, um 1800 v. Chr.).

Abb. 12. Amenemhet III ("Mähnensphinx")

Auch die Königin Hatschepsut (1490-1468 v. Chr.) wird mit Mähnenbart abgebildet, obgleich andere ihrer Sphingen nur die üblichen Insignien zeigen.

Abb. 13. Hatschepsut als "Mähnensphinx"

An der Darstellung ihrer Bildnisse wird besonders deutlich, daß die Verkörperung der Pharaonenmacht für die Ägypter über die Jahrtausende immer männlich war, so wie der Sonnengott männlich gedacht war. Es hieß für den Ägypter "der Sphinx", auch wenn die dargestellte Herrscherin, wie Hatschepsut, eine Frau war.

Vor den Tempeln in Luxor und Karnak werden die Sphingen in großer Zahl zu langen Alleen zusammengestellt; in Luxor als Königssphingen, in Karnak als Widdersphingen.

Die Widdersphinx galt dabei als besondere Verkörperung des höchsten Gottes Amun-Re. Sinnfällig wird dies in den Statuen dadurch, daß zwischen den Löwentatzen vor der Brust der Sphinx eine Figur des Pharaos aufgestellt ist.

Der ägyptische Sphinx ist also ein festes Emblem der herrschenden Macht. Der Tierleib überhöht das Menschliche und deutet auf die Abstammung von der natürlichen Schöpfung. Das Tierische wird also nicht abgegrenzt und "unterschieden", sondern es ist einverleibt und dient zur Steigerung von Würde und Macht,

so wie überhaupt die Götterwelt der Ägypter durch eine Vielfalt an Misch-
gestalten von Mensch und Tier ausgezeichnet war. Der Gott als Menschengestalt
mit Widder, Ibis- oder Paviankopf, mit Löwen- oder Krokodilskopf, mit Falken-
oder Katzenkopf ist für die Ägypter das verehrungswürdige Sinnbild.

So ist es wahrscheinlich auch zu verstehen, daß sich die Pharaonensphinx in
ihrer Gestalt über die Jahrtausende in Ägypten kaum verändert hat; noch in der
Spätzeit der Ptolemäer und sogar noch Alexander der Große ließen sich in dieser
Gestalt vor den Tempelpriestern des Sonnengottes verehren.

Abb. 14. Alexander der Große vor dem Amun-Tempel

Auch in der, der ägyptischen Geschichte fast parallel verlaufenden, Entwicklung
der mesopotamischen Kulturen ist ebenfalls eher ein herbes männliches Prinzip in
den archaischen Gestalten und den sich später aus ihnen entwickelnden Stier- und
Löwensphingen zu erkennen.

Dies zeigt eine mächtige sumerische Tiersphinx mit Hörnerkrone aus dem 3.
Jahrtausend v. Chr. oder die Rekonstruktion der Stiersphingen am Palast von Dur
Scharrukin (Ende 8. Jh. v. Chr.).

Abb. 15. Sumerische Tiersphinx (3. Jahrtausend. v. Chr.)

Abb. 16. Geflügelte Löwensphinx, Kalchu (ca. 850 v. Chr.)

Wie aber läßt sich der Wandel der männlichen Sphinxfigur in diesen alten Kulturen zu dem weiblichen Symbol erklären, das wir bei den Griechen kennengelernt haben ?

Sicherlich gab es auch in der festgelegten Ikonographie der Ägypter bereits Anzeichen für Varianten und Wandlungen. Sie müssen zunächst aber wohl eher als abweichende "ketzerische" Neuerungen oder als "Importe" angesehen werden.

Abb 17. Echnaton als Sphinx

So benutzt der den Sonnengott als Sphinx anbetende Echnaton menschliche Arme zur Darreichung der Opfergaben. Das ist sonst erst in der Spätzeit wieder, auch unter Wandlung des Geschlechtes, zu beobachten.

Abb. 18. Priesterfürstin Schepenupet als Sphinx (um 670 v. Chr.)

Weitere Varianten lassen sich als Einflüsse anderer Kulturen erklären, so die seltene sonst in Ägypten nicht übliche Form der geflügelten Sphinx, die mit Blumenkrone und Halsschmuck deutlich weiblichen Geschlechtes ist und in ihrer Ehrbezeugung vor der Kartusche der Frau des Feldherrn Haremhab (1334-1306 v. Chr.) offenbar vorderasiatische oder phönizische Einflüsse verrät.

Abb. 19. Geflügelte weibliche Sphinx vor der Frau des Pharaonen Haremhab (um 1330 v. Chr.)

Daß das weibliche Element offenbar schon sehr früh bei den "Seevölkern" mit der Sphinx verbunden wurde, zeigen neben den ägyptischen "Importen" aus dieser Zeit auch Wandmalereien aus Knossos auf Kreta und Kleinplastiken aus diesem Raume.

Abb. 20. Liegende geflügelte Sphinx aus Knossos (18./16. Jh.)

Die Frage aber, weshalb gerade die Küstenvölker die Sphinx mit weiblichen Zügen ausstatteten, muß offen bleiben. Aber vielleicht gehört auch der Mythos, daß Zeus in der Gestalt eines Stieres die phönizische Königstochter Europa nach Kreta entführte, in diesen Zusammenhang.

So ist es zwar auf der einen Seite nicht verwunderlich, daß die Griechen die Sphinx als weibliches Symbol kennenlernten, auf der anderen Seite aber bleiben die Wege und die Zeiträume, auf denen und in denen dieses geflügelte Wesen seinen Platz auf dem Festland eingenommen hat, doch in vielen Teilen dunkel.

Manches spricht dafür, daß nach einer Verbreitung etwa zum Höhepunkt der minoisch-mykenischen Kultur eine längere Phase der Vergessenheit bestand und erst im 7. und 6. Jh. mit der ionischen Kolonisation eine neue Verbreitungswelle begann.

Welche kulturhistorischen oder möglicherweise auch psychologischen Gründe die Griechen dann bewogen haben, in der Sphinx v. a. die Entstellung des Herrscherideals (raubende Macht) und die Dominanz weiblicher Züge (Vorherrschen des Matriarchats, latente Homosexualität?) festzuhalten, bleibt unseren gedanklichen Rekonstruktionen überlassen.

Der urgriechische Mythos jedenfalls, wie ihn Hesiod vermittelt hat, zeichnet ein sehr elementares, furchterregendes, grausig-chaotisches Bild. Wir fühlen uns hier der Welt der Vorzeitdrachen wesentllich näher als der hehren klaren Luft der ägyptischen Ewigkeit.

Hier erscheint auch die Verbindung der Sphinx zu den Drachengestalten der Vorzeit unmittelbar gegeben; nach Hesiod ist die Sphinx nämlich eine Tochter der schlangen-schwänzigen Echidna und des zweiköpfigen Urhundes Orthros. Sie ist eine Schwester der Chimära, die "ein unwiderstehliches Feuer ausschnaubte, die furchtbare, große ... vorne der Löwe, hinten der Drache, in der Mitte die Ziege ...". Die Sphinx steht damit in der Nachkommenschaft des Ungetüms Keto und des Urvaters Ponto, der - mit der Urmutter Gaia zeugend - ein ganzes Geschlecht vortitanischer Ur- und Mischwesen hervorgebracht hat, dessen letzter Sproß der Drache Typhaon gewesen sein soll.

Und dieser Typhaon, "auf seinen Schultern waren hundert Köpfe einer Schlange, eines gewaltigen Drachens, mit finsteren Zungen leckend ... ", entfesselt noch einmal den Kampf mit Zeus, der in der dramatisch geschilderten Typhaomachie des Hesiod ein Zeugnis vom Endsieg des Göttervaters über die Urmächte der Schöpfung ablegt.

Der Drache Typhaon wird in einigen Überlieferungen auch gleichgesetzt mit der pythischen Drachenschlange, die Apoll vor dem delphischen Felsen besiegte. Apoll heißt seitdem der "pythische", seine Seherin ist die "Pythia" - die Erinnerung an den Drachenkampf prägt die Orakelstätte.

So ist es wohl auch kein Zufall, daß die Bewohner der Insel Naxos in der Mitte des 6. Jh. die von ihnen geschaffene Votivgabe der Sphinx auf einer 12 m hohen Säule in Delphi an der Stelle errichten ließen, an der der Sieg des Apoll über den pythischen Drachen gefeiert wurde.

Abb. 21. Die Sphinx der Naxier (um 560 v. Chr.)

Was aber heißt das nun? Ist diese stolze Gestalt mit dem schmalen gestrafften Löwenleib, den hart und klar geschwungenen Flügeln und dem archaischen Frauenkopf ein Erinnerungssymbol? Eine Siegestrophäe, ein Beutestück? Oder eine Transformation des gefürchteten Drachen in eine mächtige drohende Wächterfigur? Hüterin des Python-Grabes? Wieviel "Fremdes" stellt sie dar? - auch als eine Göttin? Wir wissen es nicht. Wir wissen nur, daß die Sphinx sehr früh einen herausragenden Platz innerhalb der großen Zahl der mythologischen Mensch/Tierwesen einnahm und auch sehr früh Bezug zu den Todesdämonen (Keren) gesetzt wurde. Während Kentauren und Harpyen, Zyklopen und Satyren einen bunten wechselhaften Reigen in den verschiedenen Mythologien darstellten, galt die Gestalt der Sphinx als etwas Numinoses; etwas, das in besonderer Weise jenseitig-archaisch anrührt und das in seiner Rätselhaftigkeit den Hauch von Vergangenheit in die Nähe zu den Götterfiguren bringt und als Grabwächter geeignet ist.

Abb. 22. Die Sphinx als Grabwächter

Die Varianten der mündlichen tradierten Mythen um die Entstehung und die Taten der griechischen Sphinx sind vielfältig. Lokale Ereignisse werden ihr zugeschrieben, ebenso wie mythische Reminiszenzen aus gänzlich anderen Quellen. Mal heißt es, sie sei Anführerin einer Räuberbande gewesen, mal heißt es, sie sei ein Rest von der Drachensaat des Kadmos, der die Schlange der Hera besiegte und mit seinen ägyptischen Phöniziern die Ebene von Theben besiedelte. Andere sagen, sie sei ein Relikt aus der Zeit vor der "Säuberung" der Erde durch Zeus, Herakles und die nachfolgenden Heroen. Wann ihr das Rätsel zugeschrieben wurde, das sie dann später als Machtwaffe einsetzt, ist ebenfalls ungewiß. Jedenfalls heißt es, sie habe es von den Musen gelernt, also den Göttinnen, die als vorolympische Geschöpfe bereits für Epos und Gesang als Schutzherrinnen angerufen wurden.

Ödipus und das Rätsel der Sphinx

Diesem Geschöpf aus Drachendeszendens und ägyptisch-phönizischer Reminiszenz sieht sich Ödipus gegenüber, als er - nach der Befragung des Orakels und dem ungewußten Vatermord - vor die Tore von Theben kommt. Die Sphinx bedroht die Stadt. Sie stellt ein Rätsel den Weisen der Stadt und wenn es nicht gelöst werden kann, raubt sie die Jugend.

Abb. 23. Die Sphinx stellt den Männern von Theben ihr Rätsel (Pelike, um 450 v. Chr.)

Nachdem die Sphinx auch den Sohn des anstelle des erschlagenen Laios herrschenden Kreon geraubt hat, wird der Lohn für den Rätsellöser auf das Höchste angesetzt: er soll der neue Herrscher werden. Ödipus nimmt die Herausforderung an und stellt sich dem Ungeheuer. In einer der vielen Versionen, die gestaltet wurden, sitzt er fragend, denkend vor einem Löwentier - die Entscheidung ist noch nicht gefallen.

Abb. 24. Ödipus und Begleiter vor der Sphinx (5. Jh.)

In einer anderen Version steht er selbstbewußt vor der Sphinx wie vor einer Säulenheiligen. Fest gestützt auf seinen Wanderstab, der die Trennlinie zieht, steht er als Mensch dem mythologischen Tierwesen gegenüber.

Abb. 25. Ödipus vor der Sphinx

Wie kann die Antwort auf die Rätselfrage lauten? "Du bist nichts und ich bin alles" ...? Fast ist man versucht, diese Szene so zu verstehen. Und in der Tat liegt in
der Antwort des Ödipus die tödliche Drohung; die Sphinx stürzt ab - der Mensch
ist Sieger. Aber der Originaltext und die Originalantwort lauten anders.

Τὸ αἴνιγμα τῆς Σφιγγός

Ἔστι δίπουν ἐπὶ γῆς καὶ τετράπον, οὗ μία φωνή,
καὶ τρίπον· ἀλλάσσει δὲ φυὴν μόνον ὅσσ' ἐπὶ γαῖαν
ἑρπετὰ κινεῖται ἀνά τ' αἰθέρα καὶ κατὰ πόντον.
ἀλλ' ὁπόταν πλείστοισιν ἐρειδόμενον ποσὶ βαίνῃ,
ἔνθα τάχος γυίοισιν ἀφαυρότατον πέλει αὐτοῦ.

Das Rätsel der Sphinx

Zweifüßig, dreifüßig, vierfüßig lebt es auf Erden, und eine
Stimme nur hat es; doch wechselt's allein von allem Getier, das
sich auf der Erde bewegt, in der Luft und im Meer, seine Haltung.
Aber sobald es auf den drei Füßen, sich stützend, einhergeht,
dann ist äußerst gering die Geschwindigkeit seiner Gelenke.

Abb. 26. Das Rätsel der Sphinx (nach dem Grammatiker Aristophanes, um 200 v. Chr.)

Und die Antwort:

Λύσις τοῦ αἰνίγματος

Κλῦθι καὶ οὐκ ἐθέλουσα, κακόπτερε Μοῦσα θανόντων,
φωνῆς ἡμετέρης σὸν τέλος ἀμπλακίης.
ἄνθρωπον κατέλεξας, ὅς, ἡνίκα γαῖαν ἐφέρπει,
πρῶτον ἔφυ τετράπους νήπιος ἐκ λαγόνων·
γηραλέος δὲ πέλων τρίτατον πόδα βάκτρον ἐρείδει,
αὐχένα φορτίζων, γήραϊ καμπτόμενος.

Lösung des Rätsels

Hör, auch wenn du nicht willst, bösflatternde Muse der Toten,
auf mein Wort: nach Gebühr hat nun dein Treiben ein End'!
Meintest du doch den Menschen, der, wenn er der Erde genaht ist,
vierfüßig, töricht zuerst geht aus den Windeln hervor;
doch ist er alt, so stützt er als dritten Fuß auf den Stab sich,
trägt eine Last auf dem Hals, weil ja das Alter ihn beugt.

Abb. 27. Die Lösung des Ödipus (s. o.)

Ödipus hat die Rollen umgekehrt:

"Es ist der Mensch, der gemeint ist. Nicht irgendein rätselhaftes Wesen mit verschiedenen Gliedmaßen, so wie Du. Oder ein Rätselgott, den Du aus der Vergangenheit mitgebracht hast. Es ist der Mensch, hier und jetzt und damit bin ich es."

So vielleicht kann man sich den intellektuellen Sieg vorstellen, den der Mensch dem Todesdämon der Vergangenheit, der Erinnerung, die nicht mehr verstanden wird, abgerungen hat. Ödipus ist damit "Erlöser" und gleichzeitig der erste "intellektuelle" Drachentöter. Er steht in der Reihe der Überwinder, der mythischen Götter- und Heldengestalten, die die Erde von den Ungeheuern befreit haben.

Wenn wir allerdings auf den "Familienroman" dieser Götter- und Heldengestalten zurückkommen, so relativiert sich die individuelle Tat des Ödipus, und wir haben fast den Eindruck, als erscheine die Überwindung der Sphinx wie ein schwacher Ausläufer jener gewaltigen Kämpfe der Götter mit den Urgewalten, die die griechische Mythologie von Anbeginn an durchziehen.

Eine Sukzession von Kampf, List und Betrug, von Eltern- und Geschwisterinzest, von Vergewaltigung, Verstümmelung und Mord zieht sich - neben dem Kampf mit den vielgestaltigen Ungeheuern - wie ein roter Faden durch die Geschichte. So kann auch das Schicksal des Ödipus wie eine Wiederholung " en miniature" dieses Familienromans angesehen werden, der erst durch die Kunst des Sophokles in Überhöhung der menschlichen Tragödie erhoben wurde. Ödipus war, das Über-Ich dieses Schicksals in sich tragend, durch seine ungewußte Vorgeschichte sowohl auf Kampf und Tötung, wie auch auf Inzest und Herrschaft vorbereitet.

Das Orakel und die Suche nach dem "Selbst" konnten das nicht hindern. Aber, gemessen an dieser schicksalhaften Bedeutung, erschrecken wir etwas vor der relativen Banalität des Inhalts dieses Rätsels, das als Vorwand für soviel Grausamkeit und Bedrohung herhalten mußte.

Wir vermuten irgendeine schwer erkennbare Besonderheit, wenn das Antwortgeben oder Nicht-Antwort-geben-können eine Frage von Leben und Tod gewesen sein soll. Könnte es sein, daß das größere Rätsel als das Rätsel für die Thebaner die Sphinx selber gewesen ist und der Inhalt ihres "Sing-sangs" eine spätere Zugabe? Die Verwandtschaft von Orakelspruch, Rätsel, Legende und Leben deutet auf die Macht der Sprache als etwas "Wirksamen", auch wenn es erst später geformt und übermittelt wird.

So wissen wir nichts genaueres über die erste Entstehung des Rätsels und seiner, vielleicht späteren, Verwandten und Varianten. Sicher ist nur - und das haben wir auch aus der Entstehungsgeschichte der orientalischen Sphingen entnehmen können - daß das Wissen und die Gestalt der Sphinx älter ist als der Inhalt des Rätsels. Das Rätsel könnte die Verdichtung von beidem enthalten: so ist die

Sphinx nach der Lösung des Rätsels durch Ödipus auch nicht etwa "erfreut" oder nur psychisch "bestürzt", sondern sie stürzt sich leiblich-körperlich, "sich-selbst", als Ganzes vom Felsen in die Tiefe.

Wenn wir eine solche Verdichtung akzeptieren, so gewinnt der Mythos eine noch weiter umgreifende Bedeutung:

Ödipus ist dann nicht nur der Erlöser einer Stadt von einem lokal bedrohenden Ungeheuer, sondern der Mythos drückt die Begegnung eines "ausgesetzten", vom Schicksal seines eigenen Geschlechts bestimmten Menschen aus, der auf der Suche nach der Antwort auf die Frage "Wer bin ich?" eine erschreckende Antwort bekommt und dieses Schicksal zu vermeiden sucht. Dadurch setzt er sich selbst erneut "aus", ist ohne Heimat und zu Rache und Totschlag bereit. Er ist kränkbar und tötet, ohne sein Gegenüber zu kennen, er tötet dann auch die Sphinx, indem er sich selber sieht. Er läßt sich also in dieser Zeit, in der die Vergangenheit einen tödlichen Sog ausgeübt haben mußte, nicht ein auf das Erstaunen vor der "bösflatternden Muse des Todes", sondern er konfrontiert die eigene Gegenwart "Der Mensch ist es; ich bin es" diesem Rätselwesen.

Damit vollzieht er - vielleicht wiederum ohne es zu wissen - einen Schritt, der in seiner Symbolik die Wende von einer alten mythen- und theozentrisch gebundenen Kultur zu einer neuen anthropomorph denkenden Jetztzeit überleitet. Obgleich die Bewegung der Ablösung von den archaischen Strukturen die gesamte griechische Welt seit etwa dem 7. vorchristlichen Jahrhundert erfaßt hatte, erscheint doch das symbolisch verdichtete Beispiel des Ödipus in dieser Szene besonders eindringlich:

Bislang hatte sich die vielfältige griechische Insel- und Festlandwelt, vielleicht etwas hilflos (s. auch die Theseussage), aber verehrend und abhängig den orientalischen Einflüssen geöffnet und ihre Inhalte zum Teil verstanden, zum Teil unverstanden übernommen, so wie die Sphinx als Götter- und Machtsymbol ihren Weg gemacht hatte. Hinter dem "archaischen Lächeln", auch der Sphinxköpfe, könnte sich das Fremd-sein und die Unsicherheit um die eigene Identität verborgen haben; der Kosmos, die Götter, die rätselhaften sind es, die das unerfindliche Schicksal bestimmen.

Dieser merkwürdige Umgang mit der exotischen Fremdheit und ihrem Sog von Anziehung und Abstoßung wird sogar noch im "aufgeklärten" Griechenland deutlich, durch nichts mehr als durch die sachlich, fast naturwissenschaftlich exakt beschreibenden und reflektierenden Berichte, die Herodot - weitaus später - überliefert hat von der Beziehung der Griechen zu den Ägyptern:

"Bei den Ägyptern ist fast alles anders als bei den anderen Menschen ..." und dann folgt eine seitenlange Aufzählung der Dinge, die anders oder gerade umgekehrt sind, wie bei den anderen Menschen.

Dieses eigenartige Staunen, das in der Vorzeit noch rätselhaftere Züge gehabt haben muß, hat Ödipus durch seinen Spruch unterbrochen. Er hat sich nicht eingelassen, sondern er hat selbst entschieden. Er hat auf der Suche nach dem "Wer bin ich?" sein Selbst-sein festgelegt. Damit stürzt die alte Welt. Aber die neue, menschbestimmte Welt birgt nicht mindere Rätsel und eine neue besondere Tragik des Nicht-Erkennens und des Nicht-Wissens. Der "moderne Mensch" ist geboren.

Zusammenfassung und Rückblick auf die Psychoanalyse

Wenn wir jetzt zu einem Rückblick und einer Zusammenfassung kommen, so werden Sie verstehen, daß wir nicht mehr auf die nachfolgende Geschichte des "König Ödipus" mit der Inzestproblematik und auf die einzelnen Stufen der tragischen Enthüllung eingehen können, auch nicht auf den versöhnlichen Teil der Entsühnung des "Ödipus auf Kolonos", in dem er mit einem anderen Helden der Griechen, dem Minotaurusüberwinder Theseus, zusammengebracht wird.

Wir wollen diesen sporadischen Gang durch die Jahrhunderte aber beschließen mit einem Rückblick auf den Mann, der diesen Teil des antiken Mythos für uns wieder lebendig und für unsere Wissenschaft fruchtbar gemacht hat: Sigmund Freud.

Seine Beziehungen zur Historie und zur Archäologie waren vielfältig. Ein Blick in seine persönliche Welt macht das unmittelbar deutlich:

Abb. 28. Blick in das Freudsche Behandlungszimmer

Sie sehen die Fülle antiker Statuetten, die neben der Bibliothek im Behandlungszimmer aufgestellt sind. Freud und seine Patienten haben damit "gelebt".

Ich hatte aber auch mit der Gegenüberstellung der antiken Szene mit dem
großen Gemälde der "krallenden Sphinx" von Moreau begonnen.

Wir wissen nicht, ob Freud das Bild von Moreau gekannt hat. Aber er hatte ein
ähnliches, das von Ingres stammt und - als ebenso berühmtes Werk Moreau zur
Vorlage und Auseinandersetzung gedient hat - seitlich neben der berühmten
Couch hängen. Es ist zwar eine Reproduktion, eher unscheinbar und wie erdrückt
von der mächtigen Gestalt der fast lebensgroßen Reliefdarstellung der Gradiva,
aber die Szene ist deutlich:

Abb. 29. Ödipus und die Sphinx (Ingres, 1808)

Sie zeigt die Sphinx als trotzig-strotzige Frauengestalt, als "femme fatale", wie sie die Neuzeit sich zunehmend umdeutete, als sinnlich-verführende Figur, die das "Raubtier" noch ahnen läßt, nicht aber mehr die Grabesnähe der "bös-flatternden Muse des Todes".

Ähnliche Dokumente für die Auseinandersetzung mit der mittelalterlichen Version des Drachenkampfes finden sich in den Freudschen Sammlungen nicht. Sie lag nicht in seinem Interesse. Er wollte die Tiefenhermeneutik im Alten Testament und in der Antike begründet wissen.

Wenn wir also in großen Zügen zusammenfassen, läßt sich etwa folgendes sagen: In der Drachenmythologie verdichtet sich die Remineszens an den Kampf der Götter und Heroen mit den Urgewalten. Die Sphinxgestalt kann in ihren vielen Varianten von der ägyptischen Königssphinx bis zur griechischen Version des weiblichen Drachen-Nachfahrens als Ausdruck der Inkorporation in der Auseinandersetzung zwischen kultureller Ordnung und Natur angesehen werden. Im Ödipus findet der Kampf um die anthropomorphe Lösung des "Gnothi seauton" mit seiner spezifischen Tragik seinen Höhepunkt. Diese Erinnungsspuren bestimmen auch heute noch - neben "Liebe, Haß und Eifersucht" - unsere täglichen Konflikte in der "Triade".

Daß aber auch Freud ein Mensch war, der sensibel-kränkbar, erschüttert wurde nicht nur durch die Erkenntnis seiner Selbstanalyse, seines "Gnothi seauton", sondern auch durch die Deutung, die seine Umgebung dieser Erkenntnis zumaß, zeigt die Geschichte, die sich um die Überreichung der Sphinx-Medaille zu seinem 50. Geburtstag rankt. Freunde und Kollegen hatten ihm diese von einem Wiener Bildhauer anfertigen lassen:

Abb. 30a. Medaille von K. M. Schwerdner zum 50. Geburtstag von Sigmund Freud (1906)

Abb. 30b. Medaille von K. M. Schwerdner zum 50. Geburtstag von Sigmund Freud (1906, Rückseite)

Als Freud sie erblickte, sei er - so berichtet Jones (1962, 27) - blaß, unruhig geworden und habe mit erstickter Stimme gefragt, wer diese Idee gehabt habe ... "Er benahm sich wie ein Mensch, dem ein Geist erschienen ist ..." Nachdem man ihm gesagt habe, es sei Federn gewesen, habe er sich gefaßt und erklärt, dies sei eben der Spruch, den er sich als junger Student beim Wandeln unter den Büsten berühmter Professoren für die eigene Büste in dieser Reihe phantasiert habe.

Jones schließt mit der Bemerkung, daß er selber dafür gesorgt habe, daß dieser Jugendtraum Freuds (am 4. Februar 1955) in Erfüllung gegangen sei - somit "ein sehr seltenes Beispiel für einen Fall, bei dem der Tagtraum eines Jünglings sich in allen Einzelheiten verwirklichte, wenn auch achtzig Jahre dazu nötig waren" (Jones 1962).

Was Jones bei dieser Geschichte allerdings nicht anführt, ist das genaue Zitat der Sophokles-Stelle. Sie würde das Erschrecken Freuds noch deutlicher erklärt haben. Die Stelle stammt aus dem Schlußchor der Thebaner, die im "König Ödipus" das traurige Schicksal ihres einst so mächtigen Herrschers beklagen.

ὃς τὰ κλείν' αἰνίγματ' ᾔδει καὶ κράτιστος ἦν ἀνήρ.
Der das berühmte Rätsel löste und ein gar mächtiger Mann war!»)

Abb. 31. Der Spruch auf der Medaille

Was also auf der Medaille als Lob und Verehrung dem die Sphinx überwindenden rätsellösenden Ödipus zugeschrieben sein sollte, war im Original die Klage des Abgesanges.

Es ist schwer denkbar, daß Freud dies nicht gewußt oder nicht bemerkt hat. Vielleicht verbarg er es in seiner "Ohnmacht" und in der nachfolgenden Erklärung. Seine "Söhne" hatten ihm jedenfalls ein "ödipales" Geschenk überreicht. Auf dem Höhepunkt des Ruhmes war es - Tragik des Nicht-wissens im Wissen - die Ankündigung des Leidens.

Abbildungsnachweis

Abb. 1.	Moret, Cat. 87 (Coupe des Vatican) auch: Demisch Abb. 274
Abb. 2.	Steffen, Abb. 7 (nach Egli, S. 195)
Abb. 3.	Steffen, Abb. 11 (nach Keel, S. 45)
Abb. 4.	Riddell et al. S. 3
Abb. 5a.	Postkarte, Staatliche Museen Berlin (Bild und Heimat Reichenbach)
Abb. 5b.	Postkarte, Staatliche Museen Berlin (Bild und Heimat Reichenbach)
Abb. 5c.	Postkarte, Staatliche Museen Berlin (Bild und Heimat Reichenbach)
Abb. 6.	Stubhann et al. S. 151
Abb. 7.	Kish E. Postcardbook (Canadian Museum of Nature)
Abb. 8a.	Kish E. Postcardbook (Canadian Museum of Nature)
Abb. 8b.	Jurrasic Park, S. 19
Abb. 9.	Moret, Cat. 5 (Bibliothéque Nationale Paris)
Abb. 10.	Moret, Cat. 25 (Kunsthalle Kiel)
Abb. 11.	Postcard Egypt
Abb. 12.	Saleh et al. , Abb. 102
Abb. 13a.	Postcard Egypt (Art Publ Lehnert and Landrock, Cairo)
Abb. 13b.	TUI-Reisekatakolg 1993
Abb. 13c.	Postcard Egypt (Art Publ Lehnert and Landrock, Cairo)
Abb. 14.	Demisch, Abb. 43 (Relief im Tempel von Luxor)
Abb. 15.	Stubhann et al., S. 300
Abb. 16.	Demisch, Abb. 128 (Britisches Museum London)
Abb. 17.	Demisch, Abb. 46 (Kestner Museum Hannover)
Abb. 18.	Demisch, Abb. 45 (Staatliche Museem Berlin)
Abb. 19.	Demisch, Abb. 48 (ohne Angaben)
Abb. 20.	Demisch, Abb. 174 (Wandgemälde Knossos Kreta)
Abb. 21.	Museum Delphi (Postcard, Tzaferis Athen)
Abb. 22.	Andronicus, Umschlagbild (Katalog National-Museum Athen)
Abb. 23.	Demisch, Abb. 271 (Kunsthistorisches Museum)
Abb. 24.	Moret Cat. 90 (Oxford Ashmolean Museum)
Abb. 25.	Moret Cat. 69 (Lecce)
Abb. 26.	Sophlokes Dramen, S. 280f.
Abb. 27.	Sophokles Dramen, S. 282f.
Abb. 28.	Henning, S. 108
Abb. 29.	Henning, S. 48
Abb. 30a.	Die Zeit, 18. 07. 1990
Abb. 30b	Die Zeit, 18. 07. 1990
Abb. 31.	Jones, S. 27

Literatur

Andronicos M (1981) Nationalmuseum Athen. Ekdotike Athenon, Athen

Albert K (1983) (Hrsg) Hesiod: Theogonie. Richarz, St. Augustin

Assmann J, Hölscher T (1988) Kultur und Gedächtnis. Suhrkamp, Frankfurt aM

Bischoff N (1985) Das Rätsel Ödipus. Piper, München

Bölsche W (1929) Drachen. Sage und Naturwissenschaft. Kosmos, Stuttgart

Clair J, Pichler C, Pircher W (1989) Wunderblock - eine Geschichte der modernen Seele.
    Wiener Festwochen

Clarus I (1986) Odysseus und Ödipus. Bonz, Fellbach

Cox B, Dixon D (1989) Dinosaurier und andere Tiere der Vorzeit. Mosaik, München

Demisch H (1977) Die Sphinx. Geschichte ihrer Darstellung von den Anfängen bis zur
    Gegenwart. Urachhaus, Stuttgart

Ditfurth H v (1970) Kinder des Weltalls. Hoffmann & Campe, Hamburg

Egli H (1982) Das Schlangensymbol. Geschichte, Märchen, Mythos. Walter, Olten
    Freiburg

Eliade M (1991) Die Schöpfungsmythen. Wissenschaftliche Buchgesellschaft, Darmstadt

Feix J (1980) (Hrsg) Herodot Historie. Band II, Heimeran, München

Hofstätter H (1987) Der ewige Kampf gegen den Drachen. Waage 26 : 99-110

Iizuka, H (1987) Der Diener des Himmelskaisers. Waage 26 : 90-98

Jones E (1962) Das Leben und Werk von Sigmund Freud, Band 1-3. Huber, Bern Stuttgart

Jurassic Park. Das offizielle Filmmagazin. Parbury Ivory, Publ. London 1992 Katalog
    Staatliche Museen Berlin

Keel O (1972) Die Welt der altorientalischen Bildsymbolik und das alte Testament.
    Neukirchen, Zürich

Kish E (1992) The Dinosaures. Postcardbook. Benedikt-Taschen-Verlag, Köln

Lippe R (1989) Ödipus und die verweigerte Seelenfahrt. Picus, Wien

Mann U (1988) Schöpfungsmythen. Kreuz, Stuttgart

Moret JM (1984) Oedipe, la Sphinx et les Thèbains. Tome I et II, Institut Suisse de Rome,
    Pauly

Ranke-Graves R v (1955) Griechische Mythologie, Band I und II. Rowohlt, Hamburg

Remmler H (1988) Das Geheimnis der Sphinx. Walter, Olten Freiburg

Riddell S, Glancy M, Coles M (1992) Dinos-Das Ausstellungserlebnis. The Exploratory,
    Bristol

Ritschl D (1994) Implizite Axiome der Theoriewahl in der Psychosomatischen Medizin. In:
    Hahn P et al. (Hrsg) Modell und Methode in der Psychosomatischen Medizin. Dtsch
    Studienverlag, Weinheim

Saleh M, Sourouzian H (1986) Die Hauptwerke im Ägyptischen Museeum Kairo. Ph v
    Zabern, Mainz

Steffen U (1984) Drachenkampf - der Mythos vom Bösen. Kreuz, Stuttgart

Stoos T (1989) Gustave Moreaus "Ödipus". In: Clair J (Hrsg) Wunderblock Katalogband, S 411-429

Stubann M (1992) (Hrsg) Die Bibel von A - Z. Müller, Erlangen

Szonn G (1992) Ödipus und Minos. VBW, Berlin

Vogt R (1986) Psychoanalyse zwischen Mythos und Aufklärung oder das Rätsel der Sphinx. Qumran, Frankfurt aM

Weiher A (Hrsg) (1979) Homerische Mythen. Heimeran, München

Willige W (1985) (Hrsg) Sophokles Dramen. Artimes, München Zürich

Ziegler K, Sontheimer W (1979) (Hrsg) Lexikon der Antike Band I-V. dtv, München

Die Fixierung in der Dyade

Karl König

Einleitung

Eine Fixierung in der dyadischen Beziehungsform ist klinisch von großer Bedeutung. Veröffentlichungen von Abelin (1971, 1975), Rotmann (1978, 1985) und Ermann (1985), die Dissertation von Baumann (1992) und eigene Veröffentlichungen (z. B. König 1992) haben auf die Bedeutung des Übergangs von der Zweierbeziehung zur Dreierbeziehung in der menschlichen Entwicklung hingewiesen. Hier möchte ich mich mit der Entstehung einer solchen Fixierung, auf ihre klinischen Erscheinungsbilder, aber auch mit den Konsequenzen für die Therapie beschäftigen.

Das Entstehen der dyadischen Fixierung

Die Zweierbeziehung zwischen Mutter und Kind geht allen anderen Beziehungen voraus, aber schon lange vor Beginn der ödipalen Phase wird der Vater für das Kind wichtig. Ist kein Vater da und auch niemand sonst, der ihn ersetzen kann, bleiben Mutter und Kind oft, solange beide leben, eng aneinander gebunden. Man könnte sagen, daß sich bestimmte Aspekte der frühen Zweierphase der Entwicklung bis in das Erwachsenenalter fortsetzen, obwohl diese Beziehung auch Aspekte von einer Erwachsenenbeziehung hat. Es handelt sich dann um eine Fixierung auf die dyadischen Beziehungsaspekte, ähnlich wie man von einer oralen oder analen Fixierung spricht.

Damit eine frühe Triangulierung stattfinden kann, sind mehrere Voraussetzungen nötig. Die Mutter muß auf die Bemühungen der dritten Person um sie ansprechen und sich aus der Beziehung zum Kind ein Stück weit lösen. Dann ist noch nötig, daß die dritte Person *vor den Augen des Kindes* mit der Mutter interagiert. Weiter ist es günstig, wenn die dritte Person mit dem Kind interagiert, damit sie für das Kind nicht ein Fremder bleibt, was die Angst des Kindes, die Mutter könnte sich ganz von ihm abwenden, erhöhen würde. Rivalität mit einer anderen wichtigen Person ist leichter zu ertragen, wenn diese wichtige Person einen gewissen Bekanntheitsgrad hat, eine Tatsache, die oft übersehen wird. Wer vertraut ist, ist in seinem Verhalten bekannt und kann in seinem künftigen Verhalten, auch in einer Konkurrenzsituation, eingeschätzt werden.

Handelt es sich nun aber bei der Mutter um eine dyadisch fixierte Person, also eine, der es selber schwerfällt, Beziehungen zu mehreren wichtigen Personen aufrecht zu erhalten wird sie sich von dem Kind nicht lösen oder, was allerdings sehr viel seltener ist, das Kind von vorneherein vernachlässigen und sich ganz der Person zuwenden, die später zur dritten triangulierenden Person hätte werden können. Umgekehrt kann natürlich die dritte Person außerstande sein sich vorzustellen, daß die Mutter, obwohl sie sich dem Kind vorwiegend zuwendet, die dritte Person als wichtige Beziehungsperson zu behalten und so der Mutter fälschlich zu unterstellen, daß sie sich von der dritten Person ganz abwendet, wenn sie sich dem Kind zuwendet. Aus jener Entwicklungszeit erzähle ich gerne die Geschichte von den drei Bäumen:

Ein Patient, Vater eines kleinen Sohnes, hatte in seinem Garten drei Bäume. Ein großer Baum, ein etwas kleinerer Baum und ein ganz kleiner Baum standen nebeneinander. Der Rentner, der den Garten versorgte, erhielt nun von der Mutter des Kindes den Auftrag, den größten Baum abzusägen, weil er dem kleinen Licht wegnehme. Sie hatte die Absicht, ihn für das Kind als Weihnachtsbaum zu verwenden. Der Patient bekam einen Wutanfall, den er sich zunächst nicht erklären konnte.

Diese kleine Geschichte läßt sich auf dreierlei Weise interpretieren. Einmal könnte es sein, daß die Mutter dyadisch fixiert war und der Mann sie in der Zuwendung zum Kind störte. Es könnte aber auch sein, daß der Vater in der dyadischen Beziehungsform steckengeblieben war und sich nicht vorstellen konnte, daß er für die Mutter wichtig blieb, so daß er dem Absägen des großen Baums unangemessen viel Bedeutung beimaß. Schließlich können auch beide dyadisch fixiert sein. Im vorliegenden Falle war das der Fall. Zwei dyadisch fixierte Menschen wählen einander oft als Partner. Dann sind sich oft beide darin einig, daß eine dritte Person, ein anderes wichtiges Objekt, hier ein Kind, die Beziehung gefährden würde. Kommt es, oft unter dem Druck der Erwartungen von seiten der Umwelt oder durch einen Zufall, doch zu dieser Konstellation, kann es sein, daß die Mutter sich tatsächlich dem werdenden Kind in einer ungewöhnlich intensiven Weise zuwendet, was von dem Mann dann so erlebt wird, daß die Frau sich radikal von ihm abwendet. In der Folge kommt es oft zu einem Fremdgehen während der Schwangerschaft, was viele Menschen nicht verstehen können. Der Mann sucht sich ein anderes wichtiges Objekt.

Bei den Frauen kommt es auch aufgrund einer dyadischen Fixierung oft zu einer Hemmung der sexuellen Wünsche dem Mann gegenüber, weil sexuelle Wünsche den Mann wichtig werden lassen würden, was die Frau befürchten läßt, daß sie sich von dem Kind abwenden könnte.

Welche Folgen es haben wird, wenn sich, wie es heute schon oft geschieht, Mutter und Vater die Pflege des Kindes teilen, wird sich herausstellen, wenn wir mehr Kinder aus Familien in Therapie bekommen, wo sich die Eltern so verhalten haben. Eines kann man aber jetzt schon sagen: Daß Vater und Mutter *in Gegenwart des Kindes* miteinander umgehen, ist oft schwer möglich, wenn beide Elternteile berufstätig sind. Man teilt sich die Betreuung des Kindes auf, indem man es abwechselnd betreut. Das Kind sieht dann nur selten, daß Vater und Mutter miteinander umgehen, und damit ist eine wesentliche Voraussetzung für die Triangulierung nicht erfüllt.

Unsere klinischen Befunde weisen darauf hin, daß durch eine fehlende Triangulierung das Kind nicht nur in der Art und Weise, wie es mit Mehrpersonenbeziehungen umgeht, sondern auch sonst, etwa bezüglich seiner zentralen Beziehungswünsche (König 1992) in jener Entwicklungsphase steckenbleibt, wo frühe Triangulierung stattfindet, also in den ersten zwei bis drei Lebensjahren. Häufig bleiben Menschen dann oral fixiert. Andere wieder bleiben in narzißtischen Symbiosewünschen gefangen. An dieser Beschreibung ändert es nichts, daß wir heute wissen, daß es in der symbiotischen Phase zwischen Mutter und Kind nicht so einfach zugeht, wie wir das vor den Ergebnissen der Säuglingsforschung (Übersicht bei Dornes 1992) annehmen konnten. Es kommt auch darauf an, was sich in der Phantasie der Beteiligten abspielt. Umgekehrt scheint es so zu sein, daß oral frustrierte Kinder oder auch im Kontakt vernachlässigte Kinder, die *deshalb* oral oder narzißtisch fixiert bleiben, auch die Triangulierung nicht schaffen, *weil ihnen Entwicklungsvoraussetzungen dazu fehlen*. Das Kind ist oral oder narzißtisch vernachlässigt, d. h., es fehlten ihm zärtliche Zuwendung im Zusammenhang mit dem Oralen oder schlicht auch ein seinen Bedürfnissen angemessenes Füttern oder die Anerkennung durch die Eltern, etwas was Kohut (1971) sehr treffend als den Glanz in den Augen der Mutter - und, würde ich hinzufügen, des Vaters - bezeichnet hat. Ich glaube, daß diese bewundernde Anerkennung etwas ist, was sich ganz von selbst einstellt, weil es in der Evolution einen positiven Selektionswert hatte. Die Tendenz, unsere Babys zu bewundern, scheint angeboren zu sein, zumindest scheint das für die Disposition zu gelten, ein solches Verhalten zu entwickeln. Umweltbedingungen in der Entwicklung von Eltern können es natürlich verhindern, daß diese Disposition sich entfaltet. Dem Leser ist vielleicht bekannt, wie viele Eltern meinen, sie hätten das schönste Baby der Welt, auch wenn sie sich denken können, daß das wohl sehr unwahrscheinlich ist.

Damit es zur Trennung aus der Dyade kommt, müssen zusätzlich zu den oben schon genannten weitere Voraussetzungen erfüllt sein. Das Kind muß weniger existentielle Angst haben wie eines, das bezüglich der Anerkennung, bezüglich des Glanzes in den Augen der Mutter oder auch des Vaters, zu kurz gekommen ist oder das oral vernachlässigt wurde. Ein vernachlässigtes Kind kann die Angst entwickeln, unwichtig zu sein und deshalb verlassen zu werden oder Angst haben, zu verhungern und zu verdursten, im wörtlichen und im übertragenen Sinne.

Es dürfte also zwei Entstehungsweisen der dyadischen Fixierung geben: Ein Fehlen der Interaktionen zwischen Vater, Mutter und Kind, die zur Triangulierung anregen und vorher schon ein Fehlen jener Interaktionen zwischen dem Kind und den Eltern, die im Kind die Voraussetzungen schaffen, daß es sich imstande fühlt, sich auf das Abenteuer einer Triangulierung einzulassen.

Über mögliche Komplikationen der ödipalen Entwicklung, die auf ein Persistieren auf der Ebene von Teilobjektbeziehungen und den Einsatz des Abwehrmechanismus der Objektspaltung zurückzuführen sind, hat Rohde-Dachser (1987) berichtet. Sie betont auch, daß eine Flucht in die ödipale Triangulierung versucht werden kann, um sich dem Sog symbiotischer Wünsche zu entziehen.

Die Folgen der dyadischen Fixierung für die Entwicklung in der phallischen und der ödipalen Phase

Das Abenteuer der Triangulierung muß ein Kind normalerweise lange vor der ödipalen Phase bestehen.

Kommt es später im Vorfeld der ödipalen Phase dazu, daß das Kind seine Aufmerksamkeit auf die Geschlechtsunterschiede zwischen den Eltern und zwischen etwa vorhandenen Geschwistern richtet, wird es auch wieder wichtig sein, daß das Kind die inneren Voraussetzungen hat, sich auf das Abenteuer der ödipalen Phase einzulassen. Zu den inneren Voraussetzungen gehört eine gut bestandene Triangulierungsphase, damit das Kind nicht Angst bekommt, das gleichgeschlechtliche Elternteil ganz zu verlieren, wenn es mit ihm rivalisiert und sich dem gegengeschlechtlichen Elternteil zuwendet. Zur Bewältigung der ödipalen Phase gehört es ja, daß das gleichgeschlechtliche Elternteil einerseits ausgebootet wird, andererseits aber doch verfügbar bleiben soll.

Eine Fixierung in der ödipalen Entwicklungsphase zeigt sich z. B. darin, daß eine Frau immer wieder Beziehungen mit verheirateten Männern eingeht, dessen Frauen aber nicht schädigen will. Das äußert sich oft darin, daß die Frau aktiv mithilft, die Beziehung zu dem Mann vor der Ehefrau zu verheimlichen. Das Ideal vieler solcher Frauen wäre aber, daß sie auch eine mehr oder minder freundschaftliche Beziehung zu der Ehefrau hätten. Ödipal *und dyadisch* fixierte Frauen, können es sich aber nicht vorstellen, daß sie eine gute Beziehung zu einem Mann *und* zu seiner Frau haben könnten. Sie versuchen deshalb mit allen Mitteln, den Mann zu sich herüberzuziehen, ihn dazu zu bringen, daß er sich von der Frau trennt. Frauen dagegen, die versuchen, in einer solchen Beziehung gewissermaßen ihre ödipale Phase nachzuarbeiten und so auch einen Entwicklungsschritt machen möchten, wollen, wenn die anderen Bedingungen sonst gleich sind, den Mann nicht als alleinigen Dauerpartner für sich gewinnen.

Damit es die ödipale Phase in der klassischen Weise durchlaufen kann, braucht das Kind aber auch noch eine weitere Voraussetzung. Es dürfen aus der Zeit vor der ödipalen Phase nicht zu viele Konten offen sein. Wenn ein Mensch z. B. stark oral fixiert ist, werden die ödipalen Wünsche eine stark orale Färbung im Sinne von Versorgung annehmen und das Kind wird nicht zu den zum Ödipuskomplex gehörenden infantil-sexuellen Phantasien vordringen. Damit bleibt ein Stück Sexualität unentwickelt. Man kann sagen, daß Fixierungen in früheren Phasen der Entwicklung generell die ödipalen Beziehungswünsche färben und oft verhindern, daß ihr sexueller Anteil zur Entfaltung kommt.

Eine weitere wichtige Voraussetzung ist, daß das Kind sich bezüglich seiner Geschlechtseigenschaften positiv einschätzt. Sonst würde es die Beziehungswünsche an das gegengeschlechtliche Elternteil nicht mit einiger Zuversicht entwickeln können. Daß diese Wünsche dann letztendlich doch enttäuscht werden, ist eine andere Sache. Die Enttäuschung ist nötig, damit ein Entwicklungsanreiz gesetzt wird. Der kleine Junge oder das kleine Mädchen sagt z. B.: Ich bin noch nicht so groß wie der Vater (die Mutter), daß ich Partner (oder Partnerin) sein könnte, *aber ich will so werden wie sie.*

Um sich in seinen Geschlechtseigenschaften positiv einschätzen zu können, ist es im allgemeinen nötig, daß das Kind sich von den Eltern in seinen Geschlechtseigenschaften anerkannt fühlt, als Junge oder als Mädchen, v. a. während der sog. phallischen Entwicklungsphase. Man spricht oft von einer phallischen Entwicklungsphase auch für das Mädchen. Hier sind wir heute über Freud (1905) hinaus. Die Entwicklungsphase, die der phallischen Phase des Jungen entspricht, sollte dem Mädchen gerade ermöglichen, daß es mit seinen eigenen Geschlechtseigenschaften einverstanden sein kann. Das wird ihm z. B. dann erschwert, wenn die Eltern es wie einen kleinen Jungen behandeln.

Die Dreierbeziehung zwischen Vater, Mutter und Kind wird in der ödipalen Phase Belastungen ausgesetzt. Diese Belastungen fördern die Entwicklung. Damit sie das tun können, muß die Dreierbeziehung zwischen Kind, Mutter und Vater aber erst einmal vorhanden sein. Das Kind darf sich nicht von vorneherein ganz auf den Vater oder die Mutter fixiert haben, wie das der Fall ist, wenn es keine Vorstellung von der Möglichkeit mehr als eines wichtigen Objekts hat.

Hier sind differentialdiagnostische Überlegungen angebracht. Ein Kind kann scheinbar dyadisch fixiert sein, aber in Wahrheit nur so wirken, wenn es z. B. von der Mutter enttäuscht ist und sich dann dem Vater ganz zuwendet und der Vater, der im emotionalen Bereich auch von der Mutter enttäuscht ist, sich der Tochter intensiv zuwendet. Hier muß nicht eine dyadische Fixierung vorliegen, natürlich kann sie zusätzlich auch vorhanden sein. Ist das aber nicht der Fall, könnte man von einer *dyadischen Scheinfixierung* sprechen.

Als Erwachsene wenden sich solche dyadisch scheinfixierten Frauen dann oft viel intensiver den Männern als den Frauen zu. Schon als Kinder haben sie lieber mit Jungen gespielt. Sie möchten der Männerwelt angehören und nicht der Frauenwelt. *Innerhalb der Männerwelt können sie aber wichtige Beziehungen zu mehreren haben.* Entsprechendes gilt für Frauen, die am Vater enttäuscht worden sind. Wenn sie nicht die Hoffnung haben, einen Mann, der sie nicht enttäuschen wird, doch noch zu finden, wenden sie sich dann oft der Frauenwelt zu, d. h., sie haben Beziehungen vorwiegend zu Frauen, was nicht bedeuten muß, daß das homosexuelle Beziehungen sind.

Auf die charakterologischen klinischen Folgen einer gestörten ödipalen Entwicklung kann ich hier nicht im einzelnen eingehen. Ich kann nur bestimmte Aspekte herausheben, die für unser Thema von Bedeutung sind. Ich hoffe aber, deutlich gemacht zu haben, daß die gut bestandene Triangulierungsphase eine der *wesentlichen* Voraussetzungen für eine Bewältigung der ödipalen Konflikte darstellt. Zusammengefaßt: Für das Kind, das nur ein wichtiges Objekt kennt, ist es viel gefährlicher, auch nur Phantasien zu entwickeln, die eine *das andere Elternteil ausschließende* Beziehung zu einem Elternteil beinhalten. Todeswünsche im ödipalen Rahmen gewinnen dann mehr Aktualität, sie werden nicht durch positive Beziehungswünsche ausgeglichen.

In der ödipalen Phase der Entwicklung bewegt sich *das nicht dyadisch fixierte Kind* immer wieder in seinen Phantasien zwischen der Phantasie eines ausschließlichen Besitzes des gegengeschlechtlichen Elternteils, also beim Mädchen des Vaters, beim Jungen der Mutter, was bis zu Todeswünschen geht, die sich auf das gleichgeschlechtliche Elternteil richten *und Phantasien einer Harmonie, die es ermöglicht, sich den Vater mit der Mutter oder, beim Jungen, die Mutter mit dem Vater zu teilen.* Daß dieses Teilen vom Entwicklungsstand des Kindes her freilich nicht in allem möglich wäre, muß das Kind irgendwann einmal einsehen, sonst kommt es zur ödipalen Illusion. Die ödipale Illusion beim Mann beinhaltet, daß er im Leben schon zurecht kommen wird, wenn die Frauen ihn mögen, daß er also erwachsene Arbeitskompetenzen nicht erwerben muß und bei der Frau hat die ödipale Illusion den Inhalt, daß sie nur nett und charmant zu sein braucht, um von Männern gemocht zu werden, die ihr dann alles geben was sie sich wünscht, z. B. ein bestandenes Examen.

Dem dyadisch fixierten Kind ist diese Vielfalt der Phantasien nicht möglich. Die ödipalen Wünsche können so angstbesetzt sein, daß sie ganz unterdrückt werden müssen. Man gewinnt dann als Therapeut u. U. den Eindruck, ödipale Wünsche seien nie entstanden. Sie sind aber nur nicht manifest geworden. Läßt man die abgewehrten ödipalen Wünsche in einer Therapie unbeachtet, hat das natürlich Folgen für das therapeutische Ergebnis. Viele Behandlungen von sogenannten frühgestörten Patienten laufen heute leider so. Die Patienten können eine reife Beziehungsfähigkeit in einer Partnerschaft dann nicht entwickeln, dazu ist das Bearbeiten der ödipalen Phase in der Therapie eine Voraussetzung.

Äußerungsformen der dyadischen Fixierung im Alltag des Erwachsenen - die Items eines Fragebogens

An der Abteilung für klinische Gruppenpsychotherapie der Universität in Göttingen hat Leichsenring (Leichsenring u. Seinfeld 1993), fußend auf Vorarbeiten von Baumann (1992), zusammen mit einigen Doktoranden damit begonnen, unsere diagnostischen Möglichkeiten bei der dyadischen Fixierung zu erweitern. Dazu gehört die Entwicklung eines Fragebogens, den man Patienten vorlegen kann. Aus diesem Fragebogen will ich Ihnen nun einige Items nennen, die aus unseren klinischen Erfahrungen heraus entwickelt wurden. Die Items bestehen aus Behauptungen. Der Patient oder die Patientin soll dazu Stellung nehmen, inwieweit die Behauptungen auf sie zutreffen. Manche dieser Items erklären sich selbst, einige möchte ich kommentieren:

- *"Ich verbringe die Abende lieber mit meiner Partnerin alleine"*. Dieses Item erklärt sich von selbst.

- *"Ich kann mich nur schwer aus einer Beziehung lösen, auch wenn ich sie als zu eng empfinde"*. Hier ist die Ambivalenz angesprochen, die entsteht, wenn eine Beziehung eng ist. Eine enge Beziehung schneidet immer auch andere Möglichkeiten ab. Ein dyadisch Fixierter wird auf solche Möglichkeiten eher verzichten wollen als jemand, der nicht dyadisch fixiert ist, weil er diese anderen Möglichkeiten gar nicht wahrnimmt.

- *"Ich bin mit einem anderen Menschen im Gespräch. Ein dritter kommt dazu. Ich reagiere mit Angst"*. Diese Reaktion kann damit zusammenhängen, daß der Patient fürchtet, der andere könnte beim Gesprächspartner mehr Interesse finden als er. Solche Menschen fühlen sich abgeschrieben, wenn sich ihr Gesprächspartner einem anderen zuwendet.

- *"In der Schule hatte ich einen festen Freund oder eine feste Freundin, die anderen störten nur"*. Dieses Item erklärt sich auch von selbst.

-*"Allein mit meiner Partnerin langweile ich mich bald"*. Das wäre jemand, der dyadisch nicht fixiert ist, sondern eher mit mehr Menschen umgehen möchte. Daß sich jemand in einer Beziehung langweilt, kann natürlich auch andere Ursachen haben als eine dyadische Fixierung. Beispielsweise kann jemand aus inneren Gründen daran gehindert sein, mit dem Partner etwas zu tun, das die Beziehung interessanter machen könnte; z. B. etwas Sexuelles. Sexuelle Wünsche drängen an, werden aber abgewehrt. Die Abwehr kostet Energie. Es entsteht ein Gefühl der inneren Leere, das wie Langeweile erlebt wird. Deshalb sind bei solchen Befragungen einigermaßen sichere Ergebnisse auch nur anzunehmen, wenn eine ganze Reihe von Behauptungen als zutreffend angesehen wird. Im Zusammenhang mit diesem Item will ich auch nicht versäumen, darauf hinzuweisen, daß es auch ein Gegenstück zur dyadischen Fixierung gibt, nämlich eine Schwierigkeit, mit Zweierbeziehungen umzugehen. Diese Schwierigkeit findet sich z. B. bei Leuten, die in Israel im Kibbuzim aufgewachsen sind, wo sie den Umgang mit mehreren Personen gleichzeitig in den Kindergruppen viel eher lernen als den Umgang mit einem Erwachsenen.

- *"Mit mehreren Menschen gleichzeitig umzugehen, macht mir keine Mühe"*. Dieses Item erklärt sich von selbst. Im Gegensatz dazu:

- *"Gemütlich ist es nur zu zweit"*.

-*"Auf Parties versuche ich einen interessanten Gesprächspartner oder eine interessante Gesprächspartnerin zu finden, um mich mit ihm bzw. ihr zurückzuziehen"*.

- *"Gemütlich wird es erst, wenn ich unter mehreren bin."* Im Gegensatz dazu wiederum:
- *"Feiern mit vielen Menschen sind mir unangenehm"*.

- *"Wahre Freundschaft gibt es nur mit einem Menschen"*. Diese o. g. Items erklären sich auch von selbst.

Sind Hinweise auf eine dyadische Fixierung vorhanden, ist in jedem Fall noch zu entscheiden, ob es sich um eine dyadische Fixierung oder um eine dyadische *Scheinfixierung* handelt. Ich habe schon erwähnt: Die Hinwendung zu einem Geschlecht und die Ablehnung des anderen Geschlechts kann damit zu tun haben, daß man als Kind am Vater oder an der Mutter enttäuscht wurde. Innerhalb des einen oder des anderen Geschlechts, das vorgezogen wird, sind dann aber Mehrpersonenbeziehungen möglich. Als diagnostisch besonders relevant hat es sich für uns bewährt, nach Situationen zu fragen, bei denen in einem Gespräch ein anderer hinzutritt. Diese Fragen liefern in der Regel mehr Informationen als wenn man fragt, wie jemand seine Beziehungen gestaltet, wenn er es in der Hand hat, das zu tun, z. B. ob er lieber mit einer Person oder mit mehreren Personen zusammen ist.

Wenn auf einer Party zwei Menschen sich unterhalten, kann es natürlich stören, wenn ein Dritter hinzukommt, weil das Thema interessant ist und man fürchtet, es könnte den anderen nicht interessieren oder er verstünde nichts davon. Deshalb ist es wichtig, zu fragen, *welche* Gefühlsreaktionen auftreten, z. B.: *"Das macht mich ärgerlich"* oder: *"Ich bekomme das Gefühl, daß ich meinem Gesprächspartner nicht wichtig bin"* oder: *"Ich werde traurig"* oder: *"Ich verspüre ein Angstgefühl"* oder aber auch *"wenn die dritte Person eine Frau ist, habe ich nicht das Gefühl, als Mann unattraktiv zu sein, wenn diese sich dem anderen zuwendet"*. Im Gegensatz dazu: *"wenn mein Gesprächspartner eine Frau ist und ein Mann hinzukommt, habe ich das Gefühl, für Frauen unattraktiv zu sein"*. Besonders im letzteren Falle kann es sich natürlich um Auswirkungen eines in den Geschlechtseigenschaften nicht Anerkanntwerdens während der sog. phallischen und während der ödipalen Phase handeln, also um eine Scheinfixierung. Für Menschen, die außer Haus arbeiten, könnte das Item relevant sein: *"Wenn ich beruflich außer Haus bin, befürchte ich meine Partnerin zu kränken oder zu verärgern"*. Das kann mit der eigenen dyadisch fixierten Einstellung zu tun haben: Man erlebt immer nur ein Objekt als wichtig, entweder die Partnerin oder die Gruppe von Menschen, mit der man im Beruf umgeht. Hier ist wichtig, anzumerken, daß eine Gruppe wie eine Person erlebt werden kann. Andererseits kann es sich um die Folge von Beobachtungen handeln. Der Mann kann z. B. nicht dyadisch fixiert sein, die Frau aber wohl und der Mann kann erlebt haben, daß sie entsprechend reagiert. Hier ist es also wichtig, zu fragen, ob sich der Betreffende auf eigene Befürchtungen oder auf beobachtete Reaktionen der Partnerin bezieht.

An diesem Beispiel wird besonders deutlich, daß es zur Diagnose einer dyadischen Fixierung nicht genügt einfach nur festzustellen, daß jemand es vorzieht, mit nur einer Person umzugehen, jedenfalls nicht, wenn man nur nach dem Partner oder der Partnerin fragt, denn es kann sich ja um eine dyadische Fixierung nicht bei dem Menschen handeln, den man untersucht, sondern bei der Partnerin oder dem Partner. Es kann sich auch um eine dyadische Scheinfixierung handeln, nämlich um eine Fixierung auf Beziehungen zu einem Geschlecht. Es kann ferner sein, daß der Betreffende sehr zwanghaft ist und jede Situation kontrollieren möchte, in der er sich befindet und das wird natürlich umso schwieriger, je mehr Leute anwesend sind. Es kann sich um einen Menschen handeln, der eine Menge narzißtischer Zufuhr braucht und diese Zufuhr mit niemand anderem teilen möchte oder es kann sich um einen Menschen handeln, der sich im Grunde für unattraktiv hält und es als Beweis für seine fehlende Attraktivität ansieht, wenn ein Mensch, mit dem er eben gesprochen hat, sich auch für andere interessiert.

Therapie

Handelt es sich um eine wirkliche dyadische Fixierung, hat das Konsequenzen für die Ziele einer Therapie und die gewählte Behandlungsform. Ein Ziel der Therapie muß es natürlich sein, dem Patienten den Übergang von der dyadischen Fixierung auf angstfrei erlebte Mehrpersonenbeziehungen zu ermöglichen und zu erleichtern. Dazu ist es nötig, die Ängste zu bearbeiten, die in Mehrpersonensituationen auftreten. In Einzeltherapien läßt sich das an den Außenbeziehungen machen, also an den Beziehungen, von denen der Patient in der Einzeltherapie berichtet. Man kann das Problem aber auch in der Übertragung bearbeiten; etwa, wenn der Patient phantasiert, der Analytiker könnte Beziehungen zu anderen wichtigen Menschen haben. Die Ängste werden dann oft durch die Phantasie abgewehrt, man selbst sei der wichtigste Patient, weil man aus irgendwelchen Gründen besonderes Interesse hervorruft, z. B. ist man ein besonders interessanter Fall.

In Gruppen können die Probleme der dyadischen Beziehungsform ebenfalls bearbeitet werden, was sich manche Therapeuten, die keine Erfahrung mit Gruppentherapie haben, nicht gut vorstellen können. Es ist aber so, daß ein Patient in einer Gruppe das Beziehungsfeld so strukturiert, wie er das auch außerhalb im Alltagsleben tut. Er versucht, eine Beziehung zu einer Person herzustellen. Das kann der Therapeut sein, es kann aber auch ein Patient sein, wobei der Therapeut zusammen mit den übrigen Gruppenmitgliedern ausgeblendet wird. Ich habe die Erfahrung gemacht, daß solche Patienten oft sagen, der Therapeut sei unwichtig oder er sei neutral oder er sei als Person nicht anwesend. Umgekehrt: Ist der Therapeut die Person, auf die sich ein Patient oder eine Patientin fixiert, so erscheinen ihm oder ihr die anderen unwichtig, was oft Kränkungsreaktionen bei den anderen Gruppenmitgliedern hervorruft. Auch das kann wichtige Entwicklungsanreize für den dyadisch fixierten Patienten bieten, wenn er sich mit solchen Reaktionen auseinandersetzt.

Gleichzeitig wird solchen Patienten aber in der Gruppe in Intimität vorgeführt, daß man Beziehungen zu mehreren Menschen haben kann. Ich halte es deshalb für besonders wichtig, daß bei der Behandlung solcher Patienten ein Gruppenkonzept angewandt wird, das nicht künstlich eine dyadische Situation herstellt, z. B. dadurch, daß der Therapeut nur Gesamtgruppendeutungen gibt, die Beziehungen der Patienten untereinander aber vernachlässigt oder, wenn der Therapeut alle Berichte über Außenbeziehungen als Widerstand gegen die Arbeit im "Hier und Jetzt" auffaßt und sich nur für die Beziehungen des Patienten zu ihm selbst zu interessieren scheint. Die Kombination eines dyadischen Gruppenkonzepts mit einer übersteigerten Aufmerksamkeitszuwendung zum "Hier und Jetzt" ist deshalb für die Behandlung dyadisch fixierter Patienten ungünstig.

Dagegen wird bei der Anwendung eines Gruppenkonzepts, das die Beziehungen der Patienten untereinander als wichtig darstellt, die Möglichkeit zur Verfügung gestellt, im "Hier und Jetzt" *die Beziehungen innerhalb der Gruppe* in den Mittelpunkt der Aufmerksamkeit zu stellen. Die klinische Anwendung des Konzepts von der dyadischen Fixierung erweitert insgesamt nicht nur die diagnostischen, sondern auch die therapeutischen Möglichkeiten. Man merkt, wenn man das Konzept anwendet, genauer und eher als sonst, worauf es in der Therapie eines dyadisch fixierten Patienten ankommt.

Literatur

Abelin EL (1971) The role of the father in the seperation-individuation process. In: McDevitt JB, Settlage CF (eds) Separation-Individuation. Int Univ Press, New York, pp 229-252

Abelin EL (1975) Some further observations and comments on the early role of the father. Int J Psychoanal 56 : 293-302

Baumann U (1992) Dyadische Fixierung. Dissertation Medizinische Fakultät, Georg-August-Universität Göttingen

Dornes M (1992) Der kompetente Säugling. Fischer, Frankfurt aM

Ermann M (1985) Die Fixierung in der frühen Triangulierung. Forum Psychoanal 1: 93-110

Freud (1905) Drei Abhandlungen zur Sexualtheorie GW, Bd 5, S 27-145

König K (1992) Kleine psychoanalytische Charakterkunde. Vandenhoeck & Ruprecht, Göttingen (2. Aufl. 1993)

Kohut H (1971) Narzißmus. Suhrkamp, Frankfurt aM

Leichsenring F, Seinfeld B (1993) Development and evaluation of a questionnaire referring to central relational wishes. In: Czogalik D, Kächele, H (eds) Abstracts of the IVth European Meeting, Society for Psychotherapy Research, Budapest, pp 64

Rohde-Dachser C (1987) Die ödipale Konstellation bei narzißtischen und Borderline-Störungen. Psyche 9 : 773-799

Rotmann M (1978) Die Bedeutung des Vaters in der "Wiederannäherungsphase". Psyche 32 : 1105-1147

Rotmann M (1985) Frühe Triangulierung und Vaterbeziehung. Anmerkungen zur Arbeit von M. Ermann. Forum Psychoanal 1 : 308-317

Das Konzept der "strukturalen Triade"

Hermann Lang

Ob im "Leben" oder in großer Kunst, Dreieckskonstellationen sind problematisch und enden nicht selten fatal. Man denke nur an die Ilias, an Othello, Werther, Don Carlos, Woyzeck, Mme. Bovary, Effi Briest, die großen Romane Tolstojs und Dostojewskijs usw. Oder man denke an große Opernliteratur, wo tragisch endende Triaden das Leitmotiv schlechthin darstellen. Bei Verdi, neben Othello, Troubadour, Maskenball, Aida. Die großen Werke der italienischen Oper nach Verdi, charakteristischerweise als Epoche des "verismo" bezeichnet, d. h. der Wirklichkeit abgelauscht, danken ihre Erfolge der Vorführung katastrophal endender Dreiecksbeziehungen: Manon Lescaut, Tosca, Mme. Butterfly, Der Mantel, Turandot, Mascagnis Cavalleria Rusticana, Leoncavallos Bajazzo. Die Oper aller Opern ist ganz auf eine schicksalhaft tödlich endende Dreiecksbeziehung angelegt: Bizets Carmen. Vielleicht ähnlich wie bei Puccini, der immer wieder in konfliktreiche Affären verwickelt war, waren es auch bei Wagner persönlich konflikthaft erlebte Dreierkonstellationen, die zur Darstellung problematischer Triaden auf der musikalischen Bühne den Anstoß gaben: Senta mit Erik und dem Holländer, Tannhäuser zwischen Venus und Elisabeth, Sieglinde zwischen Ehemann Hunding und inzestuösem Geliebten Siegmund, Siegfried zwischen Brünnhilde und Gutrune und natürlich v. a. Isolde zwischen dem königlichen Gatten Marke und dem Geliebten Tristan.

All diese Triaden, man könnte ihre Aufzählung sowohl in Literatur als auch Musik beliebig fortsetzen - oft fällt beides zusammen, was für die Faszination durch dieses Motiv spricht -, all diese Triaden enden mit dem Tod des einen oder zuweilen sogar zwei der Protagonisten. Es bleibt, um solch fatalem Ende zu entgehen, offensichtlich nur der Verzicht. Der alternde Hans Sachs in den "Meistersingern" steht für diese Lösung, wenn er auf Eva zugunsten des jungen Walther von Stolzing verzichtet.

Das gleichschenklige Dreieck - in der Geometrie steht es für Stabilität, im Bereich des Zwischenmenschlichen für tragische Fragilität. Von Dauer scheinen nur Zweierbeziehungen, Liebe, Intimität und Vertrauen. Und ist es nicht die "primary love" der Mutter-Kind-Beziehung, die von Freud, was den Knaben angeht, als unproblematischste, vollkommenste Beziehung überhaupt gefeiert wird, die schon anfänglich das Grundmuster abgibt für spätere heile Zweisamkeit. Wie in späteren Dreiecksverhältnissen erscheint auch anfänglich der Dritte als der auszuschließende Störfaktor. Wenn er auf der Bühne der Entwicklung menschlichen Daseins erscheint, begegnet er als "ödipales Schreckgespenst" (Mertens 1992), das schließlich ein nicht minder schreckliches "Über-Ich" sozial vererbt. So wundert es nicht, wenn Autoren wie der Psychoanalytiker Wilhelm Reich (1931) und der Philosoph Herbert Marcuse (1968) quasi alles Übel dieser Welt den bösen Vätern, dem Vaterrecht, anlasten. Unter Berufung auf die ethnologischen Forschungen Malinowskis und Morgans versucht Reich gegen patriarcharliche Strukturen ein archaisches Mutterrecht zu setzen, das im Zustande eines Urkommunismus keinerlei Unterdrückung und Verdrängung kenne, ja "mit der Tatsache des Inzests ... in vollem Einklang steht" (Reich 1931). Auch in der differenzierteren Konzeption Marcuses ist die harte und feindliche Gegenwart durch den Vater repräsentiert, ist er doch der Vertreter des Realitätsprinzips, während die archaisch libidinös-narzißtische Beziehung zur Mutter als Quelle und Vorbild aller Lust gilt. Das "Zurück zur Natur" wird ein "Zurück zu den Müttern". Der Dritte als Störfaktor der lustbringenden Beziehung zur Mutter ist der Vater. Auch für Freud hatte der Vater des Ödipuskomplexes vorrangig feindliche, hassenswerte Züge.

Der Dritte, der Vater - das ödipale Schreckgespenst. Vor kurzem sah ich einen 29jährigen schlanken, sportlich gekleideten und beruflich als Facharbeiter gut gesettelten Mann, überwiesen mit der Frage möglicher psychotherapeutischer Behandlung. Im Erstinterview kam zutage, daß "Wildwasser" ihm vorwerfe, die gerade jetzt 5jährige Tochter Verena zwei Jahre lang sexuell mißbraucht zu haben, obwohl er sich nicht daran erinnern könne. Die Untersuchung von Verena bei "Wildwasser" habe folgendes Ergebnis gebracht: Verena habe gesagt, daß ihr Papa tagsüber ein lieber Papa sei, der sich aber nachts ganz anders verhielte; dann bekäme sie Angst. Der Papa käme zu ihr ins Bett und würde ihr dann seinen Penis in den Mund stecken; es käme dann eine weiße Flüssigkeit, und die schmecke schlecht. Außerdem würde der Papa immer sagen, daß sie von all dem niemanden etwas erzählen solle. Eine nicht mehr übersehbare "Mißbrauchsliteratur" macht heute, ganz analog zu Freuds früher Verführungstheorie, den Dritten im Mutter-Kind-Vater-Trio für neurotische, psychosomatische und psychotische Spätfolgen verantwortlich. Der Vater - tagsüber ein Dr. Jeckyl, nachts ein Mr. Hyde. Der Vater - ein Monster!

Zweifellos findet sich heute der Dritte in den Vordergrund gerückt. Man spricht vom Vater - wenn auch mit negativem Vorzeichen. Eine auch positiv konnotierende Vaterliteratur zeichnet sich erst (u. a. im Anschluß an Abelin 1971) schüchtern ab (vgl. z. B. Stork 1974; Rotmann 1978; Ermann 1985; Buchholz 1990). Dem war lange nicht so. In der postfreudianischen psychoanalytischen Bewegung war der Vater mehr und mehr zur belanglosen Randfigur geraten, sofern die Genese psychischer Störungen immer früher datiert wurde, während die Mutter-Kind-Dyade allein über späteres Glück oder Unglück entschied. Die Genese der klassisch-"ödipal" strukturierten Neurosen verlagerte sich ins Präödipale, in die Mutter-Kind-Beziehung. Im Zentrum stand die Mutter-Kind-Dyade.

"Für das Gefüge psychoanalytischer Theorie hat dieses Beziehungsfeld (Mutter-Kind-Beziehung) zweifellos die Relevanz einer Grundfigur. Was alle psychoanalytischen Untersuchungen konkreter Mutter-Kind-Dyaden hervorheben, ist die grundlegende Bedeutsamkeit dieses Beziehungsfeldes für jede weitere Entwicklung des Kindes. Dies darf gleichermaßen als allgemeiner Konsens psychoanalytischer Autoren angesehen werden. ..." (Lorenzer 1972).

Als Vertreter dieser nach Lorenzer "undiskutiert-selbstverständlichen Voraussetzung" wären unter vielen anderen Balint (1966) mit seinem Konzept der schon erwähnten "primary love", der Urliebe, zu nennen oder Spitz (1959), dessen Auffassung entsprechend die Mutter-Kind-Dyade den Keim jeder sozial höheren Ordnung darstellt. Aber auch für Mahler (1972), deren Stadienlehre von Symbiose, Loslösung und Individuation breite Resonanz findet, steht das Prinzip des "mothering" ganz im Zentrum. So ist es konsequent, daß sie beispielsweise psychotische Störungen in der Mutter-Kind-Relation gründen läßt.

In Abhebung dazu ist zu zeigen, daß für menschliches Dasein eine trianguläre Strukturierung von vornherein konstitutiv ist, daß psychogene Störungen wesentlich im komplexen Übergang von der biologischen Trias Vater-Mutter-Kind zum kulturell-sozialen Fundamentalgefüge der "strukturalen Triade" (Lang 1978 a, b; Lang 1992) wurzeln, und schließlich, daß auch für später "geglückte" Ich-Du-Beziehungen nicht eine Mutter-Kind-Dualunion Voraussetzung ist, sondern eine anfängliche Triade. Versuchen wir nun diesen Ansatz näher auszuführen und zu konkretisieren.

Der Mensch, weitgehend bar instinkthafter Festgelegtheit, ist, im Gegensatz zum umweltangepaßten Tier, dem formenden Einfluß seiner Umgebung in hohem Maße ausgesetzt. Der Mensch, als ein anfänglich in Hilflosigkeit getauchtes Lebewesen, als "Mängelwesen", wird nun in ein Gefüge hineingeboren, das von Anfang an in entscheidender Weise die späteren Erlebnisbereitschaften und Verhaltensstile prägt. Diese Ursprungswelt ist die Familie. Sie ist der primordiale Sozialraum, der von der frühen Kindheit bis zur Pubertät, Adoleszenz und beginnenden Reifezeit zentral auf den Werdenden einwirkt, sie ist der soziale Mikrokosmos, in dem mitmenschliche Kommunikation erlernt wird und sich die eigene Identität herausschält.

In diesem Gefüge ist es natürlicherweise der primäre andere, die Mutter, die nährt und pflegt, die wärmt und liebt. Die Art dieser Beziehung ist indessen - und das ist entscheidend - ganz wesentlich davon abhängig, wie die Mutter zum Ehemann bzw. Partner steht und dieser zu ihr. Von Bedeutung ist deshalb zunächst weniger die unmittelbare Gegenwart des Vaters - obwohl sich das heute langsam ändert -, maßgebend ist zunächst und v. a. seine *mittelbare* Präsenz, sofern sie über die eheliche Beziehung oder Partnerrelation eine Triade mitkonstituiert. Präsent hat der Vater bezüglich seiner Frau zu sein, denn die Art seiner Beziehung zur Kindesmutter wird deren Relation zum Kinde entscheidend mitbestimmen. Ist die elterliche Beziehung intakt, nimmt der Vater seinen strukturell vorgezeichneten Platz ein, wird von Anfang an der Verweis auf ein Drittes die reine Dualunion gar nicht aufkommen lassen, wird die Triade zum strukturellen a priori der Entfaltung menschlichen Daseins. Es bedarf deshalb von Anfang an der Verinnerlichung des väterlichen Strukturmoments, es bedarf der Errichtung der Repräsentanz "Vater" oder, wie Lacan (1975) sagt, des "nom du père", des "Namen des Vaters"; es bedarf dieser Errichtung als Voraussetzung dessen, was wir dann später als den sog. Ödipuskomplex erfahren können.

Die klassische Unterscheidung zwischen präödipaler und ödipaler Phase wird so relativiert. Die Irrelevanz einer solch strengen genetischen Differenzierung erscheint noch klarer, wenn wir uns vergegenwärtigen, daß ein triangulierender Einfluß ja nicht erst bei der Geburt einsetzt, sondern sich in den Phantasien, die die Schwangere um das Werdende rankt, vorgezeichnet finden kann. Die Stelle, die der Vater bereits in diesen Phantasien einnimmt, wird ihrerseits diese Vorzeichnung entscheidend bestimmen. Der Vater selbst kann zur Bildung dieser anfänglichen Triangulierung dadurch beitragen, daß er seinerseits die Mutter begehrt und die Mutter auf diese Weise nicht allein in ihrer Beziehung zum Kinde läßt.

Die Mutter stellt für beide Geschlechter das primäre Objekt dar. Unabhängig vom Geschlecht des Kindes wird deshalb der erste libidinöse Wunsch oder Inzestwunsch zunächst immer auf die Mutter zielen, und unabhängig vom Geschlecht ist das Kind dem Begehren der Mutter ausgesetzt. Bleibt nun der Bezug der Mutter zum Vater aus, richten sich vielmehr die mütterlichen Wünsche in toto auf das Kind, kann es - vorausgesetzt, die Disposition des Kindes "entspricht" diesem "Beziehungsangebot" - zur zugleich parentifizierenden wie infantilisierenden Symbiose, zum phantasierten Inzest, kommen. Es fällt die Generationenschranke und die Identitätsbildung wird gehemmt. Die Errichtung des Inzestverbots unterbleibt. Die Konstitution des Menschenwesens als "animal sociale", als kommunikatives Wesen, wird entscheidend behindert.

Um einen Kern eigener Identität bilden zu können, muß das menschliche Subjekt Abstand zu seiner primären Bezugsperson gewinnen. Damit dies möglich wird, hat sich im Verhältnis zum primären anderen ein drittes Strukturmoment abzuzeichnen, das auf eine andere Ordnung als die der privativen Dualunion verweist. Wie wir indessen schon angedeutet haben, ist der reale Vater, der dieses dritte Moment zu verkörpern hat, keine letzte Instanz - so wäre das System erneut geschlossen. Der reale Vater ist selbst nur Verweisung, Funktion, Agent der menschlichen Gesellschaft, der hier - denn darauf beruht diese menschliche Gesellschaft auf ihrem Urgesetz - das Inzestverbot durchzusetzen hat. Menschliche Gesellschaft - das ist eine Kommunikationsgemeinschaft, eine Sprachgemeinschaft - ist, wie wir mit Lacan auch sagen können, "eine symbolische Ordnung". Die Einführung der strukturalen Triade ist deshalb nicht denkbar unabhängig von der Einfügung des menschlichen Subjekts in diese symbolische Ordnung, deren Kern die Sprache ausmacht.

Von Anfang an - wie auch jüngst die empirische Säuglingsforschung demonstriert - ist das menschliche Subjekt kommunikatives Dasein. Und sehr früh ist zweifellos diese Kommunikation symbolisch strukturiert. So lassen sich z. B. ab dem 4. Monat Symbolisierungsprozesse in Form der sog. "Übergangsobjekte" beobachten. Bekanntlich hat Winnicott (1969) zeigen können, daß bestimmte, das Kind sehr früh faszinierende Objekte, wie beispielsweise der Zipfel einer Decke, die ersten "Symbole" der Mutter darstellen. Sobald es dem Kinde gelingt, auf diese Weise erstmals die Mutter zu symbolisieren, ist der Weg zur Distanzierung und Emanzipation gebahnt, denn jetzt kann das Kind spielerisch, mittels dieser Gegenstände, die primäre Bezugsperson präsent *und* verschwinden machen. Längst ehe das Kind in Worten zu sprechen beginnt und zur höchst entwickelten Form der symbolischen Funktion der Sprache, findet, zeichnen sich schon Symbolisierungsprozesse ab. In dem Augenblick, wo der primäre andere repräsentiert, symbolisiert werden kann, ist die Möglichkeit zur Distanzierung gegeben und somit die ersten Spuren eines Freiraums eröffnet, in den hinein die eigene Identität sich entwickeln kann.

Was hier Winnicott in seinen ersten Umrissen festhielt, wird schließlich zu einer Erfahrung mit dem Symbolischen schlechthin, der Sprache, die wir alle kennen und praktizieren - nämlich dann, wenn es gelingt, eine überwältigende Unmittelbarkeit *zur Sprache zu bringen*. Wo diese primäre Symbolisierung mißlingt, stoßen wir auf ein Beziehungsmuster, wo der eine mit dem anderen so symbiotisch verbunden ist, daß eine konsistente Abgrenzung zwischen Ich und Nicht-Ich strukturell nicht möglich wird.

Sprache bzw. das Symbolische und das väterliche Moment erhalten funktional gleichen Stellenwert. Denn das Sicheinfügen in die universale Dimension der Sprache bzw. des Symbolischen ermöglicht den Überstieg über den isolierenden Rahmen dyadischer Strukturierung. Aufgabe des realen Vaters (wie natürlich auch der Mutter) ist es, diese Verweisung auf ein Drittes, eine fundamentale Offenheit, zu gewährleisten.

Wie sehr das Paternale und das Symbolische bzw. die Sprache als Ermöglichungsgrund für den Überstieg dyadischer Strukturierung, für Triangulierung, zusammenhängen, kann eine kurze Fallvignette illustrieren:

Peter B., ein 33jähriger Student der Philosophie und Theologie, berichtete nach seiner Klinikaufnahme über seine sexuellen Erfahrungen, die zur Auslösesituation geworden waren. Er habe eine Jugoslawin kennengelernt, die schon nach kurzer Bekanntschaft eines Abends, nach einem langen Gespräch, ihn ihre Wünsche nach intimen Kontakt merken ließ. Als sie sein Glied berührte, fühlte er sich abgestoßen, geriet in Panikstimmung. "Es zeigte sich, daß ich unfähig war, Kontakt aufzunehmen. Damit bin ich nicht fertiggeworden. Plötzlich Sexualität und kein Gespräch mehr". Einige Tage später suchte er eine Prostituierte auf. Er war erregt, hatte auch eine Erektion, als sie aber sein Glied umfaßte, habe er es nicht ertragen können. "Plötzlich sah ich mich Dingen konfrontiert, wo ich nicht mehr sprechen konnte". In den nächsten Tagen schossen Wahnideen ein, die schließlich zur Klinikaufnahme führten, u. a. des Inhalts, daß er alle theologischen Probleme gelöst habe. Gegen Ende des Klinikaufenthalts lernte er eine Arzthelferin kennen. Mit ihr kam es auch bald zu einem ersten sexuellen Kontakt. Während er bei ihr im Zimmer weilte, über seine Probleme sprach, streckte sie sich auf ihr Bett, zog ihn zu sich und nahm seinen Penis oral, während er intensiv weitersprach. Bei der Wiederholung des gleichen Arrangements kam er am nächsten Tag dann auch zu einem Orgasmus. Einige Monate später lernt er eine weiteres Mädchen, Eleonore, kennen. Zu den Ansätzen intimer Beziehung, zu denen es in diesem Fall kam, meinte der Patient: "Meine Mutter sagt, ich sei ihr zweites Ich - wie kann ich da eine Freundin haben, wenn meine Mutter so dabei ist ... Meine Beziehung zu Eleonore hörte in dem Moment auf, als ich mit ihr ins Bett stieg, und ich plötzlich meine Mutter vor mir sah. Die Mutter ist stärker gewesen als Eleonore. Ab diesem Moment waren meine Gefühle für Eleonore völlig verschüttet ... Vielleicht habe ich aber auch mit Eleonore nich genügend sprechen können".

Peter B. - aufgewachsen in einer Familie, in der die Mutter regierte, wie er einmal sagte, der Vater wohl in der Familie lebte, aber ohne in wirkliche Beziehung zu Mutter und Kind zu treten - hatte in seiner Strukturierung keine Triangulierung erfahren. Entsprechend erlebte er sexuelle Begegnungen als inzestuöse Entgrenzung mit charakteristischem panischem Reagieren. Nur bei der Arzthelferin gelang es ihm, diese ihn gefährdende Situation zu bestehen, denn das sexuelle Arrangement (Fellatio) gestattete ihm hier ganz konkret, *weiterzusprechen*. Es war offensichtlich dieser konkretistische Rekurs auf das Sprechen, die Sprache, der hier triangulierende Grenzen setzen konnte, eine gewisse Distanzierung und damit Souveränität verschaffte, so daß er keine dyadische Entgrenzung zu fürchten hatte.

Wenn das dritte Strukturmoment der Triade nicht im realen Vatersein aufgeht und dieses selbst nur Verweis auf eine fundamentale Offenheit, Differenz, die menschliche Kommunikationsgemeinschaft zu sein hat, so kann sich eine strukturale Triade auch bilden, wenn der reale Vater nicht präsent ist. Man denke nur an die vielen Kriegskinder und Kinder von Alleinerziehenden. Entscheidend ist, daß sich der mütterliche Diskurs nicht dyadisch schließt, sondern zu einem außerhalb

öffnet, ein drittes Strukturmoment appräsentiert, so daß sich eine Vater-
repräsentanz bilden kann. Und umgekehrt kann sich eine Dyade zwischen Vater
und Sohn, Vater und Tochter einspielen, wenn der Vater in seiner Verweisungs-
funktion versagt, als Despot auftritt, sich für das Gesetz selbst ausgibt, sich im
Diskurs zu seinem Kinde einschließt, und jetzt die Mutter als drittes Strukturmoment, in der väterlichen Position sozusagen, aufgerufen wäre, eine solche
Dualunion zu sprengen bzw. zu verhindern - dies aber nicht kann oder will. Das
kann beispielsweise in Bezug zu einem Vater geschehen, der die Mutter dergestalt
als Werkzeug seiner narzißtischen Rekrutierungsstrategien benutzt, daß sie als
konstitutives Strukturmoment der Triade verschwindet.

Die Sozialisation des sächsischen Senatspräsidenten Schreber, dessen Mutter
sich ganz mit den abstrusen Erziehungsmaßnahmen des Vaters, des berühmten
Schrebergärtners Dr. med. Schreber identifiziert hatte, ist dafür ein Beispiel. Über
den Sohn, den wohl berühmtesten Patienten der Psychiatrie überhaupt, über seine
"Denkwürdigkeiten eines Nervenkranken" (1973) gibt es heute, von Freud (1911)
angefangen, eine unübersehbare Literatur. Eine andere Konstellation wäre die,
daß sich die Mutter sowohl dem Ehemann als auch dem Kind entzieht und sich
auf diese Weise eine charakteristische Vater-Kind-Dyade bilden kann.

So zeigte sich bei einer heute 48jährigen Sekretärin, bei der 25jährig eine
chronisch paranoid-halluzinatorische Schizophrenie diagnostiziert wurde, daß
eine bestimmte Art dualer Objektbeziehungen, nämlich die zu älteren
Vorgesetzten, als äußerst problematisch imponierte. Man konnte fast sicher pro-
gnostizieren, daß dann, sobald eine solche Konstellation eine gewisse emotionale
Nähe erreichte, die Psychose erneut ausbrach. Die Patientin fühlte sich jetzt auf
Schritt und Tritt verfolgt, halluzinierte den Verfolger akustisch, glaubte, daß der
Vorgesetzte alle ihre Gedanken von Kind auf kenne, ihr seine Gedanken auf-
dränge, sie in allem steuere. Im Laufe der psychotherapeutischen Behandlung
stellte sich heraus, daß die Patientin in diesen Beziehungen eine Situation wiederholt, die für ihren Lebensgang prägend geworden war: die Beziehung zu ihrem
Vater. Bereits im ersten Lebensjahr hatte ich innerhalb der Familie ein "Schisma"
(Lidz et al. 1972) dergestalt aufgetan, daß die eine Seite Mutter, Großmutter müt-
terlicherseits und Sohn versammelte, während die andere durch die Dualunion
von Vater und Tochter gebildet wurde. Der Vater, zweifellos eine Borderline-
persönlichkeit, schloß sich auch sonst weitgehend von der Umwelt ab und
widmete sich fast ausschließlich dem Ziel der Aufzucht der Tochter. Innerhalb der
sich so konstellierenden Dyade spielten dann all jene "ambivalenten Mechanismen", die solche "Borderlinepersönlichkeiten" kennzeichnen: die Tochter
wurde zum "Prügelknaben" und alleinigem libidinös besetzten Objekt, das nach
Auskunft der Mutter auch direkt sexuell angegangen wurde. Die Nähe zu
Vorgesetzten war nun offensichtlich nicht zu ertragen, weil sie die gefährliche und
angstentbindende Nähe zum Vater zu wiederholen drohte. Wie der Vater wird der

Vorgesetzte zum sexuellen Verfolger, zum Verfolger schließlich, der sie, wie der Vater realiter, von Kindheit an kennt, ihr seine Gedanken aufdrängt und hinter allem steckt.

Gescheiterte Triaden können uns lehren, daß geglückte dyadische Beziehungen, wie sie in der Liebesbegegnung, der Freundschaft, der Ehe, Partnerschaft usw. zweifellos gegeben sind, nicht eine anfängliche Dyade wiederholen, sondern trianguläre Strukturiertheit voraussetzen. Denn nur eine Konstitution in der strukturalen Triade schafft die Bedingungen dafür, daß es auch in Zweierkonstellationen möglich wird, sich hinzugeben, ohne sich zu verlieren. Dies schafft auch die Voraussetzungen, daß man nicht bei einem Objekt stehenbleiben muß, sondern immer wieder andere begehren kann, wenn auch die völlige Erfüllung dieses Begehrens letztlich illusionär bleibt oder zu solch fatalem Ende führt, wie ich es eingangs kurz angerissen haben bzw. sich so darstellte, daß die Erfüllung mit dem Tod zusammenfallen scheint. Die letzten Worte, die Isolde in ihrem orgiastischen Liebestod noch finden kann, sind :"Höchste Lust".

Wir stehen vor dem Paradox, daß die Dreieckskonstellation, so unentbehrlich sie für die Entwicklung menschlicher Individuation an Anfang ist, dann problematisch wird, wenn sie das entwickelte, reife Subjekt zu leben sucht.

Literatur

Abelin E (1971) The role of the father in separation-individuation process. In: McDevitt JB, Settlage CF (eds) Separation-Individuation. Int Univ Press, New York

Balint M (1966) Die Urformen der Liebe und die Technik der Psychoanalyse. Klett, Stuttgart

Buchholz MB (1990) Die Rotation der Triade. Forum Psychoanal 6: 116-134

Ermann M (1985) Die Fixierung in der frühen Triangulierung. Zur Dynamik der Loslösungsprozesse bei Patienten zwischen Dyade und Ödipuskonstellation. Forum Psychoanal 1: 93-110

Freud S (1911) Psychoanalytische Bemerkungen über einen autobiographisch beschriebenen Fall von Paranoia (Dementia paranoides). GW, Bd 8

Lacan J (1975) Schriften II. Walter, Olten Freiburg/Br

Lang H (1978a) Die strukturale Triade - struktural-analytische Untersuchungen zur familiären Tiefenstruktur bei Schizophrenen. Habilitationsschrift, Universität Heidelberg

Lang H (1978b) Psychiatrische Perspektiven zur Frage nach dem Vater. In: Tellenbach H. (Hrsg) Das Vaterbild im Abendland I. Kohlhammer, Stuttgart.

Lang H (1992) Die "strukturale Triade" - Überlegungen zur Neubewertung des Ödipuskomplexes. Prax Psychother Psychosom 37: 207-215

Lidz T, Cornelison A, Fleck S, Terry D (1972) Spaltung und Strukturverschiebung in der Ehe. In: Bateson G, Jackson D, Laing RD, Lidz T, Wynne LC (Hrsg) Schizophrenie und Familie. Suhrkamp, Frankfurt aM

Lorenzer A (1972) Zur Begründung einer materialistischen Sozialisationstheorie. Suhrkamp, Frankfurt aM

Mahler M (1972) Symbiose und Individuation. Klett, Stuttgart

Marcuse H (1968) Triebstruktur und Gesellschaft. Suhrkamp, Frankfurt aM

Mertens W (1992) Psychoanalyse, 4. Aufl., Kohlhammer, Stuttgart

Reich W (1931) Einbruch der Sexualmoral. Sexpol, Berlin

Rotmann M (1978) Über die Bedeutung des Vaters in der "Wiederannäherungs-Phase". Psyche 32: 1105-1147

Schreber DP (1903) Denkwürdigkeiten eines Nervenkranken. Ullstein, Berlin 1973

Spitz R (1959) Die Entstehung der ersten Objektbeziehungen. Klett, Stuttgart

Stork J (1974) (Hrsg) Die Bedeutung des Vaterbildes in der frühkindlichen Entwicklung. Fragen nach dem Vater. Alber, Freiburg München

Winnicott DW (1969) Übergangsobjekte und Übergangsphänomene. Psyche 23: 666-682

Erstheit - Zweitheit - Drittheit. Zeichen des Werdens: Zur Semiotik der Triangulierung

Rolf Johnen

Psychotherapie als Spurensuche

Der italienische Historiker Carlo Ginzburg (geb. 1939) hat eine neue Methode der Geschichtsforschung vorgestellt: Er beschreibt die Vergangenheit nicht auf der Ebene der "großen" Ereignisse (der Ebene der sog. Herrschafts- und Ereignisgeschichte), sondern er sucht sie in den "profanen Niederungen" des Lebens eines Volkes. Er verfolgt eine "Spurensicherung" im Alltäglichen. Als Vorläufer seiner Forschungsmethode, die er als "Indizienwissenschaft" bezeichnet, gibt er drei bekannte Persönlichkeiten an: Giovanni Morelli, Sigmund Freud und Sherlock Holmes:

Morelli entwickelte 1874 eine neue Methode zur Identifizierung alter Bilder: Indem er sich auf scheinbar nebensächliche Details wie Ohrläppchen oder Fingernägel konzentrierte, in denen ein Künstler sich verrät wie ein Verbrecher durch seine Fingerabdrücke, revidierte er die Zuordnung zahlreicher Gemälde aus einigen der wichtigsten Museen Europas. Sigmund Freud, von den Arbeiten Morellis beeindruckt, machte diese Methode des versteckten Details für die Psychoanalyse nutzbar. Und Sherlock Holmes entlarvte den Täter, den alle übersehen, an einem halbversteckten Ohr ... Der Kunstsachverständige ist also dem Detektiv vergleichbar: Er entdeckt den Täter ... mittels Indizien, die dem Außenstehenden unsichtbar bleiben" (Ginzburg 1983, S. 81).

Besondere Bedeutung für das Thema dieses Beitrags hat die Verbindung, die Ginzburg zwischen Freud und Morelli knüpft. Ginzburg weist auf den zweiten Abschnitt von Freuds (1914) berühmtem Essay *Der Moses des Michelangelo* hin. Freud schreibt dort:

"Lange bevor ich etwas von der Psychoanalyse hören konnte, erfuhr ich, daß ein russischer Kunstkenner, Ivan Lermolieff, dessen Aufsätze 1874 bis 1876 in deutscher Sprache veröffentlicht wurden, eine Umwälzung in den Galerien Europas hervorgerufen hatte, indem er die Zuteilung vieler Bilder an die einzelnen Maler revidierte, Kopien von Originalien mit Sicherheit unterscheiden lehrte und aus den von ihren früheren Bezeichnungen frei gewordenen Werken neue Künstlerindividualitäten konstruierte. Er brachte dies zustande, indem er vom Gesamteindruck und von den großen Zügen des Gemäldes absehen ließ und die charakteristische Bedeutung von untergeordneten Details hervorhob, von solchen Kleinigkeiten wie die Bildung der Fingernägel, der Ohrläppchen, des Heiligenscheines und anderer unbeobachteter Dinge, die der Kopist nachzuahmen vernachlässigt, und die doch jeder Künstler in einer ihn kennzeichnenden Weise ausführt. Es hat mich dann sehr interessiert zu erfahren, daß sich hinter dem russischen Pseudonym ein italienischer Arzt, namens Morelli, verborgen hatte. ... Ich glaube, sein Verfahren ist der Technik der ärztlichen Psychoanalyse nahe verwandt. Auch diese ist gewöhnt, aus gering geschätzten oder nicht beachteten Zügen, aus dem Abhub - dem "refuse" - der Beobachtung, Geheimes und Verborgenes zu erraten" (Freud 1914, S. 185).

Bei Freud, Morelli und Doyle, dem Schöpfer von Sherlock Holmes, "erlauben es unendlich feine Spuren, eine tiefere, sonst nicht erreichbare Realität einzufangen" (Ginzburg 1983, S. 87); bei Freud sind es die Symptome, bei Doyle Indizien und bei Morelli malerische Details. Ginzburg macht darauf aufmerksam, daß alle drei Autoren Ärzte waren. Ihre Schriften seien u. a. deshalb von so großer Bedeutung, weil man in ihnen das Modell einer medizinischen Semiotik erahne:

"einer Wissenschaft, die es erlaubt, die durch direkte Beobachtung nicht erreichbaren Krankheiten anhand von Oberflächensymptomen zu diagnostizieren, die in den Augen eines Laien ... manchmal irrelevant erscheinen" (Ginzburg 1983, S. 87).

Eine so verstandene Medizin ist nicht einfach Naturwissenschaft, sondern in erster Linie eine Indizienwissenschaft. Die Tätigkeit des Arztes besteht dann wesentlich in Spurensicherung, und Psychotherapie ist Spurensuche, und zwar letztlich eine Suche nach den Spuren, die die Beziehungen der ersten Lebensjahre hinterlassen haben. Das weitere Leben folgt zwar diesen Spuren, macht sie aber oft schwer lesbar.

Das Arbeiten mit einer Baumsäge: Spurensuche in einer Beziehung

Wie komplex und vielschichtig selbst relativ einfach erscheinende Beziehungen sind, haben Christian und Haas (1949) dargelegt, indem sie eine "bipersonale Wirklichkeit" mit Hilfe einer Baumsäge analysierten (zit. n. Christian 1989, S. 263 ff.): Sie haben die Zusammenarbeit von zwei Personen an einer zweigriffigen Baumsäge untersucht, indem sie die Säge mit einem mechanischen Meßwerk versahen, das die Leistungen der beiden Partner kontinuierlich registrierte. Gleichzeitig haben sie fortlaufend das Erleben der beiden Beteiligten erfragt. Dabei stellte sich folgendes heraus:

(1) "... Partner A überantwortet nicht einfach sein Tun Partner B zu dessen Aneignung, sondern handelt in der Voraussicht, daß sein Tun wieder auf ihn zurückkommen kann. Ebenso Partner B. ... Das Verhalten ist immer derart geformt, daß das Tun des einen vom anderen aufgenommen, erwidert und unterstützt werden kann. ... Das Spiel ist für beide und nicht zwischen beiden."

(2) "Die beiden Partner sind nicht autonom: ... ein Partner kann für sich allein bei gemeinsamer Arbeit durchweg ein Drittel oder Viertel mehr oder weniger leisten als der andere. Im Vollzug der Arbeit merkt dies keiner der Beteiligten: die Größe der Beteiligung schwankt objektiv erheblich, aber der Unterschied wird unbemerkt vom Gegensubjekt vollkommen ausgeglichen. Daraus folgt die überraschende Tatsache: ob jemand in einer Gemeinschaftsarbeit "fleißig" oder "faul", ob er "voreilig" oder "träge" ist, das ist keineswegs vom Individuum allein her festzustellen, sondern hängt vom Gegensubjekt ab."

(3) "Die Solidarität gründet in Selbstverborgenheit voreinander: Im Vollzug einer zügigen Zusammenarbeit verschwinden die Partner gewissermaßen voreinander, keiner kann den Gegenspieler vom eigenen Selbst trennen, jeder ist Glied eines Arbeitsganzen, dessen Rolle er spielt. Objektiv führt zwar einer, aber er weiß und merkt es nicht; objektiv ist einer der Geführte, und auch dann hält er das gegnerische Tun unbewußt für eigenes Tun. ... Auch dann, wenn Partner A absichtlich seinen Beitrag zur gemeinsamen Arbeit erheblich ändert, gleicht B dies in weiten Grenzen spontan und völlig unbemerkt aus. ... Gerade dann, wenn beide Beteiligte sich auf dem Höhepunkt einer gekonnten Zusammenarbeit maximal selbständig erleben, zeigt die Analyse, daß beide objektiv in strenger Gesetzmäßigkeit der Abläufe verbunden sind. Daraus folgt, daß bei dem gemeinsamen Tun das Erlebnis freier Selbständigkeit nur dadurch gewonnen wird, daß die Gegenseitigkeit des Tuns objektiv erreicht ist. Die subjektive Selbständigkeit des einzelnen entspricht also genau derjenigen Selbständigkeit, die er dem anderen insgeheim gibt und die der andere auch positiv annimmt."

(4) Die Autoren schließen aus dem Versuch, "daß die Verklammerung der Partnerschaft schon an den Wurzeln des Vorgangs erkennbar ist: Die gemeinsam erzielte Leistung ist zwar von zwei Subjekten in Partnerstellung vollzogen, sie ist aber schon von Grund auf ein einheitlicher Prozeß ..." (Christian 1952, S. 154ff.) [1] ·

(5) In der Zusammenarbeit zwischen Gesunden und bewegungsgestörten Patienten (hemiparetische Spastiker, extrapyramidal Gestörte, Ataktiker) zeigte sich, "daß sich Gesunde und Kranke in der Zusammenarbeit so aufeinander einzustellen vermögen, daß im Zusammenspiel die pathologische Funktion bestmöglich ausgeglichen wird" (Christian 1989, S. 266).

Christian zieht aus den Untersuchungen den Schluß, "daß der Kranke in dem Maß krank ist, in dem er der Zuwendung seiner Mitmenschen ermangelt. Was ihm fehlt, ist nicht nur, was ihm mangelt, sondern auch was die anderen ihm versagen. Der Begriff "Krankheit" ist in dieser Hinsicht kein individueller, sondern ein sozialanthropologischer" (Christian 1989, S. 266). Christian gibt noch einen weiteren für unser Thema wichtigen Hinweis: Das beschriebene duale Zusammen-wirken ist auf ein Drittes gerichtet: auf ein Ziel. Es handelt sich um ein Zusammenwirken in einer für beide Partner bedeutungshaften Situation. "Dieses Dritte stiftet die duale Ordnung und hält sie aufrecht. Die Bipersonalität hat also im Grunde den Charakter der Dreigliedrigkeit ..." (Christian 1989).
    Aus dem Christianschen Versuch geht zum einen hervor, daß Beziehung kein rein psychisches Phänomen ist, sondern eine Art "vitale Nachrichtenverbindung zwischen lebenden Systemen und ihrer Umgebung" (Uexküll 1993, S. 94). Ohne diese Nachrichtenverbindungen ist kein Lebewesen lebensfähig. Zum anderen zeigt der Versuch etwas Überraschendes: Auch in einer "reinen" Zweierbeziehung geht es um etwas Drittes; sonst funktioniert die Beziehung nicht. Christian spricht von "Dreigliedrigkeit". Die lebenserhaltende Ordnung in einer Zweierbeziehung entsteht durch die gemeinsame Ausrichtung auf ein Drittes. Damit sind wir beim Problem der Triangulierung: Die lebenserhaltende Ordnung in einer Zweier-beziehung entsteht durch die gemeinsame Ausrichtung auf ein Drittes.

---

[1] In seiner späteren Arbeit führt Christian (1989) aus, daß das Gesagte auch für manche Sportarten gilt (z. B. Florettfechten, Tennis, Paartanzen und Ballett).

Spuren der Triangulierung - der Ödipuskomplex hat Vorläufer

Triade und Triangulierung sind Begriffe, die in der Psychoanalyse noch nicht sehr lange verwendet werden. Bei Freud finden sie sich jedenfalls noch nicht. Ein Blick in verschiedene Lexika hat mich gelehrt, daß Triangulierung ein Fachausdruck aus der Geodäsie (Landvermessung) ist, während Triade oft eine Gruppe von drei Gottheiten (z. B. die christliche Dreieinigkeit) bezeichnet. In der Psychoanalyse ist mit Triangulierung der Prozeß gemeint, der zur Triade führt, und Triade bezeichnet die ödipale Situation, die durch den Ödipuskomplex geprägt ist.

Freud sah die wichtigsten Ursachen seelischer oder seelisch bedingter körperlicher Erkrankungen im Wirken ungelöster seelischer Konflikte aus der ödipalen Phase, also der Zeit zwischen dem dritten und dem sechsten Lebensjahr. Er stellte im Jahr 1905 fest,

... daß der Ödipuskomplex der Kernkomplex der Neurosen ist, das wesentliche Stück im Inhalt der Neurose darstellt ... Der Fortschritt der psychoanalytischen Arbeit hat diese Bedeutung des Ödipuskomplexes immer schärfer gezeichnet; seine Anerkennung ist das Schiboleth geworden, welches die Anhänger der Psychoanalyse von ihren Gegnern scheidet" (Freud 1905, S. 127f.) [2].

In den letzten Jahrzehnten hat sich nun eine bedeutende Entwicklung innerhalb der Psychoanalyse ergeben: Die Hauptursachen seelisch bedingter Erkrankungen werden heute in wesentlich größerem Ausmaß in innerseelischen und zwischenmenschlichen Konflikten der ersten beiden Lebensjahre - also in der präödipalen Zeit - gesehen. Während die Mutter-Kind-Dyade dieser frühen Phase schon lange intensiv studiert wurde [3], begannen sich Psychoanalytiker nun zunehmend auch für die Rolle des Vaters in der präödipalen Zeit zu interessieren. In diesem Zusammenhang wurden die Begriffe Triade und Triangulierung eingeführt; das "Dritte" wurde mit der Person des Vaters in das duale Beziehungssystem eingeführt, begrifflich gefaßt und funktionalisiert. Unter der

---

[2] Das Wort Schiboleth (oder Schibboleth = "Ähre" oder "Wasserfall") wurde in einer Geschichte des Alten Testaments im Rahmen einer kriegerischen Auseinandersetzung als "Erkennungszeichen" benutzt, um die Freunde von den Feinden zu unterscheiden; wer es falsch aussprach, wurde erschlagen.

[3] vgl. Balint (1966) Konzept der "Urliebe" und Spitz (1957) "Die Mutter-Kind-Dyade" ist Keim jeder höheren Ordnung.

Vorstellung, daß in den ersten Lebensjahren [4] eine "symbiotische Beziehung" zwischen Mutter und Kind im Vordergrund steht, erhielt der Vater beim "Übergang von der Mutter-Kind-Symbiose zum Ödipuskomplex" eine entscheidende entwicklungspsychologische Funktion, mit den Worten Ermanns: "die Funktion eines Dritten, mit dessen Hilfe die Aggressionen und Ängste der Wiederannäherungs-Subphase aufgefangen werden können" (Ermann 1985, S. 95). Ermann kennzeichnet die Entwicklung folgendermaßen: Im Rahmen der fortschreitenden psychobiologischen Reifung drängt das Kind zur Verselbständigung gegenüber der Mutter. In diesem Prozeß erhält der Vater

"als Alternative zur Mutter, als Vorbild, als weniger ambivalent erlebter Dritter und als mit der Mutter verbundener Außenstehender ... mehrere Funktionen: Er spendet Sicherheit und wirkt stabilisierend, er bietet Identifikationsmöglichkeiten und ermöglicht die Erfahrung einer triadischen Sozialbeziehung" (Ermann 1985, S. 94).

Insgesamt wird die frühe Triangulierung von den meisten Autoren - in Anlehnung an Abelin (1971) - auf eine irgendwie geartete Identifikation mit dem Vater zurückgeführt. Somit wird auch die Entwicklung der Fähigkeit zur Symbolisierung, die mit der ödipalen Situation verbunden ist, kausal mit der Rolle des Vaters verknüpft. Nicht zufällig wird in diesem Zusammenhang von "Mechanismen" gesprochen. Vergegenwärtigen wir uns nun, was Christian (1989) über die vergleichsweise einfache, aber doch so vielschichtige Beziehung zwischen zwei Menschen gesagt hat, die an einer Baumsäge zusammenarbeiten, so scheint der im traditionellen Triangulierungskonzept vorausgesetzte "Mechanismus" doch fraglich. Wir können heute als gesichert gelten lassen, daß der Vater von der Geburt an - und vielleicht schon früher - einen wichtigen Einfluß auf die psychische Entwicklung von Jungen und Mädchen hat. Aber wie ist dieser Einfluß zu verstehen? Über welche "Beziehungskanäle" kommt er zur Geltung? Ist das Wesentliche der Beziehung zum Vater, wie Loewald schreibt, eine "positive, "typisch maskuline" Beziehung, ... die eine mächtige Unterstützung gegen den gefährlichen Mutterleib bietet, und eine defensive Beziehung, die von der väterlichen Kastrationsdrohung herrührt?" (Loewald 1986, S. 29) Oder liegt das Entscheidende nach Lang (1992, S. 214) darin, daß der Vater seinen "strukturell vorgezeichneten Platz" einnehmen muß, so daß von Anfang an durch "Verweis auf ein Drittes die reine Dualunion gar nicht aufkommen" kann?

---

[4] Die Bezeichnungen für die frühe Mutter-Kind-Beziehung schwanken immer wieder zwischen "Symbiose" und "Dyade".

Spuren des Ödipuskomplexes in der Vaterforschung

Ich möchte nun den Spuren des Ödipuskomplexes nachgehen, wie sie die Vaterforschung der letzten 10 Jahre aufzeigt, und einige Ergebnisse referieren, die Fthenakis (1992) zusammengefaßt hat:

Zum genetisch determinierten elterlichen Verhalten

- Väter wie Mütter zeigen intuitiv, d. h. ohne dies gelernt zu haben und ohne bewußte Kontrolle, Verhaltensbereitschaften, die komplexe Lernprozesse beim Kind fördern. Solche Verhaltensweisen werden genau an die Wahrnehmens- und Verarbeitungskapazität des Neugeborenen angepaßt, etwa in Hinsicht auf Abstand zum Gesicht des Kindes, Wahl der Stimmlage und Sprechgeschwindigkeit, Wiederholung von Äußerungen (sog. "Ammensprache"). Diese Verhaltensweisen zeigen Männer und Frauen gleichermaßen ... (Fthenakis 1992, S. 181).
- Die Ähnlichkeiten zwischen Mann und Frau im Hinblick auf Kommunikations- und Pflegeverhalten mit Neugeborenen und Kleinstkindern sind deutlich stärker ausgeprägt als die Unterschiede (Fthenakis 1992).
- Auch vom Vater gehen direkte, spezifische Einflüsse auf die Kinder aus (Fthenakis 1992).

Zum Bindungsverhalten der Kinder

"Die Annahme der Psychoanalytiker, die Mutter sei notwendig die primäre oder gar einzige Bezugsperson für das Kleinkind, läßt sich nicht aufrechterhalten. ... Die vorliegenden Ergebnisse sprechen dafür, daß Kinder gleichzeitig sowohl zum Vater als auch zur Mutter - und zwar ähnlich intensiv - Bindungen entwickeln. Das entwickelte Bindungsverhalten ist dabei nicht Funktion des Geschlechts des Elternteils, sondern eine Funktion der Qualität der Eltern-Kind-Beziehung, und die Bindungen können qualitativ unterschiedlicher Natur sein. ... Für die Entstehung von Bindungsqualität hat sich nicht die absolute Menge der mit dem Kind verbrachten Zeit als ausschlaggebend erwiesen, sondern verschiedene Merkmale der Interaktion zwischen Kind und Bezugsperson, insbesondere aber die elterliche Sensibilität für kindliche Bedürfnisse ... Bindungen erscheinen damit als Ausdruck individueller Beziehungen des Kindes zur Mutter und zum Vater mit je eigener Beziehungsqualität" (Fthenakis 1992, S. 182).

Zu den spezifisch väterlichen Interaktionsformen

Fthenakis beschreibt neben den vielen Ähnlichkeiten einige Unterschiede: "Väter reagieren auf kindliche Lautäußerungen eher vokalisierend, Mütter dagegen mit Berührungen; die väterlichen Interaktionen weisen überdies mehr affektive Höhepunkte auf und verlaufen spielerischer als die der Mütter, die sich dem Kind gegenüber ausgeglichener und gleichmäßiger verhalten. In der Vater-Kind-Interaktion nimmt das Spiel den größeren Anteil ein; die Mutter-Kind-Interaktion ist stärker durch Pflegeaktivitäten gekennzeichnet. Wenn Mütter spielen, dann eher auf konventionelle Art und spielzeugvermittelt mit einem sanften Rhythmus von erhöhter und verminderter Aufmerksamkeit. Väter wählen eher motorische, physisch stimulierende Spiele mit akzentuierten Wechseln zwischen aktiven und passiven Phasen, ein Spielstil, der von Kindern sehr geschätzt wird"(Fthenakis 1992).

Fthenakis weist im übrigen darauf hin, daß die Wirkungen des Vaters (wie auch der Mutter) nicht spezifiert werden können, ohne den gesamten familiären Kontext zu berücksichtigen (Geschwister, Großeltern usw.).

Zur Beteiligung des Vaters an der Kinderpflege

Alle vorliegenden Studien kommen zu dem Ergebnis, "daß es im Pflegeverhalten von Müttern und Vätern mehr Ähnlichkeiten gibt als Unterschiede. Die wenigen Unterschiede, die nachgewiesen werden konnten, dürften in erster Linie das Ergebnis der praktizierten Arbeitsteilung in der Familie sein" (Fthenakis 1992, S. 183).

Zur Rolle des Vaters in Familien mit nichttraditioneller Rolleneinteilung

Die Beobachtungen zeigen, "daß der Vater grundsätzlich in der Lage ist, die volle Verantwortung für die Versorgung und Erziehung der Kinder zu übernehmen." Väter in solchen Familien stellen bei sich "eine erhöhte Sensibilität und wachsendes Verständnis für die Kinder fest" (Fthenakis 1992, S. 184).

Zur Bedeutung des Vaters für einzelne Entwicklungsbereiche

- Der Beitrag des Vaters zur kognitiven Entwicklung: Die Abwesenheit des Vaters kann sich negativ auf die kognitive Entwicklung des Kindes auswirken. Dabei wirkt sich "eine Vaterabwesenheit, die ihre Ursache in einer Scheidung hat, negativer aus als eine, die durch den Tod des Vaters gegeben ist." Dieser Beitrag des Vaters zur kognitiven Entwicklung des Kindes scheint spezifischer Natur zu sein. "D. h. er kann in der Regel nicht ohne weiteres von der Mutter übernommen werden, wenn der Vater nicht zur Verfügung steht. ... So bilden Väter mit ihren Söhnen Spielgemeinschaften. Sie erwarten früher und ausgeprägter Selbständigkeit von ihren Söhnen und unterstützen deren Erkundungsverhalten, so daß sie Bewältigungsstrategien erproben und Kompetenzgefühl entwickeln können, während Töchter hier keine besondere Förderung erfahren ... Die Töchter erhalten von ihren Vätern in erster Linie verbal-intellektuelle Anregungen, ähnlich wie von ihren Müttern. Väter wählen gegenüber ihren Töchtern einen Interaktionsstil, der auch für die Mütter im Umgang mit ihren Söhnen kennzeichnend ist, nämlich soziales Spiel und Förderung der sozialen Reaktionsbereitschaft" (Fthenakis 1992, S. 185).

- Der Beitrag des Vaters zur moralischen Entwicklung: Viele delinquente Jugendliche kommen aus vaterlosen Familien. Schwerpunktmäßig wird "die Mutter primär für die Vermittlung familiärer Moral, der Vater hingegen für die Vermittlung der sog. gesellschaftlichen Moral verantwortlich gemacht" (Fthenakis 1992, S. 186). Durch die Anwesenheit des Vaters - und zwar durch den "größeren Erfahrungsspielraum", den er vermittelt - soll die Empathiefähigkeit von Söhnen und Töchtern gleichermaßen gefördert werden (Fthenakis 1992, S. 186).

- Der Beitrag des Vaters zur Geschlechtsrollenentwicklung der Kinder: Es scheint, "daß Jungen, die ohne Vater aufwachsen, entweder weniger maskulin orientiert sind als Jungen aus Familien mit Vätern, oder daß sie eine kompensatorische "Übermännlichkeit" demonstrieren. ... Auch bei Mädchen liegen Hinweise vor, daß bei Vaterabwesenheit mit negativen Auswirkungen gerechnet werden muß ..." (Fthenakis 1992, S. 186).

Aus dem Gesagten geht hervor, daß die Rolle des Vaters - wie die der Mutter - keine einfache ist. Mit einer einzigen Funktion - oder auch mit mehreren Funktionen - im Konstrukt des ödipalen Dreiecks sind die vielen Beziehungsqualitäten, die wir inzwischen kennen (und die für die frühkindliche Entwicklung eine große Rolle spielen) nicht in Übereinstimmung zu bringen. Ich möchte im folgenden versuchen, einige semiotische Grundgedanken für das Verständnis dieser Beziehungsqualitäten nutzbar zu machen.

Zeichen des Werdens: Zur Semiotik der Triangulierung

Der Ödipuskomplex ist ein klinisches Konstrukt, dessen Vorbild sich in der griechischen Mythologie findet. Der Mythos handelt von der bis zur Tötung gehenden Rivalität des Sohnes Ödipus mit dem Vater und der liebenden Verbindung mit der Mutter. Die Psychoanalyse betrachtet den Konflikt, der einerseits aus Liebe, Zärtlichkeit und Sexualität gegenüber dem andersgeschlechtlichen Elternteil und andererseits Rivalität gegenüber dem gleichgeschlechtlichen Elternteil entsteht, als fundamentalen menschlichen Grundkonflikt, der auch in der Therapie eine zentrale Rolle spielt. Ich habe dargelegt,

daß Spuren des ödipalen Konflikts früher und differenzierter anzutreffen sind, als
es in der traditionellen Psychoanalyse gesehen wurde. Ergänzen möchte ich, daß
ödipale Konflikte auch in der späteren Entwicklung eine bedeutende Rolle
spielen.

Eine Kritik an den Konzepten des Ödipuskomplexes und der Triangulierung
aus der Sicht der Semiotik muß zunächst eine vertraute Sichtweise infrage stellen:
wir sind nämlich gewohnt, die gesamte kindliche Entwicklung mit den Augen des
Erwachsenen - "adultomorph" - zu sehen. Entspricht diese Sichtweise auch dem
subjektiven Erleben des Kindes? - Aufgrund der Ergebnisse der Säuglings- und
Kleinkindforschung der letzten Jahrzehnte haben wir gewisse gut belegte
Vorstellungen vom Seelenleben des Säuglings und Kleinkindes, insbesondere
welche Bedeutung die körpernahen Erfahrungen der ersten Lebensmonate und
-jahre für die Entstehung des Seelenlebens haben. Die Sinnesempfindungen (die
"Sensationen" von der Körperoberfläche und aus dem Körperinneren, die bei
intaktem Nervensystem bewußt und unbewußt jederzeit vorhanden sind, also die
"Körpereindrücke") werden in den ersten Lebensmonaten innerhalb einer
"tragenden" Beziehung zu einem lebendigen Körper-Selbst integriert (Lichtenberg
et al. 1992; Stern 1992). In der weiteren Entwicklung - nämlich dann, wenn nicht
mehr nur das für die früheste Zeit typische episodische Erleben, sondern
beständige innere Bilder vom "Selbst" und den "Objekten" (sog. Repräsentanzen)
vorhanden sind - wird das Körper-Selbst in höher entwickelte Selbst-Strukturen
eingebettet: insbesondere in das sog. verbale und das soziale Selbst (vgl. Johnen
1994).

Auf diese Weise entsteht ein komplexes Selbst-System, das sich zeitlebens
weiter entwickelt. Dabei werden die einfachen ("niedrigen") Systemebenen
zunehmend in komplexere ("höhere") Systemebenen "eingewickelt" (z. B. die
körperliche in die psychische, und die psychische in die soziale Systemebene).

Ein wichtiges Merkmal derartiger Systeme ist, daß sich die besonderen
Eigenschaften der höheren Systemebenen nicht aus denen der niedrigeren ableiten
lassen. Die Systemtheoretiker sprechen hier von "Emergenzen"; das Ganze eines
biologischen Systems ist mehr als die Summe seiner Teile. Lebende Systeme
reagieren aufgrund dieses Sachverhalts z. B. nicht rein mechanisch auf
physikalische Reize. Ihre Rezeptoren verwandeln alle Einwirkungen in Zeichen,
die sie über die Bedeutung der Umgebung für ihre physischen und psychischen
Bedürfnisse informieren. Die Reaktionen lebender Systeme sind immer
Antworten auf Zeichen. Semiotik ist die Lehre dieser Zeichenprozesse [5].

---

[5]   Je nach Komplexitätsgrad lassen sich Zeichenprozesse als *Regelkreis* (z. B. angeborene
Haltereflexe), als *Funktionskreis* (Jakob v. Uexküll 1970 angeborenes Instinktverhalten) oder als
Situationskreis (Thure v. Uexküll 1988 zwischen Merken und Wirken wird nicht eine genetisch
verankerte oder erlernte biologische Funktion, sondern eine "spielerische Phantasie"

Innerhalb dieser Zeichenprozesse spielen die von der modernen Säuglings-
forschung beschriebenen Selbstgefühle (auch "Selbstempfindungen"; "senses of
self") eine besondere Rolle. Die Selbstgefühle sind basale emotional-kognitive
Kodierungen, mit deren Hilfe wir die Signale aus dem eigenen Körper und aus der
Umgebung auf unsere je eigene Weise interpretieren. Es bedarf zu ihrer
Entwicklung - wie schon erwähnt - einer "tragenden Beziehung". Aus der Sicht
der Säuglingsforschung ist das eine dem jeweiligen Entwicklungsstand angepaßte
Form zwischenmenschlicher Bezogenheit ("domain of relatedness"). Das Kind
muß im wörtlichen (physischen) Sinne und im übertragenen Sinne sicher getragen
werden; die Pflegepersonen müssen in der Lage sein, auf die jeweiligen
physischen und psychischen Bedürfnisse des Kindes "genügend gut" zu reagieren.
Nur dann kann das Kind etwa ein basales Gefühl von Sicherheit und Vertrauen
("Urvertrauen") entwickeln, und nur dann ist es in der Lage, "loszulassen", sich
also physisch und psychisch zu entspannen, was eine wesentliche physiologische
Voraussetzung für eine intensivere Selbstwahrnehmung und die Ausbildung der
basalen Selbstgefühle ist. Die verschiedenen basalen Selbstgefühle (z. B. für
Struktur überhaupt, für eigene Aktivität, Affekte, Kontinuität und Kohärenz, aber
auch für Subjektivität und Sprache) entwickeln sich also in dieser frühen Zeit
durch die Integration der Körpereindrücke (Sinnesempfindungen) mit Hilfe der
Pflegepersonen (Stern 1992) [6].

Ebenso hängen die emotional-kognitiven "Tönungen", die zeitlebens mit der
Wahrnehmung des eigenen Körpers verbunden sind (also die subjektive Anatomie
- im Gegensatz zur an der Leiche gewonnenen objektiven Anatomie), wesentlich
von der emotionalen Qualität dieser Beziehungen ab. Entsprechend haben auch
Defizite in der Körperwahrnehmung (also die subjektive Pathologie, die der
Ausbildung vieler Störungen zugrunde liegt) in den frühen Interaktionen ihren
Ursprung.

Die basalen Selbstgefühle bleiben, wenn sie sich einmal entwickelt haben, als
"organisierende Prinzipien" der weiteren Entwicklung zeitlebens erhalten. Sie
bestimmen das besondere subjektive Erleben, das jeder von uns auf eigene Weise
von sich und seiner Umwelt besitzt. Sie sind auch - aufgrund der in ihnen
enthaltenen motivationalen Komponenten - entscheidend an unserem aktiven

---

zwischengeschaltet bzw. ein "Probehandeln" mit Hilfe von bewußter Denk- oder unbewußter
Phantasietätigkeit) definieren.

[6] Nach Stern (1992) handelt es sich um: 1. *das Gefühl des auftauchenden Selbst* ("sense of an
emergent self"; 1.-3. Monat), 2. das *Gefühl des Kernselbst* ("sense of a core self"; 3.-9. Monat). , 3. das
Gefühl des subjektiven Selbst ("sense of a subjective self"; 9.-15. Monat) und 4. das *Gefühl des
verbalen Selbst* ("sense of a verbal self"; ab dem 15. Monat). - Das *Gefühl des Kernselbst* besteht aus
vier weiteren Komponenten: der Erfahrung der eigenen Urheberschaft von Aktivität ("sense of
agency"), der Erfahrung von eigenen Affekten ("sense of affectiviy"), der Erfahrung von physischer
Ganzheit ("sense of coherence") und der Erfahrung von Identität über die Zeit ("sense of continuity").

Handeln beteiligt. Die basalen, in der frühen Lebenszeit entstandenen Selbstgefühle erreichen noch das Bewußtsein des Erwachsenen. Sie sind aber in die späteren Wahrnehmungssysteme "eingewickelt" und von diesen teilweise überdeckt. Das ist einerseits eine lebensnotwendige Entwicklungsaufgabe: sozusagen aus "ökonomischen" Gründen muß eine Selektion dessen stattfinden, was bewußt wird. Andererseits kann das Unbewußtmachen auf Verdrängungs- und Verleugnungs-prozessen beruhen. Verdrängung und Verleugnung in bezug auf die körpernahen Selbstgefühle bedeuten, daß die entsprechenden Sensationen vom Körper (die Sinneserregungen) zwar vorhanden, aber nicht wahrgenommen werden können bzw. "abgespalten" werden. Das ist immer dann der Fall, wenn das Zusam-menspiel zwischen Pflegepersonen und Kind in der frühen Lebenszeit erhebliche Mängel aufwies (vgl. Johnen u. Müller-Braunschweig 1988, S. 141), so daß auf die vitalen Bedürfnisse des Kindes keine oder die falsche Antwort erfolgte. Die Wahrnehmungen (oder auch Nicht-Wahrnehmungen) der Sensationen vom eigenen Körper sind dann mit entsprechenden intrapsychischen Konflikten aus dieser frühen Lebenszeit verbunden. Ziel der Therapie ist in diesen Fällen, die frühen Systemebenen zu reaktivieren, um neue Möglichkeiten der Annäherung an die frühen Erlebnisse zu schaffen. Hier haben sich manche tiefenpsychologisch orientierte Körperverfahren bewährt. Die semiotische Betrachtung kann helfen, auch deren Wirkweise besser zu verstehen.

Das psychoanalytische Konzept von Sach- und Wortvorstellungen als Brücke zur Semiotik

Freud macht in dem Aufsatz *Das Unbewußte* aus dem Jahr 1915 einen Unterschied zwischen Sachvorstellungen und Wortvorstellungen:

... die bewußte Vorstellung umfaßt die Sachvorstellung plus der zugehörigen Wortvorstellung, die unbewußte ist die Sachvorstellung allein. Das System Ubw enthält die Sachbesetzungen der Objekte, die ersten und eigentlichen Objektbesetzungen; das System Vbw entsteht, indem die Sachvorstellung durch die Verknüpfung mit den ihr entsprechenden Wortvorstellungen überbesetzt wird. Solche Überbesetzungen, können wir vermuten, sind es, welche eine höhere psychische Organisation herbeiführen und die Ablösung des Primärvorganges durch den im Vbw herrschenden Sekundärvorgang ermöglichen (Freud 1915, S. 300).

Aus psychoanalytischer Sicht hat Loewald (1986) diesen Zusammenhang aufgegriffen:

Die Verknüpfung von Sachvorstellung und Wortvorstellung ist ein Vorgang, der in Bezug auf eine ursprüngliche Einheit, wo "Ort" in "Sache" eingebettet ist, sekundär ist. Diese ursprüngliche Einheit bildet die Matrix für eine "Entsprechung" zwischen Sachvorstellung und Wortvorstellungen, sobald sie voneinander unterschieden werden ... Insofern die differenzierten Elemente ihren gemeinsamen Ursprung verraten und aufeinander reagieren, bleibt zwischen ihnen eine Entsprechung als das Erbe, der Nachhall, die artikulierte Erinnerung an das ursprüngliche Einssein bestehen (Loewald 1986, S. 173f.).

Loewald betont wie Freud, daß erst die Wiederverknüpfung der früh gebildeten Sachvorstellungen mit Wortvorstellungen (die durch Verdrängung getrennt wurden), dem Wort seine volle Lebendigkeit, seine Intensität und Tiefe wiedergeben könne. Unter "Sachvorstellungen" ist hier besonders der Niederschlag der frühen Erlebnisse vor Beginn der Sprachentwicklung zu verstehen, vor allem der Sinneserlebnisse, die sich als erste Bilder der "Welt" niederschlagen (vgl. Johnen u Müller-Braunschweig 1988). Eine plastische inhaltliche Beschreibung dieser Welt findet sich bei Spitz:

Die Zeichen und Signale, die vom Kind während der ersten Lebensmonate aufgenommen werden, gehören folgenden Kategorien an: Gleichgewicht, Spannungen (der Muskulatur und anderer Organe), Körperhaltung, Temperatur, Vibration, Haut- und Körperkontakte, Rhythmus, Tempo, Dauer, Tonskala, Nuance der Töne, Klangfarbe und wahrscheinlich noch viele andere, die der Erwachsene kaum wahrnimmt (Spitz 1965, S. 153).

Loewald schlägt eine Brücke zur Semiotik, indem er zusammenfaßt:

All das hängt mit dem zusammen, was ich über die ursprüngliche Einheit von Ding und Worten sagte, wenn der Redefluß der Mutter, die mit dem Säugling spricht, und die eigenen Äußerungen des heranwachsenden Kindes noch undifferenzierte und ungenügend differenzierte Bestandteile globalen Erlebens sind. Worte in ihrer ursprünglichen oder wiedererweckten Macht funktionieren dann nicht als Zeichen oder Symbole, die sich auf etwas anderes beziehen als sich selbst, sondern sie besitzen dieselbe Substanz, dieselbe tatsächliche Wirksamkeit wie das, was sie bezeichnen - sie verkörpern es in einem spezifischen sensomotorischen Medium (Loewald 1986, S. 190f.).

Die Anwendung der Universalkategorien von Peirce auf das psychoanalytische Modell vom Menschen

Bei Loewald - und genau betrachtet schon immer - sind Psychoanalyse und Psychotherapie semiotische Disziplinen, auch wenn das meist nicht gesehen wird. Psychoanalyse beruht immer auf der Prämisse, daß die Beziehungen eines Menschen zu sich und zu seiner Umgebung aus Zeichenprozessen bestehen. Von dem Anthropologen Singer (1984) stammt die Anregung, die psychoanalytische Entwicklungslehre mit den Universalkategorien[7] des Semiotikers Peirce (1839-1914) in Verbindung zu bringen, um die verschiedenen Kategorien des psychoanalytischen Sprachgebrauchs besser zu verstehen (vgl. Uexküll u. Johnen 1992; Uexküll 1994).

Peirce (1991) spricht von "Erstheit", "Zweitheit" und "Drittheit". Er meint damit Universalkategorien alles Seienden, wie wir es erfassen. Ich will im folgenden den Versuch machen, diese Kategorien einzelnen Phasen der frühen menschlichen Entwicklung - und damit Integrationsebenen - zuzuordnen: Unter Erstheit versteht Peirce:

"dasjenige, dessen Sinn einfach in sich selbst besteht, das weder auf etwas verweist, noch hinter etwas anderem steht" (zit. n. Nöth 1985, S. 35). Was damit gemeint ist, beschreibt Peirce folgendermaßen: "Stellen Sie ... sich ein Bewußtsein vor, in dem es ... nichts als eine einfache positive Beschaffenheit gibt. Ein solches Bewußtsein könnte vielleicht ein Wohlgeruch sein ...; oder ... ein unendlicher Todesschmerz ... irgendeine einfache und positive Empfindungsqualität ... Die Empfindungsqualität ist der wahre psychische Repräsentant der ersten Kategorie des Unmittelbaren ..." (Peirce 1991, S. 25).

Zur Kategorie der Zweitheit gehört das, was sein "Sein in bezug auf ein Zweites" hat (zit. n. Nöth 1985, S. 36). Zu dieser Kategorie zählt ein psychisches Phänomen dann, wenn es eine "Reaktion als Element des Phänomens" ist (Peirce 1991, S. 43), also z. B. die spontane Wahrnehmung eines Bedürfnisses, das an eine andere Wahrnehmung (ohne Zwischenschaltung von bewußter oder unbewußter Denk- oder Phantasietätigkeit!) gekoppelt ist. Solche Wahrnehmungskoppelungen finden sich typischerweise im tierischen Instinktverhalten; auch im menschlichen Verhalten sind sie verbreiteter als allgemein angenommen.

Die Kategorie der Drittheit ist "die Beziehung zwischen einem Ersten und einem Zweiten"; es ist "die Kategorie des Allgemeinen, des Gesetzmäßigen, der Gewohnheit, der Kontinuität, der Kommunikation und der Zeichen" (zit. n. Nöth

---

[7] Vom Wort her bedeuten Kategorien "Aussagegattungen"; damit sind in der philosophischen Tradition die allgemeinsten Bestimmungen und Weisen des Sein gemeint.

1985, S. 36). Die Drittheit ist "Repräsentation als ein Element des Phänomens" (Peirce 1991, S. 43); somit kann es sie nur geben, wenn innere Bilder als Voraussetzung von Denk- oder Phantasietätigkeit vorhanden sind.

Den drei Universalkategorien entsprechen drei Zeichenklassen. Ich möchte diese an einem einfachen Beispiel verdeutlichen:

(1) Der Wetterhahn auf einem Kirchturm kann für den Betrachter ein Hahn sein und weiter nichts. Er gehört damit zur Kategorie der Erstheit und zur Klasse der ikonischen Zeichen (ikon = Bild); es spielt hier keine andere Zeichenbedeutung eine Rolle als die Ähnlichkeit zum Objekt.

(2) Der Betrachter kann den Wetterhahn auch als Zeichen für eine bestimmte Windrichtung nehmen. In diesem Falle gehört der Hahn zur Kategorie der Zweitheit und zur Klasse der indexikalischen Zeichen (index = Zeigefinger). Der Wetterhahn ist weder identisch mit der Windrichtung, noch ist er ein Symbol dafür. Es besteht aber ein physischer (räumlicher und zeitlicher) Zusammenhang mit der Windrichtung.

(3) Schließlich kann der Wetterhahn für den Betrachter Symbol für eine Kirche sein. In diesem Falle gehört er zur Kategorie der Drittheit und zur Klasse der symbolischen Zeichen (symbolon = Übereinkunft, Kennzeichen, Merkmal). Die Verwendung eines Zeichens als Symbol setzt die Existenz beständiger innerer Bilder von den Objekten sowie soziale Absprachen über deren Verwendung voraus und ist in diesem Sinne wahrscheinlich eine spezifisch menschliche Errungenschaft.

Wie sich die von Peirce beschriebenen Universalkategorien und Zeichenklassen grundsätzlich im Bereich des psychoanalytischen Denkens anwenden lassen, möchte ich am Beispiel eines "Übergangsobjekts" (vgl. Winnicott 1984) illustrieren:

(1) Für einen jungen Säugling ist ein Stofftier, etwa ein "Kuschelbär", etwas Warmes und Weiches - und nichts als das. Der Säugling nimmt bei seiner Berührung reine Empfindungsqualitäten wahr, wie bei vielen anderen Berührungen auch. Er hat in diesem Stadium eben das Bewußtsein, das Peirce mit der Kategorie der Erstheit verbindet, und entsprechend einen ikonischen Zeichengebrauch.

(2) Im Laufe der Monate ändert sich das: der Bär wird für das Kleinkind - aufgrund eines immer wieder erlebten physischen Zusammenhangs - sein Bär, der durch keinen anderen zu ersetzen ist. Aus den Reaktionen des Kindes, die auftreten, wenn das Stofftier nicht verfügbar ist (z. B. motorische Unruhe), kann man schließen, daß ihm dann "etwas fehlt". Das Kind startet in diesem Stadium aber noch keinen Suchprozeß, da es noch kein beständiges inneres Bild von dem Objekt hat, das seinen Gefühlsreaktionen entspricht.

Wahrnehmungsphänomene dieser Art gehören zur Kategorie der Zweitheit; der Zeichengebrauch ist indexikalisch. Das Kind erlebt das Stofftier als etwas sich unmittelbar (physisch) Zugehöriges. Wenn der Gegenstand nicht im Raum ist, gibt es ihn nicht.

(3) Ab etwa dem 9. bis 12. Lebensmonat ändert sich die Situation nochmals. Das Kind beginnt seinen Bär zu suchen, wenn er ihm fehlt; es weiß dann auch, wo es ihn gelassen hat. Jetzt bestehen beständige innere Bilder von den Objekten als Voraussetzung für einen symbolischen Zeichengebrauch; Wahrnehmungsphänomene können von nun an immer auch der Kategorie der Drittheit zugehören.

Schlußbemerkungen als Antwort auf die Frage: "Welches sind die Vorläufer der Triade, und welche Spuren haben sie hinterlassen?"

(1) Triade ist die "dreigliedrige" Beziehungssituation, in der die Beziehungen durch ein gemeinsames Drittes geprägt sind, z. B. ein gemeinsames Ziel. Solche Beziehungen setzen die Fähigkeit voraus, beständige innere Bilder von sich selbst und den Objekten zu haben. Die Triade ist assoziiert mit Begriffen wie: Sekundärprozeß, Wortvorstellungen, abstraktes Denken und Triebaufschub.

(2) In der traditionellen psychoanalytischen Entwicklungslehre wird das "Dritte" überwiegend mit dem Vater verknüpft: Der Vater tritt in die Dyade zwischen Mutter und Kind ein und verändert sie, indem er je nach Autor jeweils eine bestimmte Funktion (oder einige wenige Funktionen) wahrnimmt (z. B. die des Rivalen oder des Retters). Diese Funktion ermöglicht dann die Triangulierung und damit die Fähigkeit zur Symbolisierung. - Nach den Ergebnissen der neueren "Vaterforschung" sind die Interaktionsformen jedoch vielfältiger. Die "Beziehungsfäden" laufen über sehr viele Kanäle. Die Einflüsse von Vater und Mutter sind zum größeren Teil ähnlich, zum kleineren Teil unterscheiden sie sich. Es kommt mehr auf die emotionale Qualität der Beziehung an als auf das Geschlecht des Erziehers.

(3) Die Triade hat eine Entwicklungs- oder Reifungsgeschichte, deren Stufen einem fortschreitenden Prozeß der Reifung der Wahrnehmungs- und Ausdrucks-systeme entsprechen. Bei Freud geht die Entwicklung vom Primär- zum Sekundärprozeß, bei Spitz (1965) von der koenästhetischen zur diakritischen Wahrnehmung, bei Piaget (1972) von den "sensomotorischen Schemata" zu den "Schemata des permanenten Gegenstandes, des Raumes, der Zeit und der

Kausalität". Zu dieser Entwicklung lassen sich die semiotischen Kategorien "Erstheit, Zweitheit und Drittheit" sowie die entsprechenden Zeichenklassen "Ikon, Index und Symbol" in Beziehung setzen.

(4) Beim Übergang von der Dyade zur Triade vollzieht sich insbesondere ein Fortschreiten vom indexikalischen Zeichengebrauch zum symbolischen Zeichengebrauch. Der indexikalische Zeichengebrauch findet auf allen - und somit sehr vielen - "Beziehungskanälen" statt, die z. T. gar nicht bewußt sind. Ebenso viele Beziehungsbereiche sind von der Symbolisierung betroffen.

(5) Die frühen Wahrnehmungs- und Denkweisen (das "Primärprozeßhafte") werden in die späteren "eingewickelt". Sie werden verdeckt, bleiben aber erhalten. Diese emotional getönte frühe Erlebniswelt gibt auch unserem Leben seine Farbigkeit und Lebendigkeit. Deshalb muß jederzeit nicht nur das Primärprozeßhafte immer wieder mit dem Sekundärprozeßhaften verknüpft werden ("Aus Es soll Ich werden!"), sondern es muß ständig auch der umgekehrte Weg beschritten werden. Im symbolischen Zeichengebrauch müssen immer die indexikalischen und ikonischen Zeichenbedeutungen mit vernommen werden, sonst bleiben Worte Worthülsen.

(6) Für die frühkindliche Entwicklung (und die Erziehung) stellt sich die Frage, wie sich die Beziehungserlebnisse des Kindes im Rahmen der fortschreitenden Sozialisation in beständige innere Bilder (von sich und den sog. Objekten) umwandeln. Wie müssen die Beziehungen in all ihren Bereichen und Schattierungen beschaffen sein, damit die inneren Bilder verläßlich und gut werden?

(7) Psychotherapie läßt sich in der psychoanalytischen Sprache auf den einfachen Nenner bringen: "Verknüpfung von Primär- und Sekundärprozeß". Aus semiotischer Perspektive wäre dies die Verknüpfung des uns geläufigen symbolischen Sprachgebrauchs mit dem ikonischen und insbesondere dem indexikalischen Sprachgebrauch.

a) Dies geschieht in der Körperpsychotherapie, indem für Körperwahrnehmungen (welche ikonische oder indexikalische Zeichen sind) Worte gefunden werden.

b) In der verbalen Therapie haben die Worte selbst immer einen dreifachen Zeichencharakter: Sie gehören zu den symbolischen Zeichen, werden aber in einer Übertragungssituation ausgesprochen und verraten durch begleitende Gefühlstönungen viel über ihre ursprünglichen (indexikalischen und ikonischen) Zusammenhänge, die dann für die Therapie oft wichtiger sind als ihre symbolische Bedeutung.

Literatur

Abelin E (1971) The role of the father in separation-individuation process. In: McDevitt JB, Settlage CF (eds) Separation-Individuation. Int Univ Press, New York

Balint M (1966) Primary love and psychoanalytic technique. Tavistock, London

Christian P (1952) Das Personenverständnis im modernen medizinischen Denken. Mohr, Tübingen

Christian P (1989) Anthropologische Medizin. Springer, Berlin Heidelberg New York

Christian P, Haas R (1949) Wesen und Formen der Bipersonalität. Grundlagen für die medizinische Soziologie. In: Weizsäcker V v (Hrsg) Beiträge aus der allgemeinen Medizin (Heft 7). Enke, Stuttgart

Ermann M (1985) Die Fixierung in der frühen Triangulierung. Forum Psychoanal 1 : 308-317

Freud S (1905) Drei Abhandlungen zur Sexualtheorie. GW, Bd 5

Freud S (1914) Der Moses des Michelangelo. GW, Bd 10

Freud S (1915) Das Unbewußte. GW, Bd 5

Fthenakis WE (1992) Zur Rolle des Vaters in der Entwicklung des Kindes. Prax Psychother Psychosom 37: 179-189

Ginzburg C (1988) Spurensicherung. dtv, München

Johnen R (1994) Entspannungstechniken. Vortrag am 27. März 1994 im Schloßhotel Bühlerhöhe (Publ. in Vorbereitung)

Johnen R, Müller-Braunschweig H (1988) Psychoanalyse und Funktionelle Entspannung. Prax Psychother Psychosom 33 : 134-146

Lichtenberg DJ, Lachmann FM, Fosshage JL (1992) Self and motivational systems. Toward a theory of psychoanalytic technique. The Analytic Press, Hillsdale London

Lang H (1992) Die "strukturale Triade". Prax Psychother Psychosom 37 : 207-215

Loewald H (1986) Psychoanalyse. Aufsätze aus den Jahren 1951-1979. Klett-Cotta, Stuttgart

Nöth W (1985) Handbuch der Semiotik. Metzler, Stuttgart

Piaget J, Inhelder B (1972) Die Psychologie des Kindes. Walter, Olten

Peirce CS (1991) Vorlesungen über Pragmatismus. Meiner, Hamburg

Singer M (1984) Man's glassy essence. Explorations in anthropology. Indiana Univ Press, Bloomington

Spitz RA (1957) Die Entstehung der ersten Objektbeziehungen. Klett-Cotta, Stuttgart

Spitz RA (1965) Vom Säugling zum Kleinkind. Klett-Cotta, Stuttgart

Stern DN (1992) Die Lebenserfahrungen des Säuglings. Klett-Cotta, Stuttgart

Uexküll J v (1970) Bedeutungslehre. In: Uexküll J v, Kriszat E (Hrsg) Streifzüge durch die Umwelten von Tieren und Menschen. Bedeutungslehre. Fischer, Frankfurt aM

Uexküll Tv (1994) Körper und Sprache als Problem der Medizin. In: Jahrbuch Rhetorik 13 ("Körper und Sprache", in Vorbereitung)

Uexküll Tv (1993) Die Bedeutung der Semiotik für die Medizin. In: Rusterholz P, Svilar M (Hrsg) Welt der Zeichen - Welt der Wirklichkeit. Haupt, Bern Stuttgart Wien

Uexküll Tv, Johnen R (1992) Subjektive Anatomie oder die "Zweibahnstraße" zwischen Körper- und Symbolsprache. Vortrag auf der 36. Arbeitstagung des DKPM am 6. März 1992 in Esslingen

Uexküll Tv, Wesiack W (1988) Theorie der Humanmedizin. Urban & Schwarzenberg, München Wien Baltimore

Das ödipale Begehren
oder "Paternoster" - "Maternoster" *

Claudia Sies

Vertikale und horizontale Richtungen ödipaler Liebe

"Liebe zwischen zwei Menschen ist wunderbar, vorausgesetzt Du kannst zwischen die zwei richtigen Leute kommen". So charakterisiert Woody Allen das ödipale Begehren sowohl in seiner horizontalen Ebene, bei der das Kind zwischen den Eltern steht, wie die vertikale Richtung, bei der es darum geht, zwischen sie zu gelangen. Als er selber zwischen die zwei falschen, nämlich seine Frau und seine Stieftochter geriet, hatte das fatale Folgen für alle Beteiligten, ebenso, daß die Stieftochter zwischen die Eltern gelangen konnte.

In den ersten drei bis vier Lebensjahren beugen sich die Eltern vorwiegend zum abhängigen Kind hinunter, um es zu versorgen, es an die Hand zu nehmen und um ihm zu zeigen, was es darf und was es soll.

Bis zur ödipalen Phase identifiziert sich das Kind wechselseitig mit jedem Elternteil und lernt dabei, was es selbst und andere mit seinem Geschlecht verbinden. Es bildet präödipal in Interaktionen mit den Eltern seine Kern-Geschlechtsidentität, die im präverbalen Erleben ihren Anfang nimmt und seine Geschlechtsrolle, bei der es um die Fortführung der Kerngeschlechtsidentität im sprachlichen Bereich geht, aus.

In der ödipalen Zeit ändert sich die Richtung. Da drängt das Kind explizit als Mädchen oder Junge, auch mit genitalen Wünschen, kraftvoll zwischen die Eltern nach oben. Das Erleben und Verhalten, welches es als Mädchen oder Jungen ausweist und das von der Umwelt auch anerkannt wird, vervollständigt sich nun, indem die sexuelle Ebene altersangemessen geschlechtsspezifisch gespürt und das genitale Empfinden und die Phantasien vorwiegend auf den gegengeschlechtlichen Elternteil, von dem es sich sexuell stärker angezogen fühlt, bezogen wird. Es geht in dieser Phase vor allem um die Geschlechtspartnerorientierung (Mertens 1994).

---

* Ich danke Gertrud Wendl-Kempmann für viele anregende Gedanken und Diskussionen.

Das Kind spürt unter ödipaler Wahrnehmungseinstellung - und es bekommt zu spüren - auf welchem Niveau der Objektbeziehungen und der Triebentwicklung Mutter und Vater sexuell reagieren, und es nimmt die zärtliche und erotische Faszination der Eltern füreinander - und deren Ängste voreinander - wahr.

Es identifiziert sich mit ihrer Toleranz für die Hochspannung der Sexualität, ohne in deren Schußlinie geraten zu wollen. Und während es sich leidenschaftlich und anmutig zwischen sie drängt und auf seine kindliche Weise erotische, sexuelle und genitale Erregung spürt, ist es nun besonders darauf angewiesen, daß die genitale Sexualität der Eltern als Antwort auf diese oft hinreißend neue Facette des Kindes zielgehemmt bleibt.

Wenn Kinder mit ihren Spielzeugpistolen spielen, werden aggressivste, ja mörderische Handlungen ausgeführt, ohne daß es reale Folgen hat. Dafür ist es aber extrem wichtig, daß die Pistolen und Gewehre nicht geladen sind. In der ödipalen Phase sollten von Seiten des Kindes viele Qualitäten genitaler Sexualität ins Spiel kommen dürfen, ohne daß Vater oder Mutter dem Kind gegenüber handgreiflich werden oder es emotional als Partner ausnutzen und überreizen, also scharfe Munition einsetzen. Je sicherer das Kind fühlen kann, daß die Eltern sich beherrschen können, desto stärker können Leidenschaft, Verführung, Begehren einerseits und aggressive, wenn nicht gar Mordphantasie andererseits ins Spiel kommen. Libidinöse und aggressive Impulse können so miteinander verknüpft, begrenzt und gesteuert und zur sog. Urszene verarbeitet werden.

Die Urszene

Für die Urszene (Phantasien über Sexualität und Zeugung der Eltern) liefern die Macht- und Abhängigkeitsverhältnisse, mit denen die Eltern zu kämpfen haben, den Stoff; die Verarbeitung allerdings geschieht hochspezifisch durch die jeweils vorherrschenden affektiv-kognitiven Muster des ödipalen Kindes selbst, seiner Triebreifungslage, dem Entwicklungsstand seiner Objektbeziehungen und der damit verbundenen Selbstwertsituation.

Als Beobachter und Konstrukteur der Urszene macht das Kind vielfältige Unterscheidungen. Es erfaßt, wie spezielle Erlebensweisen und Eigenschaften auf Frau und Mann verteilt sind, z. B. wer begehrt ist und wer mehr begehrend; wer stark und schwach, wer laut und leise, groß und klein, gefährlich und gefährdet, gesteuert und ungesteuert ist. Und es identifiziert sich wechselseitig mit den Eltern, stärker allerdings mit dem gleichgeschlechtlichen Elternteil. Und so eignet es sich die ihm jeweils am wertvollsten und erfolgreichsten erscheinenden Beziehungsmuster an, mit denen es glaubt, später um Liebe und Anerkennung einer Frau oder eines Mannes werben zu können. Wie alle seelischen Strukturen, unterliegt auch die Urszene der dauernden Überarbeitung während Schlaf und Traum, d. h. sie entwickelt sich zusammen mit der Persönlichkeitsstruktur weiter. Träume, Assoziationen und Übertragungs-Gegenübertragunggeschehen geben Auskunft über Urszenenphantasien und dem damit verbundenen Entwicklungsstand.

Der Initialtraum einer 32jährigen Frau, vor Beginn einer analytischen Gruppe, stellt dies dar:

"Ich sehe eine Kuh am Boden liegen, an ihrem Hals ein reißender Wolf. Die Kuh stöhnt und schreit jämmerlich. Daneben, in einem weiten Gehege, steht verängstigt ein Reh, das sich nicht entscheiden kann, ob es weglaufen oder das entsetzliche Geschehen weiter beobachten soll."

"Mutter und Vater in sexueller Verbindung" können im Unbewußten der Patientin nicht als verläßliches Vorbild für Sexualität taugen, da die aggressiven Impulse in der Entwicklung steckengeblieben und auf sadistische und masochistische Erlebensweisen umgeleitet worden sind.

So haust die Urszene als gewaltsame emotionale Erfahrung im Unbewußten, vor der man sich hüten muß, um nicht hereingezogen und vernichtet zu werden. Sich in diese Traum-Szene ödipal dazwischenzudrängen erscheint existentiell bedrohlich und aussichtslos. Die ödipale Triade ist zwar angedeutet, die Patientin konnte sie aber nicht durchstehen, bewältigen und wieder verlassen. Sie konnte allenfalls versuchen, sie zu kontrollieren, indem sie aus der Entfernung beobachtete. Dabei ist sie gegen den Wolf allerdings nur durch den Zaun des Geheges - eine nicht gerade wirksame Generationenschranke - ungenügend geschützt.

In der hysterischen Verarbeitung können wir diese Kontrolle der unbewußt als sehr gefährlich erlebten Sexualität beobachten.

Die Generationenschranke im Ödipusmythos

Suchen wir nun in der Ödipussage nach Analogien mit dem Thema "Generationenschranke", dann finden wir sie im Orakelspruch für Laios und Iokaste und im Rätsel der Sphinx. Im Orakelspruch vor Ödipus' Geburt heißt es, wie Sie wissen: Wenn Laios und Iokaste einen Jungen zeugen, wird dieser den Vater erschlagen und die Mutter heiraten, in anderen Versionen: sie vergewaltigen. Aus psychoanalytischer Sicht gibt das Orakel einmal über die Triebhaftigkeit des Kindes (morden und vergewaltigen) Auskunft und andererseits über den unbewußten Reifungszustand von Laios und Iokaste, die dem Kind begegnen. Es zeigt, daß *beide* Eltern den Generationenkonflikt nicht bewältigt haben und somit die Generationenschranke nicht gesichert ist, sonst müßten sie nicht den Griff des Kindes über diese Schranke fürchten, Laios i. S. von Mord, Iokaste i. S. von Verführung oder Vergewaltigung durch den Sohn (s. a. Sies 1994).

Das Rätsel der Sphinx lautet: Welches Wesen geht am Morgen auf vier, am Mittag auf zwei und am Abend auf drei Beinen. Auf der Suche nach Hinweisen auf die Generationenschranken enthält das Rätsel der Sphinx als sein Geheimnis gleich die Antwort in sich selbst: "Weißt du, Ödipus, daß es in dir einen Knaben, einen geschlechtsspezifisch reagierenden Mann und einen Alten (Vater) gibt? Diese drei Stellen mußt du in dir und an deinem Gegenüber exakt auseinanderhalten können, um zu erkennen, wem du als wer begegnest: einer Tochter als Vater, der Frau als Mann und der Mutter als Sohn.

Ödipus konnte die Positionen in sich selbst nicht auseinanderhalten, er begegnete Iokaste auf allen drei Positionen gleichzeitig: der Mutter als Sohn, er heiratete die Frau und begegnete ihr als Retter von Theben in der Vaterrolle.

Auch Laios wird als ein Mann gekennzeichnet, der noch nicht sicher weiß, welchen Geschlechts er ist und welcher Generation er angehört. Er hatte früher Chrysippos, den Sohn seines Gastgebers, aus sexueller Begierde entführt und damit dessen Tod verursacht.

Das bedeutet auch, daß Laios Ödipus am Dreierweg nicht als Vater begegnet, sondern auf allen drei Spuren daherkommt, sonst hätte Ödipus auf seiner Sohnspur am Vater vorbeigekonnt.

Auf Iokaste bezogen heißt das Rätsel der Sphinx: "Weißt du, Iokaste, daß du das Mädchen, die geschlechtsspezifisch reagierende Frau und die Mutter und Alte jeweils in dir trennen mußt, um jeweils flexibel in der entsprechenden Rolle zu reagieren?" Iokaste aber hat von weiblicher Seite das gleiche Problem wie Laios und Ödipus. Sie begegnet Ödipus auf allen drei Positionen gleichzeitig: So bewundert sie den Helden Ödipus und Retter von Theben, wie eine Tochter den idealisierten Vater, sie begehrt ihn als Frau und sie hievt ihn im "*Maternoster*" als Mutter, zu sich nach oben auf den Thron, denn sie war ja schon Königin.

Als Iokaste ca. 20 Jahre nach ihrer Hochzeit mit Ödipus, nach unserer Rechnung ca. 60jährig stirbt, endet sie keinesfalls an Alterserscheinungen, sondern sie erhängt sich, weil sie nach einem lebenslangen Verdrängungsprozeß ihrer ödipalen Konflikte mit deren Wiederkehr im Alter nicht fertig werden kann (Sies 1988, 1994)

Auswirkungen des erhalten gebliebenen Generationenkonflikts

Je sicherer die Eltern ihren eigenen Generationenkonflikt bewältigt haben, desto klarer spüren sie auch in sich die Grenze zwischen Phantasie und Handlung und desto unbekümmerter können sie ihrem Kind gegenüber zärtlich oder streng sein, ohne befürchten zu müssen, sexuell oder aggressiv auf das Kind überzugreifen. Sie können mit ihm balgen, toben und sich erregen, um sich dann anschließend gemeinsam mit ihm wieder zu beruhigen. Das Kind kann dann in der ödipalen Phase diesen wichtigen Baustein für spätere, erwachsene Sexualität erwerben: Um Erregung anwachsen lassen zu können, muß es sich mit der Fähigkeit der Eltern identifizieren, sich auch wieder beruhigen zu können. Erst dann ist es später als Frau oder Mann der Spannung sexueller Aufladung und Entladung gewachsen.

Im aggressiven Bereich gestörte Eltern leiden ihren wehrlosen Kindern gegenüber manchmal an Zwangsgedanken, den Kindern etwas antun zu können oder zu müssen. Sie können ihre aggressiven Impulse nicht selbst begrenzen und sind auf die Abgrenzung oder Eindämmung dieser Impulse durch das Gegenüber angewiesen. Das Kind kann ihnen diese Grenze nicht entgegegensetzen und so fühlen sich diese Mütter oder Väter hilflos ihren eigenen aggressiven Impulsen dem Kind gegenüber ausgeliefert, zumal sie oft die Grenze zwischen Wunsch und Tat nicht spüren können, weil magisches Denken sich erhalten hat.

Die gleiche Situation beschreiben von ödipalem Erleben beherrschte Eltern, z. B. Väter 3-6jähriger Töchter. Sie kommen in die Sprechstunde, weil sie von dem Gedanken gequält werden, ihren Töchtern sexuell zu nahe treten zu können. Ungesicherte Grenzstrukturen an der Generationenschranke werden durch die Ödipalität des Kindes in Schwingung versetzt und die Leerstelle in der Geschlechtsidentität wird als Beunruhigung spürbar. Solange so ein Mann einer erwachsenen Partnerin begegnet, die ihre Weiblichkeit zentral besetzt und deren Grenzen sich von daher selbst bestimmen, wird die Brüchigkeit der Generationengrenze des Mannes nicht auf diese Weise virulent. Erst in der Begegnung mit der kleinen Tochter, die ihm sozusagen ein grenzenloses Vertrauen in allen Bereichen entgegenbringt, spürt er die eigene ungesicherte oder gar fehlende Grenze und die Gefahr, die eigenen sexuellen Impulse nicht steuern zu können und in die Intimität der Tochter einzubrechen. Diese Väter haben oft selbst in ihrer Genese eine Mutter, die sie als Jungen, als Partnerersatz für einen abgewerteten oder nicht vorhandenen Partner zu sich über die Generationenschranke gehoben hat. Der Preis für diese Vergünstigung ist eine schwache oder fehlende Grenze im Bereich der ödipalen Selbst- und Objektrepräsentanzen, speziell im Bereich des Generationensprungs (s. a. Cierpka 1986).

Eine brüchige innere Generationenschranke der Eltern bedroht besonders im ödipalen Alter der Kinder die Beziehungen zwischen den Generationen. Neben realem sexuellen Mißbrauch kann es zu einer sexuell aufgeladenen Familienathmosphäre kommen mit verbalen Sexualisierungen und Einbrüchen in die Privatheit des Kindes. Hirsch nennt diese Situation "Latenter Inzest" (Hirsch 1993).

Inzestuöse Begegnungen und ihre Auswirkungen auf die seelische Entwicklung

In den meisten Fällen greifen die Väter, männliche Verwandte oder Bekannte der Familie über die Generationenschranke. Daß auch Mütter ihre Söhne mißbrauchen, darf erst seit kurzer Zeit im öffentlichen Interesse auftauchen. In der psychoanalytischen und psychotherapeutischen Praxis haben wir es aber auch mit solchen Fällen zu tun. Das Beispiel eines Patienten soll dies verdeutlichen:

Ein 21jähriger Mann kommt in Behandlung, weil er seine Freundin zu lieben glaubt, sie aber nicht sexuell begehren kann. Er fühlt sich ihr gegenüber blockiert und gehemmt.

Die Mutter kontrollierte in seiner Kindheit zwischen vier und acht Jahren intensiv seine Phimose, was fast die einzige Erinnerung an früher war. Zwischen dem 13. und 15. Lebensjahr mußte er die Nächte in ihrem Bett verbringen und sie durch Streicheln ihrer Genitalien immer wieder befriedigen.

Nun hatte er im Rahmen einer Psychotherapie für sich entschieden, eine eigene Wohnung zu nehmen. Aber einige Monate später zog die Mutter im selben Haus ein. Wochenlang hatte er es einrichten können, Abstand von ihr zu halten, dann begegnete er ihr zufällig im Treppenhaus und sie fiel ihm mit zersplitternden Flaschen, die sie in der Hand getragen hatte, entgegen. In der gleichen Nacht träumte er:

Ich hatte einen Schlauch im Hinterkopf stecken, das Ende, die Öffnung sah aus wie der After einer Katze. Der Schlauch ging durch den Kopf ins Auge. Am Auge endete er mit einem Duschkopf, der tränte. Es war schrecklich. Meine Freundin sagte: "Damit mußt du zum Augenarzt." Ich antwortete: "Nein, zum Augenchirurgen!" Ich wollte mit ihr über die Straße zum Arzt, sie war schon drüben, ich sah die vielen Autos und traute mich nicht in den Verkehr. Die Freundin rief ungeduldig: "Na komm doch." Und ich: "Nein, ich kann nicht, ich seh doch nichts!" Da kam mir ein blinder, dunkelhäutiger Mann mit einem Stock entgegen. Er sagte: "Guck mich an, ich seh gar nichts. Ich kann doch auch gehen." Ich zu ihm: "Du bist schon viel länger blind als ich, du hast deine anderen Sinnesorgane schon erweitert. Das hab' ich ja noch nicht, ich muß erst damit anfangen, etwas zu empfinden." Der Augenarzt konnte den Duschkopf abschrauben. Dann kam er mit einem Gerät wie ein

Eßlöffel und schüttete mir ins Auge eine dunkelbraune Flüssigkeit. Das schmatzte so, als ob etwas Hartes zerfressend sich auflösen wollte. Dann guckte er mir auch noch in den Mund rein und hatte plötzlich den Schlauch in der Hand.

Der Traum gibt über den Reifungszustand seiner Geschlechtsidentität Auskunft. Die oralen, analen und genitalen Partialtriebe können sich nicht unter dem Primat der Genitalität ordnen, sondern stehen unter der Herrschaft der Ödipalität (Auge).

Der After einer Katze (im Englischen Pussicat) - also Anales vermischt mit Genitalem am Hinterkopf - ist mit dem Auge verbunden; später wird mit einem Eßlöffel eine dunkelbraune Flüssigkeit ins Auge geschüttet. Hier vermischen sich Orales, Anales, Urethrales und Ödipales. Auch die Mundhöhle ist mit dem Auge verbunden und diese Verbindung muß der Augenarzt (in der Übertragung die Psychotherapeutin) lösen.

Der blinde Mann deutet u. a. auf Ödipus, der sich blendete, als er von dem Frevel des Mutterinzests erfuhr. Aber es kommt auch die Sehnsucht nach einem Vater zum Ausdruck, der ihm zeigt, wie er seine Sinne differenzieren könnte, und der die Sicherheit besitzt: ich bin ein Mann, der seine Männlichkeit zentral besetzen kann, daß er sich auf seine Empfindungen und seine Sinnlichkeit im sexuellen Verkehr blind verlassen kann und nicht, wie der Patient, allein auf Reflexion angewiesen ist.

Bei diesem Patienten muß sich ja alles ganz oben, zwischen Hinterkopf und Auge abspielen, denn, würde er tiefer empfinden, also z. B. weinen, statt aus einem Duschapparat zu tropfen, würde er in diese verwirrende, chaotische Welt seiner Gefühle geraten, wo nichts an seinem Platz ist.

Sein Traum heißt aber auch: Mutter, nicht nur du bist durchgeschüttelt von deinem Sturz, ich bin es auch.

Bleibt die elterliche Sexualität nicht zielgehemmt, dann muß das dafür zu schwache Ich des Kindes sexuelle Empfindungen abwehren und es zerfallen sowohl die realen triangulären Beziehungsstrukturen zwischen Eltern und Kind als auch die intrapsychischen ödipalen Selbst- und Objektrepräsentanzen in duale, inzestuöse Zweierbeziehungen, wie Hirsch es beschreibt.

Gerade im Alter zwischen 13 und 16 Jahren werden die ödipalen Trieb-Abwehr-Strukturen der Kindheit noch einmal gelockert und verknüpfen sich unter den gegenwärtigen Wertehierarchien auf neue Weise miteinander. Bei diesem Patienten blieben präödipales Bedürfnis und ödipales Begehren miteinander verknüpft und das ödipale Erleben machte keine Entwicklung zum genitalen Begehren hin, denn in sexuellen Übergriffen über die Generationenschranke liegt die Gefahr, daß Liebes- und Haßgefühle in der Entwicklung steckenbleiben und nicht mehr zur Ich-Entwicklung beitragen können, weil sie zu archaisch geblieben sind (Sies 1994).

Die Kastrationsangst der ödipalen Verarbeitung, die im Traum wirksam ist, geht über die Angst vor dem Verlust des materiellen Genitales, nach dem Modell des Verlustes des analen Produktes, hinaus. Die *ödipale* Kastrationsangst ist die Angst, im Zentrum der Geschlechtsidentität verletzt zu werden, wie es diesem Patienten passierte. Ist das Frau- oder Mannsein zentral gesichert, dann bleibt man auch ohne oder mit zerstörten Genitalorganen ein Mann oder eine Frau. Diese Transzendenz des Sichtbaren ins Unsichtbare hinein, legt auch den Grundstein für die seelische Fähigkeit, sich und den anderen zu berühren, ohne sich anzufassen. Die Intensität einer Berührung, die im körperlichen Bereich längst verletzend wäre, kann weit übertroffen werden, indem Frau und Mann sich seelisch berühren. Die ödipale Kastrationsangst dreht sich vorwiegend um die Befürchtung, daß die Relationen seelischer Verknüpfungen, die den Primat der Genitalität über die Partialtriebe begründen und sichern, gelockert oder zerstört werden könnten, wie es bei dem Patienten der Fall war.

Diese Art von Destruktivität - bezogen auf männlich-weiblich - entsteht an der Stelle, wo Individuation zum Mädchen und zur Frau oder zum Jungen und Mann nicht ausreichend stattfinden konnte. Das geschieht dann, wenn sich das Individuum in Konflikten, die sich um geschlechtsspezifische Themen drehen, nicht akzeptiert sondern isoliert, erniedrigt, verletzt und zerschlagen fühlt (Sies 1992).

Weiblich-männlich - Klischee oder ganzheitliches Erleben

Im Ödipuskonflikt mit der Festigung der Geschlechtspartnerorientierung entscheidet sich für das Kind noch einmal, ob es auf nur eine Hälfte in sich beschränkt bleiben muß, auf die Erlebensweisen und Eigenschaften, die Eltern auf Grund gegenwärtig herrschender gesellschaftlicher Klischees über Frauen und Männer jeweils für weiblich oder männlich halten oder ob das Kind alle ihm zur Verfügung stehenden Fähigkeiten und Schwächen zulassen darf, weil es für die Eltern selbstverständlich ist, daß es jeweils nur als Junge oder Mädchen da ist. (Sies 1993) In der Adoleszenz sind Jugendliche, die ins weiblich-männliche Klischee gepreßt wurden anfälliger. Typische Mädchen leiden häufiger unter emotionalen Störungen, während typische Jungen mehr zur Dissozialität neigen.

Ob das Kind sich mit vollem Risiko und Einsatz zwischen die Eltern drängen kann, hängt entscheidend von den vorhergehenden Erfahrungen mit den Eltern - auch bezogen auf das jeweilige Geschlecht - ab. Ein kleines Mädchen, das bisher erfahren hat, daß es als Mädchen am meisten Zuwendung bekommt, wenn es nicht stürmisch eigene Wünsche anmeldet oder gar aggressiv durchzusetzen versucht, sondern wenn es wartet, bis es versorgt wird, neigt eher dazu, sich in der ödipalen Triade passiv zu verhalten, um geliebt zu werden. Sie wird dem Vater das eigene Temperament und seine eigenen Fähigkeiten - allerdings auch die eigenen Aggressionen - zuordnen und an ihm und allen späteren Männern bewundern und fürchten. So ein Mädchen wird dann, passiv wie sie inzwischen geworden ist, darauf angewiesen sein, daß der Vater sie bewundernd auf sein Niveau hochhebt, gleich einem *Paternoster*, ohne daß sie einen eigenen Einsatz für diesen "Aufstieg" leisten muß und darf. Auf die gleiche Ebene wie die Mutter gehoben, kann sie diese nun ausstechen, wieder ohne rivalisierende, kräftemessende Anstrengung. Der Nachteil dieser *Paternoster*fahrt nach oben für die spätere Begegnung mit dem Mann ist einleuchtend. Solche Frauen klagen später darüber, daß sie nicht wissen, wie sie auf einen Mann aktiv und erfolgreich zugehen können und stehen wie eine Blume auf ihrem Stengel, können sich allenfalls noch äußerlich attraktiv gestalten und sind darauf angewiesen, daß der Mann auf sie zukommt, sie auserwählt und zu sich emporhebt.

Zur Entstehung eines ödipalen Beziehungsmusters gehört der *Paternoster*-oder *Maternoster*-Effekt: die geschenkte Fahrt über die Generationenschranke nach oben, an allen Rivalinnen oder Rivalen vorbei, sei es, daß die Partner von unterschiedlicher Reife sind, verschiedenen Lebensaltern angehören oder einer arrivierter als der andere ist. Die männliche Ausformung ödipaler Fixierung zeigt der Traum eines 40jährigen Mannes:

"Ich gebe der Frau meines Chefs meinen Stadtplan von Paris als Geschenk. Er ist zwar alt, aber sie kann mich damit durch die Stadt führen. Anschließend angle ich an einem See am Stadtrand von Paris. Ich ziehe einen viel zu großen Fisch raus, der an eine Mauer klatscht".

Der arrivierten, an einen anderen Mann gebundenen Frau, wird die eigene Orientierung - der Stadtplan - abgegeben und von dort dann als Fähigkeit angefordert; sie soll ihn führen. Zu bewältigende Lebensaufgaben, sei es in der Beziehung zur Partnerin oder den eigenen Weg zu finden, werden - ohne eigene Orientierung - als viel zu "große Fische" erlebt. Durch den *Maternoster* mit seiner "Vergünstigung" statt "Verlangen", werden anale Fähigkeiten, wie in diesem Fall Orientierung zu schwach entwickelt, zu Gunsten illusionärer Strukturen.

Wo liegt nun der Reiz eines durch Projektion eigener Fähigkeiten vergrößerten Partners? Er liegt u. a. in der dadurch hergestellten Hierarchie und Rangordnung. Diese sind unsere gebräuchlichsten Sicherungsmechanismen in der Begegnung mit anderen Menschen. (Sies u. Brocher 1986; Brocher u. Sies 1986) Und so sind viele Paare unbewußt darauf eingespielt, die Generationenschranke zu erhalten und sie erreichen dadurch im ersten Anlauf Angstfreiheit in der sexuellen Begegnung. Und je größer die Angstfreiheit, desto stärker können die Gefühle anfangs entflammen. Die meisten Menschen nennen das Liebe. Das Konfliktpotential für solche Beziehungen liegt einmal in einer unbewußten Verachtung, die der Partner hegt, der sich kleiner macht, weil er weiß, daß er die tollen Eigenschaften dem größeren Partner nur angedichtet hat, um ihn bewundern zu können. Außerdem hat die Entlastung in groß und klein im sexuellen Bereich Auswirkungen, denn das genitale Zusammentreffen von groß und klein, stark und schwach, hat im Unbewußten die Bedeutung von Übersättigung und Vergewaltigung und führt zur Abwehr in Form von Lustlosigkeit. Die Generationenschranke bleibt also, wenn der Generationenkonflikt im Unbewußten nicht bewältigt worden ist, die Kampflinie um Versorgung, Macht und Bewunderung.

Fixierung an die gegenseitige Bewunderung mit dem gegengeschlechtlichen Elternteil

In der Zeitschrift "Spiegel" (März 1994) wurde unter dem Titel "Buben für die Muttis" (über einen älteren Mann und eine jüngere Frau würde man sicher nicht "Mädels für die Vatis" schreiben) über einen Club für ältere Frauen, die mit jüngeren Männern gehen, ein Phänomen, das im Ansteigen begriffen ist, berichtet. Frauen zwischen 40 und 60 und Männer in den Zwanzigern und Dreißigern treffen sich einmal wöchentlich in edlen Clubs. Die Frauen sagen über ältere, mit ihnen gleichalte Männer: "Sie üben zuviel Kontrolle aus und seien festgefahren." Sie sagen weiter: "Mit jüngeren Männern, die von emanzipierten Müttern großgezogen wurden, kannst Du gleichsein." Ein anderer Spruch der Gründerin des sog. "Mutual Admiration Clubs" (der gegenseitige Bewunderungs-Club) meint: "Die Energie, die in solchen Verbindungen steckt, ist wie Benzin fürs brennende Streichholz" (Spiegel 3/94).

Frustration durch die Verlötung oralen und ödipalen Begehrens

Ich komme nun zu einem Problem, das ich zunächst durch den Traum einer 40jährigen Frau, Mutter einer 5jährigen Tochter und dadurch im ödipalen Konflikt angeregt, illustrieren möchte:

Ich gehe durch die Straße, ein jüngerer Mann geht sexuell auf mich zu, berührt mich am Genitale. Er sagt, du bist 20 Jahre älter und ich bin zwanzig. Wir schlafen miteinander, ich spüre ein ungeheuer starkes Begehren und stoße laute Schreie aus. Ihm ist das unangenehm und er hört auf. Ich sage zu ihm, bitte mach weiter, ich brauch das so sehr, ich bin jetzt

auch ganz ruhig. Da sagt er, er habe eine Freundin, die ihn so liebt, daß er sie nicht weiter
mit mir betrügen möchte. Zwei strenge, gleich aussehende Männer kommen ins Zimmer,
bedrohen mich wegen der Verführung eines Mannes, der eine Freundin hat. Ich sage, daß
ich das erst seit einer Minute weiß. Dann bin ich in einer Fabrik, begegne dem großen, alten Besitzer, der in einer Gruppe Angestellter geht. Ich hoffe, er erkennt mich und nimmt
mich an seine Seite. Ich steige in eine Straßenbahn und fahre schwarz. Am *Königsplatz*
steige ich aus.

Die Patientin versucht weiterzukommen, ohne mit Entwicklungsschritten den
Platz neben dem König zu bezahlen. Dieses letzte Traumbild der erschmuggelten
Position unterstreicht die Ödipalität des Traumes. Der unbewältigte
Generationenkonflikt läßt die Träumerin einmal den 20 Jahre jüngeren Mann
wählen und später den arrivierten Alten. Der Hintergrund dieser Vorlieben wird
am Anfang des Traumes deutlich. Die Partialtriebe konnten nicht unter dem
Primat der Genitalität integriert werden, sondern Sexualität ist selbst ein
Partialtrieb geblieben, und rückt nun einzeln gegen den anderen Menschen vor.
Sie ist laut und übersteigert, weil sie nicht in eine personale Beziehung integriert
ist, in der beide wissen, wer bist du, wer bin ich. Sonst hätte die Träumerin
gewußt, daß der junge Mann eine Freundin hat.
  Sexualität hat hier den Status von Bedürfnisbefriedigung und Abhängigkeit, d.
h. sie ist ans Orale gekoppelt ("ich brauch das"), was zu einer permanenten
Unzufriedenheit bei der Patientin führt (s. a. Wendl-Kempmann u. Wendl 1986).
Wir alle kennen Patientinnen, bei denen, wenn sie essen, die verlötete genitale
Stelle in Schwingung gerät und unbefriedigt bleiben und wenn sie sexuellen
Verkehr ausüben, bleiben sie ebenfalls unbefriedigt, weil sich die orale Stelle
meldet.
  Der Zwischenschritt, der Orales von Ödipalem trennt und hilft, Sexualität in
die Person einzuordnen wäre das anale Erleben, bei dem es darum geht, vitale
Impulse zu differenzieren und zu integrieren, zu trennen und zu begrenzen. Die
verunglückte anale Entwicklung wird auch durch die beiden drohenden Männer,
die nicht integrierte Über-Ich-Anteile verkörpern, deutlich. Sie helfen nicht, sie
bedrohen nur.
  Bedürfnisse müssen befriedigt werden, vom Essen ist man wirklich existentiell
abhängig. Das Begehren muß nicht befriedigt werden, es bleibt wirksam.
Begehren spüren und ein Bedürfnis haben, sind zwei unterschiedliche Erlebensweisen. Sind aber frühere Bedürfnisse ungestillt geblieben, ist man immer auf der
Suche nach Befriedigung. Das ödipale Begehren bleibt dann mit oralen und
analen Qualitäten kontaminiert. So träumte eine 25jährige Patientin: "In der
Toilette schwimmen Blut und Stuhlgang vermischt".
  Für die Befriedigung oraler Bedürftigkeit eignen sich die Objektbeziehungen
der analen Phase, in der es eher um Trennung geht, nicht; die ödipale Zeit mit ih-

rer Betonung von Verbindung mit dem begehrten Objekt eignet sich schon eher zu dem Versuch, die orale Lücke aufzufüllen. So wird diese offengebliebene Bedürftigkeit oft dem ödipalen Objekt und allen Folgeobjekten angetragen.

Ödipale Herausforderungen im Alter

Ein Beispiel für eine letzte Bewältigung ödipalen Begehrens:

Eine 76jährige Frau, Frau F., erlebt nach zwei glücklichen Ehen, einmal mit einem 12 Jahre jüngeren und anschließend einem 20 Jahre älteren Mann, eine späte erotische Beziehung zu einem Gleichaltrigen, in der sie so intensiv wie nie zuvor in ihrem Leben sexuell empfinden kann. Der einzige Haken an der Beziehung: ihr Freund hatte ein sogenanntes Bratkartoffelverhältnis. Mit dieser anderen Frau hat er zwar keinen Sex, aber er hat ein schlechtes Gewissen, wenn er mit Frau F. im Bett liegt. Frau F. sagt selbst: "Sie ist wie seine Mutter." Inzwischen ist Frau F. 80 Jahre alt.

Frau F.: "Gestern habe ich ihm wieder einmal ein Ultimatum gestellt. Ich will so nicht mehr! Ich kann doch nicht mit einem Mann im Bett liegen, der mir erzählt, wie gut die andere ihn bekocht! Es ist meine letzte Liebe. Noch eine will ich nicht mehr. Aber ich will auch nicht mehr die zweite Geige spielen. Ich will nicht mehr sein Betthäschen sein!" - mit 80 Jahren, wohlgemerkt! (Daimler 1991, zit n. Sies 1994).

Statt einer Zusammenfassung ein Kurzlehrgang, den eine Großmutter ihrer vierjährigen Enkelin verpaßte, die sie an der ödipalen Stelle herausgefordert hatte:

"Sie betrat das Zimmer, wo die Enkelin mit dem Großvater spielte. Das Mädchen sagte freundlich zu ihr: "Du kannst jetzt wieder gehen." "Nein", antwortete die Großmutter, "ich bleibe hier, der Josef und ich gehören nämlich zusammen. Aber wir freuen uns immer sehr, wenn du zu Besuch kommst."

Literatur

Brocher T H, Sies C (1986) Psychoanalyse und Neurobiologie. frommann-holzboog, Stuttgart Bad Cannstadt

Cierpka M (1986) Zur Funktion der Grenze in Familien. Familiendynamik 11: 307-324

Daimler R (1991) Verschwiegene Lust. Kiepenheuer & Witsch, Köln

Hirsch M (1993) Latenter Inzest. Psychosozial 16 (2) : 54

Mertens W (1994) Entwicklung der Psychosexualität und der Geschlechtsidentität, Bd 2. Kohlhammer, München

Sies C, Brocher TH (1986) Die Bedeutung der Autopoiese für die Metapsychologie. Jahrb Psychoanal 19: 142-173

Sies C (1988) De-Humanisierungsprozesse in der ödipalen Situation. Psyche 10 : 873-895

Sies C (1992) Beyond pregenital determination of femininity and masculinity (discussion). Int Forum Psychoanal 1: 148-150

Sies C (1993) Die Gruppenleiterin: Wahrnehmungsdifferenzen aus weiblicher Perspektive. Z Psychoanal Psychother 1: 28-39

Sies C (1994) Aspekte der weiblichen Sexualität im Alter. In: Heuft G, Kruse A, Nehen HG, Radebold H (Hrsg) Interdisziplinäre Gerontopsychosomatik, MMV, Braunschweig

Sies C (1995) Urszene und Generationenschranke - Ursprünge der Subjektivität bei Frau und Mann. In: Tress W, Sies C (Hrsg) Psychoanalyse und Subjektivität. Vandenhoeck & Ruprecht, Göttingen

Wendl-Kempmann G, Wendl Ph (1986) Partnerkrisen und Scheidung. Beck, München

Ursachen späterer Konflikte im ersten Lebensjahr

Lotte Köhler

Historische Entwicklung der Sichtweisen

Nach der Entdeckung der frühkindlichen Sexualität durch Freud, galt zunächst der Ödipuskomplex als der Ur-Grund der weiteren Entwicklung und als Ur-Sache späterer Neurosen. Aber in den 100 Jahren, die auf Freuds Entdeckung folgten, ist die Erkenntnis nicht stehen geblieben. Das Kind tritt nicht als tabula rasa in den Ödipuskomplex ein. Denn bereits in den dem Ödipus vorausgehenden Entwicklungsphasen werden im Zusammenstoß (Konflikt) zwischen dem Kind und der Umwelt, seiner Pflegeperson - insbesondere seiner Mutter - Strategien erworben, die eine mehr oder weniger gute Konfliktbewältigung ermöglichen. Die klassische Analyse hat das, allein vom Kind ausgehend, so dargestellt: Es gibt ein Triebgegensatzpaar, nämlich Libido und Aggression. Die Triebe geraten miteinander in Konflikt und werden dann durch Neutralisierung, Kompromißbildung, durch Abwehr, Symptombildung etc. verarbeitet. Im Zuge der Triebkonfliktbewältigung kommt es zur Differenzierung ganz bestimmter Strukturen: Aus der undifferenzierten Triebmatrix des Es differenziert sich das Ich, das als Vermittler zwischen den Triebwünschen und deren Erfüllung oder Verhinderung durch die Umwelt fungiert. Beim Untergang des Ödipuskomplexes entsteht als dritte Instanz das Über-Ich, in dem die verinnerlichten Werte, Gebote und Verbote der Umwelt enthalten sind.

Nach dem heutigen Erkenntnisstand, der durch systematische Beobachtung von Kindern mit ihren Müttern und Vätern angereichert ist, muß man hinter das Triebkonfliktmodell einige Fragezeichen setzen.

1. Es gibt zweifellos Triebe, z. B. Hunger, Sexualität und Aggression. Wollte man aber in den Trieben die Ursache sämtlicher Motivationen und Erlebnisweisen sehen, wäre dies eine starke Vereinfachung. Zum einen müssen Triebe von Affekten unterschieden werden. Die Freudsche Ansicht, wonach der Affekt die qualitative Äußerungsform der Triebenergie darstellt, läßt sich heute nicht mehr halten. Zum anderen sucht der Säugling nicht allein

Triebabfuhr und Nirvana, wie Freud postulierte, sondern er sucht optimale Stimulation und Austausch mit seiner Umgebung.

2. Diesen Austausch zu bewerkstelligen, bringt der Säugling kognitive und perzeptive Fähigkeiten mit, von denen man sich zu Freuds Zeiten nicht hat träumen lassen. Seine Lern- und damit auch seine Anpassungsfähigkeit ist enorm. Das Neugeborene verfügt v. a. über affektive Ausdrucksmöglichkeiten, die eine Kommunikation mit der Pflegeperson ermöglichen, auch wenn es noch nicht sprechen kann. Es vermag mit seinen Signalen einen Einfluß auf die Pflegeperson auszuüben - man denke nur an ein Schreibaby.

3. Andererseits hat das Neugeborene gewisse Fähigkeiten, die man ihm zuge-schrieben hat, nicht. Es kann nämlich vor dem ca. 15. Lebensmonat noch nicht phantasieren. Somit fallen halluzinatorische Wunscherfüllung und ödipale Triebphantasien zunächst aus. Letztere mögen ein Produkt der "Nachträg-lichkeit" sein, von der Freud sprach, wonach frühere Erlebnisse *nachträglich* eine andere oder zusätzliche Bedeutung erhalten.

Konflikt oder Aushandeln?

Wenn also das Kind im 1. Lebensjahr Strategien seines Umgangs mit der Umwelt entwickelt, so stellt sich die Frage, ob die Bedürfnisse von Mutter und Kind aus-wegslos aufeinanderprallen oder ob eine Lösung ausgehandelt werden kann. Das Wort "Konflikt" leitet sich nämlich aus dem lateinischen confligere ab und bedeu-tet, aufeinander einschlagen oder eindreschen. Das Wort "Dreschflegel" enthält die gleiche Wurzel. Wenn also, nach Clausewitz, der Krieg die Fortsetzung der Politik mit anderen Mitteln ist, so wäre der Konflikt die Fortsetzung des Aushandelns mit anderen Mitteln.

Eine Folge des Trieb-Konflikt-Modells war, daß man das menschliche Neugeborene als von wilden Trieben beherrscht ansah, die allmählich durch die Umgebung, die die Kultur vertretenden Eltern gezähmt werden müssen. Der menschliche Säugling, der noch keine Sitten kennt, wurde als ein von Gier und Eigennutz besessenes Wesen, quasi als ein wildes Tier angesehen. Noch 1952 hat Anna Freud in ihren Harvard Lectures den Säugling mit einem Orang-Utan verg-lichen, "... der durch die Gegend streift, nach allen Seiten Schläge austeilt und sich nimmt, was immer er haben will ... wenn ... er über eine entsprechende Muskelkraft verfügte, wäre er das gefährlichste Individuum, das man sich vorstel-len kann" (Anna Freud 1952, S. 39).

Nach dieser Auffassung besteht ein *Gegensatz* zwischen den Eltern und ihrem Nachwuchs und nicht etwa eine Gemeinschaft von Partnern, deren unterschiedliche Interessen aufeinander abgestimmt werden könnten. Die letztere Auffassung wird von der modernen Säuglingsforschung nahegelegt. Sie unterscheidet sich grundlegend von der auf der Triebtheorie basierenden klassischen psychoanalytischen Auffassung vom Menschen. Die moderne Säuglingsforschung betrachtet Mutter und Kind als ein auf Gegenseitigkeit angelegtes System, das sich in ständiger Wechselwirkung reguliert und weiterentwickelt. Angelegt ist das menschliche Neugeborene auf das *Zusammenspiel*, das Zueinanderpassen, nicht primär auf den Konflikt. Zu dem kommt es erst, wenn alle Versuche des Coping oder der Selbstaufrichtung versagt haben. Erst wenn nämlich die Pflegeperson die Signale des Säuglings nicht zu lesen versteht, ihm die Gegenseitigkeit verweigert und ihn unerträglichen Spannungen aussetzt, die die Bandbreite seiner eigenen Regulationsmöglichkeiten überfordern, nehmen sekundär Aggression und Gier überhand.

Entwicklungsaufgaben während des ersten Lebensjahres

Im ersten Lebensjahr des Kindes stehen bestimmte Aufgaben und Probleme an, die im Zusammenspiel mit der Mutter gelöst werden müssen, nämlich erstens die Herstellung der physiologischen Homöostase, zweitens die Ausbildung einer spezifischen Bindung an die Pflegeperson sowie die Abstimmung der Affekt- und Spannungsregulation und drittens die allmähliche Lösung aus der Dyade bei zunehmender Autonomie des Kindes. Im Verlauf dieses komplizierten Ablaufs, müssen sich also Mutter und Neugeborenes zunächst zu einem System, das sich entwickelt, aneinanderkoppeln, um sich schließlich wieder zu entkoppeln. Diese drei Entwicklungsphasen sollen nun etwas genauer geschildert werden, und zwar unter besonderer Berücksichtigung des Konfliktpotentials, das sie bergen, falls das Aushandeln zu keinem Ergebnis führt. Auf die Frage, welche Rolle "der Dritte" in diesen Abläufen spielt, werde ich noch zu sprechen kommen.

Herstellung der physiologischen Homöostase

In utero war das Kind voll über die Nabelschnur durch die Rhythmen der Mutter reguliert. Nach der Abnabelung muß eine neue Verkoppelung von Mutter und Neugeborenem hergestellt werden, wobei die Mutter nun nicht mehr per Nabelschnur sondern von außen als Koordinatorin der kindlichen Biorhythmen wirksam wird. Erst wenn das Kind gewisse Erfahrungen physiologischer Zustände zusammen mit Affekten in den Cortex gespeichert hat, vermag es die zunächst von der Mutter beeinflußte Binnenregulation in eigener Regie zu übernehmen. Diese Erfahrungen sammelt das Kind in den sich vielfach wiederholenden Abläufen, etwa von Aufwachen-Stillen-Trockenlegen-Einschlafen. Man macht sich im allgemeinen nicht klar, welch vielfältige Regelkreise ineinandergreifen, damit letztlich etwa ein Schlaf-Wachrhythmus oder geregelte Stillsituationen entstehen.

Damit hat das Kind aber nicht nur eine erste Koordinationsebene seiner verschiedenen physiologischen Subsysteme erreicht. Die regelmäßig wiederkehrenden Zustände - "states" - vom Schlafzustand zu Dösigkeit und unterschiedlichen Graden der Wachheit bilden die Grundlage für erste *psychische* Strukturen und Erwartungen. Die ersten psychischen Selbsterfahrungen des Kindes sind seine "states", nicht etwa sein Körper-Ich (Sander 1982). Der Zustand der Wachheit kann, aus welchen Gründen auch immer, in Schreien, Übererregung und Panik einmünden. Nach Beobachtungen von Parens (1978) geschieht dies nur, wenn Unlust vorausgegangen ist. Das Schreien kann demnach nicht als Ausdruck eines angeborenen Aggressionstriebes angesehen werden, der sich von Zeit zu Zeit entladen muß, sondern es handelt sich um eine biologisch vorprogrammierte Reaktion auf Unlust. Im Zustand des hemmungslosen Schreiens, des organismischen Distreß, geht jegliche Ordnung aus den Fugen. Die Organisation fragmentiert. Solche Zustände sind das Vorbild jener apokalyptischen Ängste, die Erwachsene plagen können.

Wenn sich der circadiane Rhythmus aufbaut, erfährt das Kind nicht nur seine "states", sondern auch ob und was es tun kann, um diese durch Einwirkung auf die Mutter selbst zu beeinflussen und damit erste Erfahrungen der Selbstbestimmung zu machen. Denn ausgehandelt wird im Mutter-Kind-System das Ausmaß, in dem das Kind seine "states" selbst bestimmen kann. Wie werden die angeborenen Biorhythmen des Kindes mit dem Fahrplan der Mutter und ihren Erziehungsmaximen in Übereinstimmung gebracht? Wie weit sieht die Mutter das Kind als Individuum mit seinen Eigenheiten und wieweit projiziert sie ihm eigene Erwartungen und Vorstellungen auf? Von der Mischung dieser beiden Einstellungen bei jeder einzelnen Mutter hängt es ab, in welchen Bereichen sie die Bedürfnisse ihres Kindes adäquat oder überstimulierend befriedigt oder gar nicht auf dieselben eingeht. Wenn man bedenkt, wie weitgehend das Verhalten der Mutter das System bestimmen kann und wie weitgehend die biologische Anpassungsmöglichkeit des Kindes an das Verhalten der Mutter ist, kann man sich leicht vorstellen, welch prägende Wirkungen nicht nur die Einstellungen sondern auch die unbewußten Projektionen der Mutter auf das Kind haben.

Wenn beispielsweise sich die Mutter für den jeweiligen "state" des Kindes verantwortlich fühlt und meint, daß sie ihn bestimmen müsse, dann weckt, badet und stillt sie nach ihren Vorstellungen. Für das Kind wird es dann schwierig, wenn nicht unmöglich, zwischen Erlebnissen zu unterscheiden, die spontan in ihm selbst entstehen und solchen, die Teil des wechselseitigen interaktiven Einflusses sind, also solche, die durch den anderen oder als Reaktion auf den anderen hervorgerufen wurden. Man könnte spekulieren, ob hier die Grundlage für eine "Als-ob-Persönlichkeit" gebildet wird, die später auch "as-if" ödipale Konflikte entwickelt, oder die Grundlage für spätere sadomasochistische Konflikte.

Wenn jedoch die Mutter die spontanen "state"-Änderungen des Babys ebenso spontan erfaßt, sie respektiert und ihr Verhalten auf den "state" des Kindes abstimmt, dann haben wir "Fit" und nicht "Konflikt". Mutter und Kind treffen sich in ihren Intentionen. Das stärkt das Urvertrauen beim Kind und das Selbstvertrauen bei der Mutter. Denn ein zufriedenes Kind vermittelt der Mutter das Gefühl, eine gute Mutter zu sein, die ihr Baby kennt, weiß, was es braucht, wie man es beruhigt etc. Umgekehrt werden Ängste und Verunsicherungen bei der Mutter ausgelöst, wenn das Kind sich nicht ihren Erwartungen gemäß verhält.

Damit eine förderliche Einspielung möglich wird, muß die Mutter laufend Entscheidungen treffen, wie sie das kindliche Verhalten verstehen, z. B. wie sie ein Schreien des Kindes beurteilen soll: Ist es am Aufwachen, will es zu trinken, will es weiterschlafen. Nur wenn sie die Befindlichkeit des Kindes einigermaßen richtig erfaßt und das Angemessene tut und zwar in einer Zeitspanne, die dem Kind die Chance gibt, die Handlung der Mutter als Folge seiner Äußerungen zu erkennen, macht das Kind die Erfahrung der Selbstbestimmung. Es macht die Erfahrung, daß auf die Änderung seines "states", z. B. Übergang vom REM-Schlaf in Dösen oder Quängeln, eine Reaktion durch die Mutter erfolgt, die es stillt und den unruhigen Zustand beendet. Das Kind erlebt, daß es etwas bewirken und bestimmen kann. Es macht, mit Hilfe der Mutter, eine erste Erfahrung damit, eine Handlung selbst zu beginnen, durchzuführen und zu beenden. Es macht die Erfahrung, daß sein Zustand von ihm selbst bestimmt wird und ihm gehört, ihm zu eigen ist. Das Kind in einem solchen System lernt zunehmend, was es tun muß, damit die Mutter ihren Beitrag zu der von ihm gewünschten "state"-Änderung leistet.

Manche Mütter haben ein sehr gutes Gespür dafür, wieviel sie dem Kind an Spannung zumuten können, ohne daß es aus den Fugen oder in Panik gerät. Sie versuchen z. B. ein hungriges Kind etwa abzulenken und die Spanne zwischen dem ersten Hungerschrei und dem Stillen allmählich auszudehnen. Das Kind lernt dabei, diese Spannung als ein inneres Signal zu werten, auf das es mit Ablenkungsmanövern, wie Verschieben der Aufmerksamkeit oder Aktivität auf etwas anderes reagieren kann, und, wenn es nicht mehr zum Aushalten ist, mit solchem Schrei, daß aufgrund der früheren Erfahrung mit einer Hilfsaktion durch die Pflegeperson zu rechnen ist. Hier werden erste Grundlagen der Affektregulation oder Affektkanalisierung gelegt. Das Kind erfährt, daß es durch zielgerichtetes Verhalten erwünschte "states" und Affekte herbeiführen und unerwünschte, wie v. a Panik, vermeiden kann. Das Kind kann mit einem zunehmend vielfältigeren und komplexeren Verhaltensschema die Situation ändern, durch die, als Folge seiner eigenen Initiative, sein "state" und Affekt geändert wird. Voraussetzung ist, daß das Kind die Unlusterfahrung, z. B. des Hungers auch wirklich machen kann. Nur dann kann es sie als Signal verstehen lernen, nur dann können die mütterlichen Ablenkungsmanöver nachgeahmt und zur Selbstberuhigung eingesetzt werden. Ein Kind, dessen Mutter etwa sein Schreien nicht aushalten kann und ihm beim ersten Laut die Flasche oder Brust gibt, wird dieser Möglichkeit, Affekte als Signale kennenzulernen und Selbstberuhigungsstrategien zu entwickeln, beraubt. Die Fähigkeit, später Spannungen und innere Konflikte auszuhalten und zu bewältigen, wird verringert.

Eine andere, früher gern geübte Möglichkeit besteht darin, das Kind "ausschreien" zu lassen, um seinen Eigenwillen zu brechen und seine Lungen zu stärken. Dadurch gerät das Kind in unerträgliche Spannungen, in Panik, in das, was dem uneinfühlsamen Erwachsenen als böse, trotzig, eigensüchtig erscheint - die Eltern sind doch so wohlmeinend - kurz als all das, was die vor 100 Jahren entstandene psychoanalytische Theorie als "normal" postulierte. Ein Kind, das sich trotzdem seine Selbstbehauptung bewahrt, wird auch eine verschärfte Trotzphase durchmachen und einen konfliktreichen Ödipus, bei dessen Untergang es sich dann mit dem übermächtigen Vater und Herrn identifizieren wird.

Ausbildung einer spezifischen Bindung an die Bezugspersonen

Nach etwa zwei Lebensmonaten beginnt die nächste Entwicklungsphase. Nach Spitz (1965) wird sie durch das blickerwidernde Lächeln eingeleitet, nach Mahler et al. (1975/1978) wird sie als symbiotisch bezeichnet. Zu keiner späteren Lebensphase ist der Mensch mehr und ausschließlicher auf den Mitmenschen eingestellt als in dieser. Zwischen dem etwa 3. - 8. Lebensmonat baut der Mensch Bindungen an seine jeweilige Bezugsperson auf, deren Nähe und Schutz er hinfort suchen wird, wenn Gefahr von innen oder außen droht. Die in dieser Lebensphase entstehenden spezifischen Bindungsmuster bestimmen das spätere Sozialverhalten maßgeblich. Menschen mit sicherer Bindung verfügen über eine gewisse Elastizität und Frustrationstoleranz. Diese Eigenschaften ermöglichen ihnen, Konflikte besser aushandeln zu können. Menschen mit unsicherer Bindung zeichnen sich durch große Konfliktanfälligkeit aus. Auf die Einzelheiten der Bindungsforschung kann ich in diesem Rahmen nicht eingehen[1]. Wohl aber auf die zwischenmenschlichen Erfahrungen, aufgrund derer sich das spezifische Bindungsmuster in den ersten 6 Lebensmonaten ausbildet. Maßgeblich scheint zu sein, ob das Verhalten der Bezugsperson vorhersagbar und angemessen ist und ob es dem Kind gestattet, seine *Effektanz* zu erfahren.

Spannungs- und Affektregulation im Lächelspiel

Wieder spielt der "Fit", zu deutsch: das Zusammenpassen, eine ausschlaggebende Rolle. Er läßt sich besonders gut beobachten, wenn Mutter und Kind im Lächelspiel ihre affektive Unterhaltung pflegen. Denn solange eine sprachliche Verständigung noch nicht möglich ist, ist der Affekt das Fenster, das einen Blick ins Innere des anderen gestattet. Wir wissen, daß uns Menschen mind. 7 distinkte Affektmuster angeboren sind: Freude und Interesse, Wut, Angst und Ekel sowie Überraschung. Diese Affekte, zu denen später noch Schuld und Scham kommen, sind von spezifischen Reaktionen des autonomen Nervensystems begleitet, die entsprechende innere Empfindungen auslösen. Bereits wenige Stunden nach der Geburt imitiert ein Baby den mimischen Gesichtsausdruck seines Gegenübers, wenn er nur scharf und prononciert dargeboten wird (Meltzoff u. Gopnik 1993). Es streckt die Zunge heraus, runzelt die Stirn, lächelt. Da der Gesichtsausdruck die autonome Innervation in Gang setzt, werden im Kind Empfindungen erzeugt, die denen seines Gegenübers entsprechen. Umgekehrt erfährt die Mutter aus den Ausdrucksweisen ihres Kindes etwas über dessen innere Befindlichkeit.

In den sog. "Lächelspielen" wird eine affektive Feinabstimmung zwischen Mutter und Kind eingeübt. Die beiden Partner regulieren und modulieren wechselseitig den Zeittakt, die Intensität, den Enthusiasmus und die Richtung ihrer präverbalen Gesprächsrunden. Das Kind macht dabei sowohl die Erfahrung der Gegenseitigkeit wie die des Gleichseins. Befinden sich Mutter und Kind in der gleichen Affekt- und Erregungslage, scheinen die Grenzen zwischen beiden im Erleben aufgehoben, ist der Zustand der Symbiose erreicht.

---

[1] siehe ausführlichere Darstellung und Literatur bei Köhler (1992)

Wichtig ist bei diesen frühen Interaktionen die Eigeninitiative des Kindes sowie die Erfahrung, daß sie von einem mitfühlsamen anderen geteilt wird. Wichtig bleibt weiterhin, daß die Erregungsebene des Kindes innerhalb der erträglichen Bandbreite gehalten wird. Nehmen wir einmal an, ein Kind schreit. Die Mutter erfaßt seine Übererregung, nimmt es auf den Arm, wiegt es und redet zu ihm. Zunächst in einem etwas weniger intensiven Rhythmus als dem des schreienden Kindes. Dann wird sie mit ihren Äußerungen allmählich langsamer. Sie nimmt das Kind dabei sozusagen mit, denn auch das Schreien des Kindes wird weniger heftig, das Kind beruhigt sich. Bion (1962/1990) würde die Mutter hier als Container der kindlichen Erregung sehen, die sie mittels Reverie abmildert. Kohut (1979) würde das Selbstobjekt sehen, mit dessen Ruhe und Gelassenheit das Kind verschmilzt, so daß es sich im wörtlichen und übertragenen Sinne "aufgehoben" fühlt.

Natürlich gibt es auch den "misfit". Dieser Begriff scheint mir in dieser frühen Phase dem des Konflikts vorzuziehen. Nun darf man nicht glauben, daß selbst bei normalen, gut aufeinander eingespielten Mutter-Kind-Paaren alles glatt ginge: Momentane Fehleinstellungen finden laufend statt und werden repariert. Die sog. Copingmechanismen, derer das Kind sich dabei bedient, wurden im Experiment untersucht, indem man Mütter aufforderte, ein ganz ausdrucksloses Gesicht ("still face") zu machen (Tronick et al. 1986). Ein 3monatiges Kind versucht nun, die Mutter dazu zu bewegen, sich doch wieder so zu verhalten, wie es das von ihr gewöhnt ist. Es lächelt, brabbelt oder beginnt ein Spielchen, das unter normalen Bedingungen eine Reaktion bei der Mutter hervorruft; oder es schreit, weint, schlägt auf die Mutter ein, um sie wieder zum Mitspielen zu animieren. Im gleichen Ausmaß, in dem es einem Kind gelingt, einen entgleisten Dialog wieder in Gang zu bringen, steigt sein *"Effektanzgefühl"*. Das ist mit positiven Affekten verbunden und trägt zur Ausbildung eines positiv getönten affektiven Kerns bei.

Hilflos fühlt ein Kind sich erst dann, wenn es mit seinen Copingmechanismen den Dialog nicht wiederherstellen kann und seine Wirkungslosigkeit, seine negative Effektanz erfährt. Es wird zum "Aussteiger" und gibt seine Versuche auf, die zwischenmenschliche Regulation zu beeinflussen. Der Austausch mit der Umwelt wird eingeschränkt und statt dessen die ganze Energie darauf verwendet, die Selbstregulation zu stabilisieren und die hervorgerufenen negativen affektiven Reaktionen unter Kontrolle zu halten.

Im "Still-face"-Experiment ist die Mutter angehalten, den Austausch mit dem Kind zu verweigern. Dadurch wird für kurze Zeit ein Defizit an Gegenseitigkeit künstlich herbeigeführt. Das Verhalten des Kindes bei dieser Versuchsanordnung ist im Alter von 3 Monaten noch variabel, mit 6 Monaten sind jedoch die Würfel gefallen. Das Kind weiß nun, ob es mit Gegenseitigkeit rechnen kann oder nicht, ob seine Aktionen etwas bewirken oder nicht. Kinder, die auch mit 6 Monaten auf die Mutter einzuwirken suchen, zeigen später in hohem Prozentsatz eine sichere

Bindung, solche die sich zurückziehen, eine unsichere! Die Copingmechanismen des Rückzugs sind zur Abwehr geworden. Da sie auch in Situationen angewendet werden, die einen positiven Ausgang nehmen könnten, beraubt sich das Kind damit der Möglichkeit, andere, bessere Erfahrungen zu machen. Der Rückzug hat letztlich eine Urverdrängung zur Folge. D. h. senso-motorisch-affektive Erfahrungen werden nicht auf die symbolische Ebene gehoben und bleiben damit einer weiteren Verarbeitung unzugänglich. Ein negativ getönter affektiver Kern ist entstanden. Ein Kind, das in diesem frühen Alter chronisch ein Defizit an Gegenseitigkeit erlebt, wird Erwartungen von Fehlregulationen aufbauen. Sekundär wird es in Konflikte geraten, weil es negative Interaktionen auch da erwartet, wo sie nicht notwendigerweise zu erwarten sind. Es wird ständig auf der Hut sein und chronisch extreme Affekt- und Erregungszustände zu vermeiden suchen.

Beginn der Lösung aus der Symbiose und der Entwicklung eines Konzepts geistiger Vorgänge ("theory of mind")

Um etwa den 8. Lebensmonat wird neue Organisation sichtbar. Das Kind beginnt zu krabbeln. Es beginnt, sich aus der Symbiose zu lösen und die Welt auszukundschaften. Die Mutter erlebt das möglicherweise ambivalent als einen Treuebruch. Sie findet ihr Kind aggressiv, nicht mehr lieb und folgsam und meint, das Kind lehne sie ab. Für das Kind kann damit ein Loyalitätskonflikt beginnen, der eine tiefsitzende Trennungsschuld zur Folge hat. Das Kind zeigt Fremdenangst, bei unsicherer Bindung mehr als bei sicherer. Beim Explorieren vergewissert es sich bei der Mutter, ob sie freudig, affektiv-ermunternd oder ängstlich wirkt. Zeigt die Mutter mit dem Finger auf einen Gegenstand, folgt das Kind ihr mit dem Blick dorthin. All dies weist darauf hin, daß das Kind zu entdecken beginnt, daß es ein Inneres gibt, das hinter dem äußeren Verhalten liegt. Das hat zur Folge, daß nun auch inneres Bewußtsein ausgetauscht wird. Erst die Erfahrung, daß das eigene innere Erleben von einem anderen verstanden wird, verleiht diesem Erleben Realität. Die Folgen des Teilens und Nicht-Teilens reichen von totaler psychischer Transparenz zu kosmischer Einsamkeit.

Die Möglichkeit, zwischen Innerem und Äußeren unterscheiden zu lernen, hat aber eine weitere tiefgehende Folge, die ich kurz anreißen möchte: Die klassische Psychoanalyse nahm an, daß das Neugeborene nicht zwischen Selbst und Objekt unterscheiden kann. Erst der von Mahler et al. (1975/1978) beschriebene Trennungs- und Individuationsprozeß hat schließlich etwa im dritten Lebensjahr die Errichtung stabiler, voneinander getrennter Selbst- und Objektrepräsentanzen zum Ergebnis. Die Babywatcher stellen allerdings fest, daß bereits wenige Tage alte Kinder kognitiv zwischen Selbst und Objekt unterscheiden. Die Fähigkeit aber, die tatsächlich erst in etwa dem gleichen Zeitraum erworben wird, in dem laut Mahler et al. (1975/1978) die *psychische* Geburt des Menschen stattfindet, ist die Unterscheidung zwischen inneren Vorgängen und äußerem Verhalten. Diese Unterscheidung wiederum ist eine wesentliche Voraussetzung für den Aufbau eines Konzepts geistiger Vorgänge, einer Vorstellung davon, daß der andere und man selbst ein Inneres hat, das denkt, fühlt, Kenntnisse, Absichten und Pläne hat. Tatsächlich hat von allen Lebewesen allein der Mensch ein Konzept geistiger Vorgänge, eine "theory of mind". Selbst Schimpansen haben dies nicht. Für normale Erwachsene ist es schwer nachvollziehbar, was oder wie man etwas erlebt, wenn man keine Vorstellung geistiger Vorgänge hat. Für uns ist es selbstverständlich, daß wir denken, daß andere denken und daß andere auch denken, daß wir denken. Die Fähigkeit, sich nicht nur Bilder oder Ereignisse vergegenwärtigen zu können, sondern auch geistige Akte, wie Glauben, Wissen, Fühlen, Wünschen, wird zwischen etwa dem 8. bis 48. Lebensmonat erworben.

Wenn man sich klarmacht, daß diese Fähigkeit auch partiell defizient sein kann, dann wird man solche Defizite bei vielen heutigen Patienten finden. Insbesondere traumatisierte Kinder oder Erwachsene leiden an diesem Defizit. Für ein abgelehntes oder mißhandeltes Kind ist es zu schmerzlich, das Innere des ablehnenden Objekts als denkend und fühlend zu repräsentieren. Als Folge können die konkreten, oder besser konkretistischen Ereignisse und Erfahrungen nicht auf eine abstraktere Metaebene gehoben werden. Damit entfällt die Möglichkeit, mit ihnen spielerisch oder in der Phantasie umzugehen, d. h. andere Lösungsmöglichkeiten zu erproben oder Denken als Probehandeln einzusetzen. Es gibt viele Patienten, die sich affektiv ihrer schlechten Erfahrungen durchaus bewußt sind, die auch keine Schwierigkeit haben, ihr Objekt zu hassen. Aber sie haben keine Vorstellung, wie es *in* anderen Menschen aussehen mag. Sie sind auf *Vermutungen* angewiesen, wenn es um die Absichten und Einstellungen anderer geht, mit allen Folgen für paranoide Vorstellungen. Daher ist es nützlich, mit solchen Patienten in der Übertragung zu bearbeiten, was sie glauben, daß man glaubt, daß sie glauben. Im übrigen paßt es in das hier gezeichnete Bild, daß die paranoide Position der Kleinianischen Entwicklungstheorie just in jenem Zeitpunkt beendet wird und die sog. depressive Position beginnt, in der auch die Entwicklung eines Konzepts geistiger Vorgänge beginnt.

Bedeutung des Vaters und der Triade

Nach der Schilderung dieser Entwicklungsaufgaben des ersten Lebensjahres ist noch die Frage nach dem Vater und der Triade zu beantworten. Sie wird besonders häufig von Männern gestellt. Es ist, als litten sie darunter, kein Kind austragen und mit ihrer Brust ernähren zu können, um nicht zu sagen, der Penisneid der Frauen hätte ein Gegenstück in einem Neid auf biologische Eigenschaften der Frau, die Mutterschaft ermöglichen. Wenn meiner Auffassung nach das Kind im 1. Lebensjahr vornehmlich Erfahrungen in der Dyade macht, so besagt das überhaupt nicht, daß der Vater nur zur Zeugung des Kindes, nicht aber auch zu seiner gesunden psychischen Entwicklung nötig wäre. Es ist wichtig, daß das Kind Erfahrungen mit 2 Dyaden macht, einer mit der Mutter und einer mit dem Vater.

Der Vater oder Partner der Mutter tritt als weitere Pflegeperson in Erscheinung. Er führt einen anderen Spielstil (Herzog 1984), u. U. auch Bindungsstil (Fonagy et al. 1991) ein. Er erleichtert durch diese andere Erfahrung dem Kind eine bessere Entwicklung von elastischen Beziehungen. Er erleichtert dem Kind die Lösung aus der Symbiose, besonders wenn die Mutter stark dominierend ist.

Die Einstellung des Vaters sowohl zum Kind als auch zu seiner Frau als Mutter beeinflussen Selbstgefühl und Selbstsicherheit der Mutter. Das wäre ein triadischer Einfluß auf das Kind, der förderlich oder beeinträchtigend wirken kann. Es erscheint durchaus möglich, daß ein Neugeborenes nicht nur Repräsentanzen von "Selbst-mit-Mutter" oder "Selbst-mit-Vater" aufbaut, aus denen sich später Selbst- und Objektrepräsentanzen differenzieren, sondern auch eine Repräsentanz von "Vater-mit-Mutter" und daß diese "Vater-mit-Mutter-Repräsentanz" später zu einer triadischen Repräsentanz von Vater, Mutter und Kind wird. All diese Erfahrungen entgehen dem Kind einer alleinerziehenden Mutter. Wir kennen die Folgen der Vaterlosigkeit aus der Kriegsgeneration. Das Kind braucht also die Triade.

Für den Lebensbeginn allerdings möchte ich eine Umkehrung wagen: Zuerst machen die Eltern die Erfahrung der Triade und nicht das Kind. Mann und Frau haben das Kind in einer dyadischen Beziehung gezeugt. Das Neugeborene tritt als Dritter in ihre Zweierbeziehung ein, sofern es ein erstes Kind ist, oder in eine bestehende Familienstruktur, die sich durch sein Hinzukommen verändert. Seine erste Erfahrung mit der Triade kann sehr unterschiedlich sein, etwa als Störenfried oder Erfüllung, Zankapfel, Kitt oder Zerstörer der elterlichen Zweierbeziehung. Es scheint nicht so zu sein, daß in seinem ersten Lebensjahr das Kind durch die sexuelle Beziehung seiner Eltern gestört wird. Dafür spricht, daß das Neugeborene gerade dann einen Reifungssprung macht, wenn üblicherweise etwa 1 - 2 Monate nach seiner Geburt die Eltern den Sexualverkehr wieder aufnehmen. Bis zur Phase seiner eigenen frühkindlichen Sexualität im 4. Lebensjahr, wenn in der Triade die ödipalen Leidenschaften und Konflikte aufflammen, ist es noch ein weiter Weg. Der Trennungs- und Individuationsprozeß muß beendet, die Sprache erworben, die Trotzphase durchlebt, die Geschlechtsidentität aufgebaut werden. Die "Ursachen späterer Konflikte im ersten Lebensjahr", wie der Titel dieses Beitrags lautet, werden ihre Folgen zeitigen.

Literatur

Bion WR (1962/1990) Lernen durch Erfahrung. Suhrkamp, Frankfurt aM

Fonagy P, Steele H, Steele M (1991) Maternal representations of attachment during pregnancy predict the organization of infant-mother attachment at one year of age. Child Develop 62 : 891-905

Fonagy P, Target M (1994) Understanding and the compulsion to repeat: A clinical exploration. Bull Anna Freud Centre 17 : 3356

Freud A (1952/1993) Zur Psychoanalyse der Kindheit. Die Harvard Vorlesungen. Fischer, Frankfurt aM

Herzog J (1984) Fathers and young children: Fathering daughters and fathering sons. In: Call J, Galenson E, Tyson R (eds) Frontiers of infant psychiatry. Basic Books, New York, pp 335-343

Köhler L (1992) Formen und Folgen früher Bindungserfahrungen. Forum Psychoanal 8 : 263-280

Kohut H (1977/79) Die Heilung des Selbst. Suhrkamp, Frankfurt aM

Mahler M, Pine F, Bergmann A (19751978) Die psychische Geburt des Menschen. Fischer, Frankfurt aM

Meltzoff A, Gopnik A (1993) The role of imitation in understanding persons and developing a theory of mind. In: Baron-Cohen S, Tager Flusberg H, Cohen D (eds) Understanding other minds. Oxford Univ Press, Oxford

Parens H (1978) The development of aggression in early childhood. Jason Aronson, New York

Sander L (1982) Toward a logic organisation in psychobiologic development. Vortrag beim 13. Margaret S. Mahler Symposion in Philadelphia

Spitz R (1965) Vom Säugling zum Kleinkind. Klett, Stuttgart

Tronick E, Cohn J, Shea E (1986) The transfer of affect between mothers and infants. In: Brazelton BT, Yogman M (eds) Affective dDevelopment in infancy. Ablex Publishing Corp, Norwood New York, pp 26

Zur Entwicklung der Geschlechtsidentität bei Jungen

Barbara Diepold

Im Hochland von Papua-Neuguinea leben unter vielen Kriegerstämmen die Sambia. Bis ungefähr zum 10. Lebensjahr sind die Jungen und Mädchen in fast ausschließlicher Obhut ihrer Mütter. Sie werden intensiv und manchmal jahrelang gestillt und sehen ihre Väter, die unter sich in Männerhäusern leben, kaum. Danach werden die Jungen strengen, überaus grausamen und traumatisierenden Initiationsriten unterzogen, indem sie abrupt von ihren Müttern getrennt, in den Wald gejagt, ausgehungert und blutig geschlagen werden. Danach beginnt im Männerhaus die Einführung in die Sexualität, indem junge Männer Fellatio mit ihnen machen und sie deren Samen trinken müssen, der sie zu Männern machen soll. Mit ihren Müttern oder mit anderen Frauen dürfen sie über viele Jahre keinen Kontakt mehr haben. Frauen werden als unrein herabgesetzt und wegen ihres Menstruationsblutes gefürchtet, und die Macht der Männer wird verherrlicht [vgl. dazu Lidz u. Lidz (1992, S. 115-133), die sich auf die Studien von Herdt (1981, 1982, 1984) beziehen].

Lidz u. Lidz folgern, daß bei den Sambia mit Hilfe dieser grausamen Initiationsriten Weibliches in Männliches verwandelt werden soll (Lidz u. Lidz 1992, S. 115). Warum ist es nötig, Jungen so brutal zu Männern zu machen? Vermutlich hat das Zusammenleben der Jungen mit den Müttern, Frauen und Mädchen bei ihnen eine weibliche Kerngeschlechtsidentität erzeugt, die nur mit ungeheuren Anstrengungen verändert werden kann (Herdt 1981, S. 305, zit. n. Lidz u. Lidz 1992, S. 120). Die jungen Sambia-Männer wären den männlichen Aufgaben ihrer Kriegerkultur ohne diesen drastischen Einschnitt der Initiation am Beginn der Adoleszenz nicht gewachsen. Ihre männliche Rolle ist fest umrissen, so daß die Ziele der Initiation klar sind: Sie müssen hochaggressive Krieger werden.

Was hat dieses Beispiel mit der Entwicklung der Geschlechtsidentität bei Jungen in unserer Kultur zu tun? Wir sind zwar in vieler Hinsicht weit entfernt von Papua-Neuguinea, und doch scheint es in bezug auf das Aufwachsen der Kinder Parallelen zu geben. Bei uns leben die Jungen zwar nicht in so ausschließlicher Beziehung zu Frauen, aber bei uns sind die Väter auch eher fern, und die Mütter sind meistens ihre ersten Bezugspersonen. Wenn man bedenkt, daß auch in

Kindergärten und Grundschulen fast ausschließlich Frauen arbeiten, dann ist es schon eine brisante Frage, wie Jungen unter diesen Bedingungen eine männliche Identität erwerben können, zumal es bei uns keine klaren Zielvorgaben wie bei den Sambia gibt.

Vielmehr sind bei uns die alten männlichen Leitbilder brüchig geworden, und die Männer sind unter Druck geraten. Der Macho wurde von den Feministinnen bekämpft, der Softie bekämpfte selbst den männlichen Teil in sich. Männer müssen die schwierige Aufgabe lösen, einerseits genügend männlich aber andererseits nicht zu männlich zu sein (Badinter 1993, S. 17). Langfristig scheinen wir auf eine Angleichung der Geschlechter zuzusteuern: Es gibt männliche Frauen, keine "Mannweiber", und Männer mit weiblichen Seiten, die keine Softies sind. Frauen "stehen ihren Mann" und gehen hinaus ins feindliche Leben, und Männer beginnen zu "muttern". Das gibt zwar Hoffnung auf ein verändertes Zusammenleben der Geschlechter im sozialen und kulturellen Feld, macht es aber zur Zeit für kleine Jungen nicht leichter, ihre Identität als Mann zu finden. Am Anwachsen der wissenschaftlichen Literatur zum Thema ist zu beobachten, daß ein Nachdenken über die Natur der männlichen Identität eingesetzt hat, nachdem Frauen sich schon länger mit Fragen ihrer Geschlechtsidentität auseinandergesetzt haben.

Bei uns sollten richtige Jungen stark, wild, frech und möglichst ohne Angst sein. Es wird erwartet, daß sie sich in der Jungengruppe durchsetzen und Mädchen gegenüber ihre Überlegenheit demonstrieren, ohne allerdings Mädchen zu schlagen, weil Mädchen ja schwächer sind (Schnack u. Neutzling 1994, S. 35). Dieses Klischee, dem man allenthalben begegnet, entspricht kaum der Realität, wie neuere Untersuchungen zur Identitätsentwicklung von Jungen zeigen. Die Existenz von Jungen ist eher gefährdet. Sie haben bei der Geburt deutlich niedrigere APGAR-Werte[1] als Mädchen und sind diesen in der Reifung um Wochen hinterher. Bei der Geburt oder in der ersten Lebenswoche sterben wesentlich mehr männliche als weibliche Säuglinge. Die Ursachen dafür sind bisher nicht schlüssig zu erklären, deutlich ist jedoch, daß Jungen es mit der Anpassung an die Umwelt außerhalb des Mutterleibes schwerer haben als Mädchen. Dieser Trend setzt sich fort: Jungen sind häufiger krank, die Sterblichkeitsrate sowie die Suizidrate ist bei Jungen höher, und Jungen brauchen wesentlich häufiger Hilfe in Erziehungsberatungsstellen und kinderpsychiatrischen Einrichtungen.[2]

Es ist offenbar nicht einfach und selbstverständlich, ein Junge zu sein und ein Mann zu werden. Warum sonst sollte man einem ängstlichen Jungen sagen, "sei

---

[1] Bewertungsschema für die Intensität der Atembewegungen, den Pulsschlag, den Grundtonus der Muskeln, das Aussehen (Kolorit) und die Reflexerregbarkeit unmittelbar nach der Entbindung sowie fünf und zehn Minuten später (Schnack u. Neutzling 1994).

[2] Das Verhältnis von Jungen zu Mädchen beträgt 2/3 zu 1/3 und es verändert sich erst in der Adoleszenz.

ein Mann", oder einem, der weint, entgegenhalten: "ein richtiger Junge weint nicht"? Was ist ein "richtiger" Junge? Ich möchte in meinem Beitrag den Entwicklungsprozeß entfalten, an dessen Ende ein sicheres Wissen und Gefühl in bezug auf die männliche Geschlechtsidentität steht. Dabei bin ich mir der Schwierigkeiten und meiner Grenzen bewußt, als Frau über die Geschlechtsidentität von Jungen zu sprechen.

Biologisch macht das Chromosomenpaar XY den werdenden Mann aus. In den ersten 6 Wochen verläuft die Embryonalentwicklung bei männlichen und weiblichen Föten parallel, dann zwingt das Y Chromosom die Gonaden, nicht ein Ovarium, sondern Testikel zu bilden, die die Aufgabe der Bildung des männlichen Hormons Testosteron haben. Damit wird die biologische Differenzierung der Geschlechter gegen ursprünglich weibliche Strukturen eingeleitet und vorangetrieben. Neben biologischen Faktoren sind soziale, psychische und kulturelle Faktoren bei der Entwicklung der Geschlechtsidentität eng miteinander verknüpft, und ich werde sie deshalb im folgenden nicht getrennt voneinander behandeln.

Psychoanalytische Arbeiten über die Entwicklung der männlichen Geschlechtsidentität haben sich lange mit der Sicht Freuds auseinandergesetzt, die nach Rohde-Dachser (1991) ebenso wie seine Sicht der weiblichen Identitätsentwicklung ein Ergebnis patriarchalischer Konstruktionen und nicht "natural facts" sind. Obgleich Freuds Sicht also Geschichte ist, will ich sie kurz referieren, weil die neueren Ansätze häufig in Abgrenzung zu ihm konzipiert wurden, so v. a. die Differenzierungstheorie von Fast (1991).

Freud wies dem Jungen eine biologisch verankerte Bisexualität zu, die bedeutet, daß zu männlichen Strebungen auch weibliche mit dem Wunsch, Kinder zu gebären, gehören. Diese Sicht einer bisexuellen Anlage widerspricht allerdings seiner eigenen Theorie der Geschlechtsentwicklung, die fast ausschließlich männliche Aspekte der Entwicklung betont. Er meint, daß der Junge zur Heterosexualität prädisponiert sei, weil die erste Beziehung zu einem Liebesobjekt die Mutter sei. Und da er sein Liebesobjekt behalten könne, sei seine Geschlechtsentwicklung unkomplizierter als die des Mädchens. Nach Freud halten Jungen jeden Menschen für männlich, wobei der Besitz des Penis entscheidend ist, den auch die Mädchen einmal besessen, ihn aber verloren haben. Weil Jungen diesen Verlust auch für sich befürchten, entsteht die Kastrationsangst. In der ödipalen Situation bleibt die ursprüngliche heterosexuelle Bindung an die Mutter erhalten, und Rivalität und Feindseligkeit gegenüber dem Vater kommen hinzu. Jungen lösen ihre ödipalen Konflikte, wenn sie auf dem Hintergrund der Kastrationsangst die Mutter als Liebesobjekt sowie die Rivalität zum Vater aufgeben, sich mit dessen männlichen Seiten identifizieren und damit einen wichtigen Schritt zur Festigung des Über-Ichs tun (Freud 1908, 1918, 1923, 1935, 1931). Soweit Freud.

Ich werde in Anlehnung an Mertens (1992) zwischen drei Komponenten der Geschlechtsidentität unterscheiden: der Kerngeschlechtsidentität, der Geschlechtsrollenidentität und der Geschlechtspartnerorientierung.

Die Kerngeschlechtsidentität

Sie bezieht sich auf das bewußte und unbewußte Erleben, ein Junge bezüglich des biologischen Geschlechts zu sein, wobei sich Säuglinge im ersten Lebensjahr noch nicht der Realität bewußt sind, Mädchen oder Junge zu sein. Sie leben in der unmittelbaren Gemeinschaft und Abhängigkeit von den Pflegepersonen und nehmen zu Mutter und Vater von Anfang an in unterschiedlicher Weise Kontakt auf. Die bisherige psychoanalytische Annahme über die Bedeutung des Vaters, die durch Abelin (1971) mit dem Konzept der frühkindlichen Triangulierung beschrieben wurde, muß revidiert werden, weil die Bedeutung des Vaters viel umfassender ist: Er setzt u. a. durch seine körperlich ausgelasseneren und wilderen Spiele unterschiedliche Akzente zur Mutter, deren Beziehung zum Säugling eher durch Pflegeleistungen charakterisiert ist. Die Bedeutung des Vaters liegt in seiner Andersartigkeit.

Erste Wahrnehmungen des Kindes sind ganz auf den Körper zentriert und mit dem Ernähren, dem Kreislauf, der Verdauung und Sensationen des autonomen Nervensystems verbunden. Das Gefüttertwerden an der Mutterbrust ist eine gegenseitige, hochsinnliche, erotische Situation, in der es auch zu genitalen Empfindungen beim Säugling kommt, bei der Jungen manchmal Erektionen haben. In der zweiten Hälfte des ersten Lebensjahres entdecken kleine Jungen ihren Penis und die Hoden und spielen damit Galenson u. Roiphe 1971; Kleeman 1965; Tyson 1991). Diese affektiven, sensomotorischen Erfahrungen sind wichtige Bausteine von späteren symbolisch organisierten Phantasien, die sich bei älteren Kindern und Jugendlichen in Onaniephantasien wiederfinden (Mertens 1992, S. 62).

Weitere Bausteine zur Geschlechtsidentität werden durch bewußte und unbewußte unterschiedliche Einstellungen und Verhaltensweisen der Eltern beim Umgang mit den Säuglingen gelegt, wie empirische Untersuchungen der letzten Jahre zeigen (vgl. Bilden 1980, S. 787 ff., zit. n. Mertens 1992, S. 63). Ich referiere einige dieser Ergebnisse:

Neugeborene Knaben werden etwas häufiger gefüttert als Mädchen, evtl. weil sie auch etwas mehr schreien. Mütter stimulieren ihre drei Wochen alten Söhne mehr optisch-visuell und halten sich mehr in deren Gegenwart auf. Mädchen werden häufiger akustisch stimuliert.

Ab dem dritten Monat wird bei Knaben mehr die Muskelaktivität gefördert, während Mädchen mehr zärtlicher Körperkontakt gegeben wird; Mütter fördern - beginnend mit dem dritten Monat - bei Knaben stärker explorierendes, selbständiges und loslösendes Verhalten.

Gesichert gilt inzwischen, daß Eltern Jungen und Mädchen gegenüber ein deutlich unterschiedliches Interaktionsverhalten haben, das sich bereits auf die Kerngeschlechtsidentität im ersten Lebensjahr auswirkt. Besonders Väter neigen zur Geschlechtsdiskriminierung und fördern geschlechtsrollenkonformes Verhalten: Sie beschreiben Jungen als kräftig und Mädchen gleichen Gewichts und gleicher Größe als zart, sie stimulieren ihre Söhne motorisch mehr als ihre Töchter, sprechen mehr zu ihnen, schauen sie häufiger an und verbringen - wenngleich auch insgesamt wenig - mehr Zeit mit ihnen als mit ihren Töchtern (Rubin et al. 1974; Lewis u. Weinlaub 1979, zit. n. Mertens 1992, S. 65). Soweit zu den eher bewußten und vorbewußten elterlichen Einflüssen auf die Kerngeschlechtsidentität. Die unbewußten Erwartungen werden von den konflikthaften Anteilen der elterlichen Geschlechtsidentität gespeist. Dazu werde ich später ein kasuistisches Beispiel darstellen.

Zusammenfassend ist über die Entwicklung der Kerngeschlechtsidentität im ersten Lebensjahr zu konstatieren, daß in den Interaktionen mit den Eltern Selbstrepräsentanzen entwickelt werden, die eine Grundlage für die Männlichkeit legen. Sie sind noch nicht in sexuellen oder geschlechtlichen Kategorien organisiert.

Die Geschlechtsrollenidentität

Sie entwickelt sich, indem Jungen die Rolle lernen, die ihnen im Sozialisationsprozeß von den Eltern und den anderen Bezugspersonen zugedacht wird. Dieser Prozeß hat neben emotionalen, kognitive und interaktive Aspekte, und in seinem Verlauf entwickeln Jungen allmählich ein Gefühl, dieser Rolle zuzugehören. Mit der Entdeckung des anatomischen Geschlechtsunterschieds beginnen sich weibliche und männliche Individuationsprozesse scharf auseinanderzuentwickeln (Fast 1991, S. 51). Schmauch (1993, S. 22) spricht von einem "schicksalhaften Einschnitt". Zeitlich fällt er mit dem Beginn der Sprachentwicklung und dem Erwerb der Fähigkeit zur Symbolisierung zusammen. Genau dieser Einschnitt ist es, auf den Fast (1991) ihre Theorie der Differenzierung der Geschlechter aufbaut. Allmählich nimmt der Junge wahr, daß er anders ist als seine Mutter, und dieser anatomische Unterschied setzt ihm Grenzen. Die Erkenntnis ist kränkend, und er reagiert unter Umständen vorübergehend mit

Protest, Verleugnung der Geschlechterdifferenz oder Symptomen, bevor er schließlich die eigene geschlechtliche Begrenzung akzeptieren kann und sich mit seiner Geschlechtsrolle identifiziert hat. Dazu ein Beispiel:

Der dreijährige Felix zeigt seine rotgemalten Finger- und Fußnägel. Er sagt, "ich hab die rot gemacht, weil ich auch mal eine Mutter sein will und kochen möchte." Ein paar Tage zuvor hatte er gesagt, daß er auch wie die Mutter ein Baby haben wolle. Sie erklärt ihm, daß er keine Babys in seinem Bauch haben könne, daß er aber später, wenn er groß sei, einmal seiner Frau den Samen für ein Baby geben könne. Auch bei ihr sei das Baby jetzt noch nicht im Bauch. Darüber ist er unzufrieden, äußert seine Ungeduld und sagt, "Mama, ich gebe dir meinen Samen." Als sie erwidert, daß sie den von Papa wolle und was der dazu sagen würde, antwortet er, "Papa erzähl ich das gar nicht."

Felix versucht, sich mit Hilfe seiner Phantasie die zuweilen schwer verständliche Realität zugänglich zu machen. Er arbeitet an der Differenzierung seiner männlichen Identität und befindet sich in einem Stadium, in dem er noch nicht von der narzißtischen Vorstellung, die weibliche Möglichkeit der Frau zum Gebären und die männliche zum Zeugen zu haben, Abschied genommen hat. Die sich ergebenden Konflikte mit dem Vater versucht er zu verdrängen.

Vor dem Eintritt in die eigentliche genitale Phase und die ödipalen Beziehungskonflikte richtet sich die besondere Aufmerksamkeit auf die Ausscheidungsvorgänge. Freud nannte diese Zeit die anal-sadistische und urethrale Phase, weil die Libido in diesen entsprechenden erogenen Zonen lokalisiert ist. Kinder interessieren sich für den Anus, die Scheide, den Penis, und zwar nicht nur bei sich selber, sondern auch bei Eltern, Geschwistern, Puppen und Tieren. Ihre Phantasien richten sich angstvoll darauf, was für ein Schicksal ihr kostbares anales Produkt hat, nachdem es durch die Toilettenspülung verschwunden ist. Die Kinder haben Spaß am Schmieren und Kleckern, am Klutschen im Sand und an geräuschvollen Spielen.

Von den Eltern werden die Kinder in diesem Alter erstmals mit der Forderung konfrontiert, sauber zu werden. Das geschieht dank Papierwindeln nicht mehr mit den gleichen rigiden Zwängen, denen meine Generation in diesem Zusammenhang noch unterworfen war, und die aggressiven Auseinandersetzungen, Beschimpfungen und Beschämungen haben sich sicher abgeschwächt (Mertens 1992, S. 86f.). Interessant ist aber, daß die Sauberkeit von Jungen später erwartet wird als von Mädchen und daß Jungen bei der Sauberkeitserziehung weniger Druck unterworfen sind. Ihre Möglichkeit, aufrecht stehend wie der Vater zu urinieren, schafft zwischen beiden ein Zusammengehörigkeitsgefühl und fördert die Urethralerotik der Jungen sowie ihre Identifikation mit den Vätern. Der Urinstrahl erfüllt mit Stolz und grenzt sie von Müttern und Mädchen ab. Im späteren Jungenalter wird dann diese Möglichkeit zum Wettkampf genutzt, wenn geprüft wird, wer den größten Bogen pinkeln kann oder das Pinkeln gegen einen elektrischen Weidezaun am längsten aushält.

Jungen brauchen die Möglichkeit, ihren Phallus narzißtisch besetzen zu können und stolz auf ihn und darüber hinaus auf ihre Männlichkeit zu sein. Sie suchen sich Superhelden wie Batman, Winnetou oder He-Man, die ihr männliches Ideal verkörpern. Sie verstricken sich in Auseinandersetzungen, die nicht selten im Weltraum zwischen den Planeten ausgefochten werden. Ich beobachte in meiner kinderanalytischen Praxis, daß Väter und Söhne häufig eine Beziehung miteinander haben, die mir die Flucht der Jungen in den Weltraum verständlich macht, weil die Väter kritisch, anspruchsvoll und weit weg sind von der Spielwelt ihrer Söhne. Häufig erlebe ich die Jungen alleingelassen mit ihren Enttäuschungsaggressionen, die sie kaum modulieren und bewältigen können.

Die rapide Ich-Entwicklung mit dem Fortschreiten motorischer und kognitiver Fähigkeiten führt auch zu einer Erweiterung der inneren Repräsentanzenwelt mit verinnerlichten lebenden und unbelebten Objekten und zu der Unterscheidungsfähigkeit zwischen Liebe und Aggression. Der kleine Junge muß die Phantasie von seiner Größe aufgeben und die Abhängigkeit von seinen Eltern begreifen. Das ist mit Stimmungsschwankungen verbunden, und in dieser krisenhaften Entwicklungsperiode sind Ängste vor Objektverlust, Liebesverlust und Kastration miteinander verschmolzen.

Jungen sind motorisch expansiver, machen wildere Spiele und sind stärker an Dingen orientiert als Mädchen, die eher Phantasiespiele machen. Schmauch (1993) hat in detaillierten Beobachtungen von Kleinkindern in einer Krabbelstube einen Zusammenhang zwischen diesem Jungenverhalten und dem Mütterverhalten festgestellt. In Trennungssituationen lockern Mütter die symbiotische Beziehung zu ihren Söhnen aktiv und geben ihnen als Trennungshilfen nicht weiche und schmusige Gegenstände, die als Übergangsobjekte vertraut sind und regressive Neigungen stützen, sondern kleine Autos, Comic-Heftchen, Bilderbücher. Sie zwingen auf diese Weise die Söhne, mit ihren Ängsten motorisch aktiv und expansiv umzugehen und verhindern regressives Verhalten. Jungen regredieren aber trotzdem nicht weniger, sondern tun es in anderer Form als Mädchen, z. B. durch Bettnässen, Einkoten, Einschlafstörungen oder aggressives Agieren.

Problematisch wird die Ablösung, wenn Mütter feindselige Ausstoßungstendenzen zeigen. Dann bekommt der kleine Sohn unangemessen viel Macht, indem er seine Mutter entweder tyrannisiert und manipuliert oder sich ängstlich anklammert (vgl. Schmauch 1993, S. 103). Letzteres kann so weit führen, wie es bei einem kleinen Patienten von mir der Fall war, der sich niemals von seiner Mutter lösen konnte, was zu der absurden Situation geführt hatte, daß sie seit 3 Jahren jeden Tag mit ihm den Kindergarten besuchte.

Ein wichtiger Faktor bei der narzißtischen Besetzung der männlichen Geschlechtsrolle ist für den kleinen Jungen die Art der Beziehung seiner Eltern. Die Besetzung ist stark erschwert, wenn die Eltern sich ambivalent gegenüberstehen, der Vater von der Mutter entwertet wird oder er überhaupt unerreichbar, unzuverlässig oder aggressiv ist. Dann muß der kleine Junge befürchten, ebenso wie der Vater von der Mutter entwertet zu werden, und er wird vielleicht letztlich wünschen, ein Mädchen zu sein (vgl. Tyson 1991, S. 10).

Ich fasse den zweiten Abschnitt zusammen: Hauptaufgabe der Entwicklung der Geschlechtsrollenidentität ist die Differenzierung und Ablösung von den Müttern und damit auch von eigenen weiblichen Identifizierungen. Dieser Entwicklungsprozeß ist störungsanfällig, und sein Mißlingen hat weitreichende Folgen: dazu gehören sexuelle Perversionen, Aggressivität gegenüber Frauen und übersteigerte männliche Aktivität. Letztlich kann man das Patriachat als eine Folge dieses gestörten Entwicklungsprozesses verstehen. All dies sind Bewältigungsversuche der folgenreichen Differenzierung der Geschlechter. Badinter konstatiert, daß die Angst der Männer groß und auch berechtigt ist, von Frauen zur Frau gemacht zu werden (Rubin 1983, zit. n. Badinter 1993, S. 70ff.).

Die Partnerorientierung

Sie entwickelt sich aus einer anfangs bisexuellen Orientierung im Laufe der Sozialisation zu einer heterosexuellen Ausrichtung. Homosexuelle oder lesbische Partnerorientierungen halte ich nicht für abweichendes Verhalten, sondern für Varianten eines insgesamt empfindlichen Entwicklungsprozesses, die neueren Untersuchungen nach auch genetische Ursachen zu haben scheinen.

Wenn der Junge sich mit den phallischen Aspekten der männlichen Geschlechtsrolle identifiziert und die phallisch-narzißtische Phase befriedigend erlebt hat, dann möchte er die Beziehung zu seiner Mutter verändern, wie das in der Vignette von Felix deutlich geworden ist. Er will nicht länger wie ein Baby in kleinkindhafter Abhängigkeit zu ihr sein, sondern "der" Mann in ihrem Leben werden (Tyson 1991, S. 13). Das ist der Beginn ödipaler Konflikte: Indem er jetzt eine ausschließliche Beziehung zur Mutter will, rivalisiert er mit seinem Vater und hat Angst davor, daß der sich rächt.

In der Regel erleben kleine Jungen die ödipale Situation so wie Felix, der seine Mutter begehrt und mit dem Vater rivalisiert. Aber da sie mit dem Vater identifiziert sind und ihn idealisieren, möchten sie auch so sein wie der Vater und von ihm geliebt werden. Diese Gefühle ziehen Loyalitätskonflikte nach sich. Die Wahl der Mutter als Liebesobjekt wird konflikthaft, was anzeigt, daß ein wichtiger

Schritt der Ich-Reifung zu triadischen Beziehungen getan ist. In manchen Fällen kann die Idealisierung des Vaters und die Nähe des Jungen zu ihm so stark sein, daß homosexuelle Wünsche mobilisiert werden. Dann wird der Junge nach einer ausschließlichen Beziehung zu seinem Vater streben und mit der Mutter um seine Liebe rivalisieren (Tyson 1991, S. 14).

Besondere Schwierigkeiten entstehen für Jungen bei der Lösung dieser Beziehungskonflikte, wenn Väter feindselig, neidisch und aggressiv sind. Normalerweise aber wird der kleine Junge die ödipale Situation so lösen, daß er die weibliche Rolle und weibliche Eigenschaften deutlich ablehnt, sich mit dem Vater identifiziert und seine Wünsche nach Heirat und einem Baby in die Zukunft verlegt. Das ist frustrierend, weil die Erfüllung seiner Wünsche zunächst nur in der Phantasie möglich ist. Seine Kastrationsängste bestehen fort, solange er libidinöse Wünsche hat. Aber sie sind nach Tyson (Tyson 1991, S. 17) als eine Entwicklungsmetapher zu verstehen, die nicht nur den Verlust des Penis bedeutet, sondern darüber hinaus auch Ängste vor der Zurückweisung durch den Vater oder den Verlust der Liebe des Vaters. Mit der Lösung der ödipalen Konflikte wird das Über-Ich internalisiert. Das macht Jungen sicherer in ihrer Selbstachtung.

Im Schulalter kommt es zu einer Erweiterung der sozialen Kontakte, die eine Sublimierung, Verdrängung oder Veränderung der ödipalen Wünsche erleichtern. Jungen spielen mit anderen Jungen und üben in ihren Spielen die männliche Rolle weiter ein, sei es, daß sie als Cowboy mit den Indianern kämpfen, als Polizist die Gangster jagen oder in einer Fußballmannschaft gegen eine andere kämpfen. Ihre Box- oder Ringkämpfe, die von Mädchen neugierig aus der Ferne verfolgt werden, laufen in der Regel nach bestimmtem Muster und mit einer Art "Ehrenkodex" ab, der es z. B. verbietet, sich in die Genitalien zu treten. Das Ziel ist die eindeutige Festlegung einer hierarchischen Ordnung und der Klärung, wer der Stärkste ist. Die Spielinhalte haben mit Phantasien von Stärke, Ritterlichkeit, Mut und Unabhängigkeit zu tun.

Der 7jährige Daniel verfügte nicht über eine altersentsprechende Geschlechtsidentität, was sich an einem Bild zeigte, das er am Anfang seiner analytischen Therapie malte, und das einen Kämpfer mit männlichen und weiblichen Geschlechtsmerkmalen zeigte. Er schrieb daneben "Johanes und Johana". Daniel litt an ständigem Einnässen, tagsüber bis zu zwanzig Mal und auch nachts. In der Therapie wurde eine Pistole sein wichtigstes und liebstes Spielzeug, vielleicht auch, weil er zu Hause kein "Kriegsspielzeug" haben durfte. Er stellte immer wieder seine phallischen Bedürfnisse dar und ließ sich von mir dabei bewundern, was ich gern tat. Aber seine Symptomatik änderte sich trotz gründlichen Durcharbeitens nicht.

Einmal wollte er mit der Pistole seine Mutter erschrecken, die im Wartezimmer auf ihn wartete. Die vorgehaltene Pistole brachte bei ihr schlagartig Erlebnisse in Erinnerung, die sie seit der Geburt von Daniel verdrängt hatte. Sie war als Kind über viele Jahre sexuell mißbraucht worden. Auf diesem Hintergrund konnte ich ihre kastrierende Haltung verstehen, die in vielen Elterngesprächen zwar spürbar, aber nicht bearbeitbar gewesen war. Ihr Männerhaß war ihr unbewußt. Daniel durfte kein Junge sein. Er muß das gespürt haben, denn er hatte einmal zu ihr gesagt: "Wenn ich im Sitzen pinkeln könnte wie du, dann würde ich nicht in die Hose machen."

Daniel war in einer besonders schwierigen Situation, weil er sich auch nicht mit seinem Vater identifizieren konnte, der selber in seiner männlichen Identität schwer beeinträchtigt war, weil er als uneheliches Kind von seiner Mutter nicht den Namen des Vaters erfuhr. Dadurch empfand er in sich einen weißen Fleck, der durch nichts auszufüllen war.

Wie konnte Daniel in der Therapie das Problem seiner männlichen Identifizierung mit mir als weiblicher Therapeutin lösen? Er tat es auf kreative Weise. Nachdem die basalen Probleme durchgearbeitet waren und es um die Geschlechtsrollenidentifizierung ging, knüpfte er Kontakt zu einem Kollegen im Haus, zu dem ich guten Kontakt habe. Er zeigte ihm z. B., was er in der Therapiestunde gebaut hatte. Der Kollege bewunderte ihn und bestärkte ihn, seine konstruktiven Fähigkeiten weiter zu entwickeln. Das tat er dann in den Therapiestunden mit meiner Unterstützung. Der Kollege und ich waren für Daniel in der Übertragung ein Elternpaar geworden, das sich seinen speziellen Entwicklungsbedürfnissen entsprechend verhielt.

In der Adoleszenz kommt es durch die biologische Reifung zu vielfältigen Verunsicherungen: Die Veränderung der Stimmlage, der beginnende Bartwuchs und das starke Längenwachstum labilisieren das innere Körperbild und verursachen Scham, die z. B. bei einem Jungen dazu führte, daß er sich die ersten Barthaare mit einem Streichholz abbrannte. Sexuelle Befürchtungen betreffen vornehmlich die Onanie: Soll der Junge glauben, daß beim Samenerguß sein Rückenmark ausläuft oder daß er im Leben insgesamt nur 2000 Schuß hat, die dann entsprechend einzuteilen wären? Die zuweilen draufgängerische und verschwörerische Art gleichaltriger Mädchen, die sexuell reifer sind als er, verunsichern zusätzlich. All dies führt zu einer Labilisierung seiner Aggressionssteuerung, und er ist rüpelhaft, lärmend und ungesteuert. Die Labilisierung betrifft auch das Über-Ich, was eine Neigung zu dissozialem Verhalten nach sich zieht.

Jungen müssen ein neues Gleichgewicht zwischen Trieben und psychischen Strukturen herstellen, aufgrund dessen sie sich als sexuell aktive männliche Individuen fühlen können. Nach einer Phase stark libidinös gefärbter Jungenfreundschaften, die auch homosexuelle Erfahrungen mit einschließen können, kommt es schließlich zur Etablierung eines erwachsenen Ich-Ideals. Die Identifizierung mit diesem Ideal fördert den Sinn für Männlichkeit und führt schließlich zu einer eindeutig heterosexuellen Wahl des Liebesobjektes (vgl. Tyson 1991, S. 18). Am Ende der Adoleszenz hat der junge Mann die sichere

Gewißheit seiner Geschlechtsidentität. In einem gelungenen Entwicklungsprozeß hat er Männlichkeit und Weiblichkeit vereint und kann sich je nach den augenblicklichen Erfordernissen entsprechend einstellen, indem er z. B. als Vater mit einem Baby mütterlich, aber mit einem älteren Kind eindeutig männlich umgeht. Badinter spricht von einem Spiel mit komplementären Elementen, deren Ausprägung von einem Mann zum anderen variiert (Badinter 1993, S. 203).

Abschließend eine Anmerkung zur Psychotherapie: Mir fällt in meiner kinderanalytischen Praxis und meiner Tätigkeit als Kontrollanalytikerin auf, daß unser Bemühen sich sehr stark auf die Väter richtet. Wieviel Mühe ist oft nötig, sie zur regelmäßigen Teilnahme an den Sitzungen für die Eltern, die ein normaler Bestandteil jeder Kindertherapie sind, zu bewegen. Wie vorsichtig wird dann mit ihnen umgegangen, um sie nicht zu kränken. Statt dessen wird jede väterliche Regung verstärkt, kurz, sie werden als Väter aufgebaut, und ihnen wird ihre Bedeutung für die Identitätsentwicklung des Jungen zu vermitteln versucht. Ich mache ihnen Mut, nicht nur hart, aggressiv und rivalisierend mit ihrem Sohn umzugehen, sondern auch weiche und weibliche Seiten zuzulassen. Das geht aber in der Regel erst, wenn Väter Erinnerungen an ihre eigene Kindheit wiederbeleben und beginnen, Verletzungen, Kränkungen und Aggressionen zu bearbeiten (vgl. Diamond 1991; Ross 1977).

Ich finde diese therapeutische Arbeit mit den Vätern hoffnungsvoll und wünsche, daß die zukünftige Art des Zusammenlebens von Männern und Frauen mehr von den Ähnlichkeiten der Geschlechter geprägt sein möge als vom Mythos der Geschlechtsdifferenzen.

Literatur

Abelin E (1971) The role of the father in the seperation-individuation process. In: Mc Devitt J, Settlage C (eds) Separation-individuation: Essays in honor of Margaret S. Mahler. Int Univ Press, New York, pp 229-252

Badinter E (1993) X Y. Die Identität des Mannes. Piper, München

Diamond MD (1991) Der werdende Vater: Psychoanalytische Ansichten über den vergessenen Elternteil. In: Friedman RM, Lerner L (Hrsg) Zur Psychoanalyse des Mannes. Springer, Berlin Heidelberg New York , S 39-63

Fast I (1991) Von der Einheit zur Differenz. Psychoanalyse der Geschlechtsidentität. Springer, Berlin Heidelberg New York

Freud S (1908) Über infantile Sexualtheorien. GW Bd 7, S 171-188

Freud S (1918) Aus der Geschichte einer infantilen Neurose. GW Bd 12, S 27-157

Freud S (1923) Die infantile Genitalorganisation. GW Bd 13, S 293-298

Freud S (1925) Einige Folgen des anatomischen Geschlechtsunterschieds. GW Bd 14, S 19-30

Freud S (1931) Über die weibliche Sexualität. GW Bd 14, S 517-537

Friedman RM, Lerner L (Hrsg) (1991) Zur Psychoanalyse des Mannes. Springer, Berlin Heidelberg New York

Galenson E, Roiphe H (1971) The impact of early sexual discovery on mood, defensive organization, and symbolization. Psychoanal Study Child 26 : 195-216, 320

Kleeman JA (1965) A boy discovers his penis. Psychoanal Study Child 20 : 239-266

Kleeman JA (1966) Genital self-discovery during a boy's second year. Psychoanal Study Child 21 : 358-392

Lidz T, Lidz RW (1991) Weibliches in Männliches verwandeln: Männlichkeitsrituale in Papua Neuguinea. In: Friedman RM, Lerner L (Hrsg) Zur Psychoanalyse des Mannes, Springer, Berlin Heidelberg New York , S 115-133

Mertens W (1992) Entwicklung der Psychosexualität und der Geschlechtsidentität, Bd 1, Kohlhammer, Stuttgart

Rohde-Dachser C (1991) Expedition in den dunklen Kontinent. Springer, Berlin Heidelberg New York

Ross JM (1977) Towards fatherhood: The epigenesis of paternal identity during a boy's first decade. Int Rev Psychoanal 4 : 327-347

Schmauch U (1993) Kindheit und Geschlecht. Stroemfeld & Nexus, Basel

Schnack D, Neutzling R (1990) Kleine Helden in Not. Jungen auf der Suche nach Männlichkeit. Rowohlt, Reinbek

Tyson P (1991, 1986) Männliche Geschlechtsidentität und ihre Wurzeln in der frühkindlichen Entwicklung. In: Friedman RM, Lerner L (Hrsg) Zur Psychoanalyse des Mannes, Springer, Berlin Heidelberg New York , S 1-20

Weiblicher Blick ins Leben

Brigitte Boothe

Vorbemerkung

Die Weichen für ein Selbstverständnis des Weiblichen wie des Männlichen werden früh gestellt, lange vor Geburt des Kindes, in den elterlichen Entwürfen des künftigen Kindes (Brazelton u. Cramer 1991; Lebovici 1990) und in deren individueller Auseinandersetzung mit gesellschaftlichen geschlechtsspezifischen Rahmenbedingungen und Normerwartungen. Das kleine Mädchen kommt zur Welt und findet sich eingebettet in eine vorbereitete Szenerie, die es sich als eigene Welt allmählich aneignen, an der es sich im weiteren Entwicklungsprozeß abarbeiten und die es kreativ verändern wird. Diese Prozesse ereignen sich in einem *szenischen Raum*, es vollziehen sich gleichsam Episoden dramatischen Geschehens, in denen die einzelnen Figuren in unterschiedliche Konflikte verwickelt sind und in unterschiedlicher Weise ihren Platz behaupten.

Es gilt, vom langen Bühnendrama weiblicher Kindheitsentwicklung einen kleinen Ausschnitt zu beleuchten, und zwar den Eintritt ins extrauterine Leben nach der Geburt. Dabei richtet sich die Aufmerksamkeit auf das szenische Zusammenspiel von Kind und primären Bezugspersonen, der Plastizität und Farbigkeit halber soll dies am Beispiel von Märchenstrukturen illustriert werden.

Szenen

Was die Psychoanalyse im phänomenologischen wie im psychodynamischen Rahmen an der Hysterie erstmals dokumentierte, das war der Blick auf seelisches Geschehen in dramaturgischer Gestalt, auf seelisches Geschehen also, das Züge der Regieführung, der Schauspielkunst und der Aufführung hat, seelisches Geschehen, tendenziös gesprochen, als Theatralik der Subjektivität.

Dem Wesen des Dramatischen entsprechen Konflikt und Spannung, dem Wesen des Theatralischen Künstlichkeit und Übertreibung. Künstlichkeit und Übertreibung waren auch die Wertungen, mit denen man die hysterische Inszenierung bedachte. Künstlichkeit und Übertreibung setzen eine Diskrepanz voraus, eine Diskrepanz zwischen Situationsbeschaffenheit und Ausdrucksgebaren. Die Leichtigkeit, mit der solche Diskrepanzen dort bemerkbar waren, führte zur Bestimmung der hysterischen Inszenierung als einer sinnreichen Darstellung psychischer Konflikthaftigkeit, und zwar in mindestens dreifacher Weise:

1. Die hysterische Person als Darstellerin ihrer Liebeswünsche und Bestrafungsängste wurde für den Begründer der Psychoanalyse erkennbar in ihrer *Appell*funktion: Sie appelliert mit ihrer szenischen Darstellung an ein Gegenüber, das sie in ihre subjektive Geschichte - in ihren persönlichen Mythos - hineinziehen will. Ihre szenische Darstellung verfolgt also ein Anliegen, und zwar eines mit großer emotionaler Besetzung (Boothe 1994).

2. Die hysterische Person wurde darüber hinaus erkennbar in ihrer *Kontroll*funktion: Darstellend und regieführend entzieht sie sich dem Ausgeliefertsein an die Unbarmherzigkeit des Gegebenen. Sie macht sich zum Meister des Geschehens, indem sie die Spielführung übernimmt und nach Möglichkeit die Beziehungspartner zu Mitspielern unter ihrer Regieführung macht. Das wirkt entängstigend, bringt - mindestens vorübergehend - Sicherheitsgewinn und ist mitverantwortlich für die bereits erwähnte Theatralik hysterischer Darstellungskunst. Denn der Sicherheitsgewinn beruhigt und dämpft Erregung, also müssen Emotionalität und Intensität persönlichen Engagements sekundär und auf dem Weg strategischer Darstellungskunst hergestellt werden (Weiss u. Sampson 1986).

3. Die hysterische Inszenierung wird schließlich erkennbar in der Figur des *Kindes*, das mehr oder weniger verborgen im dargestellten und in Eigenregie übernommenen Beziehungsgeflecht erscheint. Oder genauer gesagt: Es ist ein *Kind*, das geliebt werden will, mit dem sich die hysterische Person partiell identifiziert, ein aus den eigenen historischen Vorzeiten mitgebrachtes Kind, dessen Ansprüche in der Inszenierung weiterleben sollen. Kindergeschichten kommen zur Darstellung, gespielt von Protagonisten, die den Kinderschuhen entwachsen sind. So kommt beim Gegenüber jene oft diskutierte Neigung zum Nicht-Ernst-Nehmen, zum überlegenen Belächeln oder zum gestrengen Tadel zustande, denn hier reagiert man in der Rolle des Erwachsenen gegenüber dem unverständigen und gleichzeitig erregend-verführerischen Kind.

Die hysterische Darstellungskunst setzte die Psychoanalyse auf eine Spur, die sich als breiter, verzweigter, reicher und geheimnisvoller erwies, als man zunächst angenommen hätte. Denn Appell, Kontrolle und verborgene Aktualisierung des Kindlichen zusammen mit der Verlockungsprämie des Lustgewinns im Spiel - sowohl auf seiten des Inszenierenden wie auf jener des verführten Mitspielers - mögen zwar bei der hysterischen Inszenierung besonders auffällig sein. Dem *alltäglichen Einsatz der dramatischen Darstellungskunst* jedoch wird inzwischen innerhalb und außerhalb der Psychoanalyse allgemein größte Beachtung geschenkt. Die Entstehung artikulierter Subjektivität des Individuums im kulturellen Raum wird getragen durch die Aneignung des Gegebenen anhand von Geschichten, von dramatischen Entwürfen des Menschseins - des Frauseins und des Mannseins - in der Welt (Bruner 1990), Geschichten und dramatische Entwürfe, in die ein Individuum eingebettet wird und die ihn zum Umarbeiten und Transzendieren herausfordern [wie bereits in schicksalsanalytischer Perspektive von Szondi (1963), herausgearbeitet wurde, später Habermas (1981)]. Das eigene Leben im Spiegel der narrativen Aneignung, das eigene Leben, gestaltet in der kreativen Kunst der Inszenierung, spricht von Liebeswünschen und Bestrafungsängsten und mehr noch von Wünschen nach Geliebt- und Bewundertwerden, nach eigener Herrlichkeit und Ewigkeit und umgekehrt von Angst vor Verlassenheit, Bedrohung, Verletzung und eigener Auslöschung. Die Verstrickung anderer in eigene Geschichten, die Dramatik der eigenen Wunsch- und Angstwelt und die Selbstverstrickung sind Formen der Verführung und Betörung, der Selbstverführung und Selbstbetörung. Ihre kommunikative Wirkung ist groß. Was Männer sind und was Frauen sind, was kleine Jungen sind und kleine Mädchen, Burschen und Jungfrauen, prägt sich ein, durchdringt das Bewußtsein anhand von Geschichten, die wir hören, und anhand von Zurschaustellungen privater wie öffentlicher Art, die wir sehen. Indem sich der einzelne und die einzelne zur Person entwickelt, wird er und wird sie, so könnte man sagen, zum Autor seiner und ihrer selbst. Die Psychoanalyse hat diese Prozesse der "Selbst-Autorisierung" und der Einbindung der Mitwelt in dramatische Prozesse als das Lebenselement ihrer Theoriebildung entfaltet; die Ideen des Ödipuskomplexes, des Narzißmus oder die des Penisneids, des Kastrationskomplexes, des Familienromans, der Verdrängung und Abwehr, ja, die fundamentalen Konzepte des Liebesobjekts wie des Wunsches sind nicht denkbar ohne die grundsätzliche Vorstellung von der inszenierenden Aneignung eigener und fremder Vitalität.

Es ist mein Anliegen, die - pointiert formuliert - "Theatralik weiblicher Subjektivität" im szenischen Raum darzustellen, als *inszenierte Struktur* zu erfassen. Szenen sind, wie vorausgeschickt, Thematisierungen subjektiver Anliegen sowie psychosoziale Kompromißbildungen. Ihr "theatralischer" oder dramatischer Charakter evoziert für den Betrachter *mittelbares Beteiligtsein*, emotionales Mitengagement, ermöglicht ihm gewissermaßen den für die verstehende Arbeit zentralen *Binnenstandpunkt*. Die Szene *spricht* zu uns, *ergreift* uns, *verwickelt* uns. Darüber hinaus hat szenische Analyse in psychoanalytischer Perspektive den unschätzbaren Vorteil, die künstliche Isolierung des bloß individuumbezogenen Standpunkts zu überwinden zugunsten der Untersuchung *intersubjektiver* Verständigungs-, Einigungs- und Divergenzprozesse.

Blick ins Leben

Die empirische Erforschung der frühesten Kindheit schärft den Blick für den *lebens- und entwicklungsnotwendigen Beziehungskontext*, in dessen Rahmen ein Kind sich zuallererst entfalten kann. Es sind die in vielschichtiger und bewegter Emotionalität zugewandten Elternmenschen, die den Lebensregungen des noch Unmündigen Sinn, Kontur, Bedeutung und Würde verleihen, die das Kind überhaupt zur *Person* erklären (Brazelton u. Cramer 1991; Brinich 1982; Dennett 1981). Und sie sind es, die ihm die Welt eröffnen, die *Welt vermitteln*. Sie sind es auch, die von der Geschlechtlichkeit und der Geschlechtszugehörigkeit des Kindes bewegt sind, dem Kind als Geschlechtswesen begegnen, dem Kind die Welt vermitteln als Welt für einen Jungen, als Welt für ein Mädchen.

Die Verarbeitung der Primärerfahrungen der Kindheit prägt Sexualität und Elternschaft. Die Zuwendung der Mutter zum Kind ist die Begegnung mit einem Teil ihrer körperlichen und psychischen Existenz. Zugleich aber ist das Kind als Fremdes in ihr entstanden, in der sexuellen Begegnung mit dem Mann, Träger des anderen Geschlechts. So ist das Kind immer auch Erinnerung an jene Begegnung. Die Mutter vermittelt dem Kind die eigene Beziehung zum Erzeuger des Kindes. Sie verweist daher immer schon auf das Dritte. Das Kind lernt die Mutter sehen in Beziehung zu einem anderen, bezogen auf das Dritte.

Die mütterliche Partnerin hat durch sexuellen Kontakt - oder einen seiner technischen Ersatzformen - etwas in sich entstehen lassen, das ihre körperliche und psychische Existenz verändert, erweitert, eigene Grenzen verändert. Sie findet im Kind die Spur des sexuellen Kontakts wieder oder was diesen ersetzt hatte. Sie findet die eigene Kindheit wieder und wird konfrontiert mit dem Neuen, Nicht-Planbaren, das mit der zunehmenden Verselbständigung des Kindes entsteht. Sie ist Vermittlerin. Sie vermittelt das Kind dem Vater. Und sie vermittelt den Vater dem Kind. Pater semper incertus. Weibliche Promiskuität kann den väterlichen Bezug unkenntlich - jedoch nicht ungeschehen - machen.

Die mütterliche Beziehung zu Kind und Vater bedeutet prospektiv oder während der Schwangerschaft eine Erweiterung der eigenen körperlichen und seelischen Existenz. Sie bedeutet eine körperliche und seelische Trennung vom Kind

bei der Geburt, nach der Schwangerschaft. Diese fundamentale Trennungs-
erfahrung organisiert sich neu in eine kommunikative Beziehung zu einem
Wesen, das als Neues, Fremdes begrüßt wird, und doch auch an die Beziehung
zum Erzeuger erinnert.

Die kindliche Beziehung zur mütterlichen Partnerin kann in folgender
Perspektive gesehen werden: Die mütterliche Figur konturiert sich als elementare
Vertreterin von Welt, Welt als Boden, als Hülle, als Gehäuse für das Kind, Welt,
die mit allen Sinnen für das Kind erfahrbar wird. Die mütterliche Figur ist
Vermittlerin von Welt, da sie nicht nur in Beziehung zum Kind steht, sondern
auch zum Erzeuger des Kindes, oder allgemeiner gesagt, zu all jenen Aspekten
des Lebens der Frau, die nicht ihre Existenz als Mutter unmittelbar berühren. So
wird sie für das Kind mehr und mehr zu einem Wesen, das kommt und geht, sich
annähert und entfernt, gibt und vorenthält. Sie vermittelt die Welt außerhalb des
Reiches, in dem beide aufgehoben sind. Sie vermittelt die Beziehung zum Vater.
Die kindliche Beziehung zum väterlichen Partner ist primär eine von der Mutter
vermittelte.

Für den väterlichen Beziehungspartner ist die Begegnung mit dem Kind dieje-
nige mit einem neuen, fremden Wesen. Sie muß nicht notwendig die sexuelle
Beziehung zur Mutter mitmeinen. Die Zeugung des Kindes hat die körperliche
Existenz des Vaters nicht (die psychische nicht explizit) verändert. Der Kontakt
zum Kind ist ein vermittelter, vermittelt durch die mütterliche Partnerin. Das gilt
auch, wenn sie sich dem Kind gänzlich entzieht, es beispielsweise ganz dem Vater
überläßt. In diesem Fall erfüllt sie ihre Vermittlungsfunktion im Sinne einer
Abtretung - mit allen Konsequenzen für alle Beteiligten.

Mütterliche Botschaften

Die Welt, präsentiert in den mütterlichen Armen, ist der Ort des Staunens, der
Erregung, der Faszination, der Angst etc. In der Perspektive des Kindes ist die
Welt etwas, das man ein- und ausschließen kann (durch Hin- und Wegsehen).
Man scheint in und vor der Welt geschützt zu sein, nämlich dann, wenn die
Mutter schützende Funktionen ausübt. Oder man ist im umgekehrten Fall ausgesetzt (wie Moses, der Wolfsjunge oder Kaspar Hauser, die ausgesetzten Kinder),
man ist geborgen auf Mutter Erde oder aber in die Welt geworfen. Die spezifische
Angst ist hier: ohne schützende Vermittlung einer unbekannten Macht gegenüberstehen, mit einer unausweichlichen Bemächtigung durch eine gewaltige Mütter-
lichkeit, vielleicht gar Ausgeliefertsein an eine allgegenwärtige Mutterfigur, die
jeden freien Zugang zur Welt verstellt (Vernichtungsangst). Dieses Motiv findet

sich u. a. in der Horrorliteratur, wenn eine schreckenerregend unbekannte Welt sich eines wehrlosen menschlichen Gegenübers bemächtigt. Individuation erfolgt in der Perspektive der Vermittlung durch den Entwurf der Mutter, einem Entwurf, den es im Laufe der späteren Entwicklungszeit zu überwinden gilt (Friedman 1980).

Das Kind tritt ein in die Welt durch Vermittlung der mütterlichen *Botschaften* (zum psychoanalytisch gefaßten Konzept der "Botschaft", Laplanche 1992). Das Mädchen erhält sein erstes Bild vom Vater durch mütterliche Vermittlung. Die Einführung des Kindes in die Welt anhand elterlicher Vermittlung ist eine zu Beginn des Lebens einsetzende Inszenierungsform. Sie ist keineswegs allein auf die Mutter beschränkt, auch wenn diese hier traditionell eine zentrale Rolle spielt, besonders in der frühen Säuglingszeit. Das hat natürlich nicht ausschließlich konventionelle Ursachen. Wie bereits erwähnt ist die ursprüngliche körperliche Verbundenheit, sogar Ungetrenntheit, von Mutter und Kind ein mächtiger Antrieb, im innigen Kontakt nach der Geburt das Verbundensein einerseits weiterzupflegen und andererseits eine erste Ablösung zu vollziehen, das Kind als ein Wesen für sich zu behandeln. Beides ist angelegt in der sinnlichen Geschichte der Entstehung des Kindes im mütterlichen Leib. Der Leib verändert und erweitert sich durch Einwirkung einer zeugungsfähigen dritten Person. So wächst in der Mutter zugleich Eigenes und Fremdes, und so muß sie sich Eigenem und Fremdem gegenüber einstellen. Dabei sind alle nur möglichen Spielarten denkbar, von der Phantasie der Jungfernzeugung, die den notwendigen Einfluß des Dritten verleugnet, bis zur panischen Vorstellung, hilflos Werkzeug fremder Bemächtigung zu sein, wie etwa dargestellt in Polanskis Film "Rosemary's Baby".

Die Inszenierung des Vermittelns bedeutet in jedem Fall die Herstellung eines Beziehungsangebots desjenigen Partners, der die Elternrolle ausfüllt (vorzugsweise die Mutter), an das Kind, diesem das dritte Objekt zugänglich und verständlich zu machen.

Setzen wir in diesem Modell den Vater an die Stelle des dritten Objekts, dann sind folgende Spielarten denkbar:

- Die Mutter vermittelt dem Kind den Vater.
- Die Mutter vermittelt dem Vater das Kind.

Das dritte Objekt kann durch andere Figuren als die des Vaters besetzt sein: durch lebende Personen, Tiere, Dinge, etc. Handelt es sich um lebende Personen, so sind grundsätzlich wiederum die beiden obengenannten Spielarten denkbar. Als drittes Objekt kann aber auch - beim schon älteren Kind - die Mutter selbst auftreten. In diesem Fall nimmt sie innerhalb der Inszenierung eine doppelte Rolle ein: Sie ist Vermittlerin und Vermittelte. Sie verweist auf sich selbst als das dritte Objekt und erlaubt so dem Kind, sie als spezifische Person mit besonderen

Konturen und Merkmalen, gewissermaßen aus dem Abstand, zu erfahren. Ebenso kann das - wiederum etwas ältere - Kind zum dritten Objekt werden. Dann vermittelt die Mutter dem Kind ein Bild von seiner Person. Das Kind lernt, sich selbst in Objektperspektive zu sehen.

Die Inszenierung der Vermittlung stellt zu Beginn des kindlichen extrauterinen Lebens Triangulierung her. Sie wird möglich durch die sowohl vergangenheits- als auch zukunftsgerichtete Bezogenheit der Mutter: Bezogenheit auf die Ereignisse und Begegnungen der Kindsentstehung, Bezogenheit auf das Werden des Kindes. Triangulierung in der Phase der Vermittlung etabliert in der Beziehung zwischen kleinem, abhängigem und großem, verantwortungskompetentem Partner die Spannung zwischen Öffnung der Welt und Verschließen der Welt. Die klassische Madonna-mit-dem-Kind-Skulptur *öffnet* dem Kind die Welt. Sie teilt mit dem Kind den Blick nach außen auf der Höhe ihrer Schulter. Die Welt ist offen, die Welt ist willkommen. Im Spiel der Vermittlung kann sich auch das Umgekehrte vollziehen. Mutter und Kind bilden eine ineinander versinkende Einheit, bei Ausschluß der Welt. So geht es etwa beim berühmten ei-ei-ei-Spiel, im Kontakt des Stillens, in der Wärme des zärtlichen Schmiegens.

Die Inszenierung weiblicher Vermittlung im Märchen

Fragen wir, wie mütterliche Botschaften einerseits und väterliche Botschaften andererseits sich gerade an ihre kleinen Mädchen vermitteln und wie kleine Mädchen, geleitet durch mütterliche Botschaften, zum dritten Objekt gelangen, so eignen sich zur Illustration einige Märchenstrukturen. Die Idee der Vermittlung findet im Märchen der "Gattung Grimm" (Jolles 1935) einen würdigen Platz. Es ist nicht schwer, ihn genauer zu bestimmen. Die Aufgabe der Vermittlung des Kleinen, noch Unmündigen an ein drittes Objekt oder die Aufgabe, dem Kleinen, noch Unmündigen das dritte Objekt zu vermitteln, wird im Märchen in charakteristischer Weise angelegt: Ein Ehepaar oder ein Elternteil wünscht sich - gelegentlich lange vergeblich - ein Kind. Sehnsucht nach und Hoffnung auf das Kind gehören zur Ausgangssituation der jeweiligen Geschichte: "Vor Zeiten war ein König und eine Königin, die sprachen jeden Tag: 'Ach, wenn wir doch ein Kind hätten!' und kriegten immer keines" (Helbling 1990, S. 343). So beginnt *Dornröschen*. "... und weil das Rote im Schnee so schön aussah, dachte sie bei sich: 'Hätt' ich ein Kind so weiß wie Schnee, so rot wie Blut und so schwarz wie das Holz an dem Rahmen' (Helbling 1990, S. 359), so regt es sich sehnsüchtig im Herzen jener Königin, die bald darauf *Schneewittchen* zur Welt bringt. "Ein Mann hatte sieben Söhne und immer noch kein Töchterchen, so sehr er sich's auch wünschte ..." (Helbling 1990, S. 196) als Beginn des Märchens *Die sieben Raben*. In bezug auf das ersehnte Kind entsteht ein Plan, ein Projekt, das dem künftigen Schicksal Gestalt geben soll.

Eine andere charakteristische Ausgangssituation stellt die Weitervermittlung des Kindes unter positiven oder negativen Vorzeichen dar. Hier gerät ein Vater - es ist *immer* der Vater, *niemals* die Mutter - in eine äußere Notlage, z. B. Armut wie in *Das Mädchen ohne Hände* (Helbling 1990, S. 228 ff.), ein mächtiger Helfer oder eine Helferin ist zur Stelle - etwa der Teufel im *Mädchen ohne Hände* oder die Jungfrau Maria in *Marienkind* (Helbling 1990, S. 30 ff.) - und fordert für seinen Einsatz die Herausgabe des Kindes (vgl. auch *Rapunzel;* Helbling 1990, S. 102), die z. T. gewährt wird wie in *Marienkind* oder *Rapunzel*, das Gegenstand langer Auseinandersetzung wird. An die Stelle eines Helfers kann auch eine unmittelbar gefährliche und bedrohliche Figur treten wie der Löwe in *Das singende, springende Löweneckerchen* (Helbling 1990, S. 574 ff.), der den Vater unter Androhung von Lebensgefahr zwingt, das erste, was ihm bei der Heimkehr zur Begrüßung über den Weg läuft, herauszugeben, und dieses erste erweist sich, wie in anderen Märchen auch, als ein geliebtes Töchterlein.

Es sind diese beiden Ausgangskonstellationen - bezeichnen wir sie kurz als die des *ersehnten Kindes* und als die des *ausgelieferten Kindes* -, die im Korpus Grimm, das in seiner Totalität zweihundert Texte unter Ausschluß der "Kinderlegenden" umfaßt, insgesamt 17mal anzutreffen sind. Bei den 17 Fällen handelt es sich, was die kindlichen Helden angeht, zehnmal um Mädchen, sechsmal um Knaben, einmal steht ein nicht näher bestimmtes Zwillingspaar im Mittelpunkt (*Die Goldkinder*, Helbling 1990, S. 560 ff.). Wir berücksichtigen im folgenden ausschließlich die Märchen mit *Mädchen*, deren Ankunft ersehnt oder deren Übergabe gefordert wird. Diese Liste setzt sich aus den hier genannten Märchen zusammen: *Allerleirauh, Das Mädchen ohne Hände, Das singende, springende Löweneckerchen, Die sieben Raben, Die zwölf Brüder, Dornröschen, Marienkind, Rapunzel, Schneeweißchen und Rosenrot, Schneewittchen.*

Ersehnte Töchter

Betrachten wir zunächst jene Märchen im Zusammenhang, in denen der elterliche - bisher vergebliche - Kinderwunsch am Anfang der Entwicklung des Geschehens steht. Dies ist bei *Rapunzel, Dornröschen, Die sieben Raben* klar akzentuiert, aber auch - ohne den Zug des bisher vergeblichen - bei *Die zwölf Brüder* und *Schneewittchen*. Diese fünf Märchen haben etwas sehr Interessantes gemeinsam. Die Ankunft aller dieser Kinder ist hochwillkommen, und zugleich sind sie tödlich bedroht. Die tödliche Bedrohung geht bei *Rapunzel, Dornröschen* und *Schneewittchen* von imperialen Muttergestalten aus. In *Die sieben Raben* und *Die zwölf Brüder* erwartet das bereits mit sieben bzw. zwölf Söhnen gesegnete Ehepaar endlich die Ankunft eines kleinen Mädchens. Der königliche Vater wünscht sich mit Unbedingtheit eine Tochter und beabsichtigt in *Die zwölf Brüder,* diese vor allen Geschwistern zu privilegieren, sogar durch Tötung der Söhne ihr eine Exklusivposition zu verschaffen. Der Mutter jedoch gelingt es, das Leben der Söhne zu retten. Diese, als Ausgestoßene im Wald ein vogelfreies Leben führend, schwören, für die erlittene Zurücksetzung sich an jedem Mädchen zu rächen und alle zu töten, die ihnen in die Hände fallen. Auch hier finden wir somit die Bedrohung des Mädchens, ebenso in *Die sieben Raben.* Da ist die neugeborene Kleine schwach und todesnah, und kann erst nach Entfernung der - potentiell feindseligen - Brüder (durch deren Verwandlung in Raben, die das Weite suchen) gedeihen.

Wie vermitteln die Eltern der Tochter im Märchen jeweils das dritte Objekt? Der offene Blick in die Welt hat bei *Dornröschen* und *Rapunzel* fatale Konsequenzen. Die imperiale Muttergestalt versperrt den Zugang nach außen. Außerhalb der mütterlichen Umhüllung warten Tod, Elend und Verderben, Dornengestrüpp, Wildnis und Wüste. Ähnlich irrt auch das tödlich bedrohte, ausgestoßene *Schneewittchen* durch Wildnis und Dornengestrüpp. Auch Schneewittchen hat keine freundliche Vermittlung der Welt, keine zugewandte Orientierung hin auf dritte Objekte erhalten, jedoch weniger, weil die Mutterfigur sich des Mädchens bemächtigt, als vielmehr darum, weil sich diese durch die Kleine bedroht sieht.

Diese festliche Inszenierung, die dem Kind die Liebe der Welt sichern soll, findet hier nicht statt, denn die Mutterfigur fürchtet, vom Strahlen des Kindes selbst in den Schatten gestellt zu werden. Während der königliche Vater aus *Die zwölf Brüder* der Welt die kleine Tochter vermitteln will als eine, der alles zusteht - ähnlich wie *Dornröschen* alles zustehen soll - soll *Schneewittchen* der Welt erst gar nicht vorgestellt werden, soll *Schneewittchen* die Macht ihres Liebreizes auf die Welt nicht ausüben dürfen. Die Welt soll auf die Erscheinung des Kindes nicht mit Liebe, Entzücken und Bewunderung antworten, sie soll nur ergebener Spiegel der Mutter sein. Das Konkurrenzmotiv findet sich also in *Schneewittchen, Rapunzel,* den Brüder-Märchen und *Dornröschen* mit jeweils unterschiedlicher Akzentuierung. Auf dem Hintergrund der Inszenierung der Vermittlung ist damit etwas Zentrales angesprochen: Die *Inszenierung der Vermittlung* verlangt vom erwachsenen Partner, sei es Mann oder Frau, die Übernahme sowohl der Rolle des Kindes als auch jener steuernden Elternfigur, die selbst in den Hintergrund tritt, um dem Kind Raum zu geben. Die Fähigkeit, um des Kindes willen in den Hintergrund zu treten, ist durchaus voraussetzungsvoll, versteht sich nicht von selbst. Je weniger das Kind als eigenes, als eigen Fleisch und Blut, gewissermaßen Teil der eigenen Person, erlebt wird, um so deutlicher kann die Spannung werden. Die Rolle der Vermittlungsfigur, die von sich weg auf das andere zu blicken gestattet, ist also konflikthaft, und zwar, wie unsere Märchenbeispiele zu illustrieren vermögen, in mehrfacher Hinsicht. Die Elternfigur kann sich selbst in Konkurrenz zum Kind erleben, in Konkurrenz etwa, was die Bewillkommnung des schönen Kindes in der Welt angeht. Die Elternfigur, im Märchen sinnfällig, um das Fremde, Unverbundene hervorzuheben, als *Stief*mutter angelegt, fürchtet, selbst zu kurz zu kommen.

Da ist es ein Leichtes, dem kleinen Mädchen wenig Eintritt in die Welt zu gewähren, es wenig zu zeigen, zu präsentieren, Liebe und Bewunderung der Welt auf es zu ziehen. Was das Märchen ins Extreme treibt in Gestalt unablässiger mütterlicher Selbstbespiegelung, kann im Alltag in vielerlei Varianten daherkommen, z. B. im Stil der Vernachlässigung, eher kontaktvermeidend: als anregungsarmer und/oder versachlichter, ungeduldig-eiliger Umgang mit dem Kind; oder im Stil der Selbstergänzung, eher kontaktsuchend: das Kind "läuft so mit", während die Bezugsperson v. a. ihren eigenen Angelegenheiten zugewandt ist. Oder die Elternfigur nutzt ihre Privilegierungsmacht, um ein Kind vor dem anderen zu bevorzugen, mehr von der Welt und ihren Möglichkeiten zu offerieren. Dann bringt sie das privilegierte Kind zwangsläufig in Konkurrenz zu denen, die sich nunmehr als "underdogs" fühlen. Das Schicksal von Privilegierung und Unterprivilegierung ist freilich ein unausweichliches. Das Kleinste, dem die Welt vermittelt wird, sticht immer in irgendeiner Weise die anderen aus. Und in der Tat liegt die Welt einem Menschen nie mehr im Leben so zu Füßen wie in einer glücklichen und anregungsreichen Säuglingszeit, zumindest in der Perspektive des neidischen Konkurrenten.

Das Töchterlein, das die Mutter aussticht - das Töchterlein, das die Brüder aussticht - weibliche Siegeszüge, einmal über eine mächtige und gefährliche Muttergestalt, das andere Mal über eine Gruppe älterer Brüder. Letzteres wird möglich, weil die Kleine Vaters erklärter Liebling ist und "alles von ihm haben kann". Ersteres wird möglich durch die Liebe der Männer - eines mitfühlenden Dieners, einer kleingewachsenen männlichen Brudergemeinschaft, v. a. eines bezauberten und mächtigen Prinzen.

Die Liebe eines bezauberten Prinzen für eine schöne Tochter gibt auch dem gleichsam eingemauerten *Dornröschen* den Blick ins Leben zurück. Und alles in seiner Welt wird - liebevoll und minutiös von den Brüdern Grimm geschildert - wieder rege, kann frisch erfahren und willkommen geheißen werden. Die Liebe eines Prinzen ist hingegen für *Rapunzel* zunächst einmal verhängnisvoll. Zwar ist er ihr Bote des Lebens, zeugt auch neues Leben mit *Rapunzel* in ihrer Ummauerung, aber dieser Bote ist der besitzergreifenden, einschließenden Mutter höchst unwillkommen. Sein tiefer Sturz vom Turm in die Dornenhecke kostet ihn das Augenlicht. Und das verstoßene Mädchen, durch die vergeltungswütige

Herrscherin über Turm und Rapunzelgarten ihres prachtvollen Haarschmucks beraubt, irrt in der Welt umher, die ihr niemals vermittelt worden war.

Betrachten wir das ganze aus der Perspektive einer Mutter, so konfrontiert die Aufgabe, die kleine Tochter an die Welt und der kleinen Tochter die Welt zu vermitteln, mit Konflikten. Die mütterliche Vermittlung des Mädchens an den Vater kann allzu heftige und ausschließende Zuneigung für die Kleine - u. a. auf Kosten der Mutter - wecken und damit untergründigen Groll (böse Wünsche böser Feen) gegen das Kind. Die Vermittlung des Mädchens kann verbunden sein mit dem Gefühl eigener Verdunkelung. Nicht Freude über das aufblühende Leben, sondern innere Kämpfe mit eigenen mißgünstigen Zurücksetzungsgefühlen sind angesagt. Wäre das Mädchen aber Teil der eigenen Welt oder überhaupt *die* Welt für die Mutter in einer alles andere ausschließenden Beziehung, so könnte ein schrankenloses Glück des Selbst-Ergänztseins gelebt werden, freilich in imperativer Bemächtigung eines abhängigen Wesens und in ungehemmter Feindseligkeit gegen das Erotische, das Männliche, das Sexuelle, das im übrigen selbst Züge der Schwäche und Abhängigkeit hat (weder entgeht *Dornröschens* Vater dem Schlafzauber der bösen Fee, noch kann der Prinz sich gegen die Vertreibungsattacke von *Rapunzels* Ziehmutter behaupten; selbst die Zwerge scheitern mit ihren klugen Ratschlägen an den stiefmütterlichen Verlockungsintrigen).

Jene Märchen, die sich durch die Ausgangskonstellation des *ersehnten Kindes* auszeichnen, lassen sich, insgesamt betrachtet, näher bestimmen als Erzählungen, in denen sich, aus der Perspektive der Eltern gesehen, Konflikte mit elterlicher Macht gegenüber einem weiblichen Säugling zum Ausdruck bringen, einem kleinen Mädchen, das mütterlicher und väterlicher Einführung in die Welt bedarf. Auf seiten der Mutter ist dies der Konflikt zwischen dem Wunsch, sich der Kleinen zu bemächtigen, und der Bereitschaft, ihr die Welt zu öffnen; und es ist der Konflikt zwischen dem Drang, eine künftige unliebsame Konkurrentin zu beseitigen, und der Bereitschaft, sie auszustatten mit allen Kostbarkeiten schon entwickelter Weiblichkeit. Auf seiten des Vaters lernten wir den Wunsch kennen, die Kleine - die ja als offene Projektionsfläche sich darbietet - als Königin seines Herzens zu inthronisieren, im Widerstreit mit der Bereitschaft, die Liebe zum Neuankömmling mit der zur Frau zu teilen. Im übrigen ist dies ja eine Herausforderung an die Vaterschaft, die es im Familienalltag bekanntlich in sich hat: Von dem noch winzigen, unentwickelten Weibswesen geht, gerade weil es sich so deutlich als Projektionsfläche anbietet, große Anziehung aus, weil es sich als ein Eigenes aneignen und formen läßt (vgl. dazu die berühmte Pygmaliongeschichte) und weil sich alles Wunderbare einer Liebesbeziehung in dieses Kleine hineinphantasieren läßt, was im realen Kontakt zur erwachsenen Frau zwangsläufig mit Enttäuschungen und Grenzen verknüpft war. Auch scheinbar kühle väterliche Gleichgültigkeit dem Kind gegenüber darf nicht immer zum Nennwert genommen werden. Dahinter kann sich sehr wohl ein Rückzug aus Angst verbergen, in

Gefühlskonflikte in der Spannung zwischen Tochter und Partnerin zu geraten. Mächtige Muttergestalten - mächtige Vatergestalten. Mit einer mächtigen Muttergestalt haben wir es auch im Fall des Märchens *Marienkind* zu tun. *Marienkind* hat eine gewisse Verwandtschaft mit dem Typus der Geschichten vom ausgelieferten Töchterlein. Auch hier nimmt eine imposante Mutterfigur, die Jungfrau Maria höchstpersönlich, ein kleines Mädchen in ihre Obhut oder in Gewahrsam, ohne freilich die leiblichen Eltern zuvor zu nötigen. Das kleine Mädchen aus ärmlichen Verhältnissen, das seinen Namen *Marienkind* der speziellen Beziehung zur illustren Ersatzmutter verdankt, hat es im wohlbestellten Himmel einfach besser als Zuhause. Maria ist keine bemächtigende Person, sondern eine anregende und permissive Vermittlerin, die im Mädchen, das heranwächst und sich in der vermittelnden Begleitung guter Geister ("Engel") allmählich auf eigene Füße stellt, gehörige Entdeckungslust, Lust auf die Welt und ihre Geheimnisse entfacht. Ein derart lebens- und weltzugewandtes Wesen ist bald genug reif, der Weisungsmacht und dem Standpunkt der heiligen Jungfrau-Mutter die Stirn zu bieten. Es entwickelt sich ein ödipaler Konflikt, der uns im gegenwärtigen Zusammenhang nicht speziell interessieren muß. Die Jungfrau muß jedenfalls erheblichen Einsatz leisten, um ihr widerspenstiges, stolzes und selbstbewußtes Gegenüber schließlich in die Knie zu zwingen. Von ähnlicher Entdeckungslust und Offenheit für die Welt beseelt sind auch *Schneeweißchen* und *Rosenrot*, die beiden Töchter einer Mutter, die als Mittlerin in die Welt vorbildlich ist: Sie positioniert sich ohne Groll im Hintergrund, öffnet das Haus zahmen und wilden Gästen und ermutigt die Töchter insbesondere, ohne Angst und Ressentiment auf die Welt der Männer zuzugehen, die im Märchen durch einen schimpfenden, unhöflichen und undankbaren Giftzwerg und einen Tierbräutigam dargestellt ist. Furchtlosigkeit, aber auch kunstvolles Verführungsgeschick in gekonnter Spannung zur Fähigkeit, nach Eigenbedarf Grenzen zu setzen, kennzeichnen *Allerleirauhs* Umgang mit der Männerwelt. Dieses Märchen gehört nur insofern zum Spektrum der Vermittlungsinszenierung, als wir es hier mit einer Mutter zu tun haben, die in der Tochter eine Selbst-Ergänzung sieht: die Tochter als Ebenbild der Mutter, die dieses Ebenbild als Gegenstand der Liebe an ihren Gatten, Vater des Mädchens, vermittelt. Die Mutter zieht sich zurück (durch Tod - einer der konventionellen Rückzüge im Märchen) und überläßt die Kleine als eigenes Vermächtnis der väterlichen Liebe, die erwartungsgemäß erotisch auflodert und nach dem Willen des verliebten Königs Erfüllung in der Ehe finden soll. Der Fortgang der Geschichte stellt des Mädchens Initiative und Meisterschaft im Kontrollieren und Beherrschen männlicher Ansprüche dar, ebenso die Fähigkeit, weibliche Individualität in Abgrenzung von der Mutter zu erwerben, ein Thema, das wiederum reifere Aspekte der Entwicklung betrifft. Im Zusammenhang mit der Vermittlungsthematik ist lediglich darauf hinzuweisen, daß dieses Mädchen vorgestellt wird als eines, das weder Angst vor der Welt der Männer haben muß -

denn diese Welt ist ihm früh vermittelt worden - noch beeinträchtigt ist durch mütterliche Beherrschungsansprüche: Es gleicht der Mutter dort, wo es für das eigene Selbstbewußtsein profitiert, und es grenzt sich aktiv und entschlossen von der Mutter ab, wo deren Vermittlung - im Rahmen einer ödipalen Thematik - einer Verkupplung nahekommt. Ähnlich furchtlos und selbstbewußt zeigt sich auch die vom Vater am meisten geliebte jüngste Tochter in *Das singende springende Löweneckerchen*. Furchtlos nähert sich die beherzte Dame - unbefangen wie *Schneeweißchen* und *Rosenrot* - dem Tierbräutigam, der als Löwe mindestens so gefährlich wirkt wie *Schneeweißchens* Bär.

Ausgelieferte Töchter

Das singende springende Löweneckerchen gehört wie *Das Mädchen ohne Hände* zur Gruppe jener, welche die erzwungene Auslieferung des Kindes an eine überlegene, sanktionsmächtige Figur gestalten. Auch *Rapunzel* gestaltet dieses Motiv, aber es hebt an mit der Schilderung der Sehnsucht des noch kinderlosen Ehepaares, endlich fruchtbar zu sein. *Das Mädchen ohne Hände* ist gewissermaßen das Kontrastprogramm zum *singenden springenden Löweneckerchen*. Beide Mädchen begegnen der Nötigung, sich in die Hände eines nicht selbst gewählten dritten, noch unbekannten Objekts zu begeben, mit Mut und Entschlußkraft Beide verdanken die fatale Lage ihrem Vater, der ihnen als besiegter und erpreßter Bittsteller vor Augen tritt, der vom Töchterchen Befriedung der Situation auf deren Kosten erhofft. Beide lassen sich darauf ein. Während aber die erste Dame den Löwen gewissermaßen bei der Mähne packt, verweigert sich das *Mädchen ohne Hände*. Sie schützt den Vater, aber entzieht sich erfolgreich dem Zugriff der mächtigen männlichen Figur. Und man kann es verstehen, denn diese ist niemand anderes als der Teufel. Hier gilt das Interesse einem interessanten Aspekt der Vermittlung. Die Vatergestalten sind eindeutig und prononciert negativ gehalten. Diese Vatergestalten zeigen keine Liebe, sondern selbstsüchtigen, korruptionswilligen Kleinmut (der leibliche Vater) und egoistische Verfügungslüsternheit (der Teufel). Angesichts dessen wäre eine bindungswillige Kontaktaufnahme seitens der Tochter zumindest prekär. Mut beweist sich in dieser Geschichte durch beherzten töchterlichen Widerstand und unerschütterliche Standhaftigkeit. Das Mädchen hat eine Einführung in die Welt der Männer erfahren, die ihr den Eindruck des Bösen, Gefährlichen und Enttäuschenden hinterließ. Es geht darum, diesen Kontakt und das Infiziertwerden, eben die *Berührung* mit dem Bösen zu vermeiden, was ihr in der Tat gelingt, am sinnfälligsten durch die Opferung der Hände, der Berührungsorgane. Auch dieses Mädchen, dem Teufel zunächst entronnen, begibt sich hinaus in die Welt, aber nicht weltlustig und lebensfroh, sondern als eine ohne Heimat und ohne Ansporn, eine eigene neue Heimstatt zu gründen.

Väterliche Schwäche, Unzuverlässigkeit und Selbstbezogenheit, so wäre festzuhalten, lassen die Welt der Männer zu Feindesland werden. Väterliche Liebe vermag, in der Vermittlung der Welt der Männer, weiblichen Mut zu begründen, sich in dieser - auch gefährlichen, auch undurchsichtigen - Welt zu bewegen, dort Fuß zu fassen, Liebe zu wecken, das Wilde zu zähmen. Wobei der Befund, daß die Auslieferung des Mädchens stets als väterliche, niemals jedoch als mütterliche Inszenierung gestaltet wird, abschließend zu würdigen ist. Die väterliche Bereitschaft zur Preisgabe des Kindes wird nicht als Extremzug väterlicher Infamie präsentiert; sie ist nicht verwerflicher als die offene Mordlust vieler Märchenmütter. Es handelt sich um Varianten des alten Motivs von der Opferung des Kindes - z. B. Isaak, des Sohnes; der Tochter, z. B. Iphigenie - an eine zwingende höhere Macht. Die Voraussetzung zur Opferung setzt freilich ein bestimmtes Verhältnis zum Gegenstand der Preisgabe voraus: eben das Verhältnis zu einem veräußerbaren Besitz, einem *Gut*. Das Ausgelieferte und Geopferte ist ein Gut, ein wertvolles, gewöhnlich hochgeschätztes Gut, etwas, dessen Besitz zu wahren oder aber freizugeben ist. Das Verhältnis zwischen Vater und Tochter wird über die Dramaturgie der Auslieferung des Kindes als ein Aneignungs-Abtretungs-Verhältnis konstruiert, ein Verhältnis also mit instabiler Verbundenheit und asymmetrischer Verfügung. Die Tochter, dem Vater vermittelt durch die Mutter, ist ein Stück weit *fremd* (statt eigen), ein *Geschenk,* in Empfang und Verfügung genommen, ein Geschenk, dessen man sich wieder entäußern kann. Eine derartige primäre Instabilität der Vater-Kind-Bindung, wie hier im Märchen dramaturgisch entwickelt, stellt die Weichen für eine interessante Entwicklungs-aufgabe zwischen Vater und Kind: die Erarbeitung eines gemeinsamen, jeweils phasenspezifischen, kreativen Repertoires von Inszenierungsformen der Zugehörigkeit und der Distanzierung.

Literatur

Boothe B (1994) Der Patient als Erzähler in der Psychotherapie. Vandenhoeck & Ruprecht, Göttingen

Brazelton T, Cramer BG (1991) Die frühe Bindung. Die erste Beziehung zwischen dem Baby und seinen Eltern. Klett-Cotta, Stuttgart

Brinich PM (1982) Rituals and meanings: The emergence of mother-child communication. Psychoanal Study Child 37 : 3-15

Bruner J (1990) Acts of meaning. Harvard Univ Press, Cambridge

Dennett DC (1981) Intentionale Systeme. In: Bieri P (Hrsg) Analytische Philosophie des Geistes. Hain, Meinenheim, S 162-183

Friedman G (1980) The mother-daughter bond. Contemp Psychoanal 16 : 90-97

Habermas J (1981) Theorie des kommunikativen Handelns, Bde 1, 2. Suhrkamp, Frankfurt aM

Helbling C (Hrsg) (1990) Kinder- und Hausmärchen. Gesammelt durch die Brüder Grimm, 13. Aufl. Manesse, Zürich

Jolles A (1974, 1935) Einfache Formen. Niemeyer, Tübingen

Laplanche J (1992) Deutung zwischen Determinismus und Hermeneutik. Psyche 46 : 467-498

Lebovici S (1990) Der Säugling, die Mutter und der Psychoanalytiker. Klett-Cotta, Stuttgart

Szondi L (1963) Schicksalsanalytische Therapie. Ein Lehrbuch der aktiven und passiven Psychotherapie. Huber, Bern

Weiss J, Sampson H (1986) The psychoanalytic process. Guilford, New York

Inzest als Trauma

Ursula Wirtz

"Verdrängen hält die Erlösung auf, sich erinnern bringt sie näher"

Diese Inschrift an der jüdischen Gedenkstätte Yad Washem in Jerusalem und die Mahnung, nicht zu verdrängen, sondern hinzuhören und die Wahrheit auszuhalten und in den Lebenskontext zu integrieren, hat auch für das Inzesttrauma nichts an Gültigkeit verloren. Wir Deutsche haben im Land der Täter nicht nur in bezug auf den Holocaust unrühmliche Erfahrungen mit gesellschaftlichen Verdrängungsmechanismen gemacht. Die individuellen und kollektiven Reaktionen auf die Realität der Vernichtungslager und auf die sexuellen Ausbeutungen im Schoß der Familie weisen frappante gemeinsame Strukturen der Verdrängung auf. Unverständnis gegenüber den tiefgreifenden Störungen im seelischen Erleben der Betroffenen bis hin zur drastischen Einfühlungsverweigerung sind immer dort anzutreffen, wo von Holocaust und Inzest die Rede ist. Immer noch sind Verleugnung und Bagatellisierung typische Verdrängungsmechanismen, um nicht wissen zu wollen, was wir längst wissen können und immer noch scheinen wir uns aus dem verdrängten Wissen kein Gewissen zu machen.

Im Gegenteil werden jetzt wieder Stimmen laut, die sexuelle Ausbeutung zum Mode- und Sensationsthema der Medienbranche degradieren und als feministische Diffamierungskampagne anprangern. Die erregte Polemik, die Inzest als "Sexualhysterie und Paranoia" abwiegeln möchte und den Rückfall ins viktorianische Zeitalter befürchtet, verleugnet die Realität, daß Mädchen und Jungen häufig in der eigenen Familie sexuelle Gewalterfahrungen machen müssen. Für alle, die sich ernsthaft mit der Inzestthematik auseinandersetzen wollen, liegen seriöse empirische Studien vor, denen keine geschlechtsspezifische Voreingenommenheit vorgeworfen werden kann und die auch nicht zu entwerten sind als profitorientierte Marktforschung der professionellen Zunft. Daß gerade jetzt, im Zuge des "backlash", der Streit um die Glaubwürdigkeit der Erinnerungen neu entbrennt, kann als ein Zeichen der Zeit gewertet werden (vgl. Pfister u. Gloor 1994; Bange 1992)

Ich verstehe Inzest als Trauma sexueller Gewalt. Ich begreife das Geschehen in der Triade als ein traumatisierendes, objektives Ereignis, das im Subjekt, dem Kind Schädigungen und Verletzungen hervorruft, die nichts zu tun haben mit dem Slogan des Herrenmagazins *Der Wiener*: "Inzest macht die Kinder froh und Erwachsene ebenso" (Der Wiener).

Die sexuellen Übergriffe an Kindern in der Familie, der sexuelle Mißbrauch ist ein traumatisches Geschehen, das die subjektiven Sinnstrukturen zerstört und die psychische und physische Integrität verletzt. Relevant für das Traumaverständnis ist aber nicht allein das äußere Ereignis, sondern die Dialektik wie Außen und Innen aufeinander einwirken, das Wechselspiel zwischen traumatischem Geschehen und individuellen Bewältigungsmöglichkeiten. Das bedeutet aber auch, daß wir die innerpsychischen Vorgänge auf dem Hintergrund gesellschaftlicher Realitäten wahrnehmen müssen. So entwickelt sich jedes Nachdenken über Inzest auch zum Nachdenken über gesellschaftliche Strukturen, die sexuelle Ausbeutung von Kindern und Frauen möglich machen.

Es ist unmöglich, die innerfamiliäre sexuelle Ausbeutung zu diskutieren und das individuelle Leid der Kinder und Frauen zu verstehen, ohne die strukturelle Gewalt ins Blickfeld zu rücken, die den Hintergrund für den innerfamiliären Mißbrauch bildet. Das Inzesttrauma hat einen soziopolitischen Kontext. Und wenn Psychotherapie und Psychoanalyse ihrem emanzipatorischen Anspruch gerecht werden will, darf sie weder die Realität familiärer sexueller Ausbeutung noch die latente Geschlechtsspezifität ihres Diskurses verleugnen, da sie sonst Gefahr läuft, an der Zementierung von Gewalt- und Geschlechterverhältnissen mitzuwirken.

Es ist ein grober Fehler die innerfamiliäre sexuelle Ausbeutung nur innerpsychisch verorten zu wollen. Ich möchte hier auf die obligate Freud-Schelte wegen der Aufgabe der Verführungstheorie verzichten, und auch auf die längst überfällige Jung-Schelte wegen der "mythologischen Sublimation" realer sexueller Gewalt (vgl. Höfer 1993) nicht weiter eingehen.

Es geht mir auch nicht um die längst steril gewordene Diskussion um das Verhältnis von Realität und Phantasie. Ehlert und Lorke (1988) haben schon darauf hingewiesen, daß dieser Bewältigungsversuch des Ich, das Trauma von der unbewältigbaren Realität in die kontrollierbare Phantasie zu verlegen, auch der Abwehrtendenz der psychoanalytischen Theorie entspricht.

Anzumerken wäre hier nur, daß in psychoanalytischen Falldiskussionen die Frage, ob es sich beim Inzest um Phantasie oder Realität handele, auffälligerweise nur bei Patientinnen aufgeworfen wird, während bei männlichen Klienten mit einem Kindheitstrauma diese Frage nie gestellt wird. Es scheint sich dort von selbst zu verstehen, daß der Inzest durch die Mutter real vorgefallen ist.

Der "Freispruch der Väter" und die Deklaration der Mutter zum "Sündenbock der Moderne" ist nicht nur typischer Sprachjargon der psychoanalytischen Subkultur, sondern auch in der Theorienbildung ist die böse Mutterimago ein Topos psychoanalytischen Diskurses. (Rohde-Dachser 1992, S. 196f.). Ich finde es gerade im Zusammenhang mit der Diskussion um das Inzestgeschehen erschütternd zu sehen, wie häufig Frauen mit der Erfahrung sexueller Ausbeutung in ihren Analysen psychoanalytischen Denk- und Wahrnehmungstabus zum Opfer fallen. Es ist ja auch bei den Fallvignetten in diesem Band auffällig, wie sehr darauf fokussiert wird, daß das Kind "dem Begehren der Mutter ausgeliefert" ist, wie schmerzlich es für den Sohn war, "Phallus für die Mutter sein" zu müssen, wie verschlingend diese war etc. Wir begegnen auch hier der auffälligen psychoanalytischen Abstinenz gegenüber den Vätern und den Phantasien, die Väter auf ihre Töchter richten, während gar nicht abstinent die Schuldfrage und das Fehlverhalten der Mütter diskutiert wird. Mir geht es hier nicht darum, den Vater als "ödipales Schreckgespenst", als "Störenfried" oder "Retter" aus der Mutter-Kind-Dyade näher zu betrachten, sondern ich möchte die Erkenntnisse aus der Traumaforschung auf die Arbeit mit sexuell ausgebeuteten Frauen und Männern anwenden. Ich möchte den Inzest im Kontext eines Traumaverständnisses diskutieren, um besser begreiflich zu machen, wie zerstörerisch sexuelle Gewalterfahrungen für die Betroffenen sind, und wie wir in der Therapie mit den geschädigten Menschen arbeiten können.

Das Trauma innerfamiliärer sexueller Ausbeutung

Als traumatisch gelten Ereignisse im Leben eines Menschen, deren Intensität so überwältigend ist, daß sie das Individuum völlig überfluten, existentiell erschüttern und pathologische Reaktionen hervorrufen. Es handelt sich um ein Geschehen, das intensive Vernichtungsangst, Hilflosigkeit und Kontrollverlust bewirkt und mit den üblichen Anpassungsmechanismen nicht zu bewältigen ist. Entfremdung und Depersonalisation, Gefühlserstarrung und Fragmentierung sind charakteristisch für die traumatische Reaktion. Traumatische Erfahrungen unterlaufen das sonst übliche Selbstschutzsystem und stürzen die Betroffenen in psychische Zustände von Übererregung und psychischer Erstarrung.

Freud hat auf diesen Aspekt der Reizüberflutung in seiner ursprünglichen Konzeptualisierung des Traumas Bezug genommen. Dieses Verständnis des Traumas als "Durchbrechen der Reizschutzschranke" ist durch die Objektbeziehungsanalyse und die Arbeit mit Holocaust- und Folteropfern wesentlich erweitert worden.

In der Theorie der Objektbeziehungen und der Ich-Psychologie wird das Trauma v. a. in seiner zerstörerischen Funktion gesehen in der Innenwelt die tragenden Objektbeziehungen zu vernichten, auf denen das Selbstbild beruht, was zu tiefgreifenden strukturellen Störungen führt.

Trauma bedeutet immer eine Schädigung und Verletzung, eine Wunde, die wie ein Riß durch das Selbst geht, eine Erschütterung der psychischen Organisation eines Menschen. Traumatische Erlebnisse stellen einen Angriff auf die gesamte Persönlichkeitsstruktur dar; es erfolgt ein Entstrukturierungsprozeß und ein massiver Sinn- und Bedeutungsverlust. Dabei bezieht sich die Zerstörung nicht nur auf die Außenwelt, sondern auch alles, was zur Innenwelt gehört, wird durch die traumatische Erfahrung vernichtet. Alles, was die Individualität ausmacht, die Sprache, das Bewußtsein und die Leiblichkeit erscheint wie ausgelöscht. Diese Auflösung von Welt und Ich im Trauma wird oft wie eine Todeserfahrung beschrieben, wie der Verlust von Subjekthaftigkeit.

Neben der desintegrierenden Wirkung der Erfahrung völliger Ausgeliefertheit und Machtlosigkeit ist es v. a. die grundlegende Erschütterung und das Zerbrechen des persönlichen Überzeugungssystems, der Verlust des bisher tragenden Selbst- und Weltverständnisses, das traumatische Erfahrungen charakterisiert.

Wenn wir besser verstehen wollen, welche Wirkung Inzest auf die Betroffenen hat, scheint es mir hilfreich, sich auf das Entwicklungskonzept von Erikson (1965) zu besinnen. Er beschreibt die verschiedenen Stufen, die wir von der Kindheit bis zur reifen Ausbildung einer Identität durchlaufen. Sexuelle Ausbeutung behindert, blockiert oder verunmöglicht zentrale Entwicklungsaufgaben des Kindes. Das Kind soll Vertrauen und Sicherheit entwickeln, Urvertrauen und Geborgenheit suchen, obwohl es in der familiären Situation durch die sexuelle Ausbeutung total verunsichert und in der kindlichen Zuwendung verraten wurde. Es soll zur Autonomie fähig werden und Selbstkontrolle lernen, obwohl die sexuelle Gewalt gegen den Willen des Kindes erfolgt und die Erfahrung des Beherrschtwerdens im Vordergrund steht. Es soll lernen, den eigenen Körper zu beherrschen, Grenzen zu ziehen, obwohl der Mißbraucher die Grenzen des Kindes ständig überschreitet und sich den Körper des Kindes gefügig macht. Das Kind soll Initiative und Identitätsbewußtsein entfalten, obwohl Väter und Stiefväter das Kind beherrscht und zur Unterwerfung gezwungen haben. Schließlich gehört zu einer reifen Entwicklung die Fähigkeit zu Intimität und Hingabe, während ausgebeutete Kinder in die Isolation gezwungen sind, Nähe nur als bedrohlich erfahren haben und jeden weiteren Kontrollverlust fürchten. Aus diesen behinderten Entwicklungsphasen lassen sich auch für die Therapie entscheidende Schritte ableiten:

- Kinder brauchen Unterstützung, um aus der Ohnmacht und Hilflosigkeit herauszuwachsen und wieder zu Selbstbewußtsein und Selbstkontrolle fähig zu werden. Sie müssen lernen, aus dem Schweigen und der Isolation herauszutreten und die Verbundenheit mit anderen Menschen zu suchen.

- In der Therapie muß die Persönlichkeit und Eigenverantwortlichkeit der traumatisierten Menschen gefördert werden, damit durch die "heilende Beziehung" (Herman 1994, S. 184) Vertrauen, Autonomie und Identität neu aufgebaut werden können.

Wir können die sexuelle Ausbeutung auch auf dem Hintergrund des Identitätsmodells der integrativen Therapie betrachten. In dieser Konzeption ruht unsere Identität auf 5 Säulen:

1. die Säule des Leibes,
2. die Säule des sozialen Netzwerkes,
3. die Säule der Arbeit und Leistung,
4. die Säule der materiellen Sicherheit,
5. die Säule der Werte.

Sexuelle Ausbeutung beeinträchtigt diese identitätstragenden Bereiche. Kinder, die mißbraucht wurden, sind in ihrer körperlichen Integrität verletzt, ihr Selbstwertgefühl, das auch leiblich verankert ist, wird zerstört, sie fühlen sich als "no-body". Sie erleben sich als stigmatisiert, schämen sich und schweigen über den Inzest, was sie zunehmend in eine immer größer werdende Einsamkeit und Isolation treibt. In der Schule fallen sexuell ausgebeutete Kinder häufig auf, weil sie nicht mehr die gewohnten Leistungen vollbringen und massive Konzentrationsstörungen und Verhaltensauffälligkeiten zeigen. Als Erwachsene ist auf Grund der schweren Symptomatik die Arbeitsfähigkeit oft eingeschränkt. Häufige Stimmungsschwankungen, psychosomatische Erkrankungen, Schlafstörungen etc. führen später in Krisensituationen, die sozial und ökonomisch labilisieren und das Selbstwertgefühl negativ beeinflussen. Durch den Inzest wird auch das Glaubenssystem, die Weltanschauung tief erschüttert. Das sexuell ausgebeutete Kind vermag nicht länger an Wahrheit, Liebe und Gerechtigkeit zu glauben, wenn es erfahren mußte, daß es durch die geliebten Vertrauenspersonen verraten wurde. Nicht selten gerät auch der religiöse Glaube ins Wanken, weil es undenkbar scheint, daß ein Gott die sexuelle Ausbeutung zulassen kann. Der Verlust an Werten, die auch in schwierigen Grenzsituationen Orientierung geben können, macht die Betroffenen besonders haltlos, ohnmächtig und verzweifelt.

Auch mit diesem Persönlichkeitsmodell läßt sich erklären, wie Inzest zu frühen Defiziten und Störungen führt, die eine gesunde Entwicklung des Leib-Selbst, der Ich-Entwicklung und der Identität verhindern.

In Amerika war seit Jahren die Diagnose *Posttraumatische Belastungsstörung* für Opfer von sexuellem Mißbrauch in der Kindheit üblich. Herman (1994) und eine Gruppe psychiatrischer Experten hält diese Definition für unzulänglich, da sie die Reaktionen auf ein langes, wiederholtes Trauma, wie beispielsweise den Inzest, nur unzureichend erfaßt. Ihr Anliegen für die 4. Auflage des Diagnose-handbuchs der American Psychiatric Association war die Einführung der Bezeichnung *Komplexe posttraumatische Belastungsstörung*, weil nur diese Diagnose dem breiten Spektrum verschiedener Zustände, die nach wiederholten Traumen auftreten, gerecht werden könnte. Erst mit dieser erweiterten diagnosti-schen Kategorie würden die Persönlichkeitsveränderungen angemessen zu erfas-sen sein (Herman 1994, S. 165-179)

In diese diagnostische Kategorie fallen Patientinnen und Patienten, die über einen längeren Zeitraum totalitärer Herrschaft unterworfen, aber auch Menschen, die in sexuellen oder familiären Beziehungen mißhandelt oder sexuell ausgebeutet werden. Zu den Bereichen, in denen sich die traumatische Symptomatik nieder-schlägt, zählen:

- Störungen der Affektregulation,
- Bewußtseinsveränderungen,
- gestörte Selbstwahrnehmung,
- gestörte Wahrnehmung des Täters,
- Beziehungsprobleme,
- Veränderungen des Wertesystems.

Wenn wir mit Menschen therapeutisch arbeiten, die in der Familie sexuell ausge-beutet worden sind, finden wir in allen zitierten Bereichen auffällige Störungen. Das Kernsyndrom traumatischer Erlebnisreaktionen, die Wiederbelebung des traumatischen Geschehens, der Wechsel zwischen Verleugnung und aufdrängen-den Erinnerungen, die Fixierung auf das Trauma und die Unfähigkeit, es in den Lebenskontext zu integrieren, sind die zentralen Problembereiche, die sich uns in der Therapie mit Betroffenen stellen.

Wir können den Inzestüberlebenden nur gerecht werden, wenn wir ihren Zustand archaischer Abhängigkeit richtig verstehen, die tiefe Vernichtungsangst und den Verlust des Urvertrauens, den die sexuelle Ausbeutung bewirkt hat. Konfrontiert sind wir mit Zuständen der Desintegration und Depersonalisation, der Regression von Selbstkonzept und Selbstgefühl. Das Gefühl eines Lochs im Selbst (Becker 1992), das Erleben von Seelenmord (Wirtz 1993) führt zu *Fragmentierung* als zentralem Prinzip der Persönlichkeitsorganisation. In der

Traumaforschung wird aufgedeckt, wie die Fragmentierung im Bewußtsein die Integration von Wissen, Erinnerung, Gefühl und Körpererfahrung verhindert und die Fragmentierung in der inneren Selbstrepräsentation die Ausbildung von Identität verunmöglicht. Hinzu tritt die Fragmentierung in Bezug auf die Objektrepräsentanzen, sodaß keine verläßlichen Grenzen zwischen sich und anderen entwickelt werden können.

Mir scheint der Hinweis auf die dissoziativen Störungen nach traumatischem sexuellen Mißbrauch besonders wichtig, da wir relativ häufig passageren psychotischen Episoden nach Inzesterfahrungen begegnen.

Ich möchte noch auf ein Traumaparadigma verweisen, das nicht in erster Linie trieb- und konfliktzentriert ist, sondern die zentrale Stellung des Sinn- und Bedeutungsverlustes, der Zerstörung eines sinngebenden "wozu" thematisiert. Nietzsches Ausspruch, wer ein warum im Leben hat, erträgt fast jedes wie, ist für die Verarbeitung traumatischer Erfahrungen wichtig. Die Bedeutungsstruktur, die z. B. die sexuelle Ausbeutung für die Betroffenen hat, trägt wesentlich dazu bei, wie dieses Trauma bewältigt werden kann.

Die kognitive Selbsttheorie (Epstein 1985, S. 283-310; Janoff-Bulman 1992; McCann u. Pearlman 1990) bietet einen Ansatz, die traumatische Reaktion und die kognitiven Umstrukturierungen, die durch das Trauma geschehen sind, besser zu verstehen. Es wird im Rahmen dieser Theorie davon ausgegangen, daß wir alle unsere Erfahrungen mit uns selbst und der Welt in eine je individuelle Theorie, eine Art Lebenstheorie einordnen, um das, was uns geschieht, besser verstehen zu können. Dabei gehen wir von ganz bestimmten, teils bewußten, teils halbbewußten Überzeugungen aus, kognitiven Schemata, die den Rahmen darstellen wie wir uns selbst in Bezug zu unserer Umwelt begreifen. Sie haben eine Anpassungsfunktion und schaffen für alle Erfahrungsdaten ein sinnvolles Bezugssystem. Traumatische Erfahrungen sind aber in den bisherigen Bezugsrahmen und das ursprüngliche Überzeugungssystem nicht einfach zu integrieren. Sie verunmöglichen die übliche Anpassung und führen zu einer kognitiven Desorganisation. Die tragenden Grundüberzeugungen, daß die Welt im Grunde gutwillig ist, sinnvoll, vorhersehbar und gerecht, daß das eigene Selbst wertvoll, liebenswert und gut ist, werden durch das Erlebnis sexueller Gewalt erschüttert.

Heilung oder Reparation solcher Gewalterfahrungen ist nur möglich, wenn es den Betroffenen gelingt, diesen "objektiv sinnlosen Eingriff in die subjektiven Sinnstrukturen zu integrieren" (Ehlert u. Lorke 1986) und in den Prozeß meines Werdens einzuordnen. Ein "stretching" der kognitiven Schemata ist notwendig, damit die sexuelle Gewalterfahrung assimiliert werden kann und die Sinnhaftigkeit der Welt und der Wert des eigenen Selbst, trotz der zerstörerischen Wirkung des Traumas, erhalten bleibt. Es ist eine wichtige Copingstrategie, das Sinnlose in seiner situativen Begrenzung zu erkennen und die Sinnhaftigkeit der Welt neu zu definieren.

Gerade weil das Ich durch die reale Sinnlosigkeit der sexuellen Ausbeutungs-
erfahrung in seiner Position vernichtet wird, muß es alles daran setzen, dem
Geschehen subjektiv einen Sinn zu verleihen. Für den therapeutischen Prozeß sind
die Sinnsuche, das Zurückgewinnen von Kontrolle und die Zurückeroberung der
Selbstachtung wichtige Schritte auf dem Weg der Heilung. (vgl. Feldmann 1992,
S. 91-101)

Wieviel Zeit, wieviel Vorsicht und Gespür für das richtige Tempo von uns
Helfenden benötigt wird, vermag uns die Literatur der Betroffenen berührend zu
vermitteln (Nelly Sachs 1966):

Wir Geretteten,
aus deren hohlem Gebein der Tod schon seine Flöten schnitt,
an deren Sehnen der Tod schon seinen Bogen strich -
Unsere Leiber klagen noch nach,
mit ihrer verstümmelten Musik.
Wir Geretteten,
immer noch hängen die Schlingen für unsere Hälse gedreht
vor uns in der blauen Luft -
immer noch füllen sich die Stundenuhren mit unserem
tropfenden Blut,
wir Geretteten,
immer noch essen an uns die Würmer der Angst,
unser Gehirn ist begraben im Staub,
wir Geretteten
bitten Euch:
Zeigt uns langsam Eure Sonne:
Führt uns von Stern zu Stern im Schritt,
laßt uns das Leben leise wieder lernen.
Es könnte sonst eines Vogels Lied,
das Füllen des Eimers am Brunnen
unseren schlecht versiegelten Schmerz aufbrechen lassen
und uns wegschäumen-
wir bitten Euch:
Zeigt uns noch nicht einen beißenden Hund-
es könnte sein,
daß wir zu Staub zerfallen-
vor Euren Augen zerfallen zu Staub.

In jeder Gedichtzeile wird spürbar, wie sich Vergangenes in der Gegenwart aktualisiert, wieviel Zeit für den Integrationsprozeß notwendig ist und wie tief verwundbar traumatisierte Menschen sind. Wir können aus der therapeutischen Erfahrung mit Holocaustopfern sehr viel für die Therapie mit sexuell ausgebeuteten Menschen lernen. Von den Helfenden wird erwartet, daß sie die Wahrheit aushalten und ertragen können und nicht verleugnen und bagatellisieren. Gerade in der Therapie mit Opfern von Gewalt, sei es Opfer von sexueller Ausbeutung in der Familie oder Opfer organisierter Gewalt, wird von den Professionellen Orientierung und Wertung gefordert. Dort, wo Innenwelt und Außenwelt keine Konturen mehr haben, wo Sinn und Bedeutung verlorengegangen sind, braucht es Therapeuten und Therapeutinnen, die dem sozialen oder politischen Kontext, in dem das traumatische Erleben angesiedelt ist, nicht gleichgültig oder neutral gegenüberstehen. Ähnlich beschreibt Amati (1993) in ihren Reflexionen über die Folter, daß von Therapeuten und Therapeutinnen die größte Kohärenz und Kontinuität als moralische Person erwartet wird, damit sie angesicht der Inkohärenz und Strukturlosigkeit der Betroffenen kohärente und strukturierende Antworten geben können, um bei der hoffnungslosen Verwirrung ihres Wertgefüges Orientierung zu vermitteln. Dies bedeutet für die Arbeit mit Inzestopfern und anderen traumatisierten Menschen eine ganz klare Modifikation der Abstinenz. Cremerius (1994) hat ja schon darauf hingewiesen, daß es in der Psychoanalyse nicht um die Frage geht, Abstinenz ja oder nein, sondern wieviel Abstinenz, wann bei welchen PatientInnen. Die Abstinenz, dieses "gefährliche, unhandliche Thema der Psychoanalyse" (Balint 1966), ist ja nicht nur ein terminus technicus, sondern hat für unsere Praxis mit Inzestopfern weitreichende ethische Implikationen.

Modifikation der Abstinenz

Ich halte es für hilfreich, wenn wir uns in der therapeutischen Arbeit mit Frauen, die als Kind in der Familie sexuell ausgebeutet worden sind, an der Haltung der modifizierten Abstinenz orientieren, wie Benedetti (1992, S. 47-58) sie für die Praxis mit psychotischen Menschen vorgeschlagen hat:

>   - Therapeuten und Therapeutinnen sollen auf die Zweifel, Fragen und Schuldgefühle einfache, eindeutige Antworten finden, ohne zu parentifizieren,
>   - sie sollen der moralische und unerschütterliche Anwalt ihrer Patientinnen sein,

- sie sollen sie vor den inneren Widersachern aufrichtig in Schutz nehmen, da sich die Betroffenen übermäßig schuldig und minderwertig fühlen,
- sie sollen sich nicht an ehrgeizigen therapeutischen Zielen orientieren, sondern aufklären und Zusammenhänge vermitteln,
- sie sollen an die Entwicklungsmöglichkeiten glauben, vom persönlichen Wert und der potentiellen Kreativität überzeugt sein und auch kleine Fortschritte wahrnehmen und bewußtmachen,
- es ist notwendig, sich in die Welt der Fragmentierung, der Leere und Totenstarre hineinzubegeben, sie als real zu akzeptieren, statt sie als Phantasma zu deuten,
- die Symptomatik muß als Überlebensstrategie verstanden werden, als fehlerhafter aber bemerkenswerter Selbstentwurf,
- Entwirrung und Klärung von verwirrenden Grenzvermischungen in der Familie und in der Generationenhierarchie ist wichtiger als das Aufdecken unbewußter, beängstigender Komplexe.

Parteilichkeit, statt strikt abgegrenzter Neutralität ist die Haltung, die wir in der Therapie mit Inzestopfern brauchen. Die Abstinenz männlicher Analytiker in der therapeutischen Auseinandersetzung mit sexueller Gewalt, sei es im Zusammenhang mit Inzestopfern oder mit Frauen, die in der Therapie sexuell ausgebeutet worden sind, wird sehr rasch von Patientinnen als Komplizenschaft gedeutet, als geschlechtsspezifische Solidarität mit den Tätern. Eine klare Haltung zur Verantwortlichkeit für die Tat ist unerläßlich, denn die Neutralität des Therapeuten würde bedeuten, daß er den gesellschaftlichen Verhältnissen, die sexuelle Ausbeutung möglich machen, gegenüber gleichgültig ist. Das bedeutet nicht die Reduzierung auf ein simples Täter-Opfer-Verhältnis, sondern die Einforderung einer therapeutischen Haltung, die von einem tiefen zwischenmenschlichen Commitment geprägt ist, ein Begriff, den wir aus der Arbeit mit Verfolgten kennen.

Wenn wir mit Opfern von Gewalt arbeiten, brauchen wir eine moralische Position, eine Haltung der Solidarität, die bei der kognitiven Umstrukturierung hilfreich ist und mithilft, das Gefühl einer gewissen Gerechtigkeit wiederherzustellen. (vgl. Herman 1994, S. 186)

Wir brauchen eine Art Permissivität, wie Winnicott (1984) formuliert, wenn wir mit traumatisierten Personen arbeiten, ein Zulassen, daß wir uns benutzen lassen, damit durch unsere Parteilichkeit Strukturen sichtbar werden, die unsere PatientInnen an die eigenen zerstörten Strukturen erinnern. Dieses zur Verfügung stellen der eigenen Strukturen ist in der Daseinsanalyse von Boss (1982) ganz allgemein als Aufgabe des Analytikers gefordert worden. Er sieht diese Aufgabe darin, daß er "seinem Analysanden im Miteinandersein mit diesem ihm gleichsam für lange Zeit seine größere, menschliche Freiheit ausleiht, bis dieser den Mut gefunden hat, selber über seine eigenen Verhaltensmöglichkeiten, die ihm als solche mitgegeben sind, frei zu verfügen" (Boss 1982).

Auch die Ausführungen Beckers (1992) zur therapeutischen Bindung bei der Arbeit mit Opfern der chilenischen Diktatur können uns wertvolle Hinweise dafür geben, wie ein lediglich schweigender, spiegelnder oder nur haltender Therapeut erlebt werden kann, wie wichtig das Fragen ist und wie unerläßlich, daß "Therapeuten und Patienten unwiderruflich auf der gleichen Seite stehen" (Becker 1992). Wenn wir mit Inzestopfern arbeiten, ist es wichtig, daß wir das Thema ansprechen und beim Namen nennen und uns nicht des kollektiven Verschweigens oder der kollegialen Verschwörung schuldig machen.

Das existenzielle gemeinsame Ringen um Heilung und Gesundung bei traumatisierten Menschen durchläuft in der Regel verschiedene Phasen. Diesen Stufenprozeß möchte ich zum Abschluß kurz skizzieren (vgl. auch Herman 1994).

Stufen der Heilung

1. Wenn wir der Frage nachgehen, was heilt eigentlich in der Psychotherapie, stoßen wir immer auf den Wert der heilenden Beziehung. Die Therapie ist ein ritueller Ort, ein temenos, in dem sich das Verborgenste zeigen darf, ein psychischer Raum, der ein fundamentales Gefühl von Sicherheit, Geborgenheit und Schutz gewährt. In dieser ersten Phase wird von den traumatisierten PatientInnen nur zögernd geglaubt, daß ihre Therapeuten und Therapeutinnen sie wirklich ertragen können; die Fähigkeit zu vertrauen und zu glauben muß erst im Laufe des therapeutischen Prozesses wiederhergestellt werden. Erst die verläßliche strukturierende und klare Grenzen setzende therapeutische Arbeit, die zu Beginn v. a. Ichstützend sein muß, vermag bei der Wiederentdeckung der inneren Objekte und der Rückeroberung von Autonomie hilfreich zu sein. Nur dann, wenn in ausreichender Weise die Ichfunktionen gestärkt sind, wenn ein gewisses Maß an Sicherheit und Kontrolle über das eigene Leben möglich ist, kann die zweite Phase der Therapie beginnen.

2. Jetzt können die Erinnerungen an das Trauma zugelassen und bearbeitet werden. Es geht darum, zu rekonstruieren, was geschehen ist, welche Bedeutung die sexuelle Gewalterfahrung für das Leben bekommen hat und wie zerstörerisch es in die verschiedenen Erlebnisbereiche hineinragt. Die abgespaltenen Gefühle und die Heimatlosigkeit im eigenen Körper werden zum Thema. Die kognitiven Schemata und die Attributionen können jetzt genau betrachtet werden, um zu entscheiden, wie behindernd und hemmend sie für das gegenwärtige Leben sind. Es

ist eine sehr schmerzliche Phase der Verarbeitung, die jetzt einsetzt, weil vielleicht erstmals in vollem Ausmaß die Trauer über das Verlorene zugelassen werden kann. Erst wenn sich die Betroffenen auf diese Trauerarbeit eingelassen haben, ist eine wirkliche Integration des traumatischen Geschehens möglich. Die kathartische Bedeutung der "Redekur" wird in diesem Stadium besonders deutlich. Das Verbalisieren des Geschehenen, das erneute Sichaneignen der eigenen Geschichte durch das Wort, das Mitteilen des Traumas und der Versuch, der sexuellen Ausbeutung im Lebenskontext einen Platz und eine Bedeutung zuzuweisen, hat transformativen Charakter. Aber auch die nonverbale Kommunikation des Traumas, die symbolische Bewältigung und der kreative Einsatz von Ritualen unterstützen den Heilungsprozeß.

3. Nach dem wiederholten Eintauchen in die Vergangenheit gilt es in der nächsten Phase den Gegenwartsbezug und Zukunftsentwurf ins Auge zu fassen. Neue Problemlösungsstrategien werden exploriert, neue Beziehungen aufgenommen, neue Aufgaben gesucht, die das Aussteigen aus der Opferrolle unterstützen. In der Therapie geht es um Auseinandersetzung mit der Welt, um mehr Akzeptanz für sich und andere, um mehr Autonomie, Hoffnung und Energie für einen neuen Lebensentwurf.

Heilung nach einem Inzesttrauma geschieht in der hilfreichen Beziehung, in der Erarbeitung des je persönlichen Sinnmusters, das dem eigenen Leben Richtung gibt, in dem Ringen darum, sich mit diesem Trauma anzunehmen. Hilfreich ist eine therapeutische Beziehung dann, wenn sie von therapeutischem Eros getragen ist. Dann behält der Satz von Aurelius Augustinus seine Gültigkeit:

Ama et fac quod vis - Liebe und was Du dann tun willst, tu!

Literatur

Amati S (1993) Psychoanalytische Therapie. In: Peltzer (Hrsg) Die Betreuung und Behandlung von Opfern organisierter Gewalt im europäisch-deutschen Kontext. Frankfurt aM, S 92-107

Balint M (1966) Die Urformen der Liebe und die Technik der Psychoanalyse. Klett Cotta, Stuttgart

Bange D (1992) Die dunkle Seite der Kindheit. Sexueller Mißbrauch an Mädchen und Jungen. Verlag, Köln

Becker D (1992) Ohne Haß keine Versöhnung. Das Trauma der Verfolgten. Freiburg, S 209-227

Benedetti G (1992) Psychotherapie als existenzielle Herausforderung. Göttingen 1992, S 47-58

Boss M(1982) Von der Spannweite der Seele. Beutch, Bern

Ehlert M, Lorke B (1988) Zur Psychodynamik der traumatischen Reaktion. Psyche 6 : 504-532

Epstein S (1985) The implications of cognitive-experiential self-theory for reasearch in social psychology and personality. J Theory Soc Behav 15 : S. 283-310

Erikson E (1965) Kindheit und Gesellschaft. Klett, Stuttgart

Herman J (1994) Die Narben der Gewalt. Kindler, München

Feldmann H (1992) Vergewaltigung und ihre psychischen Folgen. Stuttgart, S 91-101

Höfer R (1993) Die Hiobsbotschaft C. G. Jungs. Folgen des sexuellen Mißbrauchs. Lüneburg

Janoff-Bulman R (1990) Shattered assumptions. Towards a new psychology of trauma. New York

McCann L, Pearlman L (1990) Psychological trauma and the adult survivor. New York

Pfister Th, Gloor (1994) Kindheit im Schatten. Ausmaß, Hintergründe und Abgrenzung sexueller Ausbeutung. Lang, Zürich

Sachs N (1966) Zeichen im Sand. Suhrkamp, Frankfurt aM

Rohde-Dachser Ch (1992) Expedition in den dunklen Kontinent. Springer, Berlin Heidelberg New York, S 196

Winnicott W (1984) Reifungsprozesse und fördernde Umwelt. Suhrkamp, Frankfurt aM

Wirtz U (1993) Seelenmord. Inzest und Therapie. Kreuz, Stuttgart

Frequenz - Dauer - Setting in der psychodynamischen Therapie: Ist 1 Jahr genug?

Hans H. Strupp

Als die Psychoanalyse sich aus Breuers und Freuds frühen Arbeiten weiterentwickelte, sah Freud seine Patienten an 6 Sitzungen pro Woche. Er glaubte auch, daß schon der "freie Sonntag" eine "Wochenendverkrustung" bewirke, die ein Problem für die Therapie darstelle. Als die Psychoanalyse in den Vereinigten Staaten Fuß faßte, war die Frequenz auf 5 Sitzungen pro Woche reduziert. Das war größtenteils durch die kürzere Arbeitswoche in diesem Land bestimmt. Später wurde eine Reduktion auf 4 Sitzungen pro Woche als Kriterium in der Psychoanalyse für akzeptabel befunden; zuletzt war man damit zufrieden, daß die Psychoanalyse, als ausgezeichnete Form analytischer Psychotherapie, auch mit noch weniger Sitzungen, manchmal sogar mit nur einer pro Woche, durchgeführt werden könnte. Kurz gesagt, kann die Häufigkeit von Sitzungen pro Woche nicht länger als Kennzeichen einer psychoanalytischen Therapie betrachtet werden.

Ich weiß von keinem überzeugenden Beweis, daß ausschließlich die Häufigkeit der Sitzungen pro Woche Erfolg zeigen, wenn man annimmt, daß die Häufigkeit mit Intensität oder Tiefe gleichzusetzen sei. Im Menninger Psychotherapieprojekt (Kernberg et al. 1973), fanden sich andere Kriterien, mit denen sich psychoanalytisch behandelte Patienten von psychotherapeutisch behandelten hinsichtlich ihrer besseren Therapieergebnisse unterscheiden ließen. Sowohl Schwere und Chronizität einer Störung als auch die Motivation des Patienten zur Psychotherapie stellten sich als reliablere Indikatoren zur Vorhersage des therapeutischen Behandlungserfolgs heraus. Die Menninger Gruppe zeigte außerdem bemerkenswerte Überlappungen in diesen zwei Behandlungsformen. Die Frage, ob eine Therapie "stützend" oder "expressiv" war, ließ sich nicht mit dem Kriterium "Psychoanalyse" oder "psychodynamische Psychotherapie" erklären. Statt dessen wurde klar, daß alle guten Formen analytischer Therapie sowohl supportive als auch expressive Komponenten enthalten. Aufbauend auf meinen Erfahrungen mit kürzeren Formen dynamischer Psychotherapie wurde mir mehr und mehr bewußt, daß es ein Kontinuum gibt, auf dem die verschiedenen Formen dynamischer Psychotherapien angeordnet werden können. Dieses Kontinuum hat jedoch wenig mit dem zu tun, was man

Psychoanalyse oder dieser ähnlich nennt. Die o. g. Unterscheidung hält einfach der Überprüfung nicht stand und ist mehr von politischen als von inhaltlichen Überlegungen bestimmt.

In den USA blühten Interesse und Enthusiasmus für Kurzzeittherapien auf. Dies wird noch weiter zunehmen, wenn die neue Reform des Gesundheitswesens Gestalt annimmt. Versicherungsgesellschaften und sog. "managed care organisations" waren die Vorreiter. Sie und ihre Nachfolger bestanden in einer, wie es scheint, oft willkürlichen Art und Weise auf Kurzzeittherapien. Diese "dritten Kräfte" versuchen ebenfalls die Öffentlichkeit davon zu überzeugen, daß mit Kurzzeittherapien genausoviel erreicht werden kann, wie mit längeren und intensiveren Behandlungen. Dabei werden u. a. die Art des Problems und die Wahrscheinlichkeit des Wiederauftretens nicht berücksichtigt. Ich glaube, daß eine "Minitherapie" ähnlich einem Heftpflaster empfohlen wird. Auch der Anspruch an Kurzzeittherapie scheint häufig unrealistisch. Nichtsdestoweniger müssen wir die Kurzzeittherapie als Trend der heutigen Zeit berücksichtigen. Das Problem ist umso größer, weil es keine überzeugenden Forschungsergebnisse gibt, die zeigen, daß längere und intensivere Therapien von eindeutigerem Nutzen sind als Kurzzeittherapien.

Ich bleibe dabei, daß eine Reihe von Patienten wirklich keine längeren und intensiveren Therapien wünschen und mit Kurzzeittherapien durchaus zufrieden sind. Es gibt viele Beispiele, in denen Patienten eindeutig mehr von psychodynamischen Therapien mit einer Dauer von 1 bis 2 Jahren mit einem Gespräch pro Woche profitieren. Vieles hängt von der Persönlichkeit des Patienten ab, der Art und Chronizität des Problems, der Motivation des Patienten, seiner psychologischen Bereitschaft usw.

Ein weiteres Problem bezieht sich auf die Quantität und die Qualität der Veränderungen, die durch Psychotherapie hervorgerufen werden. In der Vergangenheit erhob man den Anspruch, daß nur die Psychoanalyse strukturelle Veränderungen in der Persönlichkeit des Patienten hervorbringt, während andere und kürzere Formen nur zu symptomatischen Verbesserungen führen. Ich gebe zu, daß niemand wirklich weiß, was strukturelle Veränderungen sind und wie sie von anderen Formen der Veränderung unterschieden werden könnten. Ich betone noch einmal, daß es sich dabei um etwas handelt, das orthodoxe Psychoanalytiker für sich in Anspruch genommen haben. Ich kenne jedoch keine überzeugenden Studien, die adäquat zwischen strukturellen und symptomatischen Veränderungen differenzieren. Das Problem hängt z. T. mit unserer relativen Unfähigkeit zusammen, stringente Kriterien zu definieren, die zwischen diesen beiden Veränderungsmodi differenzieren könnten. Unsere Meßinstrumente scheinen mir dazu nicht annähernd gut genug zu sein. Die zur Zeit angewandten Maße sind nur für symptomatische Veränderungen, die manchmal durchaus beeindruckend sein können, ausreichend sensitiv. Meiner Meinung nach sind sie jedoch viel zu grob, um Veränderungen der Persönlichkeit zu erfassen, die man als "strukturell" bezeichnen könnte. Geht man von unseren gegenwärtigen Möglichkeiten, Veränderungen zu messen, aus, so denke ich, wären wir am besten beraten, wenn wir alle Instrumente, die uns zur Verfügung stehen, nützten und dann versuchten die Natur und die Qualität der erreichten Veränderungen zu erfassen. Die Verfechter "struktureller Veränderungen" müßten dann deutlich machen, wie die zwei Arten von Veränderungen reliabel und valide differenziert werden können.

Dazu gibt es einige Überlegungen. In den frühen Jahren der Psychoanalyse dachte man daran, diese Form der Therapie nur von äußerst erfahrenen Therapeuten durchführen zu lassen. Kürzere Behandlungsformen sollten ohne Risiko an weniger erfahrene Therapeuten delegiert werden können. Die Erfahrung zeigte, daß eher das Gegenteil richtig ist. Man hat erkannt, daß Kurzzeittherapeuten auch eine spezialisierte Ausbildung benötigen und daß diese Therapieform hohe Anforderungen an die therapeutischen Fertigkeiten stellt. Auf der anderen Seite wird eine regelrechte Psychoanalyse mit 3 bis 4 Sitzungen pro Woche sogar von weniger erfahrenen Therapeuten bereitwillig praktiziert. Um sicher zu gehen, füge ich hinzu, daß alle Therapiemethoden Erfahrung verlangen. Meine Forschungsgruppe, neben anderen, konnte zeigen, daß viele Therapeuten, auch jene mit vielen Jahren an Erfahrung, nicht annähernd so kompetent sind, wie sie sein sollten. In den USA gingen viele Therapeuten mit relativ wenig Ausbildung in die Praxis. Diese Tatsache hat unglücklicherweise in der Öffentlichkeit zu einer wachsenden Skepsis gegenüber allen Psychotherapieformen geführt. Man dachte früher außerdem, daß eine intensive Langzeitpsychoanalyse eine Heilung bei geeigneten Patienten bewirken würde. Heute gibt es ernste Zweifel daran, ob die Psychoanalyse oder irgendeine andere Psychotherapieform Ergebnisse erreicht, die legitimer Weise als Heilung bezeichnet werden können. Dies würde bedeuten, daß der Patient wahrscheinlich zu keiner Zeit in der Zukunft mehr Psychotherapie benötigen wird. Diese Forderung stellten gerade Psychoanalytiker auf, obwohl Freud (1937) in *Die endliche oder die unendliche Analyse* schon davor gewarnt hatte. Man befürchtete auch, daß es den Wert der ersten Behandlung beeinträchtigte, wenn der Patient zu einem bestimmten Zeitpunkt in seinem Leben weitere Therapie braucht. Heute erkennen wir, daß keine Psychotherapiemethode einer "Radikalkur" gleichkommt. Im Gegensatz dazu, ist es nicht ungewöhnlich, daß Patienten zu verschiedenen Zeitpunkten in ihrem Leben Psychotherapie in Anspruch nehmen. Auch sollten Therapeuten aller Überzeugungen sich ihrer eigenen Grenzen nicht schämen: Das Wort "Heilung" sollte wahrscheinlich vollständig aus unserem Vokabular gestrichen werden. Viele Fälle, die wir behandeln, sind eher den chronischen medizinischen Krankheiten, die nicht geheilt, sondern eher gebessert oder kontrolliert werden (z. B. Diabetes), vergleichbar. Medizinern wird ihr häufiges Versagen, eine vollständige "Heilung" herbeizuführen, nicht vorgeworfen. Sollte das gleiche Urteil nicht auch auf Psychotherapeuten zutreffen? Mit anderen Worten: Durch die übergroßen Ansprüche von Psychoanalytikern hat das gesamte Feld der Psychotherapie großen Schaden genommen. Glücklicherweise gehen wir jetzt viel realistischer und gelassener mit dem Problem um. Die Wiederkehr von Erfahrungen emotionaler und zwischenmenschlicher Schwierigkeiten ist eher die Regel denn die Ausnahme. Beispielsweise ist es ziemlich normal, daß Depressionen wiederauftreten. Als Therapeuten sollten wir dies im Hinterkopf behalten.

Schließlich wird der moderne Psychotherapeut in der Regel für die Behandlung von Patienten mit Persönlichkeitsstörungen und charakterologischen Problemen, die typischerweise nicht mit 10 bis 15 Stunden Psychotherapie "geheilt" werden können, in Anspruch genommen. Verbesserungen können oft erst nach Monaten und häufig auch erst nach Jahren gemessen werden. Ein Hauptgrund dafür ist die Einsicht, daß wir es häufig mit Mustern des Denkens und Fühlens zu tun haben, die fest in der frühen Kindheit verwurzelt sind. Eine realistische Sicht der Dinge zwingt uns wiederum zur Vorsicht und zur Vermeidung überzogener Ansprüche.

Die zeitlich-begrenzte dynamische Psychotherapie (Time-Limited Dynamic Psychotherapy - TLDP)

Die zeitlich-begrenzte dynamische Psychotherapie (TLDP) wurde von uns (Strupp u. Binder, 1984) als ein einzeltherapeutischer Ansatz entwickelt. Die Analyse der Patient-Therapeut-Beziehung (Übertragung und Gegenübertragung) wird als die zentrale Aufgabe für den Psychotherapeuten in den Mittelpunkt gestellt. TLDP basiert sowohl auf psychoanalytischen Konzepten (Gill 1982; Schlesinger 1982) als auch auf Überlegungen aus dem Bereich der interpersonellen Theorien (Anchin u. Kiesler 1982; Epstein u. Feiner 1979; Levenson 1972; Sullivan 1953). Es wird versucht, Prinzipien und Strategien zu spezifizieren, um Probleme in der therapeutischen Beziehung zu erfassen und mit ihnen umzugehen. Von den interpersonellen Problemen, die in der Therapie auftreten, wird angenommen, daß sie in Form und Inhalt den chronisch maladaptiven zwischenmenschlichen Mustern ähnlich sind, die den Schwierigkeiten des Patienten in seinem Leben zugrunde liegen. Diese finden oft in Symptomen wie Angst und Depression ihren Ausdruck.

Vollständigere Erörterungen unseres Ansatzes findet man bei Strupp und Binder (1984) und Binder und Strupp (1991). In unserem Zusammenhang genügt es zu erwähnen, daß die Widerstände des Patienten gegenüber der therapeutischen Arbeit als Manifestationen seiner Schwierigkeiten verstanden werden, eine bedeutsame und erfolgreiche Beziehung zum Therapeuten herzustellen. Diese Schwierigkeiten unterscheiden sich nicht grundsätzlich von den Problemen des Patienten, zufriedenstellende Beziehungen in seinem sonstigen Leben aufzubauen. Übertragung geht aus unserer Sicht zurück auf die Tendenz, problematische interpersonelle Beziehungen in der Therapie zu reinszenieren. Dementsprechend besteht die Aufgabe des Therapeuten darin, die problematischen interpersonellen Muster (auch zyklische, maladaptive Muster genannt), wie sie in der therapeutischen Beziehung zum Ausdruck kommen, zu identifizieren. Gleichzeitig sollte der Therapeut dem Patienten helfen, die problematischen interpersonellen Szenarien zu verstehen, statt sie auszuagieren. Wir nehmen also an, daß therapeutische Veränderungen als das Ergebnis eines Prozesses auftreten, bei dem der Patient ein Bewußtsein von seinen selbstschädigenden Mustern entwickelt und einen anderen Ausgang in der therapeutischen Beziehung erfährt.

Die Bemühungen, Psychotherapien zu verkürzen, hatten in den frühen 20er Jahren (Ferenczi u. Rank 1925) begonnen, wurden wieder aufgenommen in den 40ern (Alexander u. Fench, 1946) und begannen in den 80er Jahren, eine Vorrangstellung einzunehmen (Crits-Christoph u. Barber 1991).

Ein wesentlicher Beitrag aller Kurzzeittherapien bestand in der Skizzierung eines umschriebenen Behandlungsfokus, der unterschiedlich benannt wurde: *dynamischer Fokus* (Malan 1963, 1976), *zentrales Beziehungskonfliktthema* (Luborsky 1977), *zyklisch maladaptives Muster* (Strupp u. Binder 1984) usw. Diese Entwicklung lief parallel mit behavioralen und kognitiven Therapieformen, die von Anfang an spezifische Therapieziele aufstellten und Behandlungsverfahren entwickelten. Die Verhaltenstherapie befaßte sich mit begrenzten, umschriebenen Verhaltensdefiziten. Es konnte gezeigt werden, daß diese Störungen auf strukturierte Behandlungen gut reagieren (Lambert 1991, S. 9).

Koss und Butcher (1986, S. 662) stellten fest, daß die meisten Kurzzeittherapien, unabhängig von den dahinterstehenden theoretischen Annahmen, gewisse gemeinsame Charakteristika aufweisen:

1. rasch erfolgende Interventionen,
2. frühzeitige Erhebung der Problematik,
3. rascher Aufbau der therapeutischen Beziehung, sowie deren Bedeutung für das Ereignis,
4. Umgang des Therapeuten mit zeitlichen Begrenzungen
5. Einschränkung der therapeutischen Ziele,
6. direktive Handhabung der Sitzungen durch den Therapeuten,
7. Konzentration des therapeutischen Inhalts auf einen dynamischen Schwerpunkt oder ein dynamisches Thema,
8. Ventilation oder Katharsis als wichtiger Teil der meisten Ansätze,
9. Flexibilität in der Wahl der Technik.

Mindestens ebenso wichtig für ein gutes Ergebnis sind eine Reihe von *Patienten-merkmalen*, wie

1.   gute vorhergehende Anpassung,
2.   vom Anfang der Therapie an Fähigkeit zu einer produktiven
      therapeutischen Beziehung,
3.   hohe anfängliche Motivation, mit einem professionellen Helfer
      zusammenzuarbeiten,
4.   relatives Fehlen schwerwiegender Persönlichkeitsprobleme, wie extreme
      Abhängigkeit, Ausagieren, exzessive Selbstbezogenheit und Selbst-
      destruktivität.

Die Ära der Therapiemanuale

Manuale stellten sich als besonders nützlich für zeitbegrenzte Ansätze heraus, für die Therapeuten, Patienten und die Gesellschaft insgesamt ein wachsendes Interesse zeigen. In der Tat könnte man sagen, daß zeitlich begrenzte oder Kurzpsychotherapien in der Zukunft die Methode der Wahl sein werden. Z. T. ist diese Entwicklung dadurch bedingt, daß man versucht, Langzeitpsychotherapien, deren Kosten von der Gesellschaft als enorm bewertet werden, zu verkürzen.

Eine der Schwierigkeiten, mit denen es Forscher vor ca. 1980 zu tun hatten, war das Fehlen klarer Beschreibungen der unabhängigen Variable. Es fehlten Untersuchungen dazu, was Behandlung eigentlich ist und bedeutet. Behavioral orientierte Forscher hatten begonnen, Behandlungsmanuale zu entwickeln, indem sie ihre Behandlungspakete sorgfältig beschrieben. Sie konnten auf diese Weise das Verständnis davon, was Behandlung ist, vergrößern und ermöglichten Replikationen. Für psychodynamische Therapien, die traditionell nur weitgefaßt umrissen und beschrieben wurden, war das Problem komplexer. Das Bild änderte sich radikal als psychodynamische Therapien zum Gegenstand systematischer Beschreibungen wurden (z. B. Klerman et al. 1984; Luborsky 1984; Strupp u. Binder 1984). Obwohl sie zu einer größeren Spezifizierung führten, blieben Behandlungsmanuale, die auf psychodynamischen Ansätzen beruhten, relativ allgemein. Nichtsdestoweniger wurden sie zum Standard in der von der US-Regierung finanzierten Psychotherapieforschung. In diesem Zusammenhang wurden auch Instrumente entwickelt, mit denen man den Grad maß, wie sehr sich Therapeuten an einen bestimmten Ansatz hielten.

Die Manuale, die auf psychodynamischen Prinzipien beruhten, brachten eine Reihe von Verbesserungen mit sich. Insbesondere lieferten sie (a) Beschreibungen technischer Konzepte in einer Sprache, die näher an der eigentlichen Praxiserfahrung orientiert war, (b) sie brachten klarere Definitionen des therapeutischen Prozesses und (d) bessere Beschreibungen der Rolle des Therapeuten, und wir erhielten (e) ausführliche wörtliche Protokolle des therapeutischen Prozesses. Obwohl Behandlungsmanuale die technischen Konzepte besser erklären konnten als frühere Versuche, können sie konzeptuell das, was therapeutische Erfahrung ausmacht, dennoch nicht vollständig erfassen. Sie haben aber das Problem der Konzeptionalisierung therapeutischer Fertigkeiten hervorgehoben (Schaffer 1982, 1983).

Obwohl Behandlungsmanuale zu einer größeren Spezifizierung bestimmter Behandlungen führten, nahm man an, daß Therapeuten, die sich an ein bestimmtes Manual hielten, dies auch auf geschickte Art und Weise taten. Sowohl bei längeren als auch bei kurzen Therapieformen gab es jedoch Forschungsbedarf zu einigen Fragen: Wie sehen jene Fähigkeiten aus, die für ein adäquates Verhalten notwendig sind; wie werden diese Fertigkeiten erworben, und wie kann geschicktes Verhalten evaluiert werden.

Die Vanderbilt-Studien I und II

Um den Beitrag der Therapeuten für den therapeutischen Prozeß näher zu beleuchten, rief ich 1953 eine Serie empirischer Studien ins Leben (Strupp 1955a, b, c). Diese sollten auf einen ihnen feindlich gesinnten, im Film dargestellten, männlichen Patienten so reagieren, wie bei einem "wirklichen" Fall. Die Ergebnisse offenbarten systematische Beziehungen zwischen den persönlichen Reaktionen von Therapeuten, der Qualität der Patient-Therapeut-Kommunikation, des diagnostischen Eindrucks und der Behandlungspläne (Strupp 1958, 1960b). In den Studien fanden wir häufig negative Einstellungen von Therapeuten gegenüber den Patienten, und diese Einstellungen kamen fast unmittelbar am Anfang zum Vorschein. Wir fanden insbesondere Anhaltspunkte dafür, daß die negativen Einstellungen eher mit unempathischer Kommunikation und ungünstigem klinischem Urteil in Zusammenhang standen. Für Therapeuten, die sich den Patienten positiver verbunden fühlten, traf das Gegenteil zu. Diese frühe Forschung lieferte den ersten empirischen Beleg für das, was später zum Leitmotiv für die Vanderbilt-Forschungsgruppe wurde, nämlich das häufig unterschätzte Problem, mit dem Therapeuten konfrontiert werden, wenn sie mit Feindlichkeit in der Patient-Therapeut-Beziehung umgehen müssen.

Will man es weiter fassen, so führten diese frühen Arbeiten dazu, daß sowohl persönliche als auch technische Beiträge der Therapeuten zur Behandlung erkannt wurden. Persönliche Eigenschaften (d. h. Reife, Wärme und Akzeptanz) wurden als Eigenschaften gesehen, die es dem Therapeuten ermöglichen, die Art von interpersoneller Beziehung herzustellen, in der konstruktive Persönlichkeitsänderungen stattfinden können; das Wissen um psychodynamische Beziehungen und Techniken würde es dem Therapeuten dann gestatten, innerhalb und durch diese Beziehung die Art von emotionalem Umlernen und von Lernerfahrungen einzuleiten, die für eine Linderung oder für die Auflösung neurotischer Schwierigkeiten für notwendig gehalten werden. Das letztere wäre unmöglich ohne das erste; das erste allein wäre nicht ausreichend.

Im Jahre 1969 schlossen wir ein Projekt an, das sich mit der retrospektiven Darstellung der Therapieerfahrungen von Patienten beschäftigte (Strupp et al. 1969). Dabei wurde die weitere Exploration der Hauptmerkmale des Therapeutenverhaltens und deren Konsequenzen sowohl für die Entwicklung der therapeutischen Beziehung als auch für ihren Ausgang untersucht. Die Ergebnisse zeigten, daß positive Einstellungen der Patienten gegenüber ihrem Therapeuten eng mit Erfolg in der Therapie verbunden waren, und zwar ungeachtet der Art der Erfolgsmessung. Erfolgreiche Patienten beschrieben ihre Therapeuten als warm, aufmerksam, interessiert, verständnisvoll und respektvoll. Außerdem nahmen sie ihre Therapeuten als erfahren und aktiv in der therapeutischen Situation wahr. Kurz gesagt, das von den Befragten gezeichnete zusammengesetzte Bild eines "guten" Therapeuten war "menschlicher" als das Stereotyp eines unpersönlichen, distanzierten Analytikers - ein Image, dem psychodynamische Therapeuten immer noch zu folgen scheinen. Die Qualität der Patient-Therapeut-Beziehung stellte sich wiederum als der Dreh- und Angelpunkt für die therapeutische Veränderung heraus, und viele der Verbesserungen, von denen die Patienten berichteten, konnten im interpersonellen Raum nachvollzogen werden.

Vanderbilt -Studie I

In der Vanderbilt-Studie I, die in den frühen 70er Jahren begann, unternahm das Vanderbilt-Team den Versuch, den relativen Beitrag nonspezifischer und spezifischer Faktoren auf therapeutische Ausgänge empirisch zu erfassen. Das Design war für einen systematischen Vergleich zwischen dem Verhalten ausgebildeter Psychotherapeuten und einer Gruppe von College-Professoren angelegt. Die letzteren hatten keine formale Ausbildung in Psychotherapie, waren aber wegen ihrer Zuwendung und Warmherzigkeit in zwischenmenschlichen Beziehungen ausgewählt worden. Wir (Strupp u. Hadley 1979) entdeckten, um es auf den Punkt zu bringen, daß technische und interpersonelle Faktoren nicht vollständig voneinander getrennt werden können und daß der psychotherapeutische Einfluß bemerkenswert komplexer ist als wir vermutet hatten. Außerdem erhielten wir Anhaltspunkte, die uns halfen, schärfer auszumachen, wo wir nach Antworten zu suchen hatten.

Es war ein höchst provokatives Ergebnis, daß die hypothetisch angenommenen Gruppenunterschiede zwischen ausgebildeten Therapeuten und College-Professoren sich nicht bestätigten. Dies bedurfte weiterer Klärung. Insbesondere stellten wir fest, daß Gruppenvergleiche wichtige aber subtile Unterschiede oft verschleiern. Um dieses Problem zu bewältigen, führten wir intensive Studien durch, die Licht in das Dunkel um die Faktoren bringen sollten, die zwischen erfolgreichen und nicht erfolgreichen Ausgängen differenzieren (Gomes-Schwartz 1978; Hartley u. Strupp 1983; Sachs 1983; Strupp 1980a, b, c, d). Wir beobachteten folgendes:

1. Die Gruppendaten hatten ein Ergebnis verdeckt. Professionelle Therapeuten waren mit Patienten mit hoher Motivation für Psychotherapie, der Fähigkeit, sehr schnell eine gute Arbeitsbeziehung aufzubauen, und nur wenigen schon lange bestehenden maladaptiven Beziehungsmustern, effektiver als Laientherapeuten.

2. Keine der Gruppen war sehr effektiv bei der Behandlung von Patienten mit schweren Charakterproblemen, die sich in ausgeprägter Feindseligkeit, alles durchdringendem Mißtrauen, Negativismus, Unflexibilität usw. manifestierten.

3. Die Qualität der Arbeitsbeziehung zwischen Patient und Therapeut schien sich schnell auszubilden (mit dem Ende der 3. Sitzung). Sie zeigte sich als ein wichtiger Prädiktor für den Ausgang in einem zeitbegrenzten Kontext (ungefähr 25 Sitzungen). Außerdem erhielten wir Hinweise darauf, daß ausgehend von der ersten Sitzung, und zwar insbesondere von der Einschätzung über die Motivation des Patienten für die Therapie, ziemlich gute Voraussagen für den Prozeß gemacht werden können. Am wichtigsten war der Beweis, daß eine anfänglich negative oder ambivalente therapeutische Beziehung im Laufe der Therapien, die wir untersuchten, nur selten geändert werden konnte. Schließlich stießen wir wieder auf das oben genannte Leitmotiv. Es handelt von den Schwierigkeiten der Therapeuten im Umgang mit Feindseligkeit - sowohl mit der ihrer Patienten als auch mit ihrer eigenen - und dem verheerenden Effekt dieses Problems für den Therapieausgang.

4. Professionelle Therapeuten versagten generell bei der Anpassung ihres therapeutischen Ansatzes oder ihrer Techniken an die spezifischen Merkmale und Probleme einzelner Patienten. Sie formulierten keine spezifischen therapeutischen Ziele, die sie dann systematisch verfolgt hätten. Insgesamt fanden wir wichtige Hinweise darauf, daß, wenn Therapeuten einen recht rigiden Ansatz beibehalten, die Qualität der therapeutischen Beziehung zu einem sehr hohen Grad von Patientenmerkmalen bestimmt war. Unter

Patientenmerkmalen verstehen wir an dieser Stelle die Fähigkeit, innerhalb der vom Therapeuten angebotenen Bedingungen, produktiv zu arbeiten, und sich mit diesen wohl zu fühlen.

5. Obwohl professionelle Therapeuten die Konzepte von Übertragung und Gegenübertragung durchaus beherrschen, reagieren sie doch oft negativ und nicht therapeutisch auf die Feindseligkeit von Patienten.

Der Autor (Strupp 1980a, b, c, d) hatte 8 Fälle aus der Vanderbilt-I-Datenbank, in denen 4 Therapeuten jeweils einen Fall mit einem guten und einen schlechten Ausgang behandelten, intensiv untersucht. Die 3. Sitzung in diesen 8 Fällen wurde später einer sehr feingliedrigen (Äußerung für Äußerung) interpersonellen Prozeßanalyse, der *Structural Analysis of Social Behavior* (SASB; Henry et al. 1986) unterzogen. Die Ergebnisse wiesen darauf hin, daß sich die Therapien bemerkenswert hinsichtlich der Qualität des sich einstellenden interpersonellen Prozesses unterschieden. Dies war der Fall, obwohl die Therapeuten ähnliche Techniken in ihren erfolgreich vs. nicht erfolgreich abgeschlossenen Fällen einsetzten. Weiterhin waren die eigentlichen interpersonellen Prozesse, die die Ausgänge mit großen Veränderungen von denen mit wenig Veränderungen unterschieden, über die Dyaden im wesentlichen gleich. Dieser Effekt wurde beobachtet, obwohl sich die Techniken der 4 untersuchten Therapeuten erheblich unterschieden. In den Fällen mit schlechten Ausgängen verhielten sich die Therapeuten in einem überraschenden Ausmaß unterschwellig kontrollierend und anklagend gegenüber dem Patienten (was in der Regel von den Patienten auf entgegengesetzte Weise, nämlich mit feindseliger Unterordnung beantwortet wurde). Schließlich waren in den Fällen mit gutem Ausgang komplexe Kommunikationsformen zwischen Therapeut und Patient (d. h. "unklare Botschaften" mit gleichzeitig verbindenden und sich abgrenzenden Komponenten) relativ üblich. Diese Botschaften waren bei denselben Therapeuten in den Fällen mit guten Ausgängen nahezu nicht vorhanden. Soldz (1989) bezeichnet diese Art forschungsgeleiteter Fallstudien als ein vielversprechendes neues "Feld". Diesen Ansatz weiterzuentwickeln, haben wir uns fortan bemüht. Folgendes Beispiel soll dies demostrieren:

Ein männlicher College-Student, der unter einer mittelschweren Depression litt, schien von Anfang an seinen männlichen Therapeuten absichtlich zu provozieren. Der letztere wurde in einen Streit mit dem Patienten gezogen. Er versuchte angeblich erfolglos, sich in den Patienten einzufühlen, während der Patient sich beklagte, daß die Menschen in seinem Leben ihn zurückwiesen. Er hatte eine junge Frau um eine Verabredung gebeten, aber die hatte ihn ausgelacht. Der Therapeut entschied sich aktiv konfrontierend mit diesem Vorfall umzugehen, was natürlich das Selbstbewußtsein des Patienten weiter verringerte. Der

Therapeut sagte: "Was tun Sie, um die Aufmerksamkeit anderer auf sich zu lenken? Sie müssen etwas tun, ... was andere normalerweise nicht bemerken. Sie sitzen da und schauen blöd." Der Patient antwortete mit einer Herausforderung: "Das ist nicht lustig." Den Angriff erwidernd sagte der Therapeut: "Die Menschen mögen Sie nicht. Ich habe nichts gehört, was sie veranlassen könnte, sich anders zu verhalten" (Strupp 1980b).

Vanderbilt-Studie-II

Als Ergebnis unserer Forschung in Vanderbilt-I und anderer Entwicklungen in der Psychotherapieforschung interessierte sich das Vanderbilt-Team zunehmend für Fragen der Ausbildung und der Kompetenz. Während wir unsere TLDP-Manuale weiterentwickelten, wollten wir auch detaillierter und besser kennenlernen, wie Therapeuten die Fähigkeiten erwarben, die das Manual verlangte. Wir unternahmen ein Pilotprojekt, um die Durchführbarkeit einer Studie speziell zur Therapeutenausbildung zu prüfen. Das Hauptziel des Unternehmens, aus dem später eine Langzeitstudie (Vanderbilt-II) wurde, war es, so nahe wie möglich die Effekte einer spezialisierten Ausbildung auf das Therapeutenverhalten und auf den therapeutischen Prozeß in einer dynamischen Kurzzeittherapie zu untersuchen.

Die Studie war insbesondere ein Versuch, das Therapeutenverhalten durch ein spezielles Training zu verbessern. Dieses Training sollte die Therapeuten für feindselige Interaktion sensibilisieren und ihnen Werkzeuge für einen effektiveren Umgang mit Feindseligkeit an die Hand geben.

Wir rekrutierten 8 Psychiater und 8 klinische Psychologen, die eine Ausbildung in psychodynamischer Therapie abgeschlossen hatten und zwischen 4 und 9 Jahren Berufserfahrung ohne Schwerpunkt in Kurzzeittherapien hatten. Wir stellten eine 1-Jahresausbildung in TLDP zur Verfügung, um systematische Vergleiche zwischen dem Verhalten der Therapeuten vor und nach dem Training ziehen zu können. Die Vergleiche basierten auf Interaktionssequenzen zwischen den Therapeuten und den Patienten (2mal vor, 2mal nach und 1mal während des Trainings), wobei die Patienten miteinander vergleichbar sein sollten. Jeder von ihnen erhielt über einen Zeitraum von 25 Wochen eine Stunde Psychotherapie pro Woche. Die Datenbasis hierfür bestand aus 80 Patienten und ihren Therapeuten. Umfangreiche Daten zur Erfassung wurden vor, während, am Ende der Therapien und nach 1 und 2 Jahren erhoben. Eine Langzeit-Katamnese (4 bis 5 Jahre nach Behandlungsende) ist in Arbeit.

In Phase 1 der Studie behandelte jeder Therapeut 2 sorgfältig ausgewählte Patienten nach seinem ihm vertrauten Vorgehen (abgesehen von Audio-

Aufnahmen aller Sitzungen, Videoaufzeichnungen der 3. und 16. Sitzung und umfangreichen Datenerhebungen).

In Phase 2 (der Ausbildungsphase) behandelte jeder Therapeut einen sog. Ausbildungsfall unter Supervision.

In der letzten Phase (Phase 3) behandelte jeder Therapeut erneut 2 mit denen aus Phase 1 vergleichbare Patienten. In Phase 3 wurden die Therapeuten ermutigt - jedoch nicht gezwungen -, TLDP-Prinzipien und Techniken in Übereinstimmung mit ihrem klinischen Urteil einzusetzen.

Um das TLDP-Ausbildungsprogramm in einem vernünftigen Rahmen anbieten zu können, bildeten wir 4 Gruppen à 4 Therapeuten. Jede Gruppe wurde von einem erfahrenen Therapeuten (den Autoren des Manuals) und einem weniger erfahrenen Kliniker geleitet. Die Gruppen trafen sich über ein Jahr wöchentlich für 2 Stunden (ungefähr 100 Stunden). Der Supervision ging ein didaktischer Teil voraus, in dem die Therapeuten das TLDP-Manual erlernten und von den Leitern unterrichtet wurden.

Die Supervision wurde nach recht traditionellen Regeln abgehalten mit einem detaillierten Schwerpunkt sowohl auf TLDP-Prinzipien und -Techniken als auch auf dem Umgang mit feindseligen und negativistischen Patient-Therapeut-Interaktionen. Deren Signalwirkung hatten wir in unserer früheren Forschung dokumentiert. Wir beobachteten das folgende:

1. Die Ergebnisse zeigten deutlich, daß das Trainingsprogramm erfolgreich in der Vermittlung der manualisierten Psychotherapiemethoden war. Der Grad, wie sehr die Therapeuten dem Ansatz folgten, wurde eingeschätzt. Die Prä-post Trainingsvergleiche waren sehr ermutigend. Das bedeutet, daß die Therapeuten den vorausgesagten Zuwachs im Gebrauch spezifischer TLDP-Techniken aufwiesen (Henry et al. 1993b). Weiterhin gab es Hinweise darauf, daß das Training auch den allgemeinen Interviewstil verbesserte. Diese Ergebnisse stimmten mit den Befunden anderer Untersucher überein (z. B. Luborsky, et al. 1985).

Wenn man die Beziehung zwischen dem Festhalten an einer erlernten Technik und dem Therapieausgang berücksichtigt (Henry et al. 1993b), traten gemäß dem Urteil der behandelnden Therapeuten signifikant bessere Posttraining-Ergebnisse auf. Allerdings zeigten sich diese Ergebnisse weder in den Ratings der unabhängigen Kliniker noch in den Selbstberichten der Patienten. Die Beziehung zwischen TLDP-Training und verbesserten Ausgängen war nicht sofort aus dem direkten Prä-post Vergleich ersichtlich, sondern wurde erst später aus den Vergleichen zwischen den Trainingsgruppen deutlich.

2. Es stellte sich heraus, daß die angesprochenen Gruppenunterschiede abhängig waren von der Durchführung des Trainingsprogramms. Eine qualitative Analyse der auditiv aufgezeichneten Trainingssitzungen legte nahe, daß die Gruppe mit der geringeren Treue zur Methode (Gruppe B) sich in Diskussionen über den therapeutischen Prozeß und über die

Psychodynamik verstrickte. Die Mitglieder diskutierten auf einem höheren Abstraktionsniveau wie wir es häufig bei traditionellen Supervisionsgruppen finden. Die Gruppe mit der größeren Treue zur Methode (Gruppe A) konzentrierte sich konsistenter auf Mikroereignisse in den Patient-Therapeut-Transaktionen. Darüber hinaus war der Leiter von Gruppe A aktiver in den Supervisionssitzungen. Er richtete den Fokus spezifischer und direktiver auf TLDP-Prinzipien und -Techniken. Obwohl der Leiter von Gruppe B ganz ähnlichen Grundsätzen folgte, war sein Vorgehen eher offen bzw. laissez-faire. Wir stellten außerdem fest, daß es in Gruppe A größere Verbesserungen bei den zyklischen maladaptiven Mustern der Patienten gab.

3. Wir entdeckten einen weiteren, potentiell wichtigen Befund, der unsere Chancen, starke Verbindungen zwischen der Treue zur Methode und den Behandlungsausgängen aufzudecken, verringert haben könnte. Wir fanden, daß Therapeuten, deren Introjekte sich als selbstkontrollierend und selbstanklagend herausstellten, die größte Treue zur TLDP-Technik zeigten. Dies stand im Einklang mit den Ergebnissen einer Untersuchung von Henry et al. (1986). Wenn Behandlungsausgänge als eine Funktion des Introjekts des Therapeuten betrachtet wurden, zeigte sich, daß selbstkontrollierte und selbstanklagende Therapeuten signifikant schlechtere Ergebnisse hatten, als Therapeuten mit anderen Mustern. Außerdem wurden die Therapeuten mit selbstbeschuldigenden Introjekten eher so beurteilt, daß sie in ihren Therapiesitzungen die geringste Wärme und Freundlichkeit ausstrahlten und daß ihre Patienten den höchsten Grad an Feindseligkeit zeigten. Somit wurde deutlich, daß diejenigen Therapeuten, die sich am ehesten an die neue Art der Ausbildung anlehnten, am anfälligsten für bestimmte problematische Prozesse waren. Diese Ergebnisse legten außerdem einen komplexen interaktiven Prozeß nahe, der eigentlich gegen die Verbesserung von Behandlungsausgängen durch spezialisiertes Training sprach.

4. Neben dem Ergebnis, daß das Training das Aktivitätsniveau unserer Therapeuten erhöhte, fanden wir außerdem Belege dafür, daß Therapeuten häufig dazu tendieren, ihre neu erlernten Techniken auf eine gezwungene und mechanische Art einzusetzen. Dies legt wiederum nahe, daß das Festhalten an bestimmten Aspekten eines Curriculums und geschicktes Therapeutenverhalten bei weitem nicht das gleiche sind. Man muß vielleicht auch feinere Unterschiede zwischen den einzelnen Komponenten eines Trainingsprogramms und der generellen therapeutischen Fähigkeit machen.

5. Die Veränderungen in der Wahrnehmung derselben Therapeuten durch ihre Patienten vor und nach dem Training war ebenso faszinierend. Auf der einen Seite beschrieben Posttraining-Patienten ihre Therapeuten als authentischer und unbefangener in der Beziehung; auf der anderen Seite erfuhren die Patienten ihre Therapeuten mit zunehmender Anlehnung an die Technik als ungeduldiger; die Patienten hatten häufig größere Schwierigkeiten, sich verständlich zu machen.

Diese und andere anscheinend gegensätzliche Veränderungen im Prozeß ließen vermuten, daß die Veränderung des interpersonellen Verhaltens von Therapeuten ein komplexer und anspruchsvoller Prozeß ist. Diese Veränderung des interpersonellen Verhaltens ist eine Folge der Verbesserung ihrer technischen Fertigkeiten. Die Ergebnisse verlangen eine neue - und vielleicht recht radikale - Rekonzeptionalisierung der Ausbildunglehrgänge. Im einzelnen wurde deutlich, daß bei Ausbildungen in manualisierten Therapien, bei denen man sich bemüht die Techniken zu befolgen, die "Therapeutenvariable" nicht im erwarteten Ausmaß spezifiziert und kontrolliert wird. Obwohl sich eine Reihe von Verbesserungen für die Therapeuten als das Ergebnis spezifischen Trainings einstellten, sahen wir uns immer noch konfrontiert mit einem Ergebnis von größter Bedeutung, nämlich der genannten Unfähigkeit der Therapeuten, kontraproduktive Prozesse mit schwierigen Patienten zu vermeiden. Dieses Ergebnis trat tatsächlich wieder als Kennzeichen für die Bemühungen der Vanderbilt-Forschungsgruppe auf.

Weitere Bemerkungen zum Vanderbilt-Leitmotiv: Negative Komplementarität

Ich berichtete bereits über das eher zufällige Ergebnis, daß Therapeuten häufig stark negative Einstellungen gegenüber einem auf Video festgehaltenen Patienten, mit dem sie interagieren sollten, entwickelten. Der o. g. Patient war ein ärgerlicher, feindseliger und provokativer Mensch, der häufig merklich negative (komplementäre) Reaktionen bei vielen Beobachtern hervorrief. Die Einstellungen der Beobachter kristallisierten sich sehr schnell, vielleicht innerhalb weniger Minuten heraus. Wichtiger noch war, daß sich die negativen Einstellungen der Therapeuten nicht nur in ihrer Kommunikation (i. e. niedergeschriebenen Aussagen) mit dem Patienten sondern auch in ihren diagnostischen Eindrücken, ihren Behandlungsplänen und ihren prognostischen Urteilen wiederfanden. Ich (Strupp 1960a) vermutete, daß es möglicherweise eine zirkuläre Beziehung gäbe, die die Einstellung des Therapeuten gegenüber dem Patienten, das klinische Urteil des Therapeuten und die Qualität der Patient-Therapeut-Kommunikation einschließt.

Demzufolge fand meine Forschungsgruppe sowohl in den Vanderbilt-I- als auch in den Vanderbilt-II-Studien, daß ärgerliche, feindselige und negativistische Patienten dazu tendieren, ihren Therapeuten negative Reaktionen zu entlocken; die Therapeuten hatten ihrerseits deutliche Schwierigkeiten im Umgang mit diesen Manifestationen negativer Übertragung. Zusammengefaßt bestätigte die empirische Forschung, daß das Problem des Umgangs mit negativer Übertragung, insbesondere bei schwierigeren Patienten, (z. B. Patienten mit einer Borderline

Persönlichkeitsstörung) eine der kritischsten Herausforderungen für den praktizierenden Therapeuten ist. Darüber hinaus warf die Arbeit ernste Fragen danach auf, ob traditionelle Ausbildungsprogramme den Therapeuten auf adäquate Weise helfen, diese Angriffe zu erkennen und sie therapeutisch anzugehen. Die Lehranalyse, wie sie in psychoanalytischen Ausbildungen vertreten wird, ist sicherlich kein Allheilmittel für den Umgang mit diesem Problem.

Eng verwandt mit dem vorangegangenen Aspekt waren die häufigen Beschuldigungen und Entwertungen (Wile 1984), die schwierige Patienten ihren Therapeuten zu entlocken schienen. Nach unserer Erfahrung beginnt der Teufelskreis eher beim Patienten als beim Therapeuten. Durch ihre frühen zwischenmenschlichen Erfahrungen wurden die Patienten "programmiert", ihr Gegenüber (den Therapeuten natürlich eingeschlossen) dazu zu bringen, eine bestimmte, oft zurückweisende Rolle in ihren problematischen interpersonellen Szenarien zu spielen. Dabei machen sie möglicherweise auch therapeutische Bemühungen zunichte. Die Therapeuten sind in großer Gefahr, sich in solchen Szenarien zu verstricken und mit Entwertung und Zurückweisung zu antworten.

Typisch für die therapeutische Kommunikation waren unzusammenhängende und komplexe, uneindeutige Botschaften, die einerseits unterstützend und andererseits kritisch und erniedrigend waren. Es zeigte sich somit, daß die Abwesenheit eines schlechten Therapieprozesses zwar noch keine Garantie für einen guten Therapieausgang bietet; auch nur geringe Anzeichen für einen schlechten Therapieprozeß sind aber fast immer mit einem schlechten Ausgang verbunden. Darum ist die Fähigkeit des Therapeuten, eine (negative) komplementäre Rolle begrenzt zu übernehmen und diese Rolle wiederum konsistent durchzuhalten, ein wichtiger Prüfstein therapeutischer Kompetenz. Es stellt ein Paradox dar, daß Therapeuten, wenn sie verständnisvoll und empathisch - und dadurch potentiell effektiv - sind, gewillt sein müssen, an den schwierigen zwischenmenschlichen Szenarien teilzunehmen. Genauso wichtig ist es jedoch, daß sie sich aus dem neurotischen Netz des Patienten befreien können. Sie können dies in erster Linie durch eine neutral- oder positiv-komplementäre Kommunikation und durch empathische Metakommunikation über die Transaktionen in der therapeutischen Beziehung. Die Fähigkeit zum konstruktiven Wechsel zwischen der Rolle des Teilnehmers (empathischen Zuhörers) und desjenigen, der effektiv auf der Metaebene kommuniziert, könnte als die grundlegende Erfahrung eines dynamisch orientierten Therapeuten bezeichnet werden. Nach unserer Erfahrung ist diese komplexe Fähigkeit nicht so selbstverständlich, wie man vielleicht annehmen könnte; tatsächlich scheint sie relativ selten zu sein.

Insgesamt legten unsere Daten dringend nahe, daß wir inhaltlich in der Effektivitätsforschung mehr Wissen benötigen. Dies können wir erreichen, wenn wir ein tieferes Verständnis davon erwerben, was genau im therapeutischen Prozeß geschieht, wenn Therapeuten versuchen spezielle Techniken anzuwenden.

Wie wir entdeckten, gibt es keine lineare Abhängigkeit zwischen der Anlehnung an eine Technik, den interpersonellen Prozessen und den Patienten- und Therapeutenmerkmalen. Diese Variablen interagieren auf komplexe Weise und steuern so den Behandlungsausgang. Wir sollten nun versuchen, die wichtigsten und für die Behandlungseffektivität und für zukünftige Trainingsprogramme direkt relevanten Elemente zu extrahieren. Dazu ist es notwendig, wesentlich detaillierter und intensiver nach Dyaden zu suchen und diese zu beschreiben, die die gleichen Prozeß- und Ergebnismerkmale aufweisen. Wir berücksichtigen diese Frage in unserer gegenwärtigen Forschung, indem wir spezifische Transaktionen in Behandlungen mit denselben Therapeuten aber unterschiedlichen Ausgängen untersuchen. Wir setzen große Hoffnung in diese Forschung und sind sehr beeindruckt von dem heuristischen Wert intensiver, forschungsgestützter vergleichender Einzelfallanalysen von Patient-Therapeut-Dyaden. Schließlich haben wir begonnen, uns kritischer mit der Ausbildung, insbesondere mit dem Problem des Erwerbs therapeutischer Erfahrung zu beschäftigen.

Weitere Beobachtungen in der Therapeutenausbildung

In unserem Trainingsprogramm gingen wir nach althergebrachten Praktiken vor. Wir betrachteten allgemeine psychodynamische Strategien, konzentrierten uns aber konsistent auf Mikroereignisse im therapeutischen Prozeß. Wir wollten damit die Fähigkeit unserer Therapeuten, Übertragungsphänomene zu entdecken und konstruktiv auf sie zu reagieren, vergrößern. Dabei hatten wir den Vorteil, daß unsere Therapeuten eine professionelle Ausbildung und klinische Erfahrung mitbrachten. Außerdem hatten sie unterschiedlich viel Erfahrung aus ihren persönlichen Therapien, die ohne Zweifel ihr Bewußtsein für Übertragungs- und Gegenübertragungsphänomene gestärkt hatte. Ihre Eigentherapien trugen zusätzlich zu einem besseren Verständnis ihrer "blinden Flecken" und ihrer persönlichen Probleme bei. Alle Therapeuten waren von ihren vorherigen Ausbildern und Supervisoren aufgrund ihres Interesses, ihrer Kompetenz und ihrer Fähigkeit, sich einzufühlen, empfohlen worden. Durch die Teilnahme an unserem Forschungs- und Trainingsprogramm übernahmen sie sehr viel Verantwortung (eine Verpflichtung für drei Jahre), die neben ihren normalen klinischen Aufgaben einen erheblichen zusätzlichen Arbeitsaufwand mit sich brachte (normalerweise wöchentlich ein zweistündiges Treffen am Abend). Andererseits waren sie in keiner Weise verpflichtet, die erlernten TLDP-Prinzipien und -Techniken bei ihren Patienten innerhalb des Projekts konsistent einzusetzen.

Wir waren von der stillschweigenden Annahme ausgegangen, daß alle Therapeuten mit einer ähnlichen Kompetenz- und Motivationsbasis begannen, daß sie ziemlich vergleichbar waren hinsichtlich ihrer Fähigkeit, vom TLDP-Training zu profitieren, und daß sie mit einer ähnlichen Schnelligkeit lernten. Weiterhin hatten wir angenommen, daß die Patientenvariablen keine bedeutsame Rolle spielten und unkontrolliert gelassen werden könnten. Kurz gesagt, behandelten wir die Therapeuten wie austauschbare Einheiten, womit wir die Gefahr des *Uniformitätsmythos* (Kiesler 1966) herausforderten.

Obwohl sich die Anlehnung der Therapeuten an technische TLDP-Richtlinien in der Phase nach dem Training vergrößerte, hatten wir kein unabhängiges Maß dafür, wie geschickt TLDP angewandt wurde. Tatsächlich gebrauchten die Therapeuten - wie schon gesagt - häufig TLDP-Techniken auf eine unbeholfene, mechanische und gezwungene Art. Es war, als wollten sie zeigen, daß sie die Technik beherrschten, die wir zu lehren versucht hatten. Ihr Bemühen bewirkte aber oft kein reibungsloses, gut integriertes Verhalten. Zeitweilig riefen die Versuche der Therapeuten, TLDP-Prinzipien und -Techniken anzuwenden, sogar ablehnende Reaktionen auf Seiten der Patienten hervor.

Wir entdeckten somit etwas, das Pädagogen aus anderen Bereichen (z. B. aus anderen Berufen, Sport) schon kannten. Es ist nämlich wahrscheinlich, daß Versuche, ein reibungslos funktionierendes, obgleich nicht perfektes Verhalten zu ändern, für eine gewisse Zeit ein eher unbeholfenes, zwanghaftes Verhalten hervorruft. Dieses wird zudem häufig zu ungünstigen Zeitpunkten eingesetzt (Henry et al. 1993a). Solche Störungen können begrenzt sein, bis ein neues Plateau erreicht ist; dennoch hatten wir keine Daten, aus denen wir hätten schließen können, ob die Unbeholfenheit der Therapeuten schließlich zu sichererem Expertentum führte, ob sie TLDP weiter einsetzten oder ob ihr Verhalten wieder zum Status quo zurückkehrte.

Ist das Festhalten an einem neuen Behandlungsmanual ein adäquater Index für die neu erworbene Therapeutenerfahrung? Es gibt gute Gründe, zu glauben, daß Behandlungsmanuale bestimmte Erfahrungen nicht adäquat erfassen. Unbeantwortet bleiben auch jene Fragen, die sich auf den Einfluß bestimmter einzelner TLDP-Interventionen beziehen. Wie auch sonst in der psychotherapeutischen Prozeßforschung ist es schwierig, den Effekt einer Interpretation in der unmittelbaren Patientenreaktion als Übertragung festzumachen (Gill 1982). Sollten wir als Kriterium die unmittelbare Patientenreaktion auf die Intervention des Therapeuten akzeptieren oder sollten wir nach Effekten später in der Sitzung oder gar noch später suchen? Obwohl keine zufriedenstellenden Algorithmen zur Verfügung stehen, scheint es einigermaßen sicher, daß die unmittelbare Reaktion des Patienten auf die Intervention des Therapeuten eher skeptisch beurteilt werden sollte. Genauso wenig können Studien längerer "Episoden" oder "Ereignisse" die Frage eindeutig beantworten, teilweise weil wir nicht wissen, wie wir diese

Episoden abzugrenzen haben. Die unmittelbare Reaktion wäre zwar ein bequemes Kriterium, aber es ist eindeutig von begrenztem Nutzen.

Mit anderen Worten, wir wissen nicht, in welchem Ausmaß Therapiemanuale meßbare Verbesserungen des therapeutischen Geschicks und der Erfahrung bewirken. Schließlich mag sich der Therapeut mit einem neuen Ansatz wohl fühlen und dessen Wert erkennen. Die Veränderungen aber können unterschwellig und einer Messung mit den vorhandenen Instrumenten nicht zugänglich sein. Man sollte auch keine dramatischen Veränderungen der Therapieausgänge erwarten, die, wie wir wissen, zutiefst von Patientenvariablen und den Eigenheiten der Patient-Therapeut-Interaktion beeinflußt sind.

Fazit

Zusammenfassend möchte ich sagen, daß Psychotherapie, wenn auch nur für einen begrenzten Zeitraum, durchaus hilfreich sein kann. Darüber hinaus kann der Patient, wenn er gute Erfahrungen mit einem fähigen und empathischen Therapeuten gemacht hat, Psychotherapie als eine wertvolle Behandlung schätzen lernen. Er kann sie auch zu einem späteren Zeitpunkt noch einmal in Anspruch nehmen wollen, vielleicht sogar um dann länger und intensiver zu arbeiten. Andererseits gibt es viele Patienten, die dauerhaft von Psychotherapie desillusioniert werden, wenn sie auf einen wenig einfühlsamen und/oder unerfahrenen Therapeuten trafen. Unglücklicherweise sind solche Ausgänge in keiner Weise ungewöhnlich. Wenig einfühlsame und unerfahrene Therapeuten sind für die Aspekte des Problems der "negativen Komplementarität" verantwortlich.

Literatur

Alexander F, French TM (1946) Psychoanalytic therapy: Principles and applications. Ronald Press, New York

Anchin JC, Kiesler DJ (eds) (1982) Handbook of interpersonal psychotherapy. Pergamon Press, Elmsford New York

Binder JL, Strupp HH (1991) The Vanderbilt approach to Time-Limited-Dynamic-Psychotherapy. In Crits-Christoph P, Barber JP (eds) Handbook of short-term dynamic psychotherapy. Basic Books, New York, pp 137-161

Crits-Christoph P, Barber JP (eds) (1991) Handbook of short-term dynamic psychotherapy. Basic Books, New York

Epstein L, Feiner AH (eds) (1979) Countertransference. Jason Aronson, New York

Ferenczi S, Rank O (1925) Development of psychoanalysis. Nervous Mental Disease Publ, New York

Freud (1937) Die endliche oder die unendliche Analyse. GW, Bd 16

Gill MM (1982) Analysis of transference, Vol I: Theorie and technique. Int Univ Press, New York

Gomes-Schwartz B (1978) Effective ingredients in psychotherapy: Predictions of outcome from process variables. J Consult Clin Psychol 46 : 1023-1035

Hartley DE, Strupp HH (1983) The therapeutic alliance: Its relationship to outcome in brief psychotherapy. In: Masling J (ed) Empirical studies of psychoanalytical theories, Vol. 1. Analytic Press, Hillsdale New Jersey, pp 1-37

Henry WP, Schacht TE, Strupp HH (1986) Structural Analysis of Social Behavior: Application to a study of interpersonal process in differential psychotherapeutic outcome. J Consult Clin Psychol 54 : 27-31

Henry WP, Schacht TE, Strupp HH, Butler SF, Binder JL (1993a) The effects of training in Time-Limited-Dynamic-Psychotherapy: Mediators of therapists´ response to training. J Consult Clin Psychol 61: 441-447

Henry WP, Strupp HH, Butler SF, Schacht TE, Binder JL (1993b) The effects of training in Time-Limited-Dynamic-Psychotherapy: Changes in therapist behavior. J Consult Clin Psychol 61 : 434-440

Henry WP, Strupp HH, Binder JL, Butler SF (in press) The effects of training in Time-Limited-Dynamic-Psychotherapy: IV. Changes in therapeutic outcome. J Consult Clin Psychol

Kernberg OF, Burstein ED, Coyne L, Appelbaum A, Horowitz L, Voth H (1972) Psychotherapy and psychoanalysis: Final report of the Menninger Foundation´s psychotherapy research project. Bull Menninger Clinic 36 : 1-275

Kiesler DJ (1966) Some myths of psychotherapy research and the search for a paradigm. Psychol Bull 65 : 110-136

Klerman GL, Rounsaville B, Chevron E, Neu C, Weissman MM (1984) Interpersonal psychotherapy of depression. Basic Books, New York

Koss MP, Butcher JN (1986) Research on brief psychotherapy. In: Garfield S, Bergin A (eds) Handbook of psychotherapy and behavior change. Wiley, New York, pp 627-670

Lambert MJ (1991) Introduction to psychotherapy research. In: Beutler LE, Crago M (eds) Psychotherapy research. Am Psychol Assoc, Washington DC

Levenson EA (1972) The fallacy of understanding: An inquiry into changing structure of psychoanalysis. Basic Books, New York

Luborsky L (1977) Measuring a pervasive psychic structure in psychotherapy: The core conflictual relationship theme. In: Freedman N, Grand S (eds) Communicative structures and psychic structures. Plenum Press, New York

Luborsky L (1984) Principles of psychoanalytic psychotherapy: A manual for supportive-expressive treatment. Basic Books, New York

Luborsky L, McLellan AT, Woody GE, O´Brien CP, Auerbach A (1985) Therapist success and its determinants. Arch Gen Psychiatry 42 : 602-611

Malan DH (1963) A study of brief psychotherapy. Plenum Press, New York

Malan DH (1976) Toward the validation of dynamic psychotherapy for depression. J Consult Clin Psychol 56 : 681-688

Sachs JS (1983) Negative factors in brief psychotherapy: An empirical assessment. J Consult Clin Psychol 51 : 557-564

Schaffer ND (1982) Multidimensional measures of therapist behavior as predictors of outcome. Psychol Bulletin 92 : 670-681

Schaffer ND (1983) Methodological issues of measuring the skillfulness of therapeutic techniques. Psychother: Theory Res Practice 20 : 486-493

Schlesinger H (1982) Resistance as a process. In: Wachtel P (Ed) Resistance in psychodynamic and behavioral therapies. Plenum Press, New York

Soldz S (1989) The therapeutic interaction. In: Wells RA, Gianetti VJ (eds) Handbook of the brief psychotherapies. Plenum Press, New York London, pp 27-53

Strupp HH (1955a) An objective comparison of Rogerian and psychoanalytic techniques. J Consult Psychol 19 : 1-7

Strupp HH (1955b) Psychotherapeutic technique, professional affiliation, and experience level. J Consult Psychol 19 : 97-102

Strupp HH (1955c) The effect of the psychotherapist´s personal analysis upon his techniques. J Consult Psychol 19 : 197-204

Strupp HH (1958) The psychotherapist´s contribution to the treatment process: An experimental investigation. Behav Sci 3 : 34-67

Strupp HH (1960a) Psychotherapists in action: Explorations of the therapist´s contribution to the treatment process. Grune & Stratton, New York

Strupp HH (1960b) Nature of psychotherapist´s contribution to treatment process: Some research results and speculations. Arch Gen Psychiatry 3 : 219-231

Strupp HH (1980a) Success and failure in time-limited psychotherapy: A systematic comparison of two cases (comparison 1) Arch Gen Psychiatry 37 : 595-603

Strupp HH (1980b) Success and failure in time-limited psychotherapy: A systematic comparison of two cases (comparison 2) Arch Gen Psychiatry 37 : 708-716

Strupp HH (1980c) Success and failure in time-limited psychotherapy: A systematic comparison of two cases (comparison 3) Arch Gen Psychiatry 37 : 831-841

Strupp HH (1980d) Success and failure in time-limited psychotherapy: A systematic comparison of two cases (comparison 4) Arch Gen Psychiatry 37 : 947-954

Strupp HH, Binder JL (1984) Psychotherapy in a new key: A guide to time-limited dynamic psychotherapy. Basic Books, New York

Strupp HH, Fox RE, Lessler K (1969) Patients view their psychotherapy. Johns Hopkins, Baltimore MD

Strupp HH, Hadley SW (1979) Specific versus nonspecific factors in psychotherapy: A controlled study of outcome. Arch Gen Psychiatry 36 : 1125-1136

Sullivan HS (1953) The interpersonal theory of psychiatry. Norton, New York

Wile DB (1984) Kohut, Kernberg, and accusatory interpretations. Psychotherapy 21 : 353-364

Die Methode der Psychoanalyse - Frequenz, Dauer, Setting und die Anwendung in der Praxis *

Michael Ermann

Die Psychoanalyse erforscht als eine anthropologische Wissenschaft das Erleben und Verhalten als ein Zusammenwirken von bewußten und unbewußten seelischen Prozessen. Sie umfaßt u. a. eine psychoanalytische Persönlichkeitslehre, eine psychoanalytische Krankheitslehre und eine psychoanalytische Heilkunde. Die "Tiefenpsychologie" ist die Psychologie des Unbewußten, die auf der Psychoanalyse beruht. "Psychoanalyse" bezeichnet die *Wissenschaft*, die die psychoanalytische Theorie, Methode und Behandlungspraxis umfaßt. Als "psychoanalytische Methode" beschreiben wir das Vorgehen, mit dem der Psychoanalytiker unbewußte Konflikte erforscht und beeinflußt. Wenn wir die *Anwendung* der psychoanalytischen Methode in der Psychotherapie meinen, dann sprechen wir von "psychoanalytischen Verfahren" bzw. Behandlungsverfahren.

Die psychoanalytische Methode

Als Heilkunde ist die Psychoanalyse die klassische Form der Psychotherapie. Sie ist dadurch gekennzeichnet, daß sie Veränderungen des Erlebens und Verhaltens insbesondere durch Einflußnahme auf unbewußte Konflikte bewirkt und dabei der Manifestation des Unbewußten in der Patient-Therapeut-Beziehung besonderes Interesse widmet. Zur Erforschung des Unbewußten hat sie im Laufe von fast 100 Jahren eine spezifische Methode entwickelt, die durch freie Assoziation und Deutung des manifesten Erlebens und Verhaltens gekennzeichnet ist. Ihr Ziel ist die Erkundung und die Lösung unbewußter Konflikte. Der hauptsächliche Weg dazu ist heute die Bearbeitung der Übertragungsmanifestationen in der analytischen Beziehung.

---

* Der Beitrag basiert auf einer ausführlichen Darstellung der psychoanalytischen Methode und Behandlungsverfahren in Ermann (1995).

Dabei geht es um die nachträgliche Verarbeitung ungelöster verdrängter Konflikte, die die Basis der neurotischen Persönlichkeitsentwicklung darstellen. Unlösbare Konflikte führen entweder zu Reifungsstörungen und Entwicklungsdefiziten oder zu neurotischen Konfliktfixierungen. Wenn diese Konflikte nun im analytischen Prozeß gelöst werden können, dann bewirkt die Psychoanalyse eine Nachreifung der Persönlichkeit bzw. eine Normalisierung der Persönlichkeitsstruktur.

Daraus ergeben sich für die verschiedenen Grundformen der Neurosen-Pathologie (vgl. Ermann 1995) unterschiedliche Zielvorstellungen und Behandlungsstrategien:

- Bei *Borderlinestörungen* wird die Nachreifung der Persönlichkeit durch die Überwindung der Spaltungsabwehr und den Aufbau ganzheitlicher Selbst- und Objektvorstellungen im Vordergrund stehen,

- bei *klassischen Neurosen* die Umstrukturierung der Persönlichkeit durch die Lösung fixierter unbewußter Konflikte,

- während die Zielsetzung bei *narzißtischen Störungen* beide Aspekte vereint.

Rahmen und Regeln

Die psychoanalytische Methode beruht auf einem festgelegten *Standardverfahren*. Es wird in der Behandlung modifiziert und den Erfordernissen des einzelnen Patienten angepaßt. Der äußere Rahmen des Standardverfahrens umfaßt in der ursprünglichen Form fünf oder sechs wöchentliche Behandlungsstunden über einen Zeitraum von mehreren Jahren. Durch diese große Intensität und lange Dauer wird eine äußerst intensive Begegnung geschaffen, in der sich der Analysand beim Erleben unbekannter innerer Prozesse und bei Veränderungen seines äußeres Lebens gehalten fühlen kann. Der Analysand liegt während der Analyse auf der Couch, der Analytiker sitzt außerhalb seines Blickfeldes am Kopfende. Diese Anordnung führt zu einer Ausrichtung der Aufmerksamkeit auf die Wahrnehmung der inneren Welt - auf Phantasien, Gefühle, Erinnerungen - und vermindert die Orientierung an alltäglichen Konventionen und an den Reaktionen des Analytikers. Sie fördert auch für den Analytiker die Möglichkeit, sich den eigenen Einfällen zu öffnen, die durch den Analysanden in ihm wachgerufen werden.

Die Grundlage des psychoanalytischen Dialogs ist die *Grundregel*: Der Analysand soll in die Lage kommen, ohne Vorauswahl alles mitzuteilen, was ihm an Empfindungen, Einfällen, Körperwahrnehmungen usw. durch den Sinn geht. Dabei treten an die Stelle der rationalen Alltagslogik freie Assoziationen, also Einfälle, die einem kommen, wenn man im entspannten Zustand seinen Gedanken und Empfindungen freien Lauf läßt. Die Grundregel wird meistens am Anfang einer Analyse ausdrücklich vereinbart; dann entsteht allerdings das Problem, daß sich rasch Widerstände dagegen einstellen, tatsächlich alles auszusprechen, und daß der Analysand sich in seiner Autonomie beeinträchtigt fühlt. Die Motive dieser Widerstände können analysiert werden und wichtige Erkenntnisse über die inneren Vorgänge bringen. Aber auch, wenn man die Grundregel nicht ausdrücklich vereinbart, stellen die freien Assoziationen sich von selbst ein, wenn der Analysand sich entspannt und sich selbst überlassen bleibt und der Analytiker ihm hilft, die Motive für Stockungen seiner Einfälle und Mitteilungen zu verstehen (v. Schlieffen 1983).

Der Analytiker überläßt sich ebenfalls seinen Einfällen, während er dem Analysanden zuhört. Die Grundregel für ihn besteht darin, mit *gleichschwebender Aufmerksamkeit* für innere und äußere Eindrücke den Assoziationen des Analysanden zu folgen. Dabei werden Bilder, Phantasien und Empfindungen in ihm wach, die gleichsam die Beziehung zwischen beiden illustrieren und ihr eine bildhafte, lesbare Gestalt verleihen. Der Analytiker wird auf diese Weise zum Resonanzraum, in dem das Innere des Analysanden zum Klingen kommt.

Abstinenz

Im übrigen hält sich der Analytiker an die Vorgabe der psychoanalytischen *Abstinenzregel*. Er vermeidet gezielte Anweisungen, Ratschläge oder Handlungen. Insbesondere werden die in der Analyse aufkommenden Bedürfnisse, z. B. nach Berührungen, Geschenken oder Informationen über den Analytiker, nicht durch Befriedigung gestillt, sondern auf ihre unbewußten Motive hin analysiert. Diese "Versagung" kann aber nur fruchtbar verarbeitet werden, wenn Bedürfnisse als solche vom Analytiker wohlwollend aufgenommen werden. Außerdem bedeutet Abstinenz, daß der Kontakt zwischen Analysand und Analytiker auf die Behandlungsstunden beschränkt bleibt.

Die Abstinenz bewirkt, daß Übertragungen und Gegenübertragungen sich ungestört entwickeln und leichter zugänglich werden. Der Patient nimmt seine Bedürfnisspannungen, Phantasien und Affekte deutlicher wahr, als wenn der Analytiker sie durch beschwichtigende Handlungen vermindern oder auflösen würde. Aber auch der Analytiker kann die Gegenübertragungsspannungen und -empfindungen leichter in sich erfassen, wenn er sie aushält und nicht durch Handeln davon ablenkt (s. unten). Die Abstinenzhaltung ist daher der Angelpunkt, an dem sich die unbewußte Dynamik der analytischen Beziehung konstelliert (Cremerius 1984; Körner u. Rosin 1985).

Gelegentlich wurde die Abstinenz als Dogma mißverstanden. Das führte zu einer kühlen, für die Behandlung schädlichen Haltung gegenüber dem Analysanden. Solche Auffassungen haben zu berechtigter Kritik Anlaß gegeben; sie sind heute überholt. Es besteht zwar weiterhin keinerlei Zweifel daran, daß Verzicht auf Bedürfnisbefriedigung und Einschränkung des Kontakts auf der Realebene unabdingbar sind, um die Übertragung nicht zu manipulieren. Das schließt einen warmherzigen, zugewandten Umgang aber keineswegs aus. Die Kunst einer *angemessenen analytischen Haltung* besteht vielmehr darin, ein entwicklungsförderndes, annehmbares Klima unter Wahrung der Abstinenz zu schaffen. Das erfordert intensive Schulung und Selbsterfahrung

Das klinische Material

Die Einfälle des Patienten im Rahmen der freien Assoziation, sein unmittelbares Verhalten gegenüber dem Analytiker, Schilderungen seines Erlebens und Verhaltens anderer Menschen gegenüber, sein Umgang mit der Behandlung, seine Träume und Fehlleistungen - alle seine psychischen und sozialen Aktivitäten bilden das Material, das der Analyse unterzogen wird.

Deutungen

Analysieren bedeutet Aufklärung der unbewußten Hintergründe und Motive des Verhaltens und Erlebens. Das technische Mittel sind dabei die Deutungen. Sie sind die spezifischen Interventionen des Analytikers im psychoanalytischen Dialog.

Deutungen sind Interventionen, in denen der Analytiker dem Analysanden mitteilt, wie er seine Einfälle und sein Verhalten versteht, d. h. welche unbewußten Motive er darin erkennt. Dabei gibt es verschiedene Deutungstypen je nach dem Bezugsrahmen, in dem das klinische Material verstanden und bearbeitet wird (Mertens 1990): Die Inhaltsdeutungen, die Übertragungs-deutungen und die

Widerstandsdeutungen. Das Charakteristikum der *analytischen Psychotherapie* sind die Übertragungsdeutungen, sie sind aber nicht die einzige Form der Deutungsarbeit. Heute wird das Material einer Behandlungssequenz im allgemeinen zuerst im Hier und Jetzt der analytischen Beziehung bearbeitet und gedeutet. Die genetische Deutung der Übertragung dient der Vertiefung.

Deutungen enthalten also die Einsichten des Analytikers. Sie bewirken beim Patienten, wenn sie zutreffend sind und nicht aufgrund von Widerständen abgelehnt werden müssen, Einsichten und vermitteln ihm v. a. das Erlebnis, vom Analytiker verstanden zu werden (Ermann 1992).

Der deutende Umgang mit der therapeutischen Beziehung ist das Charakteristikum der Psychoanalyse. Suggestive Aspekte, Lernerfahrungen oder stützende Wirkungen der Interventionen des Analytikers sind selbstverständlich nicht ausgeschlossen. Sie sind jedoch Aspekte der unspezifischen Einflußnahme und nicht mit der Psychoanalyse ausdrücklich beabsichtigte Heilungsfaktoren.

Einzelne Deutungen können in der Regel keine dauerhaften Veränderungen bewirken. Die Aufarbeitung lebensgeschichtlich verwurzelter Konflikte erfordert meistens einen langen Zeitraum, in dem die Konfliktdynamik sich immer wieder in neuer Gestalt in der Übertragung darstellt und durch Widerstände verdeckt wird und in dem immer wieder von neuem über Deutungen Widerstand beseitigt und Einsichten errungen werden. Dieser Prozeß wird als *Durcharbeiten* bezeichnet und bewirkt letzten Endes die Veränderungen in der Persönlichkeit, die zur dauerhaften Symptombeseitigung erforderlich sind.

Die psychoanalytische Beziehung

Die Beziehung zwischen dem Analysanden und dem Psychoanalytiker läßt sich (wie im Prinzip jede Arzt-Patient-Beziehung) auf drei Ebenen beschreiben: Als *Real-Beziehung*, die durch Konventionen geregelt ist und auch in allen anderen Alltagsbeziehungen des Patienten vorkommt, als *Arbeitsbündnis* mit speziellen, die Analyse ermöglichenden und sichernden Funktionen und Verhaltensweisen, und als *Übertragungsbeziehung*, wobei die unbewußten Beziehungsmuster in das Zentrum der Betrachtung gerückt werden. Diese dritte Ebene ist das Zentrum des psychoanalytischen Prozesses.

Alle drei Ebenen sind immer gleichzeitig wirksam (vgl. Deserno 1990; Ermann 1992). Wird z. B. ein vereinbarter Termin vergessen, dann wird die Panne durch eine Entschuldigung aus der Welt geschafft (Realebene). Im "Vergessen" äußert sich ein unbewußter Affekt oder Impuls (Übertragungsebene). Er wird im analytischen Dialog erforscht (Arbeitsebene).

Eine wirksame Behandlung in Gang zu setzen und aufrechtzuerhalten, erfordert die Fähigkeit der Beteiligten, alle drei Ebenen zu integrieren, d. h. anzuerkennen, daß Realverhalten regressive Übertragungsaspekte enthält. Das bedeutet, umgekehrt betrachtet, in der Analyse auf die unmittelbare Befriedigung aufkeimender Wünsche zu verzichten und ihre Hintergründe im analytischen Dialog zu klären.

Diese Fähigkeit, regressives Erleben zuzulassen und es gleichzeitig von einem beobachtenden Standpunkt aus zu betrachten, ist die *therapeutische Ich-Spaltung*. Sie ist die Grundvoraussetzung für eine wirksame Psychoanalyse. In Hinblick auf den Analytiker gewährleistet sie, daß die psychoanalytische Behandlung ein lebendiger, wirklicher Prozeß ist, an dem er erlebend beteiligt ist. Sie schützt ihn davor, die Grenzen der Abstinenz zu überschreiten, und bewahrt zugleich davor, daß die Analyse zu einem nur rationalen Geschehen verflacht. In Hinblick auf den Patienten gewährleistet sie, daß er sich außerhalb der analytischen Situation in seinem Leben autonom ("erwachsen") verhalten und innerhalb der Analyse, "im Dienste des Ichs", in kindliche Erlebnisweisen regredieren kann. Wenn diese Fähigkeit verlorengeht, entsteht die Gefahr, daß der Analysand davon abhängig wird, daß die kindhaften Bedürfnisse tatsächlich vom Analytiker befriedigt werden und in eine unheilvolle, *maligne Regression* (Balint 1968) gerät.

Der psychoanalytische Prozeß

Die Beziehung zwischen Analysand und Analytiker verändert sich im Verlauf einer Analyse und unterliegt einem Entwicklungsprozeß. Er wird durch die psychoanalytische Methode, speziell durch den Rahmen und die Regeln, in Gang gesetzt: Durch die psychoanalytische Methode entsteht ein Erleben, das vom Erleben des Alltags deutlich unterschieden ist: die *Regression*. Durch sie werden verdrängte Erlebnisweisen, Reaktionen, Einstellungen und Bedürfnisse lebendig und in aktuelle Beziehungen hineingetragen. Damit entfaltet sich die innere Welt des Patienten, die ihm im Alltagserleben verborgen bleibt, allerdings in gleichsam chiffrierter Weise auf der Bühne der psychoanalytischen Beziehung. Diesen *Übertragungen* stehen unbewußte innere *Widerstände* als Abwehrbewegungen entgegen, weil sie oft mit beschämenden Erlebnissen, mit Schuldgefühlen, mit peinlichen Phantasien, bedrückenden Empfindungen und kränkenden Erin-nerungen verbunden sind.

So ist der analytische Prozeß eine oft schmerzhafte und mühevolle Entwicklung. Wenn es aber gelingt, die Übertragungen und Widerstände durch Deutungen aufzuklären und die darin enthaltenen Beziehungsmuster zu bearbeiten, bewirkt er eine Nachreifung der Persönlichkeit bzw. eine nachträgliche Konfliktlösung.

Übertragung und Gegenübertragung

Mit der psychoanalytischen Methode werden, wie beschrieben, durch Regression unbewußte Repräsentanzen von früheren, verdrängten bzw. verinnerlichten Erfahrungen aktiviert. Man kann dieses Phänomen auch so beschreiben, daß bestimmte Problemlösungssituationen unbemerkt vom Betroffenen die gespeicherte Information über Problemlösungen aktivieren (Edelman 1989). Sie werden auf aktuelle Beziehungen übertragen. Übertragung ist also die Manifestation der Regression in einer Beziehung.

Es werden verschiedene Übertragungsformen unterschieden (Übersichten bei Mertens 1990; Ermann 1995). Je nach affektiver Qualität *positive* und *negative Übertragungen*, und je nach der Grundform der Neurosenpathologie bzw. Struktur der übertragenen Inhalte *reife Übertragungen* (Übertragung einer neurotischen Objektrepräsentanz, vgl. Freud 1895, S. 308), *narzißtische Übertragungen* (Selbstobjekt-Übertragung, idealisierende Elternübertragung, Spiegelübertragung und Selbst-Übertragung, vgl. Kohut 1971, 1977) und *Borderline-Übertragungen* (Übertragung von bestimmten Teilaspekten einer Beziehung, sog. Übertragungsspaltung)

Übertragungen kommen in allen Lebensbereichen vor. Sie spielen in jeder zwischenmenschlichen Beziehung eine Rolle und sind keine pathologischen Erscheinungen. Allerdings werden sie in der Psychoanalyse besonders beachtet und durch den Rahmen und die Haltungen des Psychoanalytikers gefördert und besonders deutlich sichtbar gemacht. Sie bilden heute das Zentrum der analytischen Arbeit. Ihre Wurzeln liegen in der Vergangenheit. Die Auslöser für Übertragungsmanifestationen sind jedoch aktuelle Verhaltensweisen, d. h. für die analytische Situation: Verhaltensweisen des Analytikers gegenüber dem Analysanden.

Während man früher mit der *Analyse der Übertragung* die Spuren der Vergangenheit in den gegenwärtigen Verhaltensweisen und Einstellungen des Patienten bewußt machte, ihm also zeigte, daß er den Analytiker so behandelt, als sei dieser z. B. Mutter oder Vater, hat sich heute der Schwerpunkt auf die Analyse der aktuellen Dimension der Übertragung verschoben: Auf die *Übertragungsanalyse im Hier und Jetzt* (z. B. Gill 1979). Dabei zeigt der Analytiker dem Analysanden, welche seiner augenblicklichen Verhaltensweisen er nach einem unbewußten alten Vorbild interpretiert und warum er es tut.

Er zeigt ihm z. B., daß er auf die anstehende Trennung vor einer Analysepause mit aggressiven Affekten reagiert (die sich z. B. in seinen Einfällen, Träumen oder in Fehlhandlungen zeigen können), und deutet ihm, daß er sich damit Sicherheit angesichts befürchteter Verlassenheitsgefühle während der Pause verschafft, weil Aggressionen ihm weniger Angst machen als sich verlassen zu fühlen.

Das Gegenstück zur Übertragung in der Analyse ist die antwortende Reaktion des Analytikers: die *Gegenübertragung*. Sie beruht auf der unbewußten Identifikation des Analytikers mit den Übertragungsangeboten des Analysanden. Die Übertragungsphantasie und die Reaktion des Partners bilden also eine funktionale Einheit wie Schlüssel und Schloß (Heimann 1950; Körner 1990). Es entsteht ein unbewußtes Wechselspiel von Übertragung und Gegenübertragung. Die bewußten Einstellungen des Analytikers zum Analysanden sind dabei ein Abkömmling der Gegenübertragung; die Gegenübertragung selbst ist aber unbewußt und muß aus dem Verlauf heraus indirekt erschlossen werden.

Dabei können die *bewußten* Phantasien, Einfälle und Gefühlsreaktionen des Analytikers verschiedene Bedeutungen haben (Racker 1959): Die *komplementäre Gegenübertragung* ist ein Abbild der unbewußten Phantasien, die der Patient seinen inneren Objekten (Beziehungspersonen) zuschreibt: Der Analytiker kann sich sadistisch fühlen wie der unbewußte sadistische Elternteil des Patienten. Die *konkordante Gegenübertragung* ist ein Abbild der (unbewußten) Gefühlssituation des Analysanden. In Identifizierung mit einem Selbstanteil des Patienten erlebt der Analytiker in sich z. B. die unbewußte Leere und Depression des Analysanden. *Gegenübertragungswiderstand* schließlich ist eine unbewußte Abwehrreaktion, mit der sich der Analytiker dagegen wehrt, die Übertragungsangebote des Analysanden in sich aufzunehmen und in seinem Innern zum Klingen kommen zu lassen; er spürt dann z. B. Wut, mit der er sich gegen die Depression des Patienten in sich selbst wehrt.

Das Wechselspiel zwischen Übertragung und Gegenübertragung prägt jede Art menschlicher Beziehungen. In der Psychoanalyse besteht gegenüber Alltagsbeziehungen jedoch eine Sondersituation: Die psychoanalytische Methode und die spezielle Ausbildung des Analytikers fördern seine Selbstbeobachtung und versetzen ihn in die Lage, sich seine Reaktionen auf Übertragungen des Analysanden bewußt zu machen. Auf diesem Wege kann er sich die ursprüngliche Übertragungsreaktion des Patienten zugänglich machen und klären. Diese Möglichkeit, über die Klärung der Reaktion des Analytikers zu einem Verständnis von Übertragungen der Patienten zu gelangen, gibt der Gegenübertragung die hervorragende Bedeutung, welche ihr heute in der psychoanalytischen Behandlungstechnik beigemessen wird.

Eine wichtige Vorgabe der psychoanalytischen Abstinenzregel besteht darin, Gegenübertragungen nicht in Handlung umzusetzen. Der Analytiker ist angehal-

ten, die bewußten Anteile der Gegenübertragung in sich wahrzunehmen, zu beobachten und seinen Impuls, auf bestimmte Weise zu reagieren, als eine
Inszenierung des Analysanden in sich zu verstehen. Indem er nicht unreflektiert so
handelt, wie es seiner Gegenübertragung bzw. dem zugehörigen Übertragungsangebot des Patienten entsprechen würde, kann er erfassen und klären, was übertragen wird. Dadurch wird die Abstinenz zu einem wichtigen Instrument des
Erkennens in der psychoanalytischen Behandlung (Cremerius 1984; Körner u.
Rosin 1985).

Kasuistik zur Behandlung einer klassischen Neurose

Die Grundbegriffe der psychoanalytischen Methode sollen am folgenden
Fallbeispiel erläutert werden. Es handelt sich um einen fast 30jährigen Mann, der
wegen einer Magenneurose in psychoanalytischer Behandlung war. Diese fand
dreimal wöchentlich im Liegen statt.

Im ersten Behandlungsjahr hatte der Patient gute Fortschritte gemacht. Es war deutlich geworden, daß der Kern seiner Störung v. a. durch orale und narzißtische Entbehrungen in
seiner Kindheit begründet waren: Er war kurz nach dem Krieg als Einzelkind in eine durch
Krisen geprägte Ehe hineingeboren worden, die bald nach seiner Geburt geschieden wurde.
Seine Mutter erkrankte zu dieser Zeit an Tuberkulose. Während ihrer langen
Kuraufenthalte kam er in verschiedene Heime. Dort war er ein unruhiges, mürrisches Kind,
näßte nachts ein und nahm stark an Gewicht ab. Er erholte sich jedoch in den Zeiten, wenn
er zur Mutter zurückkam, und vermißte sie um so mehr, wenn sie zu einer weiteren Kur
wegfahren mußte. Zwischen beiden entwickelte sich eine äußerst enge Bindung, die bis ins
Erwachsenenalter überdauerte, zumal die Mutter nicht wieder heiratete. Er verließ sie
schließlich Anfang Zwanzig und heiratete. Ein Jahr später, nach der Geburt seines Sohnes,
begannen seine Magenbeschwerden.
    Der Patient war leistungsstark und beruflich als selbständiger Kaufmann sehr erfolg-
reich. Er hatte ein gutes Einkommen und finanzierte seine Behandlung als Privatpatient. Er
achtete darauf, daß er die Honorare sehr pünktlich überwies. Er wollte dem Analytiker, den
er sehr idealisierte, nicht durch Unpünktlichkeit verärgern.
    Im zweiten Analysejahr begann die Behandlung zu stagnieren. Die anfangs gebesserten
Magenbeschwerden traten verstärkt wieder auf. Bald darauf berichtete der Patient von einem unverwarteten finanziellen Engpaß und verzögerte die Überweisungen des Honorars.
Der Analytiker vermutete dabei nicht nur ein Problem auf der Realebene und wartete ab,
um die Übertragung besser zu verstehen. Die Einfälle des Patienten kreisten in diesen
Stunden um Vorwürfe gegen seine Frau. Er beklagte sich heftig, daß sie zu wenig auf seine

Bedürfnisse einging, und fühlte sich von ihr ausgenutzt. Der Analytiker vermutete in diesen Vorwürfen in der Übertragung Vorwürfe gegen sich. Dann bemerkte er bei der Monatsabrechnung, daß er dem Patienten auf der letzten Rechnung einen zu geringen Betrag eingesetzt hatte. Er war erstaunt über seine eigene unbewußte Fehlleistung und bemerkte, daß es ihm schwerfiel, von dem Patienten in seinem finanziellen Engpaß Geld zu verlangen. Er bemerkte auch, daß es ihn belastete, daß der Patient wieder stärkere Magenbeschwerden hatte. Schließlich erkannte er, daß er sich in seiner Gegenübertragung räuberisch fühlte, wenn er trotzdem ein angemessenes Honorar forderte.

In den nächsten Stunden gab er dem Patienten mehrere Deutungen: Er sagte ihm, daß er mit seiner Zahlungsverzögerung zum Ausdruck brachte, daß er den Analytiker ausraubend erlebte. Er mache dem Analytiker Vorwürfe, daß er zu wenig auf seine Bedürfnisse einging und so schlechte Arbeit leiste, daß die Magenbeschwerden sich wieder verstärkt hätten. Für eine so schlechte Leistung halte der Patient das Honorar für überhöht. Es sei für ihn aber leichter, gegenüber seiner Frau Vorwürfe zu erheben als gegenüber dem Analytiker, auf den er sich gegenwärtig angewiesen fühle.

Mit diesen Hier-und-Jetzt-Deutungen konnte der Widerstand des Patienten geklärt werden: Das Agieren seines unbewußten Vorwurfs durch die Zahlungsverzögerung (wozu er den tatsächlich bestehenden Engpaß in seinen Finanzen als Anlaß nahm) sowie die Verschiebung seines Ärgers vom Analytiker auf die Frau. Indem der Analytiker sich an die Abstinenz hielt und ihm nicht vorschnell entgegenkam und eine kulante Regelung vorschlug, konnte sich die Übertragung voll entfalten. Die Übertragung enthielt Aspekte der Mutterbeziehung: Der Patient fühlte sich vom Analytiker nicht hilfreich behandelt und wurde "krank". Das Wiederauftreten der Magenbeschwerden war eine Regression, durch die die Situation der kindlichen Hilflosigkeit wiederbelebt wurde. Darin wiederholte sich die Hilflosigkeit in den Heimen, wo er krank wurde, wenn die Mutter nicht da war und ihm helfen konnte. Ohne daß der Analytiker diesen lebensgeschichtlichen Hintergrund direkt ansprach, tauchten in den folgenden Stunden in den Einfällen des Patienten Phantasien aus der Kinderzeit auf, die mit diesen Trennungen verknüpft waren. So konnte die Übertragung in den folgenden Wochen durchgearbeitet werden. Den Zugang zum Verständnis der Übertragung hatte die Gegenübertragung gegeben: Durch seine unbewußte Fehlleistung hatte der Analytiker bemerkt, daß er ein schlechtes Gewissen hatte und sich unbewußt ausbeuterisch erlebte, weil er dem Patienten gegenwärtig nicht so helfen konnte, wie beide es sich wünschten.

Psychoanalytische Behandlungsverfahren als Einzelpsychotherapie[1]

Bei der Anwendung der Psychoanalyse in der Psychotherapie wird die Grundmethode im Rahmen der verschiedenen psychoanalytischen Verfahren mehr oder weniger stark modifiziert und den Gegebenheiten des Patienten bzw. der klinischen Situation angepaßt. Auf diese Weise ergeben sich zwei grundsätzlich verschiedene Vorgehensweisen: die analytische und die tiefenpsychologische Psychotherapie.

Die *analytische Psychotherapie* umfaßt die Verfahren, die sich vom Standardverfahren *nur in Hinblick auf den Rahmen* unterscheiden, z. B durch Verminderung der Stundenfrequenz, Begrenzung der Behandlungsdauer, durch Behandlung des Patienten im Sitzen statt im Liegen, durch die Anwendung in Gruppen statt in der Zweiersituation oder durch Eingrenzung des Bezugsfeldes von Deutungen auf einen zentralen Konflikt. Dabei bleibt die Technik (Deutung, Abstinenz usw.) unverändert.

Die *tiefenpsychologische Psychotherapie*, auch analytisch orientierte bzw. - in Anlehnung an den amerikanischen Sprachgebrauch - psychodynamische Psychotherapie genannt, umfaßt die Verfahren, die auf der Krankheits- und Persönlichkeitstheorie der Psychoanalyse beruhen, jedoch z. T. weitgehende *Modifikationen der Behandlungstechnik* aufweisen. Sie zeigt sich z. B. in der häufigen Anwendung nicht-deutender Interventionen, im Umgang mit der Übertragung und in der Handhabung der Abstinenz.

Analytische Psychotherapie

Frequente analytische Einzelpsychotherapie

In der klassischen, unmittelbar auf Freud zurückgehenden Anwendungsform, dem sog. *Standardverfahren*, arbeitete der Psychoanalytiker mit 5 bis 6 Wochenstunden. Dieses Verfahren ist heute - zumindest in Deutschland - praktisch völlig durch die frequente psychoanalytische Einzelbehandlung mit 4 oder 3 Wochenstunden abgelöst worden.

---

[1] Die Gruppentherapie wurde während der Lindauer Psychotherapiewochen 1994 in einer gesonderten Veranstaltung behandelt.

Die frequente analytische Behandlung ist durch die folgenden "Standards" gekennzeichnet:

- *4 oder 3 Behandlungsstunden* pro Woche,
- *Ruhelage* des Patienten auf der Couch,
- Vorgabe der *Grundregeln*: Regel der freien Assoziation für den Patienten,
  Regel der gleichschwebenden Aufmerksamkeit für den Analytiker,
- *Abstinenzhaltung* des Analytikers,
- Vorherrschen der *Deutung* als spezifisches Mittel der Einflußnahme,
- Zentrierung auf die *Übertragungs- und Widerstandsanalyse* zur Klärung und
  Durcharbeitung der krankheitsbedingenden Beziehungsmuster.

In dieser Anwendungsform läßt die Methode Übertragungs- und Widerstands-
phänomene besonders deutlich hervortreten: Die Analyse erhält einen wichtigen
Platz im Leben des Patienten, der eine besondere Abhängigkeit vom Analytiker
entwickelt, aber auch starke Ängste, die sich dagegen richten. Auf diese Weise
entwickelt sich eine dichte Übertragungsdynamik, die es gestattet, die wesentlichen Konflikte in der Beziehung zum Analytiker zur Entfaltung zu bringen und
durchzuarbeiten. Das stellt hohe Forderungen an die Fähigkeit des Patienten, die
Regression auf die therapeutische Situation zu begrenzen und die Fähigkeit zur
therapeutischen Ich-Spaltung herzustellen, ebenso wie sie dem Analytiker eine
große persönliche Kapazität und fachliche Kompetenz zum Umgang mit regressiven Prozessen abverlangt. Andererseits gibt die Intensität der Behandlung dem
Patienten auch genügend Halt und Sicherheit, um die deutlich werdenden regressiven Erlebnisweisen zu verarbeiten. Diese beiden Aspekte sind insbesondere bei
der frequenten analytischen Behandlung von schweren narzißtischen Störungen
und Borderline-Patienten gegeneinander abzuwägen.

Spezielle Indikation und Ziele: Die frequente psychoanalytische Behandlung
kommt unter verschiedenen klinischen Fragestellungen in Betracht:

- *Neurotische und narzißtische Störungen:* Im allgemeinen ist sie für Patienten nützlich,
deren Störung auf Einschränkungen der Konfliktverarbeitung und leichtere
Beeinträchtigungen des Selbstgefühls begrenzt und deren Ich-Entwicklung nicht we-
sentlich beeinträchtigt ist. Das typische Indikationsgebiet sind deshalb die *klassischen
Neurosen*, insbesondere auch Charakterneurosen, und die *narzißtischen Störungen*.
Dabei ist die Diagnose des Krankheitsbildes aber nur eine Voraussetzung für die
Indikationsstellung, während Persönlichkeits- und Beziehungsfaktoren den Ausschlag
geben. Das führt dazu, daß mit der frequenten analytischen Psychotherapie bevorzugt
eine Gruppe von Patienten behandelt wird, die einem bestimmten "positiven
Indikationsstereotyp" entspricht: Jung, attraktiv, verbal befähigt, intelligent und erfolg-
reich (*YAVIS-Patients*). Wenngleich diese Feststellung wiederholt präjugativ gegen die
Psychoanalyse ins Feld geführt wird, ist es richtig und empirisch belegt (Wallerstein

1986), daß das frequente Verfahren tatsächlich von relativ gesunden Patienten mit reifer Persönlichkeit am besten genutzt werden kann.

- *Borderline-Störungen:* Daneben wird die frequente analytische Psychotherapie aber auch in der Behandlung von schweren Störungen angewandt (z. B. Rosenfeld 1990). Dazu ist zu bedenken, daß man eine Behandlung, die die Kernkonflikte, also tiefe Schichten des Unbewußten berührt, bei schwerer gestörten Patienten wahrscheinlich nur unter dem Schutz einer dichten therapeutischen Beziehung vertreten kann. Die dichte Frequenz wirkt dabei supportiv, sofern sie mit einer spezifischen Deutungstechnik verbunden ist: Mit der Deutung der abgewehrten aktuellen Beziehungskonflikte im Hier und Jetzt der Übertragung, während man es vermeidet, aggressive oder Triebimpulse konfrontativ aufdeckend anzugehen. Die Differentialindikation gegenüber einem mehr ichstützenden tiefenpsychologischen Vorgehen ist einerseits von der Motivation und den Ressourcen des Patienten abhängig, mehr als bei anderen Störungen aber noch von der Erfahrung und Persönlichkeit des Behandlers und dem "Zusammenpassen".

Die frequente psychoanalytische Behandlung ist ein aufwendiges, langdauerndes Vorgehen mit weitgehenden *Zielsetzungen*: Es wird beabsichtigt, die Grundkonflikte der Persönlichkeit aufzuarbeiten und dadurch nicht nur zur Symptombeseitigung, sondern zur Veränderung und Reifung der Persönlichkeit zu gelangen. Das Ziel ist die Fähigkeit zur weniger neurotischen Konfliktverarbeitung. Dieses Ziel geht teilweise über eine Krankenbehandlung, die als Symptomheilung verstanden wird, hinaus. Es zeigt sich nämlich, daß die dauerhafte Reduzierung der Symptomatik, jedenfalls bei leichteren und mittelschweren Störungen, meistens schon dann einsetzt, wenn diejenigen Konfliktbereiche bearbeitet werden können, die unmittelbar zur Symptom-entstehung beitragen. Dementsprechend ist die Finanzierung der analytischen Psychotherapie für Kassenpatienten in der Regel auf maximal 300 Behand-lungsstunden begrenzt.

Modifizierte analytische Einzelpsychotherapie

Aufgrund der weitreichenden Zielsetzung, des großen Aufwandes und wegen der anspruchsvollen Voraussetzungen für das frequente Verfahren sind im Laufe der Jahrzehnte verschiedene Abwandlungen entwickelt worden. Diese *modifizierten psychoanalytischen Verfahren* haben für die Behandlungspraxis große Bedeutung erlangt. Ihre Vielfalt gestattet es, je nach Störung, Motivation, Persönlichkeit und individueller Situation des Patienten ein *begrenztes Ziel* festzulegen und dafür ein geeignetes Verfahren auszuwählen.

Verfahren: Die modifizierten psychoanalytischen Verfahren übernehmen die wichtigsten Techniken der psychoanalytischen Methode, beabsichtigen aber eine Begrenzung der therapeutischen Regression. Deshalb arbeiten sie meistens:

- *im Gegenübersitzen,*
- mit *niedriger Behandlungsfrequenz* (1 bis 2 Wochenstunden)
- oft mit *begrenzter Stundenzahl*: Psychoanalytische Kurztherapie umfaßt im allgemeinen bis zu 50 Sitzungen.

Durch diese Veränderungen entwickelt sich die Übertragungsdynamik weniger intensiv. Meistens verhält der Analytiker sich aktiver, d. h., er interveniert häufiger. Er behält jedoch die psychoanalytische Grundhaltung mit der Priorität der Übertragungs- und Widerstandsanalyse, der Deutungstechnik und das Abstinenzprinzip bei. Der Nachteil der verminderten Behandlungsintensität besteht darin, daß der Patient auch eine geringere Stütze durch die Präsenz des Analytikers und die Dichte der Beziehung erhält. Diese Behandlungen müssen daher mit einer begrenzteren Zielsetzung arbeiten als frequente analytische Therapien.

Indikation: In der modifizierten Form eignet sich die analytische Psychotherapie:

- wenn das frequente Verfahren aus zeitlichen, finanziellen oder Motivationsgründen nicht in Frage kommt und man dennoch nicht auf eine psychoanalytische Intervention verzichten will. Dabei ist der Vorteil, wenigstens eine begrenzte Hilfe anbieten zu können, gegen die Gefahr abzuwägen, daß der Patient in einen Behandlungsprozeß verstrickt werden kann, der innerhalb des gesetzten Rahmens nicht zu einem befriedigenden Abschluß gelangt;

- bei *leichteren Störungen*, bei denen ein relativ geringer Behandlungsaufwand mit der Bearbeitung der psychodynamisch wirksamen Hauptkonflikte einen befriedigenden Erfolg verspricht;

- für Patienten mit *Borderline-Persönlichkeitsorganisation*, bei denen man durch eine intensivere Beziehungsdichte eine Labilisierung der Persönlichkeit befürchtet. Diese könnte darin bestehen, daß die Patienten sich durch zuviel Nähe bedrängt fühlen und paranoid reagieren könnten oder daß sie beginnen, sich darauf angewiesen zu fühlen, daß der Analytiker bestimmte Bedürfnisse, die durch die Übertragung in ihnen geweckt werden, auch real befriedigt.

Psychoanalytische Fokaltherapie

Häufig ist es möglich und sinnvoll, die Behandlung von vorneherein so anzulegen, daß nur der Hauptkonflikt bearbeitet wird, der die gegenwärtige Symptomatik bedingt. Wegen der Begrenzung auf einen Konfliktherd (lat. *focus*) wird dieses Verfahren als Fokaltherapie (Malan 1962; Balint et al. 1973) bezeichnet. Sie ermöglicht es, die psychoanalytische Methode in einer *Kurztherapie* mit geringem zeitlichen und finanziellen Aufwand anzuwenden und damit v. a. ökonomische Aspekte bei der Anwendung der Psychoanalyse besonders zu berücksichtigen. Der Fokalkonflikt wird dabei durchaus in seiner "Tiefendimension" bearbeitet. Die Beschränkung liegt in der Einschränkung der Breite und nicht der Tiefe (Lachauer 1992). Es handelt sich um eine äußerst anspruchsvolle Anwendung der Psychoanalyse, die eine hohe beidseitige Motivation und Konzentration verlangt.

Vorgehen: Die Basis der Behandlung ist die *Erarbeitung eines Fokus* aus dem Material der psychoanalytischen Diagnostik. Dazu wird ein Konfliktthema ausgewählt, das in drei Bereichen gleichzeitig erkennbar wird:

- in der Auslösesituation der aktuellen Erkrankung, d. h. im allgemeinen: in den aktuellen Beziehungen des Patienten,
- in der aktuellen Gesprächssituation, d. h. in der Übertragung,
- und in der biographischen Vorgeschichte des Patienten.

Zunächst wird der Konflikt, z. B. in Form eines enttäuschten Beziehungs-wunsches, im allgemeinen in der Auslösesituation und in den aktuellen Lebensbeziehungen des Patienten deutlich und seine Wurzeln in der Lebensgeschichte erkennbar. Er zeigt sich in der Regel aber auch als ein Beziehungswunsch gegenüber dem Psychoanalytiker.

Eine Konfliktthematik, die in allen drei Bereichen der Diagnostik evident wird, kann einen geeigneten Fokus für die Behandlung abgeben; dabei bedeutet geeignet, daß man von der umgrenzten Bearbeitung dieser Thematik durch Übertragungs- und Inhaltsanalyse eine Klärung und nachhaltige Stabilisierung des Patienten erwarten kann, in begrenztem Maße sogar eine Veränderung der Persönlichkeit: Man kann z. B. erwarten, daß es zu einer krisenhaften Störung der Beziehung zwischen Patient und Analytiker kommt, wenn der unbewußte Beziehungswunsch nicht befriedigt wird; durch Deutung dieser Dynamik kann der unbewußte Wunsch wahrgenommen und zumindest teilweise in Hinblick auf die prämorbide Abwehrstruktur und die Symptombildung verstanden und bearbeitet werden.

Die Behandlungstechnik ist durch die *Begrenzung der Deutungen auf den Hauptkonflikt* (Klüwer 1970) gekennzeichnet. Die Behandlungsstrategie besteht darin, daß der Hauptkonflikt im wesentlichen auf der Übertragungsebene durchgearbeitet wird, d. h., daß geklärt wird, wie sich der Hauptkonflikt in der Behandlungsbeziehung äußert und welche Widerstände sich dagegen entwickeln. Später im Behandlungsverlauf hinzutretende andere Konfliktthemen werden ausgeklammert oder nur soweit berücksichtigt, wie sie im Zusammenhang mit dem Fokalkonflikt stehen. Dadurch wird der Behandlungsprozeß konzentriert und zugleich die Regression begrenzt.

Voraussetzungen und Indikationen: Die Fokalbehandlung ist in der Regel eine Kurzbehandlung. Ein ausreichender psychotherapeutischer Effekt ist an mehrere Voraussetzungen gebunden:

- Es sollte sich um recht *ichstarke Patienten* handeln, die bisher eine *günstige Lebensentwicklung* genommen haben,

- es sollte *akut* durch relativ *umschriebene Konflikte* zum Einbruch der neurotischen oder narzißtischen Abwehr gekommen sein, Chronifizierungen sollten also noch nicht vorliegen,

- entscheidend ist aber die *Motivation* und die Fähigkeit zur *therapeutischen Ich-Spaltung.*

Typische Indikationen sind:

- Patienten in aktuellen *Krisensituationen*, z. B. Entscheidungskrisen bei der Partnerwahl, im Berufsleben,

- als *probatorische Phase* einer analytischen Psychotherapie, also bei Patienten, die sich nicht entscheiden können, ob sie eine psychotherapeutische Behandlung beginnen,

- bei *leichteren, kurzfristig bestehenden* [2] *klassischen Neurosen oder narzißtischen Störungen,* bei denen sich spontan reife objekthafte oder narzißtische Übertragungen entwickeln. Dabei sind zwei verschiedene Verläufe zu erwarten: Bei den klassischen Neurosen ist die Nichtbefriedigung von Beziehungswünschen der Kristallisationspunkt der Übertragungsdynamik, bei den narzißtischen Störungen ist die Zeitbegrenzung der Behandlung, die von vornherein vereinbart wird, ein Stimulus für die Übertragung der Objektverlustthematik.

---

[2] Diese Einschränkung wird nicht überall geteilt; Malan (1976) schließt ausdrücklich auch Patienten mit chronischen, schweren Neurosen mit ein.

Borderline-Übertragungen lassen sich dagegen in der Fokaltherapie nicht befriedigend handhaben und schon gar nicht durcharbeiten. Wenn überhaupt, kommt bei Borderline-Patienten deshalb eine Fokaltherapie nur als tiefenpsychologische Behandlung in Frage.

Tiefenpsychologische Psychotherapie

Als *tiefenpsychologisch, tiefenpsychologisch fundiert, analytisch orientiert* oder *psychodynamisch* werden Behandlungsverfahren bezeichnet, welche die Persönlichkeits- und Krankheitstheorie der Psychoanalyse zugrunde legen, in der Technik jedoch sehr weitgehend von der psychoanalytischen Methode abweichen können oder eigene Methoden entwickelt haben.

Tiefenpsychologische Psychotherapie findet in den verschiedenen Bereichen Anwendung: Als ambulante und stationäre Behandlung, als Einzel-, Gruppen-, Paar- und Familienbehandlung - hier werden nur einige gängige Verfahren der Einzelpsychotherapie dargestellt - , als Behandlung mit nicht festgelegter Dauer und als Kurzbehandlung, als Fokaltherapie, Krisenintervention und psychotherapeutische Beratung. Gegenüber der analytischen Psychotherapie bestehen mehrere Unterschiede (Loch 1979; Heigl-Evers u. Heigl 1982):

- *Behandlungsfrequenz:* Durch niedere Behandlungsfrequenz wird beabsichtigt, die therapeutische Regression und speziell die Übertragung gering zu halten und den Behandlungsprozeß auf die aktuellen Konflikte des Patienten zu zentrieren.

- *Umgang mit der Übertragung:* In der Patient-Therapeut-Beziehung konstellieren sich bei diesem Vorgehen bewußtseinsnähere, meistens positiv getönte Übertragungen, die der *positiven Grundbeziehung* zuzuordnen sind. Sie werden als Vehikel der Behandlung genutzt und im allgemeinen nicht unter dem Gesichtspunkt darin enthaltener Widerstände gegen negative Erlebnisweisen betrachtet. Es wird zugleich darauf geachtet, daß Übertragungsreaktionen nicht zum Widerstand gegen die Bearbeitung von Konflikten eingesetzt werden. Wenn das geschieht und der Patient beginnt, sich mehr mit dem Therapeuten als mit anderen Beziehungen zu beschäftigen, wird die Angst, die dahintersteht, ergründet und bearbeitet. Feindselige Übertragungen werden besprochen, sobald sie sichtbar werden, um durch das Verständnis des Therapeuten und die Erfahrung mit ihm als realer Person korrigiert zu werden.

- *Deutungsstrategie:* Die Probleme des Patienten werden in den alltäglichen Beziehungs-Zusammenhängen gedeutet und bearbeitet: Partnerschaftsprobleme werden

z. B. auf die dahinterstehenden Schwierigkeiten des Patienten untersucht. Deutungen beziehen sich auf die Schwierigkeiten im aktuellen Leben des Patienten. Sie beziehen ggf. den lebensgeschichtlichen Hintergrund, d. h. die Entstehungsgeschichte der Schwierigkeiten mit ein. Im Gegensatz zur analytischen Psychotherapie wird aber nicht die Bedeutung des Materials (z. B. des Angebotes "Partnerschaftsproblem") im Kontext der Übertragung betrachtet und gedeutet.

- *Handhabung der Abstinenz:* Das Abstinenzprinzip wird in den tiefenpsychologischen Verfahren recht unterschiedlich gehandhabt. Je mehr der Psychotherapeut Deutungen der unbewußten Konfliktdynamik zum Schwerpunkt seiner Technik macht, um so klarer hält er sich meistens an das Abstinenzprinzip, so daß diese Haltung oft nicht von jener in der analytischen Psychotherapie abgrenzbar sind. Häufig treten aber Deutungen gegenüber anderen Interventionen wie Stützung, Entlastung, Ermutigung, Grenz-setzung oder Beratung in den Hintergrund. In solchen Behandlungen hält der Psychotherapeut sich dann meistens auch nicht an die Abstinenz im Sinne der Handlungs- und Wertneutralität und verzichtet darauf, sie als Mittel für die Diagnose der Übertragungs-Gegenübertragungs-Dynamik zu benutzen. Er wählt stattdessen einen *strategischen Umgang*, indem er einerseits eine gleichbleibende wohlwollende Distanz anstrebt, andererseits davon abweicht, wenn die Behandlung es geboten erscheinen läßt: Er kann eingreifen und Bedingungen setzen, wenn der Patient sich oder andere oder den Fortgang der Behandlung gefährdet (Kernberg 1989); er kann Ratschläge erteilen, Anleitungen geben, damit der Patient bestimmten Schwierigkeiten nicht ausweicht[3]; er kann aktiv Nähe und Distanz regulieren und z. B. auf einen Patienten, der sich isoliert und abschirmt, emotional aktiv zugehen (Fürstenau 1977).

In der Praxis mancher Psychotherapeuten erhält die Behandlungsbeziehung durch diese Modifikationen einen gewissen privaten Zug. Sie sind umstritten, weil offensichtlich unterschiedliche Erfahrungen darüber bestehen, ob die Verfahren dadurch in der Wirkung verstärkt werden oder kurzfristige, suggestive Wirkungen einer "freundschaftlichen" Beziehung die Hintergrundsprobleme nur zudecken.

Kasuistik zum tiefenpsychologischen Ansatz

Am oben beschriebenen Beispiel zur Methode der Psychoanalyse kann das grundsätzliche Vorgehen in der tiefenpsychologischen Therapie erläutert werden.

Der Therapeut würde in einer tiefenpsychologischen Behandlung mit dem Patienten die Hintergründe seines Gefühls untersuchen, sich von seiner Frau ausgenutzt zu fühlen. Es würde sich dabei vielleicht ergeben, daß er in der für ihn ungewohnten Situation eines finanziellen Engpasses besonders empfindlich auf alle Äußerungen der Frau reagiert und in-

---

[3] "Aktive" Technik nach Ferenczi (1921).

teressierte, teilnehmende oder besorgte Fragen bereits als Angriffe gegen sich erlebt. Es könnten bei der vertieften Klärung Gefühle der Beschämung deutlich werden, daß er seinem Leistungsanspruch und Wunsch nach Größe nicht entsprechen kann, wenn er in finanzielle Schwierigkeiten gerät. Es könnte auch deutlich werden, daß er sich über Leistung auch die Zuwendung der Frau sichert und sie zu verlieren fürchtet, wenn er ihr nicht mehr im gewohnten Maße imponiert. Auf diese Weise könnte geklärt werden, daß das Auftreten der Magenbeschwerden Ausdruck von Verlustängsten ist, aber auch Ausdruck seiner Wut, "immer" leisten zu müssen, um sich in Beziehungen sicher fühlen zu können.

Durch Einfälle des Patienten könnte es auch gelingen, den lebensgeschichtlichen Hintergrund für diese Leistungsambivalenz deutlich zu machen und zu klären, daß der Leistungswille eine Reaktion auf die extreme Hilflosigkeit als Heimkind ist und ihn vor der Wiederholung solcher Gefühle schützen soll. Auf diese Weise wären für den Patienten wichtige Einsichten zu erlangen. Die Dynamik von Übertragung und Gegenübertragung würde bei dieser Art der Behandlung aber nicht angesprochen, obwohl sie natürlich in gleicher Weise besteht. Sie würde nicht als Vehikel zur Veränderung benutzt werden. Bei einem solchen Vorgehen wäre es gerechtfertigt, das Geldproblem als Problem der Realebene zu handhaben und dem Patienten eine brauchbare Vereinbarung über die Honorarzahlung anzubieten.

Tiefenpsychologische Einzelpsychotherapie [4]

In der Psychotherapie speziell ausgebildeter Allgemeinärzte, Psychiater oder anderer Fachärzte ist die tiefenpsychologische Psychotherapie die häufigste konfliktzentrierte Behandlungsform. Sie wird meistens als Einzelbehandlung mit einer Wochenstunde über einen Zeitraum von ca. 50 Sitzungen durchgeführt. Die Behandlung findet im Sitzen statt. In Anlehnung an die analytische Psychotherapie wird oft (aber nicht immer) die Grundregel der freien Assoziation vereinbart. Der Psychotherapeut deutet die Konflikte, die damit zu Tage treten, in bezug auf abgewehrte Ängste, Erwartungen, Ansprüche usw. und zieht gelegentlich Parallelen zu lebensgeschichtlichen Vorläufern der jetzigen Konflikte in der Beziehung zu Eltern, Geschwistern oder anderen wichtigen Personen der Kindheit. Übertragungsdeutungen werden vermieden.

Das *Ziel* dieses Verfahrens ist die Umgestaltung der zentralen, pathogenen Konfliktdynamik. Seine *Wirkung* beruht auf der Kontinuität der Zuwendung und des Interesses, auf der Einsicht in die Unzweckmäßigkeit des Verhaltens und der Abwehr, auf der Akzeptanz abgewehrter Erlebnisse durch den Psychotherapeuten und die Identifizierung mit dieser Haltung sowie auf der (unausgesprochenen) emotionalen Unterstützung durch den Psychotherapeuten, wenn der Patient neue, für ihn angemessenere und befriedigendere Erlebnisweisen entwickelt. Es wird

---

[4] vgl. die Übersicht bei Heigl-Evers u. Heigl (1982).

deutlich, daß die eigentliche Einsicht dabei nur einer der Wirkfaktoren ist und daß Ähnlichkeiten mit verhaltenstherapeutischen Verfahren bestehen.

Dynamische Psychotherapie

Als eine spezielle Variante der tiefenpsychologischen Einzeltherapie wurde die sog. dynamische Psychotherapie (Dührssen 1972, 1988) [5] entwickelt. Sie enthält folgende Besonderheiten:

- Die Gespräche werden teils assoziativ gestaltet, teils durch stimulierende und klärende Fragen strukturiert,
- Dabei wird auf das erlebnisnahe Konfliktfeld zentriert,
- Übertragung und Regression werden in die Bearbeitung einbezogen, jedoch nicht gefördert oder vertieft,
- Es wird mit einem Gesamtaufwand von zumeist 50 - 80 Sitzungen gearbeitet, diese werden aber durch eine niedere Frequenz über einen langen Zeitraum verteilt,
- Die Stundenfrequenz wird flexibel gehandhabt.

Die *Indikation* betrifft Patienten, für die eine analytische Psychotherapie wenig sinnvoll oder sogar kontraindiziert erscheint, z. B. Jugendliche, die ein starkes Autonomiebedürfnis haben und mitten im Entwicklungsprozeß stehen und deren psychische Kräfte nicht durch beziehungsintensive Behandlungen gebunden werden sollen. Im übrigen hatte die Entwicklung des Verfahrens eine soziale Implikation: Sie soll die psychoanalytische Methode auch auf Patienten aus der niedrigen Sozialschicht anwendbar machen, die aufgrund ihrer Sozialisation und Bildung im allgemeinen für ein streng selbstreflektives Verfahren weniger zugänglich erscheinen.

Expressive Psychotherapie

Speziell für die *Behandlung von Borderline-Störungen* wurde die expressive Psychotherapie (Kernberg 1975, 1989) mit der Absicht konzipiert, gezielt die typischen Entwicklungsdefizite dieser Patienten auszugleichen.

Sie geht von einer *gezielten Diagnostik* der Entwicklungspathologie der Patienten aus, beachtet dabei insbesondere den Umgang mit früheren Hilfs-angeboten, mit dem Diagnostiker in der Untersuchungssituation und mit Destruk-tivi-

---

[5] Ursprünglich war der Begriff "dynamische Psychotherapie" in den USA von Alexander für das ganze Spektrum der Verfahren eingeführt worden, die wir hier, in Anlehnung an die neue Weiterbildungsordnung für die Psychotherapeutische Medizin, als "tiefenpsychologische Psychotherapie" bezeichnen.

tät schlechthin. In einem Behandlungsvertrag werden dann Behandlungsbedingungen festgelegt, die Faktoren vorbeugen, die den Patienten, andere oder den Fortgang der Behandlung gefährden könnten. Außerdem wird die Möglichkeit besonders berücksichtigt, daß der Patient sich nicht an den Vertrag halten und unehrlich mit dem Psychotherapeuten umgehen könnte. Es wird z. B. in der Behandlung von Anorexiepatienten genau festgelegt, bis zu welchem Mindest-gewicht die Behandlung ambulant stattfinden kann, wie das Gewicht kontrolliert wird, was geschieht, wenn es unterschritten wird.

Der Behandlungsvertrag stellt das besondere Element gegenüber anderen Verfahren dar. Er nimmt in der Borderlinetherapie eine wichtige Stellung ein, an der sich ein großer Teil der zentralen Behandlungsdynamik mit Übertragungen und Widerständen manifestiert. Er ist aber in erster Linie als ein Schutz für den Patienten konzipiert und nicht als Katalysator für eine bestimmte Dynamik.

Das zweite besondere Element ist die *Handhabung der Abstinenz*. Um einerseits eine angemessene Deutungsarbeit leisten zu können, wird eine technisch neutrale, d. h. annehmende, aber Distanz wahrende Haltung zugrundegelegt. Wenn allerdings erkennbar wird, daß der Patient sich selbst, andere schädigt oder den Fortgang der Behandlung gefährdet, dann kann der Behandler mit *direktiven Interventionen* eingreifen. Er kann den Patienten z. B. auffordern, ein bestimmtes gegen andere gerichtetes Protestverhalten einzustellen, und ihm zeigen, daß er sich damit verstrickt und selbst in Schwierigkeiten bringt, statt die erhoffte Abgrenzung zu erreichen.

Dabei soll die neutrale Haltung möglichst bald durch Klärung und Deutung der Übertragungen, die mit dem Agieren verbunden waren, wiederhergestellt werden. Der Therapeut wird das Gespräch irgendwann darauf zentrieren, was es zu bedeuten haben mag, daß er gerade in diesem Augenblick in die Situation gebracht wurde, einzugreifen, und dazu auch selbst in einer Deutung Stellung nehmen. Im übrigen zentriert die Behandlung auf die *Bearbeitung der Spaltungsübertragung* und der damit verbundenen typischen Borderlineabwehr durch Deutungen im Hier und Jetzt. Das Ziel ist die Entwicklung einer besseren Kapazität für die Integration der widersprüchlichen, gespaltenen Selbst- und Objektaspekte, eine Verbesserung der Affektregulation, der Impulskontrolle usw., d. h. eine Nachreifung des Ichs.

Interaktionelle Psychotherapie

Ebenfalls für die *Behandlung von Borderline-Störungen* wurde die interaktionelle Psychotherapie (Heigl-Evers u. Heigl 1988)[6] entwickelt. Ursprünglich als Gruppentherapie konzipiert, findet sie heute auch als Einzelbehandlung und

---

[6] vgl. zusammenfassend auch Heigl-Evers et al. (1993).

großenteils im Rahmen stationärer Borderline-Behandlungen statt. Das Verfahren nimmt auf die spezifische Art der Objektbeziehungen und auf die Ich-Funktionsdefizite der Borderlinepatienten Bezug: Störungen in der Abgrenzung zwischen dem Selbst und den Objekten, Spaltungspathologie, mangelhafte Affektregulation usw. Es geht von der - allerdings umstrittenen - Annahme aus, daß Borderlinepatienten mit der üblichen Technik der Deutung ihrer zentralen Beziehungskonflikte in der Übertragung nicht angemessen erreicht werden. An die Stelle der Deutungsarbeit tritt deshalb:

- Das *Prinzip "Antwort"*: Der Therapeut teilt nach bestimmten Regeln etwas von den Gefühlsreaktionen mit, die der Patient in ihm auslöst. Er äußert z. B.: "Ich fühle Bedauern, daß ich Ihnen bislang nicht mehr helfen konnte ..." (Heigl-Evers et al. 1993, S. 214). Dadurch solche für den Patienten verarbeitbare Mitteilung tatsächlich erlebter Gefühle will der Therapeut für ihn in seiner realen Präsenz greifbar und bis zu einem gewissen Grade auch kontrollierbar werden. Dadurch soll die Objektkonstanz gefördert werden.

- Die *Übernahme von Funktionen eines Hilfs-Ich*. Solange bestimmte basale Ich-Funktionen beim Patienten nicht ausreichend entwickelt sind, werden diese stellvertretend für ihn vom Therapeuten ausgeübt. Er versetzt sich einerseits in den Patienten hinein, nimmt andererseits eine außenstehende Position gegenüber den Bedürfnissen und Affekten des Patienten ein und stellt ihm z. B. seine eigenen regulierenden Signale zur Verfügung: "... da würde ich jetzt hellwach werden und erleben: Hallo, aufgepaßt!" Das Ziel einer solchen Intervention besteht darin, daß der Patient durch Identifikation mit dem Behandler in die Lage kommen soll, auf Dauer ähnliche Gefahrsituationen selbst zu erkennen und darauf selbstschützend zu reagieren.

Stützend-tiefenpsychologische Psychotherapie

Eine weitere Variante der tiefenpsychologischen Behandlung von Borderline-patienten stellt die stützende Behandlungsform dar. Sie ist als eine reparative, entwicklungsfördernde Behandlung konzipiert (Faber u. Haarstrick 1989; Luborsky 1984). Der psychoanalytische Ansatz kommt dabei als Basis für das Verständnis der Pathologie und der Beziehungsregulierung zum Tragen. Er findet aber nicht in den Interventionen Ausdruck.

Wichtiger als die Konfliktbearbeitung erscheint hier als Wirkfaktor die *langfristige haltgewährende Beziehung*. Sie muß von realistischen Zielen, gegenseitiger Achtung und Sympathie und angemessenem Optimismus getragen werden. Dadurch kann der Patient seine Kompetenz ausbauen, Beziehungen verbindlich zu gestalten und die dabei auftretenden Spannungen zu handhaben. Die Aufgabe des

Therapeuten besteht darin, die Wahrnehmung von Beziehungsschwierigkeiten zu fördern und mit dem Patienten Wege für Problemlösungen zu erarbeiten. Gegenüber der analytischen Psychotherapie ist er hier stärker in der Rolle des aktiven Beraters und Mentors als in der des rezeptiven, kommentierenden Begleiters.

Die Anwendung und Reichweite der tiefenpsychologischen Behandlungserfahren

Die häufige Anwendung der tiefenpsychologischen Psychotherapie hat mehrere *patientenbezogene Gründe:*

- Viele *leichtere neurotische Störungen* bedürfen keiner ausführlichen Analyse der tieferliegenden Persönlichkeitskonflikte. Behandlungen unter Nutzung einer stärkeren therapeutischen Regression sind bei ihnen nicht erforderlich. Oft sind die Patienten dazu auch gar nicht bereit.

- Andererseits sind manche *schwer gestörte Borderlinepatienten* durch Behandlungen mit weitergehenden Zielsetzungen nicht erreichbar. Bisweilen ist die tiefenpsychologisch supportive Behandlung eine Art ultima ratio bei Patienten, die sich in einer dringlichen Notlage befinden, aber weder bereit noch in der Lage sind, sich einer aufwendigeren Psychotherapie zu unterziehen. Oft bestehen prognostisch auch keine ausreichenden Perspektiven, z. B. bei Suchtpatienten oder nach mehrfachen abgebrochenen Behandlungsversuchen.

Institutionelle Gründe kommen hinzu: Die Verfahren sind inzwischen didaktisch gut aufgearbeitet, werden in Manualen (Dührssen 1988; Kernberg 1989; Luborsky 1984) vermittelt und erscheinen relativ "leicht" erlernbar (was allerdings umstritten ist). Sie kommen dem gewaltigen Bedarf an Psychotherapie auf ökonomisch sparsame Weise nach. Schließlich lassen sich tiefenpsychologische Behandlungen mit niederer, häufig unregelmäßiger Frequenz im Gegensatz zur psychoanalytischen Therapie recht gut nicht nur in psychotherapeutischen Fachpraxen anwenden, sondern auch mit der ärztlichen und fachärztlichen nicht-psychotherapeutischen Tätigkeit in verschiedenen Fachgebieten verknüpfen: Außer in der Allgemeinmedizin und Psychiatrie auch in Fächern wie Innere Medizin, Gynäkologie oder Dermatologie, in denen ein Großteil psychosomatischer Patienten zur Behandlung kommen. Die *Effizienz* der tiefenpsychologischen Verfahren erweist sich v. a. bei leichteren neurotischen und narzißtischen Störungen. Oft reicht es diesen Patienten völlig aus, mit Hilfe der tiefenpsychologischen Einzeltherapie oder der dynamischen Psychotherapie eine Restabili-sierung und Symptomfreiheit zu erreichen.

Die Frage, welchen Effekt die tiefenpsychologische Psychotherapie bei schwereren Neurosen und Persönlichkeitsstörungen hat, ist allerdings schwer zu beantworten. Als Vorteil wird immer wieder geltend gemacht, daß zusätzliche Regressionen bei ohnehin regredierten Patienten gering gehalten werden können und die progressiven Kräfte der Patienten optimal genutzt werden können. Der mögliche Nachteil, daß eine zeitlich und von der Kontaktgestaltung her geringe Behandlungsintensität wie eine Redeprivation erlebt werden kann, wird demgegenüber selten formuliert. Gute Ergebnisse lassen sich am ehesten erreichen, wenn Teilziele angestrebt werden, die mehr auf die Überwindung aktueller Schwierigkeiten z. B. im Arbeitsbereich ausgerichtet sind als auf weitgehende Veränderung tief in der Persönlichkeit verankerter Verhaltensweisen. Wahrscheinlich ist es der entscheidende Faktor für die Zufriedenheit mit dem Ergebnis, ob der Therapeut und der Patienten sich bewußt und weitgehend auch unbewußt auf ein begrenztes Ziel und einen begrenzten Effekt einigen und die Zuversicht entwickeln können, auch unter diesen Bedingungen Nützliches für den Patienten zu erreichen.

Literatur

Balint M (1968) Therapeutische Aspekte der Regression. Klett, Stuttgart 1970

Balint M, Ornstein P, Balint E (1973) Fokaltherapie. Suhrkamp, Frankfurt aM

Cremerius J (1984) Die psychoanalytische Abstinenz-Regel. Psyche 38: 769 - 800

Deserno H (1990) Das Arbeitsbündnis. Int Verlag Psychoanalyse, München

Dührssen A (1972) Analytische Psychotherapie in Theorie, Praxis und Ergebnissen. Vandenhoeck & Ruprecht, Göttingen

Dührssen A (1988) Dynamische Psychotherapie. Springer, Berlin Heidelberg New York

Edelman GE (1989) The remembered present. A biologic theory of consciousness. Basic Books, New York

Ermann M (1992) Die sogenannte Realbeziehung. Forum Psychoanal 8: 281 - 294

Ermann M (1995) Psychotherapeutische und psychosomatische Medizin. Ein Manual auf psychoanalytischer Grundlage. Kohlhammer, Stuttgart

Faber FR, Haarstrick R (1989) Kommentar zu den Psychotherapie-Richtlinien. Jungjohann, Neckarsulm

Ferenczi S (1921) Weiterer Ausbau der aktiven Technik. In: Ferenczi S (Hrsg) Bausteine der Psychoanalyse, Bd 2. Huber, Bern Stuttgart (1964)

Freud S (1895) Studien über Hysterie. GW, Bd 1, Fischer, Frankfurt aM

Fürstenau P (1977) Die beiden Dimensionen des psychoanalytischen Umgangs mit strukturell ich-gestörten Patienten. Psyche 31: 197 - 207

Gill MM (1979) Die Analyse der Übertragung. Forum Psychoanal 9: 46 - 61 (1993)

Heigl-Evers A, Heigl F (1982) Tiefenpsychologisch fundierte Psychothcrapie. Z Psycho-som Med 28: 160 - 175

Heigl-Evers A, Heigl F (1988) Das interaktionelle Prinzip in der Einzel- und Gruppen-psychotherapie. Z Psychosom Med 29 : 1 - 14

Heigl-Evers A, Heigl F, Ott J (Hrsg) (1993) Lehrbuch der Psychotherapie. UTB Fischer, Stuttgart

Heimann P (1950) On countertransference. Int J Psychoanal 31: 81 - 84

Kernberg O (1975) Borderline-Störungen und pathologischer Narzißmus. Suhrkamp, Frankfurt aM (1978)

Kernberg O (1989) Psychodynamische Psychotherapie bei Borderline-Patienten. Huber, Bern Stuttgart (1993)

Klüwer R (1970) Die Orientierungsfunktion des Fokus bei der psychoanalytischen Kurztherapie. Psyche 24 : 739 - 755

Kohut H (1971) Narzißmus. Suhrkamp, Frankfurt aM (1973)

Kohut H (1977) Die Heilung des Selbst. Suhrkamp, Frankfurt aM (1978)

Körner J (1990) Übertragung und Gegenübertragung - eine Einheit im Widerspruch. Forum Psychoanal 6: 87 - 104

Körner J, Rosin U (1985) Das Problem der Abstinenz in der Psychoanalyse. Forum Psychoanal 1: 25 - 47

Lachauer R (1992) Der Fokus in der Psychotherapie. Pfeiffer, München

Loch W (1979) Tiefenpsychologisch fundierte Psychotherapie - Analytische Psychothera-pie. Ziele, Methoden, Grenzen. Wege zum Menschen 31: 177 - 193

Luborsky L (1984) Einführung in die analytische Psychotherapie. Springer, Berlin Heidelberg New York (1985)

Malan DH (1962) Psychoanalytische Kurztherapie. Huber, Bern Stuttgart

Mertens W (1990) Einführung in die psychoanalytische Therapie, Bd 2. Kohlhammer, Stuttgart

Racker H (1959) Übertragung und Gegenübertragung. Reinhardt, München 1978

Rosenfeld H (1990) Sackgassen und Deutungen. Verlag Internat Psychoanalyse, München

Schlieffen H v (1983) Psychoanalyse ohne Grundregel. Psyche 37: 481 - 496

Wallerstein R (1986) Forty-two lives in treatment. Guildford Press, New York London

Wer verschreibt hier was wem?

Ulrich Streeck

Indikation in der Psychotherapie

Psychotherapie ist ein interaktionelles Geschehen. Auch in der psychoanalytischen Fachdiskussion hat sich die Erkenntnis weitgehend durchgesetzt, daß die Situation im Behandlungszimmer und der therapeutische Prozeß nicht alleine vom Patienten, sondern auch vom Verhalten des Analytikers bestimmt werden. Weder wiederholt der Patient in der Beziehung zum Analytiker nur seine Vergangenheit, noch ist der Analytiker selbst nur passive Kleiderpuppe (Sterba 1974), der der Patient seine Übertragungskleider überzieht. Statt nur Produkt der "verbliebenen Kindlichkeit" (Fürstenau 1992) des Patienten zu sein, wird die Übertragung auch vom "Interaktionsangebot" des Analytikers geprägt. Psychotherapie ist ein Gespräch, vollzieht sich im Dialog, in Interaktion von zwei Beteiligten.

Thomä und Kächele (1985) haben allerdings Zweifel geäußert, daß wir wirklich ernst machen mit der Erkenntnis, daß der psychoanalytische Prozeß sich interaktiv konstituiert und entwickelt. Denn würden wir das tun, dann wäre der Psychoanalytiker nicht nur Übertragungsobjekt und Reflexionssubjekt (Wolff u. Meier 1994), sondern wäre aktiver Interaktionspartner, und Therapie wäre als Prozeß wechselseitigen Handelns und - in gewissem Sinne - wechselseitigen Sich-Behandelns zu verstehen, eine Auffassung, die sich in Grundzügen bereits bei Ferenczi, Winnicott, Balint, Sullivan u.a. findet.

Verschreiben von Psychotherapie: das pharmakologische Modell

Verschreiben und Verordnen fangen vor jeder Behandlung an. In der Medizin heißt Verschreiben festzulegen, welcher Patient mit welcher Krankheit welche Therapie in welcher Verabreichungsform und Dosierung braucht. Verschreiben würde danach in einem Prozeß von Entscheidungen gründen, die aufgrund von definierten Kriterien, nämlich spezifischen Eigenschaften des Patienten und spezifischen Wirkmerkmalen der Behandlungsmittel getroffen werden:

Sie wissen schon, das Anwendungsgebiet der analytischen Therapie sind die Übertragungsneurosen. Phobien, Hysterien, Zwangsneurosen, außerdem noch Abnormitäten des Charakters, die an Stelle solcher Erkrankungen entwickelt worden sind. Alles, was anders ist, narzißtische, psychotische Zustände, ist mehr oder weniger ungeeignet (Freud 1933, S. 167).

Phobien, Hysterien, Zwangsneurosen oder Abnormitäten des Charakters - wir würden heute verschiedene andere Störungen dazurechnen - sind danach unzweifelhaft Krankheiten, die Patienten haben und die als Krankheiten feststellbar sind. Entdeckt der Psychotherapeut Zeichen dieser Krankheiten beim Patienten, dann verordnet er ihm die indizierte Behandlung, z. B. eine analytische Therapie.

Man könnte in diesem Fall von einem pharmakologischen Modell vom Verschreiben sprechen. Dieses Modell ist in der Praxis der Psychotherapie - meist unausgewiesen - ebenso verbreitet wie in organmedizinischen Fächern selbstverständlich:

Klinisch ist die gestufte Aktivhypnose angezeigt bei Abnormitäten des Sexualtriebes, Medikamentabhängigkeit einschließlich Alkohol, vegetativen Dysregulationen und psychosomatischen Krankheiten, Zwangssyndromen ... usw.

Entsprechend ist eine Indikation (für Aktivitätsaufbau) gegeben, wenn eine Person zu Beginn der Therapie ein unterdurchschnittliches Aktivitätsniveau aufweist, schon kleinste Tätigkeiten überbewertet und vermeidet, sich vorwiegend grüblerisch und initiativlos verhält, und wenn der Therapeut den Patienten zur aktiven Mitarbeit anleiten will. Bei der Indikation ist zu prüfen, ob konkrete Möglichkeiten zum Ausüben therapierelevanter Aktivitäten vorhanden sind, ob sich ... usw.

Zum Vergleich heißt es in einem pharmakologischen Lehrbuch beispielsweise: Die Behandlung mit Glucocorticoiden ist bei Nebennierengesunden gegen im mesenchymalen Gewebe ablaufende Prozesse gerichtet und in allen Fällen nur symptomatisch. Diese Art von Behandlung ist indiziert bei akutem rheumatischem Fieber, Kollagenkrankheiten ... usw.

Indikationsempfehlungen in der Psychotherapie scheinen demnach von der "Verordnungslogik" in der Pharmakologie oder anderen medizinischen Fächern nicht erkennbar abzuweichen. Indikation wird hier wie dort als Funktion bestimmter definierter Krankheitsbilder aufgefaßt, bei denen spezifische Behandlungen anzuwenden sind. Das Verordnen in der Psychotherapie würde sich danach dem medizinischen Verständnis von Indikation umstandslos einfügen lassen.

Dieses pharmakologische Modell der Indikationsstellung beruht auf den als selbstverständlich hingenommenen Annahmen:

- daß es eine feststellbare Krankheit bei dem Patienten gibt und daß diese feststellbare Krankheit von einem Fachmann ausfindig gemacht werden kann, der sie als vorhanden entdeckt,

- daß es gegen diese Krankheit definierte Behandlungsmaßnahmen gibt, wobei zuständige Fachleute über diese Behandlungsmaßnahmen verfügen und sie als Maßnahmen oder Methoden gegen die Krankheit bei einem Patienten anwenden,

- Heilung oder Linderung unter der Mindestvoraussetzung zustandekommen, daß die geeigneten Methoden verschrieben und v. a. richtig und sachgerecht am Kranken angewendet und durchgeführt werden.

Entgegen der Auffassung, daß Psychotherapie ein interaktionelles Geschehen sei, kommen im pharmakologischen Modell interaktive Prozesse nicht vor. Verschreiben beschränkt sich auf das Feststellen eines Etwas, einer Objektivität, die beim Patienten als Krankheit vorhanden ist und an ihm 'festgestellt" bzw. als vorhanden entdeckt wird.

Freud (1933) selbst hielt ein solches Modell allerdings für unzureichend, wie aus den einschränkenden Bemerkungen hervorgeht, die er seinen zitierten Hinweisen zur Indikation hinzugefügt hat:

Unsere Diagnosen erfolgen sehr häufig erst nachträglich, sie sind von der Art wie die Hexenprobe des Schottenkönigs, von der ich bei Victor Hugo gelesen habe. Dieser König behauptete, im Besitz einer unfehlbaren Methode zu sein, um eine Hexe zu erkennen. Er ließ sie in einem Kessel kochenden Wassers abbrühen und kostete dann die Suppe. Danach konnte er sagen: das war eine Hexe, oder: nein, das war keine. Ähnlich ist es bei uns, nur daß wir die Geschädigten sind. Wir können den Patienten, der zur Behandlung kommt ... nicht beurteilen, ehe wir ihn durch einige Wochen oder Monate analytisch studiert haben. Wir kaufen tatsächlich die Katze im Sack. Der Patient brachte unbestimmte, allgemeine Beschwerden mit, die eine sichere Diagnose nicht gestatteten. Nach dieser Probezeit mag sich herausstellen, daß es ein ungeeigneter Fall ist (Freud 1933, S. 167).

Wenn Freud den Patienten "durch einige Wochen oder Monate analytisch studieren" wollte, damit sich herausstellen möge, ob es sich um einen geeigneten oder einen ungeeigneten Fall handelt, dann nicht, weil er glaubte, daß die Hexe nur länger im kochenden Wasser abgebrüht werden müsse, um schließlich Gewißheit zu erlangen, ob dies eine Hexe ist oder nicht und um entscheiden zu können, was gegen die Hexe zu tun sei. Nicht von einem Mehr an Zeit versprach sich Freud eine Lösung. Zwar wollte er einen scheinbar nur objektiven Sachverhalt, die Eignung des Falles, feststellen, aber auf dem Wege, daß er den Patienten vor der Behandlung über einige Zeit hinweg "analytisch studieren", somit über einige Wochen oder Monate hinweg eine therapeutische Beziehung mit dem Patienten eingehen würde, um sich erst dann zur Indikation zu äußern.

Das Eignungs- oder Tauglichkeitsmodell vom Verschreiben

Die Diagnose einer psychischen oder psychosomatischen Krankheit ist ein unzuverlässiges Kriterium für Indikationsentscheidungen. Selbst wenn es möglich wäre, daß sich - um noch einmal auf den Schottenkönig zurückzukommen - beim Abschmecken der Suppe herausstellt, ob es sich um eine Hexe handelt oder nicht und sich aufklären ließe, um was für eine Hexe es sich handelt, würde das alleine noch keine ausreichend zufriedenstellende und verläßliche Antwort auf die Frage erlauben, was sinnvollerweise gegen die Hexe zu unternehmen ist. Bemühungen in der Psychotherapie, zu Indikationskriterien zu kommen, die zuverlässiger und aussagekräftiger sind als die Diagnose alleine, tragen deshalb dem Umstand Rechnung, daß nicht Krankheiten behandelt werden, sondern daß es um die Behandlung von Patienten geht, die krank sind. Folgerichtig gilt es für Indikationsentscheidungen nicht mehr nur, Krankheiten zu diagnostizieren, sondern ein möglichst genaues Bild davon zu bekommen, wer der Patient und wie der Patient ist, der diese Krankheit hat, und seine Persönlichkeit, seine biographische Entwicklung, seine aktuellen Lebensumstände u. a. vor der Indikationsstellung möglichst differenziert zu erfassen. Um für bestimmte Behandlungsmethoden infrage zu kommen, reicht es - mit anderen Worten - nicht mehr aus, festgestellt zu haben, daß ein Patient eine bestimmte Krankheit hat, sondern es muß auch gewährleistet sein, daß er bestimmte, je nach Behandlungsmethode verschiedene Voraussetzungen mitbringt, die z. B. seine Persönlichkeit betreffen, seine Intelligenz, seine soziale Situation u. a. Wenn diese Eigenschaften und Merkmale eines Patienten sich ausreichend haben feststellen lassen, dann müßten sich - so die Annahme - auch die Unzulänglichkeiten und Unsicherheiten des pharmakologischen Modells überwinden lassen, und psychotherapeutische Behandlungen könnten gezielt und auf verläßlichere prognostische Aussagen gestützt verordnet werden.

So führt Heigl (1972) in seinem Buch über "Indikation und Prognose in Psychoanalyse und Psychotherapie" detailliert und auf breite klinische Erfahrung gestützt eine große Vielfalt von psychodynamischen, strukturellen und sozialen Kriterien auf, anhand derer u.a. die Indikation für oder gegen verschiedene psychotherapeutische Behandlungen gestellt werden können. Auch die ich-psychologischen Faktoren, die Blanck u. Blanck (1974) oder Bellaket al. (1973) zusammengestellt haben, sollen ein gezielteres und zuverlässigeres Verschreiben von Psychoanalyse und Psychotherapie erlauben.

Auf diesem Weg wird die Indikationsfrage subjektiviert, und aus dem pharmakologischen Modell wird - wie man dieses erweiterte Modell nennen könnte - ein Eignungsmodell vom Verschreiben.

Die Art und Weise, wie die Frage der Indikation beantwortet wird, wenn sie unter impliziter Anwendung dieses Eignungsmodells behandelt wird, geht allerdings nicht grundsätzlich über die Grenzen des pharmakologischen Modells hinaus. Zwar geht es in diesem Modell nicht mehr nur um das Verordnen eines geeigneten Mittels, einer geeigneten psychotherapeutischen Methode gegen eine Krankheit, die der Patient hat, sondern auch um das Verordnen von Behandlungen, die angesichts der besonderen Persönlichkeit, die der Patient ist, geeignet erscheinen und versprechen, effektiv zu sein. Wie im pharmakologischen Modell gründet sich das Verschreiben jedoch weiterhin auf einer Vorstellung, derzufolge Indikation eine Funktion feststellbarer vorhandener Eigenschaften ist.

In der Psychoanalyse wird nach einem derartigen Modell z. B. dort verfahren, wo die Analysierbarkeit des Patienten festgestellt werden soll, um die Entscheidung für oder gegen eine psychoanalytische Behandlung zu treffen; "Analysierbarkeit" umfaßt dabei u.a. jene Eigenschaften, die ein Patient vermeintlich braucht, um sich auf einen analytischen Prozeß mit einiger Aussicht auf Erfolg einlassen zu können (z. B. Lower et al. 1972). Ein verwandtes Modell kann sich in anderen medizinischen Fächern manchmal hinter dem neuerdings auch in der Psychotherapie auftauchenden Stichwort der "compliance" verstecken. Daß wir das Geschehen im Behandlungszimmer als einen interaktiven Prozeß auffassen, als ein Geschehen zwischen zwei Subjekten, schlägt sich in dem Eignungsmodell vom Verschreiben jedoch ebensowenig erkennbar nieder wie im pharmakologischen Modell. Hier wie dort scheint auf Therapeutenseite nur die Methode, die er vertritt, für die Indikationsentscheidung zu Buche zu schlagen, aber weder seine Person als das eine der beiden an dem Prozeß beteiligten Subjekte noch Faktoren des interaktiven Prozesses zwischen ihm und dem Patienten, die doch die Behandlung als Behandlung konstituieren [1].

---

[1] Darüber hinaus erfolgt in der täglichen Praxis das Verschreiben nicht nach solchen idealtypischen Kriterien wie nach Eignungs- oder pharmakologischem Modell vorgesehen, Indikationen werden entgegen solchen differenzierenden Kriterien oft stereotyp gestellt und Indikationsentscheidungen häufig bereits in den ersten Minuten des Kontaktes getroffen und - einmal gefällt - meist auch nicht mehr revidiert, dies haben z. B. Blaser (1989) und Leuzinger (1984) beschrieben. Psychotherapeutische Methoden werden darüber hinaus nicht selten statt auf der Grundlage von Beschwerden der Patienten und der Art ihrer Hilfebedürftigkeit vielmehr auf der Grundlage der

Auf dem Weg zu einem interaktiven Modell vom Verschreiben

Wenn mit Freuds Empfehlung, den Patienten über einige Zeit hinweg analytisch zu studieren, um die Eignung des Falles klären zu können, ernst gemacht würde, würde das Verordnen, die Indikationsentscheidung, auf Erfahrungen mit einem - zeitbegrenzten - gemeinsamen interaktiven Prozeß, einer therapeutischen Beziehung von Patient und Psychoanalytiker gestützt. Daß die Qualität der therapeutischen Beziehung einen entscheidenden Einfluß auf das Therapieergebnis hat und sich prognostische Aussagen entscheidend verbessern lassen, wenn sie sich nicht nur auf den Patienten, sondern auf das Zusammenpassen von Patient und Therapeut gründen (z. B. Beutler et al. 1994; Luborsky 1990; Rudolf et al. 1988) gehört heute zu den von der empirischen Psychotherapieforschung gut untersuchten Zusammenhängen. Auch im Hinblick auf Fragen der Indikation soll deshalb nach Möglichkeit dem dyadischen Charakter der therapeutischen Beziehung Rechnung getragen werden, u.a. dadurch, daß Therapeutenkriterien in die Indikationsentscheidung einbezogen werden, etwa die Fähigkeit des Psychotherapeuten, dem Patienten eine verstehende bzw. hilfreiche Beziehung anzubieten oder seine Fähigkeit, unbewußte Mitteilungen des Patienten als sinnvolle Äußerungen zu verstehen. Mertens (1990) spricht von der Fähigkeit des Psychoanalytikers, den Patienten analytisch zu involvieren; Kächele (1992) sieht ein entscheidendes prognostisches Kriterium in dem Maß, in dem es gelingt, mit dem Patienten in einen gemeinsamen therapeutischen Prozeß zu kommen und den Patienten aktiv daran zu beteiligen; und Dantlgraber (1982) setzt ganz auf einen "subjektiven Indikationsbegriff", der von Eigenschaften des Patienten weitgehend abgelöst wird und nur noch an die Qualität der emotionalen Beziehung gebunden sein soll.

An die Stelle von Indikationsentscheidungen, die sich nur auf die Diagnose einer Krankheit und auf eine mehr oder weniger große Zahl von strukturellen, dynamischen und sozialen Patientenfaktoren stützen, tritt so allmählich ein Indikationsmodell, mit dem dem dyadischen Charakter des therapeutischen Prozesses Rechnung getragen wird.

Über eine Probebehandlung - Freuds Empfehlung folgend - zu prüfen, ob die beim Verschreiben in Rechnung gestellten Faktoren des Patienten und seiner Krankheit, jetzt ergänzt um Psychotherapeutenkriterien tatsächlich zusammenpassen, ist allerdings nur eingeschränkt zu verwirklichen. Darüber hinaus erscheint fraglich, ob Indikationsaussagen zum Zusammenpassen von Patient und

---

therapeutischen Methoden verschrieben, die der Psychotherapeut anbieten kann, mit dem der Patient zuerst in Kontakt kommt.

Psychotherapeut im Sinne einer guten und hilfreichen therapeutischen Beziehung zu gewinnen sind, indem Krankheitsmerkmale und Persönlichkeitsfaktoren, die einen Patienten für eine bestimmte Behandlung geeignet erscheinen lassen, und Eigenschaften und Kriterien, die der Psychotherapeut erfüllen sollte, zusammengefügt werden. Daß auf diesem Wege möglichst ideale - also erfolgreiche - "Therapiepaare" gebildet werden könnten, ist ebenso zu bezweifeln wie es unwahrscheinlich ist, daß man Partner, die zueinander "passen", finden kann, indem Eigenschaften des einen und Eigenschaften des anderen kombiniert und das etwaige Zueinander-Passen unter Berufung auf Eigenschaftskombinationen vorhergesagt wird, die in empirischen Analysen bei glücklichen Paaren gefunden wurden.

Mit der Deklaration, daß das Geschehen zwischen Patient und Psychotherapeut ein interaktives Geschehen sei, wird so beim Verschreiben offenkundig nur halbherzig ernst gemacht. Indikationsmodelle, die von der interaktionellen Qualität ausgehen, müßten in Rechnung stellen, daß Patient und Psychotherapeut nicht in der Psychotherapie miteinander interagieren, sondern Psychotherapie machen, indem sie miteinander interagieren. Denn auch Psychotherapie ist eine von Patient und Therapeut gemeinsam im Vollzug ihrer Interaktion hergestellte Wirklichkeit, die weder der Wirklichkeit der - kranken oder gesunden - Psyche des Patienten alleine, noch der Psyche des Patienten und der des Therapeuten zusammengenommen entspringt, sondern eine Wirklichkeit, die fortlaufend und immer von Neuem hervorgebracht wird, indem Patient und Therapeut mit Mitteln der Interaktion sich zueinander verhalten und ein Gespräch miteinander abwickeln, das sie auf diesem Weg als psychotherapeutisches Gespräch herstellen. Psychotherapie - und auch der Rahmen von Psychotherapie - sind somit nicht "irgendwie" schon vorhanden, sondern sind die je konkrete Interaktion von Patient und Psychotherapeut. In den wiederkehrenden therapeutischen Situationen von Patient und Psychotherapeut wird im Vollzug ihrer Interaktion die Wirklichkeit hervorgebracht, über die beide dann oft so reden, als gäbe es sie als die Wirklichkeit des Patienten alleine, und als gäbe es sie außerhalb der konkreten interaktiven Vollzüge im Behandlungszimmer - so als würden sie nur über eine schon vorbestehende Realität reden, in die sie gleichsam eintreten oder der sie nur unterliegen.

Dann tritt unvermeidlich auch die Frage in den Vordergrund, wie und mit welchen interaktiven Mitteln und Methodiken als Elemente der Hervorbringung einer geordneten, sinnhaften Wirklichkeit (Garfinkel 1967; Heritage 1984) Patient und Psychotherapeut denn diese therapeutische Realität und therapeutische Rahmenbedingungen herstellen, die eine hilfreiche therapeutische Beziehung ausmachen und Teil eines förderlichen therapeutischen Prozesses sind. Da Psychotherapie ein Gespräch ist, kann es sich nur um Mittel und Methodiken sprachlicher und körperlicher Konversation handeln. Psychotherapie ist ein besonderer Konversationstyp.

Was ein Patient in der Behandlung mitteilt, fassen wir gewöhnlich wie Kundgaben aus seinem seelischen Binnenraum auf, als Äußerungen, die gleichsam Informationen aus seiner seelischen Privatheit in die Öffentlichkeit transportieren (Yngve 1975), und was der Psychotherapeut sagt, verstehen wir üblicherweise als Kommentare zu diesen Kundgaben. Äußerungen in interpersonellen Situationen, die des Patienten ebenso wie die des Psychotherapeuten, sind aber immer auch Mittel, mit denen die jeweilige aktuelle Situation interaktiv hergestellt wird. Wenn Patient und Psychotherapeut miteinander sprechen, sprechen sie nicht nur über etwas und verständigen sich nicht nur über Inhalte, um die sich der therapeutische Dialog dreht, sondern sie bringen zugleich die aktuelle Realität im Behandlungszimmer hervor - jenseits von Übertragung und Gegenübertragung. Sie definieren und regulieren ihr aktuelles Miteinander (Goffman 1974), stellen die Rahmenbedingungen für das therapeutische Gespräch her und handeln ihre Rollen aus. Indem sie ihr therapeutisches Gespräch abwickeln, bringen sie ihre gegenwärtige Situation und ihren Dialog als therapeutische Situation und als therapeutischen Dialog erst hervor.

Im Verlauf eines Gespräches von zwei Freundinnen meint die eine: "Gestern mußte ich laufend an Peter (ihren Ex-Freund) denken". Daraufhin die andere: "Vergiß doch endlich das Scheusal!"

Als sie die gleiche Äußerung - "gestern mußte ich laufend an Peter denken" - kurze Zeit später beim Psychotherapeuten wiederholt, antwortet dieser: "Und was haben Sie dabei gefühlt?"

Die Frage des Psychotherapeuten ist mehr als nur eine Gegenfrage, die nach einem anderen Gegenstand fragt als die Frage der Freundin; sie ist auch eine Äußerung, die einen anderen Kontext erzeugt (Gumperz 1992) und einen anderen Kontext bestätigt. Mit seiner Gegenfrage reklamiert der Psychotherapeut u.a., daß in der aktuellen Situation die Spielregeln des sozialen Alltags außer Kraft gesetzt sind; denn wer im Alltag sein Gegenüber in der Weise, wie der Psychotherapeut das tut, nach Gefühlen zurückfragen würde, würde sich verdächtig machen, schamlos neugierig zu sein oder kein Taktgefühl zu haben. Erst innerhalb eines therapeutischen Kontextes, der z. B. durch Gegenfragen hervorgebracht und bekräftigt wird, sind derartige Gegenfragen legitim. Äußerungen wie "und was haben Sie dabei gefühlt?" fallen deshalb relativ oft in ersten therapeutischen Kontakten. Neben dem, worüber sie etwas in Erfahrung bringen wollen, markieren solche Fragen, daß für das Miteinander von Patient und Psychotherapeut jetzt andere Dialogregeln gelten als für Alltagsgespräche (Flader; Grodzicki 1982). Labov und Fanshel (1977) sprechen von einem Übergang von einem "everyday style" des Miteinander-Sprechens zu einem "interview style".

Das ist gemeint mit dem auf den ersten Blick befremdenden Hinweis, daß therapeutische Situationen mit interaktiven und kommunikativen Mitteln hervorgebracht werden.

Auch die Befunde, die zur Diagnose von Krankheiten oder zum Feststellen von Persönlichkeitseigenschaften des Patienten führen und beim Verschreiben in Rechnung gestellt werden, gründen in dialogischen, interaktiven Prozessen. Wird auch das Verschreiben als ein solcher interaktiver Prozeß verstanden, dann läßt sich nicht mehr ohne weiteres davon sprechen, daß die Krankheit als etwas Vorhandenes gefunden und entdeckt, daß Eigenschaften der Persönlichkeit des Patienten festgestellt und Rahmenbedingungen der therapeutischen Situation vorgefunden werden (Buchholz u. Streeck 1994). Aus der Sicht des Patienten ist das, was er hat, üblicherweise keine Neurose und keine psychosomatische Krankheit. Vielleicht fühlt er sich komisch, hat Schwierigkeiten mit sich oder hält das, was er "hat", für eine Folge dessen, daß ihm die Menschen in seiner Umgebung das Leben schwer machen. Das bringt dann seine Diagnose zum Ausdruck. Hat er in Wirklichkeit aber doch eine Neurose und weiß es nur nicht besser, weil er nicht richtig verstehen kann, was mit ihm tatsächlich los ist? Und weiß der Psychotherapeut, daß der Patient nicht nur Schwierigkeiten mit sich oder seiner Umwelt hat, sondern "in Wirklichkeit" an einer Neurose erkrankt ist?

In einem interaktiven Prozeß stellt der Psychotherapeut nicht einfach nur eine Krankheit fest, die der Patient hat, sondern definiert das, was für den Patienten komische Gefühle sind oder Schwierigkeiten mit der Umgebung, seinerseits als Neurose. Er rechnet dem Verhalten des Patienten die Bedeutung einer Krankheit zu, verhält sich daraufhin zu dem Patienten so, als wäre das, was dieser hat, nicht das, was er selbst zu haben meint, sondern als hätte er eine Krankheit.

Was somit "in Wirklichkeit" mit dem Patienten los ist, das wird nicht an oder in ihm entdeckt, sondern wird als das, was es letztendlich sein wird, zwischen Patient und Psychotherapeut in dialogischer Interaktion hervorgebracht. Und was im Weiteren therapeutisch geschieht, was dem Patienten als Mittel gegen seine Krankheit verordnet wird, wird gleichfalls nicht auf der Grundlage dessen entschieden, daß der Psychotherapeut beim Patienten eine Krankheit oder Störung festgestellt und diagnostiziert hat, sondern ist das Ergebnis eines Prozesses, in dessen Verlauf beide sich darüber verständigen, wie sie verstehen und "definieren", was mit dem Patienten los ist und was dagegen zu machen ist. Diagnose und Indikation sind selbst noch interaktive Hervorbringungen.

Tatsächlich nimmt die Vorstellung, die in der Metapher zum Ausdruck kommt, daß einem Patienten eine bestimmte psychotherapeutische Behandlung verordnet und daß die verordnete therapeutische Methode dann bei dem Patienten angewendet wird, implizit auf ein Interaktionsmodell bezug, das für die Rolle des Patienten die rezeptive Aneignung einer verordneten Medizin - hier: einer verordneten therapeutischen Methode - und die Befolgung von therapeutischen Verfahrensregeln und -vorschriften vorsieht; es beinhaltet die Vorstellung von einer Beziehung zwischen einem Anwender-Subjekt und einem Objekt, bei dem etwas zur Anwendung gebracht wird. Wenn Patienten ihrerseits diese Vorstellung von einer "Krankheit" haben, zu deren "Behandlung" bestimmte psychotherapeutische oder auch andere Mittel und Methoden angewendet werden - eine Vorstellung, die zu dem pharmakologischen Modell vom Verschreiben korrespondiert -, erschwert das meist eine psychotherapeutische Behandlung, unter Umständen erheblich. Solche metaphorisch zur Sprache gebrachten Vorstellungen steuern die Interaktion in der therapeutischen Situation (Buchholz 1993) - so wie das pharmakologische Modell mit den Metaphern vom Verschreiben und von der Anwendung einer Behandlungsmethode das Handeln und die Interaktion des Psychotherapeuten steuern [2].

Was die Behandlung "in Wirklichkeit" ist, wird nicht verordnet. Psychotherapie wird nicht als Anwendung von Behandlungsmethoden realisiert. Was eine Behandlung ist, wird in dialogischer Interaktion im Miteinander von Patient und Psychotherapeut definiert, revidiert, in Frage gestellt und neu hergestellt, indem sie miteinander sprechen und sich zueinander verhalten.

Schlußbemerkung

Um zu entscheiden, ob eine Behandlung voraussichtlich nützlich und wirksam sein wird, bedarf es zweifellos einer möglichst genauen Diagnose der Krankheit des Patienten, und durch eine differenzierte Beurteilung der Persönlichkeit und der Lebensumstände des Patienten lassen sich die Aussagen zur Indikation und Prognose verbessern, mehr noch, wenn darüber hinaus auch noch Voraussetzungen auf seiten des Psychotherapeuten in Rechnung gestellt werden.

In einem Modell vom Verschreiben allerdings, das mit der Auffassung von Psychotherapie als einem interaktionellen Prozeß ernst macht, würde der dialogischen, interaktiven Herstellung der therapeutischen Wirklichkeit Rechnung ge-

---

[2] Corveth (1993) hat das u. a. anhand des Kohutschen Selbstbegriffs deutlich gemacht: "Kohut und seine Schüler scheinen das "Selbst" - mit seinen Qualitäten der Kohäsion, der Anfälligkeit gegenüber Fragmentierungserfahrungen oder seiner Tendenz, unter gewissen Umständen zu desintegrieren - gleich einem delikaten keramischen Kunstwerk zu verstehen, das im Brennofen der frühen Selbstobjekte nicht ausreichend gehärtet wurde. Divergente Leitmetaphern beeinflussen, besonders wenn sie wörtlich genommen werden, nachhaltig unseren Zugang zu Patienten: eine defekte Maschine bearbeitet man schon einmal mit einem Hammer, selten jedoch ein feines chinesisches Stück und schon gar nicht, wenn es schon einen Sprung hat" (S. 25).

tragen werden müssen. Weder nur Merkmale des Patienten und seiner Krankheit, noch Merkmale des Therapeuten und seiner mitgebrachten Eigenschaften und Fähigkeiten, eine therapeutische Methode anzuwenden oder einen therapeutischen Kontakt herzustellen, würden für ein solches Modell genügen. Ein interaktionelles Indikationsmodell würde die Möglichkeiten von Patient und Psychotherapeut in Rechnung stellen, im Prozeß ihrer dialogischen Interaktion eine sinn- und bedeutungsvolle gemeinsame Wirklichkeit hervorzubringen.

Literatur

Bellak L, Hurvich M, Gediman HK (1973) Ego functions in schizophrenics, neurotics and normals. Wiley & Sons, New York London Sydney Toronto

Beutler LE, Machado P, Allstetter Neufeldt S (1994) Therapist variables. In: Bergin AE, Garfield L (eds) Handbook of psychotherapy and behavior change. Wiley & Sons, New York Chichester Brisbane Toronto, pp 229-269

Blanck G, Blanck R (1974) Angewandte Ich-Psychologie. Klett, Stuttgart

Blaser A (1989) Die Wirksamkeit von Wahrnehmungsstereotypen bei der Indikation zur Psychoanalyse. Z Psychosom Med Psychoanal 35 : 59-67

Buchholz MB (1993) Metaphern in der "talking cure" - die Rhetorik der "Arbeit am Widerstand". In: Buchholz MB (Hrsg) Metaphernanalyse. Vandenhoeck & Ruprecht, Göttingen, S 171-207

Buchholz MB, Streeck U (1994) Psychotherapeutische Interaktion: Aspekte qualitativer Prozeßforschung. In: Buchholz MB, Streeck U (Hrsg) Heilen, Forschen, Interaktion. Psychotherapie und qualitative Sozialforschung. Westdeutscher Verlag, Opladen, S 67-106

Dantlgraber J (1982) Bemerkungen zur subjektiven Indikation für Psychoanalyse. Psyche 36 : 193-225

Flader D, Grodzicki WD (Hrsg) (1982) Psychoanalyse als Gespräch. Interaktionsanalytische Untersuchungen über Therapie und Supervision. Suhrkamp, Frankfurt aM

Freud S (1933) Neue Folge der Vorlesungen zur Einführung in die Psychoanalyse. GW Bd 15

Fürstenau P (1992) Progressionsorientierte psychoanalytisch-systemische Therapie. Forum Psychoanal 8 : 17-31

Garfinkel H (1967) Studies in ethnomethodology. Prentice-Hall, Englewood Cliffs NJ

Goffman E (1974) Das Individuum im öffentlichen Austausch. Suhrkamp, Frankfurt aM

Gumperz JJ (1992) Contextualization revisited. In: Auer P, Luzio A (eds) The contextualization of language. Benjamins, Amsterdam Philadelphia, pp 39-53

Heigl FS (1972) Indikation und Prognose in Psychoanalyse und Psychotherapie. Vanden-
    hoeck & Ruprecht, Göttingen
Heritage J (1984) Garfinkel and ethnomethodology. Polity, Cambridge
Kächele H (1992) Psychoanalytische Therapieforschung 1930 - 1990. Psyche 46 : 259-285
Labov W, Fanshel D (1977) Therapeutic discourse. Academic Press, New York
Leuzinger M (1984) Psychotherapeutische Denkprozesse - Kognitive Prozesse bei der
    Indikation psychotherapeutischer Verfahren. PSZ, Ulm
Lower RB, Escoll PJ, Huxster HK (1972) Bases for judgments of analyzability. J Am
    Psychoanal Assoc 20 : 610-621
Luborsky L (1990) Theory and technique in dynamic psychotherapy - curative factors and
    training therapists to maximize them. Psychother Psychosom 53 : 50-57
Mertens W (1990) Einführung in die psychoanalytische Therapie. Kohlhammer, Stuttgart
Rudolf G, Grande T, Porsch U (1988) Die Berliner Psychotherapiestudie. Z Psychosom
    Med 34 : 2-18
Sterba, R. (1974, 1934) Das Schicksal des Ichs im therapeutischen Verfahren. In: Kutter P,
    Roßkamp H (Hrsg) Psychologie des Ich. Wiss Buchgesellschaft, Darmstadt, S 50-59
Streeck U (1994) Psychoanalyse von Angesicht zu Angesicht? Forum Psychoanal 10 : 1-16
Thomä H, Kächele H (1985) Lehrbuch der psychoanalytischen Therapie. Springer, Berlin
    Heidelberg New York Tokyo
Wolff S, Meier C (1994) Psychoanalyse unterm Mikroskop. Konversationsanalytische
    Beobachtungen zu minimalen Redeannahmen und Fokussierungen. (Vortrag bei der 2.
    Tagung "Qualitative Psychotherapieforschung" 1994, Krankenhaus Tiefenbrunn)
Yngve VH (1975) Human linguistics and face-to-face interaction. In: Kendon A (ed)
    Organization of behavior in face-to-face interaction. The Hague, Mouton, pp 47-63

Zusammenspiel: Der Beitrag von Patient und Therapeut zum Therapieerfolg

Gerd Rudolf

Im Mittelpunkt einer Psychotherapiestudie, die wir seit Anfang der 80er Jahre in Berlin durchführten, stand die Frage, wie Patienten und Therapeuten in Psychotherapien zusammenkommen. Als wir die Ergebnisse 1991 veröffentlichten, gab ich dem Buch den Titel "Die therapeutische Arbeitsbeziehung". Hier wurde also der *Arbeits*-Aspekt der Beziehung unterstrichen. Die diesjährige Lindauer Psychotherapiewoche, die sich inhaltlich ebenfalls mit der psychotherapeutischen Beziehung befaßt, steht unter dem Motto *"Spiel*-Regeln in der Psychotherapie".

Vielleicht ist es die Leichtigkeit der Lindauer Atmosphäre, die es nahelegt, die mühsame therapeutische Arbeit als therapeutisches Spiel zu betrachten. Wir haben also die Wahl, die gleiche Sache - Psychotherapie - in zwei Kontexten - Arbeit oder Spiel - zu verstehen. Im Grunde wissen wir freilich recht gut, daß der Gegensatz nur scheinbar besteht und daß Arbeit und Spiel viel miteinander verbindet. In meinem Beitrag werde ich versuchen, diese Begriffe "Therapeutische Arbeit", "Therapeutisches Spiel", "Therapeutische Beziehung" in ihrer Bedeutung für die Psychotherapie zu untersuchen. Insbesondere will ich dabei das Ergebnis der Psychotherapie im Auge behalten, denn so steht es im Thema des Beitrags: Was tragen Patienten und Therapeuten - ob sie nun zusammen spielen oder zusammen arbeiten - zum Ergebnis der Therapie bei, die definiertermaßen eine geplante und begrenzte Interaktion mit umschriebenen Zielsetzungen ist. In der ersten Hälfte meines Beitrags werde ich einige Ausführungen über Beziehungskonzepte allgemein und ihre Bedeutung für die Psychotherapie machen, im zweiten Teil werde ich mich v. a. auf eigene empirische Befunde der Psychotherapieforschung stützen.

Beziehungsaufbau und Beziehungsgestaltung

Lassen sie mich zunächst einige Bemerkungen zum Spiel, d. h. zum Zusammenspiel und den Spielregeln vorausschicken. Die Älteren werden sich erinnern, daß
in den 70er Jahren das Wort Zusammenspiel in seiner skandinavischen Version -
Sampspel - gerne in seiner sexuellen Bedeutung gebraucht wurde, in dem Sinne
wie Mann und Frau zusammen passen, zusammen spielen (Jacobi 1969). Dieser
Gesichtspunkt der Passung, des Ineinandergreifens, des Zusammenspiels ist aber
von zentraler Bedeutung für jedes soziale Geschehen, nicht bloß für das spezifisch
Sexuelle. Denken wir etwa an die Prozesse des Einschwingens zwischen Mutter
und Säugling - das Attunement. Bereits das Neugeborene verfügt über
komplizierte Muster interaktionellen Verhaltens, solche des aufmerksamen
Hinschauens, des intensiven Hinhörens, des mimischen Imitierens, in zunehmen-
dem Maße auch solche des vorsprachlichen Lautgebens, des Lächelns; sie sind
eingebettet in affektive Muster der Überraschung, der Freude oder auch der
Furcht. Dieses Verhalten wiederum mobilisiert beim Erwachsenen stereotype
Interaktionsabläufe - Darbieten des Gesichts, Heben der Brauen, Lächeln,
Sprechen mit hoher Stimme etc.. Beide Muster verschränken sich ineinander in
Blick und Gegenblick, Rede und Gegenrede, Affekt und affektiver Resonanz, so
daß Beziehungsepisoden zustande kommen, die im Laufe des ersten Lebensjahres
immer persönlicher und individueller ausgestaltet werden. Dieses spezifische
Ineinandergreifen von zwei Beziehungsangeboten, das Zusammenspiel und zwar
zunächst nach angeborenen biologischen Regeln macht das Wesen der frühen
Beziehung aus. Um es mit Martin Buber (1983) zu formulieren: "Im Anfang ist
die Beziehung: Als Kategorie des Wesens, als Bereitschaft, fassende Form,
Seelenmodel; das a priori der Beziehung; das *eingeborene Du*".
　　Wir sehen also einen primären Beziehungswunsch, eine emotionale
Ausrichtung des Einen auf den Anderen - die Intentionalität, die Kommunikation
in der Sprache des Körpers und die lustvolle Betätigung in dieser Beziehung, die
unübersehbar auch ein Spiel ist. Doch schon bald beginnen die beiden ungleichen
Beziehungspartner ihr Interaktionsspiel, das instinktnah begonnen hatte, individu-
ell auszugestalten. "Ich habe Angst", sagt eine Patientin über ihr neugeborenes
Kind, "daß es mich erpressen kann, wenn ich bei jedem Weinen hinlaufe, ich muß
ihm zeigen, daß ich die Erziehung in der Hand behalte". Das natürliche Spiel der
Beziehung wird gefärbt durch individuelle Phantasien, Ängste und Projektionen.
　　Die empirische Interaktionsanalyse, sei es zwischen Kindern und Eltern oder
zwischen erwachsenen Partnern, zeigt uns mit Hilfe der Videotechnik mit welchen unbewußten und mit bloßem Auge nicht wahrnehmbaren Verhaltenssignalen
die Interaktionspartner einander zu beeinflussen versuchen. Bevor diese video-
technischen Hilfsmittel uns zur Verfügung standen, war die Mikrostruktur des

Interaktionsgeschehens für uns so unsichtbar wie eine Zellstruktur vor der Erfindung des Mikroskops. Nun aber können wir sehen, wie der eine den anderen durch blitzartig einschießende Verachtungsgrimassen distanziert oder durch Lächelserien zu erweichen versucht, wie er durch Augenschließen und Blickabwenden den bedrohlichen Affektsignalen des anderen entkommt oder wie sich die Mimik des anderen auf seinem Gesicht widerspiegelt (Krause 1990).

Wählen wir statt dieser Zeitlupenperspektive eine solche des Zeitraffers in Videoaufzeichnungen, so erkennen wir in einer slapstickartigen Beschleunigung des Interaktionsgeschehens dessen Choreographie: Einen rhythmischen Wechsel von Sich-Aufrichten beim Sprecher, Sich-Zurücklehnen beim Hörer oder die Imitation von Körperhaltungen wie Beine übereinanderschlagen, Ellenbogen aufstützen, Kopf neigen. Wenn man die sprachlichen Mitteilungen in die Untersuchung einbezieht, erkennt man, wie nonverbal angekündigt wird, daß jemand die Absicht hat zu sprechen oder die Absicht, sein Rederecht abzugeben. Das Zusammenspiel der Redenden und körpersprachlich Interagierenden ähnelt in der Tat dem von Tanzenden. Auch dort sind manche Paare so gut aufeinander eingespielt, so daß sie komplizierte Bewegungsfiguren mit Leichtigkeit zusammen ausführen, während andere um die Führung zu kämpfen scheinen und sich dabei häufig auf die Zehen treten.

Das Prinzip des Zusammenspiels ist überall dort erkennbar, wo Menschen kommunizieren und interagieren. Insbesondere ist es dort wirksam, wo sie sich in bipersonalem Handeln zusammentun, sei es, daß sie miteinander tanzen oder miteinander schlafen oder in V. von Weizsäckers bekanntem Experiment, mit der Zweihandsäge gemeinsam einen Baum durchsägen wollen. Zuerst muß stets ein Beziehungsrahmen abgesteckt werden, in dem sich das Gemeinsame abspielen kann. Sodann richten die Spieler einen großen Teil ihrer Bemühungen nicht darauf, das Spiel zu spielen, sondern dessen Regeln auszuhandeln: Es geht wie in jedem Spiel darum, wer die weißen und wer die schwarzen Steine führt, wer anfangen darf und wer reagieren muß, welche Sanktionen für Regelverstöße gelten; v. a. geht es darum, die affektive Belastung für den Einzelnen erträglich zu halten. Auf altmodischen Mensch ärgere Dich nicht - Schachteln findet sich das Bild eines wütenden Spielers, der die Steine vom Tisch haut und damit das Spiel auf eine andere Ebene verlagert. Im Hinblick auf solche Ereignisse beschäftigt sich die Interaktionsforschung bei Paaren vor allem mit deren Fähigkeit zur Schadensminimierung. Einander wohlwollende Partner halten die Anzahl der Drohgebärden und entwertenden Äußerungen in den Grenzen, die der andere noch aushalten kann; sie unterbrechen rechtzeitig negative Interaktionsketten, die auf Konfliktzuspitzung hinauslaufen und bieten dem anderen durch Zustimmung, Beschwichtigung, z. B. Lächeln so viele Gratifikationen, daß die Beziehung nicht grundsätzlich in Frage gestellt werden muß (Bänninger-Huber et al. 1990).

Unter dieser primären Voraussetzung, daß die Beziehung erhalten bleiben soll, versuchen die Beziehungspartner einander nach dem eigenen mitgebrachten Bild zu modellieren und für die eigenen Überzeugungen zu gewinnen. Das Ergebnis der interaktionellen Aushandlung kann im Extremfall Sieg oder Niederlage der eigenen Überzeugungen bedeuten, in den meisten Fällen stellt es jedoch einen Kompromiß dar; ein sich Einstellen auf ein Gemeinsames, das nun als ein Drittes, als ein Wir zwischen beiden etabliert werden kann. Wenn wir z. B. den Begriff der Kollusion verwenden, meinen wir damit, daß zwei Partner sich mit ihren zentralen unbewußten Erwartungen so aufeinander eingestellt haben, daß sie einen langfristig stabilen, wenngleich neurotisch gefärbten, Beziehungskompromiß leben können.

Bis dahin haben wir zwei Beziehungselemente angesprochen: Das *Zusammenspiel*, das im wesentlichen darin besteht, daß Wechselseitigkeit, aufeinander Einschwingen, zeitliche Synchronisierungen möglich sind, so daß sich das Wollen und Handeln des Einen mit dem des anderen in einer Gemeinsamkeit verschränken kann. Diese Fähigkeit des Sich-Einschwingens stellt vermutlich eine früh erworbene Funktion dar, sie ist Bestandteil der intentionalen Ausrichtung und der kommunikativen Bezugnahme, die das Neugeborene unter ausreichend günstigen Bedingungen in den ersten Wochen und Monaten seines Lebens entwickelt und verankert.

Den zweiten Gesichtspunkt bildet das *Aushandeln der Spielregeln*, ein Vorgang, der selbst schon nicht mehr nur spielerisch ist, sondern oft geradezu kämpferisch intensiv sein kann. Dieser Aspekt von Interaktion ist mit dem verknüpft, was wir als Übertragung oder Gegenübertragung zu verstehen gewohnt sind. Es geht dabei um das Bemühen des einzelnen, seinen lebensgeschichtlich gewachsenen Beziehungsentwurf - das Selbst in der Beziehung zu den Objekten - in jeweils neu entstehenden Beziehungen wiederzufinden. Je neurotisch eingeengter dieser Beziehungsentwurf ist, desto drängender fällt das Übertragungsangebot an das Gegenüber aus: "Sei Du so, wie ich Dich aufgrund meiner Beziehungserfahrung erwarte und laß uns das Beziehungsspiel nach den Regeln meiner Erfahrung spielen".

Diese beiden Schritte bilden die Voraussetzung für den dritten Beziehungsaspekt, den der *Zusammenarbeit*. Erst nachdem die Partner das Zusammenspiel eröffnet und die Spielregeln ausgehandelt haben, können sie ggf. ihre Kräfte auf ein gemeinsames Ziel richten, sei es, daß sie den schon erwähnten Baumstamm durchsägen, eine Figur tanzen oder einen therapeutischen Dialog führen wollen.

Die psychotherapeutische Interaktion

Alle diese Aussagen über das, was Interaktion ausmacht, lassen sich auf die psychotherapeutische Situation anwenden. Was ist Psychotherapie anderes als ein bipersonales System, das durch sein Spielfeld (Rahmen) und seine Spielregeln auf ein gemeinsames Arbeitsziel hin definiert ist. Auch hier haben basale Prozesse des Einschwingens eine wichtige Bedeutung. Ferner durchläuft jede psychotherapeutische Beziehung von den ersten Augenblicken der Begegnung an einen intensiven Aushandlungsprozeß und gelangt erst nach einiger Zeit an einen Punkt, an dem der Vertrag über den Beziehungsrahmen und die Spielregeln gewissermaßen unterschriftsreif wird, so daß nun die Beziehung in der verabredeten Form gelebt und gleichzeitig - das ist das Wesen der Psychotherapie - reflektiert und bearbeitet werden kann. In der nun einsetzenden therapeutischen Arbeit ist es keinesfalls so - um nochmals das Beispiel des Baumsägeexperiments zu bemühen - daß stets der eine zieht und der andere locker läßt, so daß in einem schönen Rhythmus von Tun und Lassen der Baumstamm zügig durchgesägt werden kann. Häufig klemmt es aus den unterschiedlichsten Gründen. Die Störungen der therapeutischen Arbeit sind es, die uns zu differentialdiagnostischen Überlegungen veranlassen: Fehlt es beim Patienten an mehr oder weniger bewußten Motiven zur Zusammenarbeit (z. B. bei hohem Krankheitsgewinn); macht sein neurotisches Übertragungsangebot die Einigung auf Spielregeln der Beziehung unmöglich (wenn z. B. jede Interaktion zum destruktiven Machtkampf umdefiniert wird); oder liegen beim Patienten basale Störungen der Einschwingungsfähigkeit vor, die den Aufbau einer tragfähigen Beziehung erschweren oder sie nur auf einer sehr regressiven oder gestörten Beziehungsebene zulassen. Wir könnten alle diese Störungsquellen auch auf seiten des Therapeuten untersuchen, aber traditionell bleibt der Blick auf den Patienten gerichtet.

Eine kleine Episode aus Nabukovs (1955) Roman Lolita bestätigt uns in dieser Blickrichtung. Der Ich-Erzähler Humbert schildert seine Erfahrungen als Patient wie folgt:

Der Leser wird mit Bedauern erfahren, daß ich bald nach meiner Rückkehr einen neuen Anfall von geistiger Verwirrung hatte (wenn man diese grausame Bezeichnung für Schwermut und ein Gefühl unerträglicher Bedrücktheit anwenden kann). Ich verdanke meine völlige Wiederherstellung einer Entdeckung, die ich während meiner Behandlung in jenem sehr kostspieligen Spezialsanatorium machte. Ich entdeckte nämlich, daß eine unerschöpfliche Quelle gesunder Freuden das Hänseln der Psychiater ist: Sie geschickt irrezuführen; sich nie anmerken zu lassen, daß man alle ihre professionellen Tricks kennt; komplizierte Träume - Klassiker ihrer Gattung - für sie zu erfinden (die ihnen, den Traumerpressern, Träume verursachen und sie schreiend auffahren lassen); sie mit vorgeschwindelten Urszenen zu necken; und ihnen nie auch nur den leisesten Einblick in seine wahre sexuelle Not zu erlauben. Der Spaß war so köstlich, seine Ergebnisse - in meinem Falle - so erfrischend, daß ich nach meiner völligen Genesung (ich schlief wunderbar und aß wie ein Schulmädchen) noch einen ganzen Monat dablieb.

Daß Patienten auf so bewußte Weise gegen die Therapie anarbeiten, kommt hoffentlich nur in Romanen vor, aber so ganz sicher bin ich da nicht. Was in dieser Episode als massive Störung der therapeutischen Arbeitsbeziehung imponiert, läßt sich unschwer als neurotische Deformierung der Spielregeln verstehen, wie sie für diese Romanfigur typisch ist. Der Ich-Erzähler ist in seiner emotionalen und libidinösen Ausrichtung auf den Typus einer Kind-Frau fixiert, nur da ist er wirklich authentisch, wenngleich auf eine neurotisch besitzergreifende Weise. Im Umgang mit Erwachsenen wird er selber zum Kind, zum bösen Kind, das sein sadistisches Vergnügen darin findet, die Großen hinters Licht zu führen und damit die geheime Kontrolle über die Beziehung auszuüben.

Im folgenden will ich zunächst nochmals einen Perspektivenwechsel vornehmen und die psychotherapeutische Beziehung in ihrem gesellschaftlichen Kontext betrachten.

Gesellschaftlich verankerte Rollenmuster

In allen Gesellschaften gibt es festgelegte Verhaltensmuster für die *Rolle des Helfers* - sei er Arzt oder Schamane - und für die *Rolle des Hilfesuchenden*, sei er von Krankheit geschlagen oder von Dämonen geplagt. Der Soziologe Parsons (1964) hat anschaulich beschrieben, daß die Beziehung, die Helfer und Hilfesuchender zueinander haben, v. a. eine asymmetrische ist, was Macht und Ohnmacht betrifft. Der Patient ist seiner Krankheit ohnmächtig ausgeliefert und er muß sich auch dem Arzt überlassen, ihm die Verfügung über seinen Körper abtreten; in der Psychotherapie ist er aufgefordert, dem Helfer die privaten verborgenen Räume seiner Phantasien und Gefühle zu öffnen. Der Helfer hat die Pflicht, diese Macht zugunsten des Patienten zu nutzen, ihn zu heilen oder zumindest sein Los zu erleichtern (Thema Abstinenz, Mißbrauch). Der Patient wiederum hat die Pflicht, sich den Anordnungen des Helfers zu fügen und sich um seine Gesundung auch selbst zu bemühen. Das gern verwendete Wort *Compliance*, welches die Bereitschaft zur Zusammenarbeit auf seiten des Patienten beschreibt, bedeutet in seiner wörtlichen Übersetzung des Oxford Dictionary nicht nur Zustimmung, sondern auch Unterwürfigkeit und Willfährigkeit. Diese Asymmetrie der Beziehung läßt sich sowohl in der Einschätzung von Patienten als auch in der von

Therapeuten empirisch nachweisen. In der Berliner Psychotherapiestudie haben wir aus einem standardisiert angewendeten Kelly Grid, den rund 50 Therapeuten und rund 300 Patienten ausgefüllt haben, faktorenanalytisch zwei Dimensionen gewonnen, eine Ebene von Aktivität, Sicherheit, Entschiedenheit (versus Passivität, Unsicherheit, Unentschiedenheit) und eine von Sympathie, Wärme, Verständnis, Beweglichkeit (versus Kälte, Intoleranz, Unbeweglichkeit).

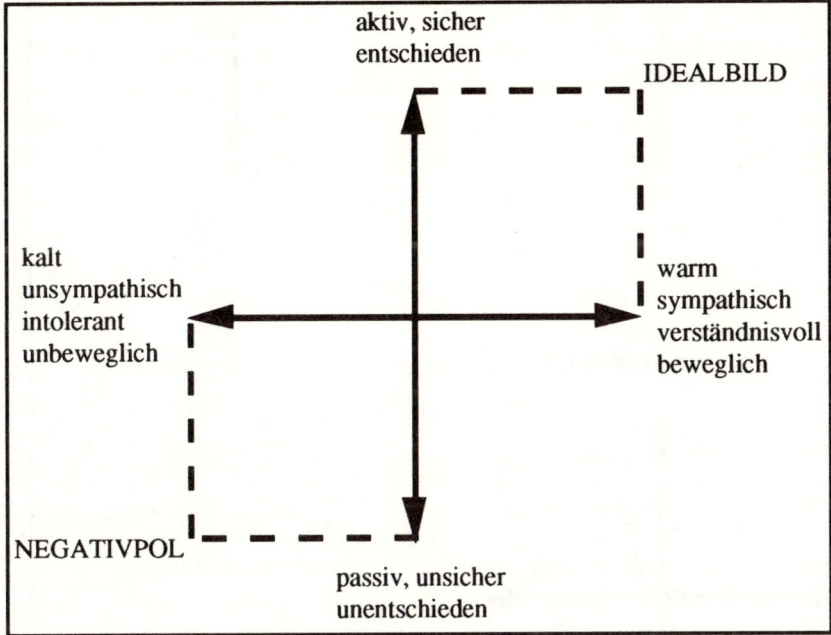

Abb. 1. Koordinatensystem aus zwei Dimensionen des standardisierten Kelly Grid

In einem zweidimensionalen Feld findet sich die Idealposition von viel Aktivität und viel Emotionalität im rechten oberen Quadranten, die Negativposition von emotionaler Entleerung und Handlungsunfähigkeit wäre links unten zu suchen. In der Selbsteinschätzung lokalisieren sich die Patienten näher am negativen Pol, während sie ihre Therapeuten in Richtung des positiven Pols plazieren.

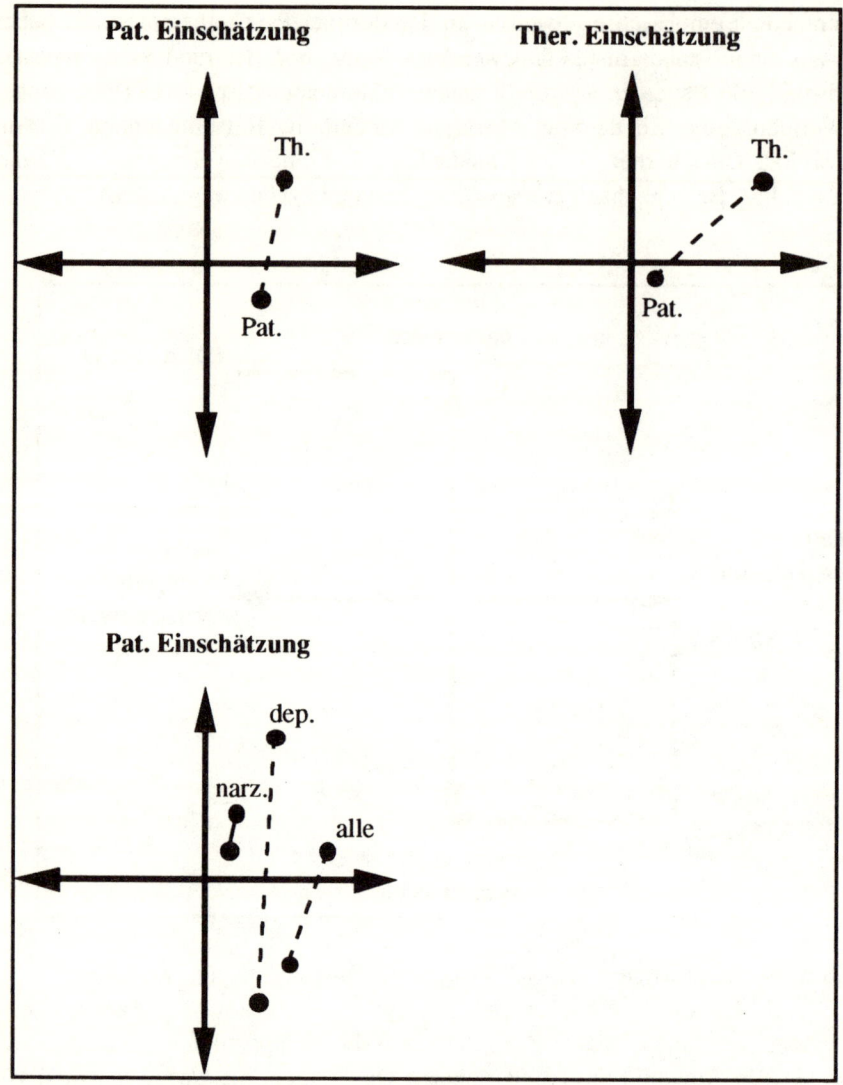

Abb. 2. Zuordnung von Patienten und Therapeuten im standardisierten Kelly Grid

Auch in der Einschätzung der Therapeuten besteht diese Asymmetrie. Was wir hier als soziale Rollenmuster beschreiben, läßt sich ebenso gut psychodynamisch verstehen: Der Hilfesuchende wendet sich aus seiner Position der Ohnmacht an ein hoffentlich starkes, möglicherweise sogar idealisiertes Objekt und auch der Therapeut braucht, um helfen zu können, die Überzeugung, daß es ihm zur Zeit besser geht als seinem Patienten. Die Asymmetrie ist besonders ausgeprägt in der Interaktion mit depressiven Patienten (sie lokalisieren sich stärker in der entwerteten Position, den Therapeuten in der aktiven), während narzißtische Patienten den Therapeuten weniger ideal und sich selbst weniger entwertet, also einander ähnlich sehen.

Ich kehre zurück zu der soziologischen Perspektive, welche an dieser Stelle die freiwillige Unterordnung des Patienten betont. Als Gegenleistung dafür wird der Patient vorübergehend von Eigenverantwortung und gesellschaftlichen Verpflichtungen entbunden, z. B. von der Pflicht, seinen Lebensunterhalt durch eigene Arbeit zu verdienen, er wird krankgeschrieben. Kranksein und erst recht Krankgeschriebensein ist also nicht nur Ausdruck eines subjektiven Leidenszustands, sondern auch ein gesellschaftlicher Status mit bestimmten Rechten und Pflichten. Eine Bedeutungsnuance dessen wird uns fast täglich in Zeitungsberichten vorgestellt, wenn es von einem in die Klemme geratenen Prominenten heißt, er könne jetzt nicht selbst zu den Vorwürfen Stellung nehmen, da er krankgeschrieben sei. So signalisiert der Begriff *Krankheitsgewinn*, daß der Patient bewußt oder unbewußt die mit dem Krankenstatus verbundenen Rechte, z.B. geschont, entlastet und beachtet zu werden, anstrebt und festhält. Umgekehrt kann jemand gesellschaftlich dadurch entwertet werden, daß er für krank erklärt wird. Auf dieser Ebene sehen wir einen Aushandlungsprozeß zwischen gesellschaftlichen Interessen und denen des einzelnen. Was der einzelne Patient dabei für sich aushandeln will und kann, hängt, jenseits der Art und Schwere seiner Krankheit, auch von seiner sozialen Situation ab, d.h. von seinen sozialen Ressourcen und Kompetenzen, von Macht und Ohnmacht seiner gesellschaftlichen Position.

In der Berliner Psychotherapiestudie (Rudolf 1991), die Patienten aus ganz unterschiedlichen Institutionen einbezog, konnten wir einen Eindruck davon gewinnen, welche Bedeutung die soziale Kompetenz bzw. deren Fehlen für die Psychotherapieindikation besitzt. Im Vergleich verschiedener ambulanter Behandlungen sind die Psychotherapiepatienten sozial weniger kompetent als die Psychoanalysepatienten. Die stationär behandelten Patienten sind nochmals sozial schwächer als die ambulant behandelten: Sie sind z. B. beruflich geringer qualifiziert, ökonomisch stärker belastet (z. B. durch Arbeitslosigkeit und Schulden) und sozial schlechter integriert (z. B. infolge von Suchtzügen).

Tabelle 1. Stationäre Patienten im Vergleich zu ambulanten Patienten

Soziodemographisch	- höheres Alter
	- eniger Schulbildung
	- weniger berufliche Qualifikation
	- häufiger psychiatrische /psychotherapeutische Vorbehandlungen
	- häufiger regelmäßige Psychopharmakaeinnahme
	- häufiger medikamentöse Maßnahmen, Arztkontakte, Klinikaufenthalte
Befunde	- häufiger Abhängigkeit und soziale Desintegration
	- häufiger somatische Symptomklage
	- häufiger Suizidversuche
Motivation	- häufiger passive Therapieerwartung ("Schonung")
	- häufiger soziale Unterordnung
	- ungünstigere Einschätzung der initialen therapeutischen Zusammenarbeit
	- ungünstigere Einschätzung der Therapiemotivation
	- ungünstigere Einschätzung der Prognose

In der Selbsteinschätzung der sozial Schwachen erscheint eher die Tendenz, Gefühle für sich zu behalten, Konflikte durch Unterordnung unter Autoritäten zu lösen und passiv-orale Erwartungen zu pflegen. In der Symptomatik geht es häufig um Somatisierungen.

Wir sehen also, daß die sozial schwächeren Patienten eher die Empfehlung einer stationären Therapie oder gar keiner Psychotherapie erhalten, während die zeitaufwendigeren ambulanten Behandlungen den sozial kompetenteren Patienten vorgeschlagen werden. Es scheint plausibel, daß, wenn im sozialen Netz eines Menschen alle Stricke gerissen sind, eher eine stationäre Psychotherapie für hilfreich gehalten wird als eine ambulante; doch sollte man vielleicht auch den Gesichtspunkt der sozialen Nähe oder Ferne zwischen Patient und Therapeut mit einbeziehen. Wenn, aus der Sicht des Patienten, der Therapeut zu den Göttern in

Weiß gehört oder umgekehrt aus der Sicht des Therapeuten der Patient in einem sozialen Urwald lebt, so scheint diese große Differenz der sozialen Positionen ein gegenseitiges Verstehen und den Aufbau einer tragfähigen therapeutischen Beziehung zu erschweren. Wir konnten zeigen, daß sich die therapeutische Zusammenarbeit unter diesen Bedingungen schwieriger gestaltete, auch und gerade dort, wo von Patienten eine Idealisierung der Therapeuten vorgenommen wurde.

Dennoch stellen die sozialen Defizite der Patienten aber nicht per se einen unüberwindlichen prognostischen Nachteil dar, es kommt auch hier auf die Passung an, also darauf, daß Therapeuten in der Lage sind, sich auf diese Problematik einzulassen, sich dafür zu interessieren und zu engagieren. In unseren Untersuchungen der Therapeutenpersönlichkeit konnten wir zeigen, daß sich gerade solche Therapeuten als besonders stabil und leistungsfähig erwiesen, die selber biographisch erhebliche soziale Belastungen erfahren und wohl auch bewältigt hatten.

Subjektive Krankheitstheorien und Therapieerwartungen

Einen letzten Punkt aus dem Spektrum sozialer Einflüsse möchte ich kurz erwähnen: Menschen mit unterschiedlichem sozialen Hintergrund, aber auch solche mit unterschiedlicher psychischer Struktur entwickeln unterschiedliche Vorstellungen darüber, wie Krankheiten entstehen und wie man sie behandeln kann; die Forschung untersucht diese Themen unter den Stichworten der *subjektiven Krankheitstheorien* und *Therapieerwartungen*. Eine allgemeine psychotherapeutische Wertidee lautet, man möge im Falle einer Schwierigkeit, Krise oder Krankheit hinschauen, welchen Anteil man selber an dem Geschehen hat, man möge sich damit konfrontieren und auseinandersetzen und schließlich neue Lösungsmöglichkeiten suchen und erproben. Vielen Menschen ist aber aufgrund ihrer sozialen Erfahrung und ihrer darin gewachsenen Persönlichkeitsstruktur diese Überzeugung verloren gegangen, sie suchen weder den Grund der Störung in der eigenen Innenwelt, noch hoffen sie dort auf Veränderungsmöglichkeiten. Ihre Therapieerwartungen richten sie, wenn überhaupt, auf die hilfreichen Aktionen anderer. Wir haben in der Berliner Studie eine Selbsteinschätzungsskala für Therapieerwartungen entwickelt, darin findet sich ein Faktor, der die eben beschriebene Hoffnung auf Schonung und passive Hilfe zum Ausdruck bringt. Die Abb. 3 läßt erkennen, wieviel ausgeprägter diese Erwartung bei den stationär behandelten Patienten ist als bei den Patienten in ambulanter Therapie. Andererseits ist die stationäre Therapie eher geeignet, diesen passiven Erwartungen entgegenzukommen (z. B. durch die Versorgung und Strukturierung auf der Station oder durch körperorientierte Therapieverfahren), während sie in der ambulanten Psychotherapie permanent frustriert werden müssen.

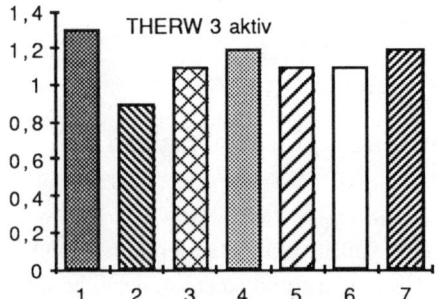 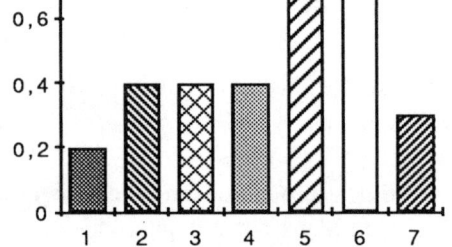

1 psychoanalytische Praxen
2 psychotherapeutische Poliklinik
3 psychosomatische Station
4 Konsiliardienste

5 psychosomatische Fachklinik I
6 psychosomatische Fachklinik II
7 psychiatrische Ambulanz

Abb. 3. Therapieerwartung " Schonung" bei Patienten in psychoanalytischen Praxen (1) und Psychosomatischen Kliniken (5, 6)

Patientenerwartungen und therapeutische Angebote müssen also zueinander passen; das setzt voraus, daß sich die beiden Partner darüber verständigen konnten, worin das Wesen der Krankheit begründet liegt (Krankheitskonzept) und wie es behandelt werden kann (Therapiekonzept).

Ein Patient, der Schwächegefühle in seinen Beinen für Ausdruck einer MS hält, geht damit in die Neurologie und erwartet Medikamente; wenn er darin den Ausdruck einer Sportverletzung sieht, wendet er sich an die Orthopädie und fragt nach Operation; wenn er merkt, daß die Symptomatik Teil einer körpernahen Ängstlichkeit ist, geht er möglicherweise in die Psychosomatische Klinik und fragt nach Psychotherapie. Wenn der Psychotherapeut sicher ist, daß es sich nicht um MS oder eine Sportverletzung handelt, wird er versuchen, den Patienten für die Vorstellung zu gewinnen, daß seelische Belastungen körperliche Mißempfindungen auslösen können und daß es solchen Menschen erfahrungsgemäß besser geht, wenn sie die dahinterliegenden seelischen Konflikte aufgefunden und gelöst haben.

Die diagnostischen Interviews, die wir in mehreren Sitzungen durchführen, haben nicht nur den Zweck, dem Experten ein Bild des Patienten zu vermitteln, sie stellen vielmehr ebenfalls interaktionelle Aushandlungsprozesse dar. Sprachanalytische Untersuchungen, durchgeführt von Mitgliedern unserer Arbeitsgruppe (Wilke 1992; Grande et al. 1992), konnten zeigen, wie Patienten und Therapeuten einander zu überzeugen versuchen. Als Ergebnis unterschreiben beide gewissermaßen ein Beziehungsprotokoll: "Wir haben uns verstanden und machen auf dieser Linie weiter (Kooperationsmuster)" oder "wir sind verschiedener Meinung und können nichts miteinander anfangen" (Trennungsmuster).

Für die Patienten der Heidelberger Klinik konnten wir in einer Studie nachweisen (Witzens 1994), daß die Patienten, die wir schließlich nach umfangreichen diagnostischen Bemühungen stationär aufnehmen, die stärkste Ausprägung einer psychologischen Krankheitstheorie aufweisen. Das bedeutet einerseits, daß Patienten solche therapeutischen Institutionen aufsuchen, die ihrem Krankheitskonzept entgegenkommen, umgekehrt versuchen die jeweiligen Therapeuten die Patienten für die eigenen Vorstellungen zu gewinnen.

Geteiltes Verständnis - gemeinsames Handeln

Nach meinen Erfahrungen lohnt es sich für Psychotherapeuten, diesen drei Punkten besondere Aufmerksamkeit zu widmen.

- Was glaubt der Patient, woran er erkrankt und wie er gesund werden könnte;
- Was sind meine psychodynamischen Vermutungen und therapeutischen Vorschläge und
- Wie weit gelingt uns beiden eine Annäherung unserer Vorstellungen und eine Einigung über das zweckmäßige Vorgehen ?

Daß die positive Beantwortung dieser Fragen ein wichtiger Prädiktor für das Zustandekommen von Psychotherapien ist, konnten wir ebenfalls in der Berliner Studie zeigen (Rudolf et al. 1988). Kurz zusammengefaßt geht es darum, daß Patienten und Therapeuten sich selbst motiviert fühlen und für geeignet halten, die

Zusammenarbeit im vorgeschlagenen Konzept zu riskieren und - das wäre der zweite Teil dieses Prinzips Hoffnung - daß sie auch ihr Gegenüber als motiviert und geeignet einschätzen. Anstatt Ihnen nun eine Tabelle mit Korrelations-koeffizienten der einzelnen Skalen im Hinblick auf Indikationsentscheidung bzw. Zustandekommen von Psychotherapien zu geben, werde ich die Fakten kurz paraphrasieren, d. h. in Sätzen formulieren, so wie sie interaktionell an das Gegenüber gerichtet oder introspektiv als Feststellungen getroffen werden könnten:

> *Patient*: "Ich leide an etwas / ich habe eine Ahnung, womit mein Leiden zu tun hat / ich brauche Hilfe / ich wende mich an Sie".

Therapeut: "Ich nehme Ihre Klage entgegen / ich nehme daran Anteil / ich bekomme ein Bild von Ihrer Persönlichkeit / ich bilde mir eine Vorstellung von der Bedeutung Ihrer Krankheit".

> *Patient*: "Ich setze mich mit diesem Bild und diesen Ihren Vorstellungen auseinander."

Therapeut: "Ich schlage Ihnen eine Behandlung vor, von der ich zuversichtlich bin, daß sie Ihnen helfen kann / ich traue Ihnen zu, daß Sie mit therapeutischer Unterstützung Ihr Problem lösen können".

> *Patient*: "Ich setze mich mit Ihrem Vorschlag auseinander / ich akzeptiere die spezifische Form der Hilfe, die Sie mir anbieten".

Und ergänzend dazu einige introspektive Feststellungen:

Therapeut: "Ich kann diesen Patienten verstehen / ich bin motiviert, diesen Patienten zu unterstützen / ich fühle mich geeignet, ihm zu helfen / ich halte diesen Patienten für geeignet, von der Therapie zu profitieren / ich halte diesen Patienten für motiviert, sich in einer Therapie mit seiner Problematik auseinanderzusetzen".

> *Patient*: "Ich halte diesen Therapeuten für eine kompetente, mir zugewandte Persönlichkeit".

Offenbar ist dieser Zukunftsentwurf einer Beziehung v. a. auf seiten des Therapeuten besonders wichtig für die Qualität des weiteren Verlaufs. Für die Güte der therapeutischen Zusammenarbeit und auch für das Behandlungsergebnis gibt es nach unseren Erfahrungen keinen besseren Prädiktor als die Beziehungsqualität der initialen Begegnung. Auch diese Passung ist keine schicksalshaft gegebene oder nicht gegebene, sondern - zumindest in gewissen Teilen - eine gemeinsam erarbeitete.

Die therapeutische Zusammenarbeit unter dem Einfluß neurotischer Beziehungsentwürfe

Was der Entwicklung eines solch positiven Beziehungsmusters im Wege steht und initial bearbeitet werden muß, sind nach unserer Erfahrung problematische Beziehungsstereotype (sichtbar in der starken Ausprägung bestimmter PSKB-Skalen), die der Patient in die Therapie hineinträgt und damit die Prognose belastet. Es geht dabei insbesondere um die Tendenz zu Vorwurf, Anklage und Enttäuschung, zu emotionaler Vermeidung und gekränktem Rückzug, zur narzißtischen Entwertung des Gegenübers und zur Flucht in die Ersatzwelten der Sucht oder der Selbstschädigung. Wenn diese Interaktionsangebote verknüpft werden mit Symptomklagen, die weniger im psychischen als im körperlichen und sozialen Bereich liegen, dann muß sich der Therapeut mit Beziehungsangeboten auseinandersetzen, die einerseits hohe Ansprüche an Wiedergutmachung und Befriedigung durch ein mächtiges Gegenüber enthalten und andererseits die Enttäuschung vermitteln, daß kein noch so engagierter Helfer in der Lage sein wird, Veränderung, Linderung oder Heilung herbeizuführen. Für den Therapeuten stellt sich angesichts dieses Beziehungsangebots die Aufgabe, die Heil-Losigkeit und Hoffnungslosigkeit eines solchen Patienten, die Tatsache, daß er sich selbst unerträglich ist und die Welt von ihm nicht ertragen werden kann, in einer therapeutischen Weise anzunehmen, im Heiglschen Sinne zu beantworten und damit letztlich doch therapeutisch nutzbar zu machen. Hilfreich für den Therapeuten in dieser Situation ist sicher eine gewisse Sthenie und Tragfähigkeit für schwierige Beziehungen, aber auch die Verfügung über theoretische Konzepte, welche ihm helfen, primär schwer erträgliche negative Beziehungsangebote als sinnvoll zu verstehen sich darauf einlassen zu können, ohne von seiner negativen Gegenübertragung überwältigt zu werden (Rudolf 1993, S. 161f.). Wenn wir nun im Behandlungsverlauf die Qualität der therapeutischen Beziehung untersuchen (wir haben dafür eine Skala *therapeutische Arbeitsbeziehung* TAB entwickelt), dann sehen wir, daß die Güte der Beziehung in engem Zusammenhang zu den von Anfang an sichtbaren Interaktions-bereitschaften des Patienten steht; wir haben diese initial mit dem PSKB erfaßt, einem Instrument, das geeignet ist, Interaktionsmuster zu beschreiben (Rudolf 1991).

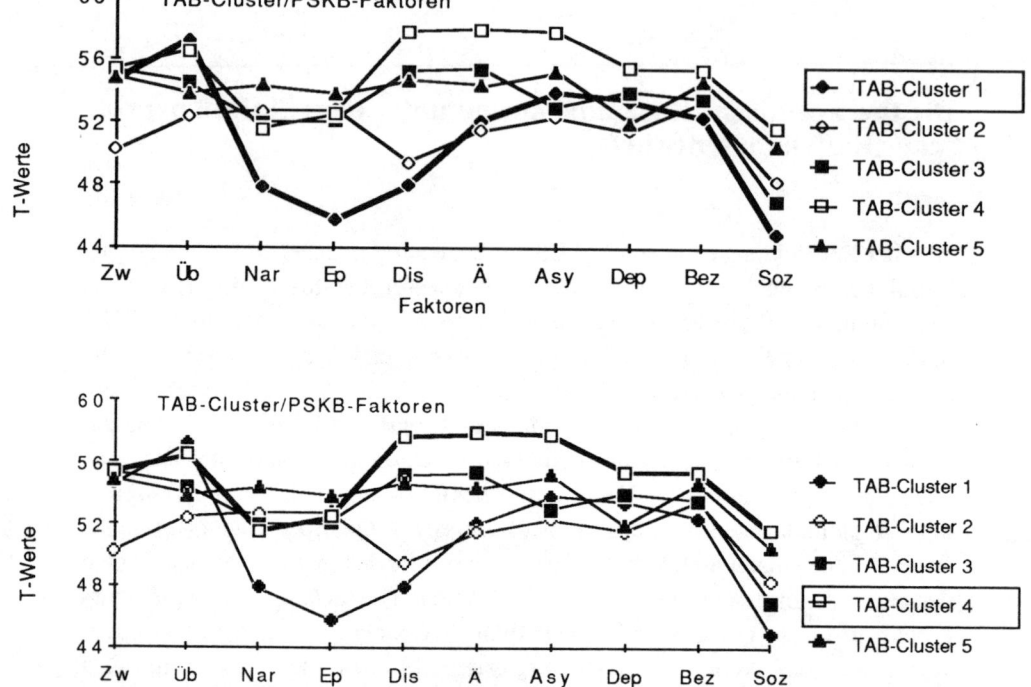

Abb. 4. Anfangsbefund bei guter therapeutischer Arbeitsbeziehung (TAB Cluster 1) und schwieriger therapeutischer Arbeitsbeziehung (TAB Cluster 4)

Der Vergleich von Therapien mit guter Arbeitsbeziehung und solchen mit negativer Arbeitsbeziehung läßt klar erkennen, daß die Patienten in ihrem initialen Befund (bezüglich der PSBK-Faktoren Zwanghafte Ordnung (Zw), Überfürsorglichkeit und Verpflichtung (Üb), Narzißtisch-kämpferisch (Nar), Enttäuschungsprotest (Ep), Emotional distanziert (Dis), Ängstlich gegenüber Menschen (Ä), Angstsymptomatik (Asy), Depressive Ohnmacht (Dep), Scheitern in Beziehungen (Bez), Soziale Desintegration (Soz) sehr unterschiedliche Interaktionsprofile aufweisen. Die günstige Patientengruppe ist initial wenig enttäuscht, wenig emotional distanziert, sehr sozial verantwortlich, wenig sozial desintegriert. Die Gegenübertragung des Therapeuten, gemessen im Kelly Grid, zeigt, daß der Therapeut den Patienten in die Nähe von Menschen rückt, die er als Lehrer, Partner, Freund schätzen gelernt hat.

In der Gruppe der negativen Arbeitsbeziehung ist der Anfangsbefund gekennzeichnet durch extreme Ängstlichkeit, emotionalen Rückzug, soziale Desintegration, ausgeprägte Enttäuschung. Die Gegenübertragung des Therapeuten zeigt, daß er den Patienten fern ab von positiven Personen ansiedelt, ihm sogar mißtraut. Die Übertragungsbereitschaft des Patienten läßt erkennen, daß er den Therapeuten in die Nähe von jemanden rückt, den er nicht leiden kann.

Vereinfachend möchte ich sagen, der initiale Befund eines Patienten ist wesentlich geprägt durch seine interaktionelle Bereitschaft, diese wiederum beeinflußt in starkem Maße die Qualität der therapeutischen Beziehung und der therapeutischen Zusammenarbeit. Wenn wir nun fragen, wie das Therapieergebnis mit diesen Fakten zusammenhängt, wird es uns nicht verwundern, hier ebenfalls enge Zusammenhänge zu finden. Es zeigt sich uns eine Kette, beginnend bei der initialen Beziehung im diagnostischen Gespräch, sich fortsetzend in der therapeutischen Arbeitsbeziehung während der Behandlung bis hin zu dem Therapieergebnis. Nach unseren Untersuchungen sind an all diesen Punkten die Einschätzungen des Therapeuten wichtiger und konsistenter als die des Patienten (Rudolf u. Manz 1993). Der Therapeut scheint in stärkerem Maße imstande, die Beziehungsrealität auch in ihren schwierigen Aspekten zu erfassen. Auf seiten des Patienten kann es sein, daß dieser aufgrund seiner problematischen Beziehungsstrukturen geneigt ist, Verzerrungen vorzunehmen, so z. B. fanden wir eine Gruppe von Patient-Therapeut-Paaren, bei denen sich die Therapeuten recht skeptisch über die Güte der Arbeitsbeziehung äußerten, während Patienten die effektive Therapie und den freundlichen Therapeuten lobten. Unter Einbeziehung des Behandlungsergebnisses zeigte sich die geringe Effizienz dieser Behandlung; eine Überprüfung der Diagnosen und übrigen Profile konnte der Sachverhalt aufklären: Es handelte sich um Patienten mit Suchtproblematik und entsprechenden Verleugnungstendenzen. Daß Patienten mit der Therapie zufrieden sind, ist also nicht in jedem Fall ein Garant guter Therapieergebnisse.

Der Übertragungsaspekt

Abschließend möchte ich das Thema der Güte therapeutischer Zusammenarbeit und therapeutischer Ergebnisse nochmals mit einem klassischen Gegenstand in Verbindung bringen, dem der *Übertragung*. Uwe Hentschel hat an den Daten der Berliner Studie eine einfache Operationalisierung vorgenommen, indem wir untersuchten, welche Ähnlichkeit das vom Patienten wahrgenommene Bild des Therapeuten mit dem Bild seiner Mutter oder seines Vaters aufweist. Die Ergebnisse lassen sich recht gut in dem hier immer wieder verwendeten interaktionellen Ansatz interpretieren. Ein Beispiel: Positive Arbeitsbeziehung und gutes Behandlungsergebnis sehen wir in einer Konstellation, in welcher sich der Therapeut positiv von einem Mutterbild unterscheidet, welches v. a. ängstliche und depressive Züge aufweist. Ähnliches gilt für ein depressiv schwaches Vaterbild. Die Übertragung auf den Therapeuten betrifft hier offenbar nicht das schwache Elternbild ("Sie sind wie meine Mutter, wie mein Vater"), vielmehr wird hier eine Komplementarität aufgebaut: "Bei Ihnen hoffe ich etwas zu finden, was ich bei meinen Eltern vermißt habe". Das Gegenstück, eine Arbeitsbeziehung mit schlechtem Therapieergebnis sehen wir dort, wo initial ein idealisiert positive Mutter-Imago beschrieben wurde. Die Fixierung auf eine illusionär gutes inneres Objekt läßt dem Therapeuten offenbar keine Chance. Er verfällt einer relativen Entwertung, es gibt keine Wünsche und Erwartungen, die auf ihn übertragen werden können. Auf dem Negativpol des Vaterbildes findet sich ein zwanghaft strenges, verurteilendes Vaterbild, das es möglicherweise nicht erlaubt, sich freundliche Objekte zu suchen und es sich wohlergehen zu lassen.

Ich beschränke mich aus Zeitgründen auf diese wenigen Anmerkungen, die nochmals unterstreichen sollen, daß gute oder schlechte therapeutische Beziehungen und gute oder schlechte Therapieergebnisse als Ausdruck und Konsequenz von verinnerlichten Interaktionsbereitschaften zu verstehen sind. Es geht dabei auf seiten des Patienten immer wieder um die Fähigkeit, sich an einen anderen zu wenden, Kontakt aufzunehmen, in eine Beziehung einzutreten, Wünsche an ihn zu richten, Hoffnungen auf ihn zu entwerfen, in eine Interaktion einzutreten, sich vertrauensvoll partiell zumindest zu überlassen. Auf seiten des Therapeuten geht es darum, diese Fähigkeiten beim Patienten zu fördern und zu entwickeln bzw. zu verstehen, wo und in welchem Maße diese Fähigkeiten zerstört sind und wie eine Beziehung trotz oder angesichts solcher Störungen aufgebaut und therapeutisch genutzt werden kann.

Das Thema Zusammenspiel habe ich damit ausführlich gewürdigt, das Stichwort Therapieerfolg ist dabei zu kurz gekommen. In der Zeitschrift für Psychosomatische Medizin 1/1994 haben wir einen Bericht veröffentlicht über Ergebnisse von 44 Psychoanalysen, 56 dynamischen Psychotherapien und 164 stationären Behandlungen (Rudolf et al. 1994); eine weitere Arbeit beschreibt die Methodik der Erfolgsmessung (Manz et al. 1994). Während wir in diesen Auswertungen im traditionellen Sinn Befundveränderungen als Ergebniskriterien genommen haben, wenngleich bereits interaktionsrelevante Befunde, so planen wir in einer künftigen Psychoanalysestudie die Veränderung der interaktionellen Bereitschaften ganz in den Mittelpunkt der Veränderungs-messung zu stellen. Dabei werden wir uns weniger auf Fragebögen und Schätzskalen stützen als auf die qualitative Auswertung von Therapeutenprotokollen und Patienteninterviews im Therapieverlauf und nach Therapieabschluß.

Fazit

Was können Patienten und Therapeuten zum Ergebnis von Psychotherapien beitragen? Ich habe die Themen, von denen hier die Rede war, nochmals in einer kurzen Übersicht zusammengefaßt.

1. Basaler Aufbau der Beziehung (Sich intentional ausrichten, sich einschwingen). Die basale Funktion des Sich-Ausrichtens und Einschwingens ist strukturell verankert, bei Vorliegen struktureller Störung ist sie beeinträchtigt. Dennoch können Einflüsse aus den anderen Beziehungsebenen diesen basalen Beziehungsaufbau stören. Zur differentialdiagnostischen Klärung der Frage, aus welcher Quelle die Störung entspringt, ist die Gegenübertragung hilfreich.

2. Individuelle Ausgestaltung der Beziehung (Aushandeln der Beziehungsregeln entsprechend konflikthaften Beziehungsentwürfen (Übertragung).

In der Ausgestaltung der Beziehung wird der eigene (neurotische) Beziehungsentwurf dem anderen angetragen, auf ihn übertragen; das vertraute konflikthafte Beziehungsspiel soll gemeinsam inszeniert werden (interaktioneller Anteil der Übertragung).

3. Gesellschaftliche Einbindung der Beziehung (Aktualisierung gesellschaftlich verankerter Rollenmuster - Geschlecht, Schicht, Generation, soziale Rolle.

Zeittypische, kulturtypische Rollenmuster, die in der eigenen Sozialisation erworben wurden, werden inszeniert bzw. dem anderen zugewiesen (Ich spreche z. B. als Mann zu einer Frau, als Älterer zu einem Jüngeren, als Angehöriger einer sozialen Schicht zu einem anderen, als Arzt zu einem Patienten). Nebenbei bemerkt, gibt es neben der Familie als wichtigster Sozialisationsagentur auch solche außerhalb der Kindheit. Eine Institutsweiterbildung z. B. bewirkt eine professionelle Sozialisation, hier wird eine bestimmte therapeutische Grundhaltung eingepflanzt.

4. Konzepte und Handlungsentwürfe aushandeln (bezüglich Krankheitstheorie, Behandlungskonzept, therapeutischer Zielsetzung und Spielregeln).

Bei der vierten Ebene geht es um das gemeinsame Handeln; das setzt eine Einigung darüber voraus, wie man etwas erklären und verstehen kann, z. B. die Krankheit oder die Therapie. Auch hier wird zuerst ausgehandelt, welcher Aufwand (z. B. an Zeit, Geld und Emotionalität) getrieben werden muß, um welches therapeutische Ergebnis zu erreichen. Bei beiden Partnern spielt die vorbewußte und bewußte Motiviertheit zu diesem Handeln eine wichtige Rolle.

5. Therapeutische Zusammenarbeit (in der /an der Beziehung).

Wenn die Entscheidungen auf den Beziehungsebenen positiv getroffen wurden, kann die therapeutische Arbeit beginnen; das gilt nicht ein für alle mal, sondern immer wieder aufs Neue, in Therapieabschnitten, oft auch in jeder einzelnen Stunde. Es liegt auf der Hand, daß die Arbeit, die hier von beiden Seiten geleistet werden kann, ganz entscheidend von der Qualität der Beziehungsbereiche abhängt. Der Patient bringt hier v. a. seine Störungen ein und das ist sein gutes Recht, deshalb hat er die Therapie aufgesucht. Sache des Therapeuten ist es, sich persönlich (durch seine Selbsterfahrung) und professionell (in seiner theoretischen und praktischen Weiterbildung) auf diese möglichen Schwierigkeiten (die des Patienten und seine eigenen) so einzustellen, daß er möglichst oft jene Items ankreuzen kann, die nach unseren Ergebnissen so wichtige Prädiktoren für gute Behandlungsergebnisse abgeben (Ich wiederhole die wichtigsten Fakten): "Ich kann diesen Patienten verstehen, ich empfinde persönliche Wertschätzung für ihn, ich fühle mich motiviert und in der Lage, mit meinen therapeutischen Mitteln diesen Patienten zu behandeln, ich bin zuversichtlich, daß er mit meiner Hilfe seine Probleme lösen kann".

Das Behandlungsergebnis wird durch das Zusammenspiel dieser fünf Faktoren wesentlich bestimmt.

Literatur

Bänninger-Huber E, Moser U, Steiner F (1990) Untersuchungen affektiver Regulierungsprozesse in Paar-Interaktionen. Z Klin Psychol 19 : 123-143

Buber M (1983) Ich und Du. Wiss Buchgesellschaft, Darmstadt

Grande T, Wilke S, Nübling R (1992) Symptomschilderungen und initiale Beziehungsangebote von weiblichen und männlichen Patienten in psychoanalytischen Erstinterviews. Z Psychosom Med 38 : 31-48

Jacobi P (1969) Sampspel. Beltz, Weinheim

Krause R (1992) Die Zweierbeziehung als Grundlage der psychoanalytischen Therapie. Psyche 46 : 588-612

Manz R, Öri C, Rudolf G (1994) Methodische und statistische Aspekte der Therapie - Evaluation am Beispiel der Berliner Psychotherapiestudie. Psychother Psychosom Med Psychol 45 (im Druck)

Nabukov V (1955) Lolita. Rowohlt, Reinbek

Parsons T (dt. 1970, 1964) Definition von Gesundheit und Krankheit im Lichte der Wertbegriffe und der sozialen Struktur Amerikas. In: Mitscherlich A, Brocher T, Mehring O, Horn K (Hrsg) Der Kranke in der modernen Gesellschaft. Kiepenheuer & Witsch, Köln Berlin

Rudolf G, Grande T, Porsch U (1988) Die initiale Patient-Therapeut-Beziehung als Prädiktor des Behandlungsverlaufs. Eine empirische Untersuchung prognostischer Faktoren in der Psychotherapie. Z Psychosom Med Psychoanal 34 : 32-49

Rudolf G (1991) Die therapeutische Arbeitsbeziehung. Untersuchungen zum Zustandekommen, Verlauf und Ergebnis analytischer Psychotherapien. Unter Mitarbeit von T. Grande und U. Porsch. Springer, Berlin Heidelberg New York

Rudolf G (1993) Psychotherapeutische Medizin. Ein einführendes Lehrbuch auf psychodynamischer Grundlage. Enke, Stuttgart

Rudolf G, Manz R (1993): Zur prognostischen Bedeutung der therapeutischen Arbeitsbeziehung. Psychother Psychosom Med Psychol 43, 193-199

Rudolf G, Manz R, Öri C (1994) Ergebnisse psychoanalytischer Therapien. Z Psychosom Med 40 : 25-40

Wilke S (1992) Die erste Begegnung. Eine konversations- und inhaltsanalytische Untersuchung der Interaktion im psychoanalytischen Erstgespräch. Asanger, Heidelberg

Witzens M (1994) Ursachenkonzepte psychotherapiesuchender Patienten. Untersuchungen über den Zusammenhang zwischen Ursachenkonzepten, Behandlungsvorgeschichte, Therapieerwartung und Therapieindikation. Med Dissertation, Universität Heidelberg

Das Geld im therapeutischen Setting

Johannes Cremerius

*"Geldangelegenheiten werden von den Kultur-
mächten in ganz ähnlicher Weise behandelt wie
sexuelle Dinge, mit derselben Zwiespältigkeit,
Prüderie und Heuchelei" (Freud 1913, S. 464).*[1]

Die Einführung der Richtlinienpsychotherapie hat 1967 eine Grenzlinie zwischen
zwei Arten der Leistungshonorierung gezogen. Auf der einen Seite gab es nur den
Privatvertrag und die Privatfinanzierung, auf der anderen Seite nur den Vertrag
mit einem Dritten, der private Leistungen des Patienten ausschließt. Ich habe dies-
seits und jenseits dieser Linie jeweils zwei bis drei Jahrzehnte meines Lebens als
Psychotherapeut gearbeitet und möchte Ihnen meine Erfahrungen mitteilen, wobei
ich die behandlungstechnischen Probleme, die das Geld stellt, in den Mittelpunkt
stellen möchte.

   Ich beginne mit einer kleinen historischen Reminiszenz. Sie erinnern sich, daß
bis zum Jahr 1967 nur der Privatvertrag zwischen Therapeut und Patient exi-
stierte. Sein Zustandekommen hing vorrangig davon ab, ob der Patient zahlungs-
fähig war oder nicht. Das grenzte den Zugang zur Psychotherapie auf Personen
ein, die in der Regel aus der begüterten Bildungsschicht kamen. Wahrhaft reiche
Patienten waren damals wie heute eine extreme Seltenheit. Viele Kollegen und
Kolleginnen meiner Generation, auch ich, litten darunter, daß das Gros der
Bevölkerung von der Psychotherapie ausgeschlossen war, daß wir eine radikale
Klassentherapie betreiben mußten. So begannen Verhandlungen mit den
Vertretern der Krankenkassen mit dem Ziel, Psychotherapie in die kassenärztliche
Versorgung der Bevölkerung aufzunehmen. Nach 10jährigen schwierigen
Bemühungen führten sie 1967 endlich zum Ziel. Daß das Ziel erreicht werden
konnte, lag einmal in dem veränderten politischen Klima, das ab 1966, Willi
Brandt wird Vizekanzler, immer stärker von sozialen Fragen geprägt wird bis

---

[1] Freud fordert, daß der Analytiker sich zu seinen wirklichen Ansprüchen und Bedürfnissen bekennt
und nicht den "uneigennützen Menschenfreund" agiert.

diese 1969 mit Beginn der SPD-Regierung vorrangig werden. Zum anderen lag die Erreichung des Ziels an der Hilfe, die das Berliner Psychoanalytische Institut, hier ist v. a. der Name Annemarie Dührssen zu nennen, leistete. Sie konnte den Verhandlungspartner durch Vorlage der katamnestischen Studien des Institutes davon überzeugen, daß, kurz gesagt, Psychotherapie den Kassen hilft, Geld einzusparen. Soviel zur Geschichte des Geldverkehrs zwischen Therapeut und Patient seit Kriegsende. Ich glaube, daß sich damals die meisten Psychotherapeuten über die Richtlinienpsychotherapie gefreut haben. Wir verbanden mit ihr die Hoffnung, daß Freuds Wunsch, auf dem Budapester Kongreß 1918 ausgesprochen, daß es eines Tages eine kostenlose Psychotherapie für das Volk geben werde (Freud 1919), in Erfüllung gegangen sei. Rückblickend auf die weitere Entwicklung der Psychotherapierichtlinien muß sogar festgestellt werden, daß sie Freuds Erwartungen in bezug auf die Qualität dieser Psychotherapie bei weitem übertroffen haben: Ihre wirksamsten und wichtigsten Bestandteile sind de facto, wie Freud gehofft hatte, die, "die von der strengen, der tendenzlosen Psychoanalyse entlehnt worden sind" (Freud 1919). Gemeint sind die Essentials, die Freud 1914 und erneut 1923 definiert hatte: Übertragung, Widerstand, die Theorie des Unbewußten und die Einschätzung der Sexualität und des Ödipuskomplexes. Die Richtlinienpsychotherapie führte als radikale Änderung gegenüber der vorangehenden Phase der Privatfinanzierung das Prinzip der Kostenfreiheit ein. Der Patient hat einen Anspruch darauf, und dem Therapeuten, der an der Richtlinienpsychotherapie teilnehmen will, ist jede Art von Privatfinanzierung oder Zuzahlung untersagt. Ist damit das Ärgernis des Geldes aus der Welt geschaffen? Durchaus nicht! Es taucht an zwei Stellen in der Richtlinientherapie wieder auf, nämlich bei der nicht rechtzeitigen Absage von festgelegten Stunden, für die laut Kommentar der Richtlinienpsychotherapie das Honorar zu zahlen ist wie bei Fortführung der analytischen Psychotherapie nach Abschluß der Richtlinienpsychotherapie als Privatbehandlung, für die der Patient selber zu zahlen hat.

Ich beginne mit dem Problem der Bezahlung für nicht wahrgenommene oder nicht rechtzeitig abgesagte Stunden. Die alten Analytiker haben, wie Sie aus Freuds berühmter Arbeit aus dem Jahre 1913 "Zur Einleitung der Behandlung" wissen, das "Prinzip der Stundenmiete" benutzt. Der Patient hatte für die gemieteten Stunden zu zahlen, ob er sie wahrnahm oder nicht. Bei längeren Unterbrechungen der Analyse durch ernsthafte organische Erkrankungen z. B. hat Freud die Behandlung unterbrochen und die freiwerdenden Stunden bis zur Besserung des Patienten einem anderen Patienten zur Verfügung gestellt. Jeder von uns versteht, warum Freud nicht mit der Regel, bei rechtzeitiger Absage der Stunde muß sie nicht bezahlt werden, gearbeitet hat. Der Grund ist der, daß sie bei bestimmten Patienten endlose Streitereien schafft, den Fortgang der analytischen Arbeit behindert und das Einkommen des Therapeuten schmälert. Der Patient, der mit dieser Regel agiert, braucht nur immer rechtzeitig abzusagen, um nicht für die nicht genutzte Stunde zahlen zu müssen. Im Falle eines derart agierenden Patienten ist der Therapeut, nachdem das Agieren offenkundig geworden ist, gezwungen, in die Prüfung der Motive für die Absage einzutreten. Dazu ist er einmal der Kasse gegenüber verpflichtet, da nicht stattgefundene Stunden nicht in Rechnung gestellt werden dürfen, zum anderen - und das ist für die Zusammenarbeit weit bedeutender - weil der Patient ihn damit aus der therapeutischen Position herausdrängt. Als Therapeut will er vorurteilsfrei und jenseits der üblichen moralischen Wertvorstellungen der Gesellschaft dem Patienten helfen, sich selbst besser zu verstehen, damit Prozesse des Wachstums und der Reife in Gang kommen können. Seine verstehende Haltung sollte dem Patienten Raum geben, seine verborgenen Wünsche und Phantasien ohne Scheu vor Kritik zu äußern. Diese Haltung muß der Therapeut diesem Patiententypus gegenüber aufgeben und jetzt Vernehmungspraktiken einführen, um herauszufinden, ob er die Absagen als begründet gelten lassen kann oder nicht. Wir alle kennen Patienten, die uns damit in arge Bedrängnis bringen: Ich mußte absagen, weil ich mich nicht wohlfühlte, weil ich Fieber hatte, weil ich dringend zum Zahnarzt mußte, beruflich unabkömmlich war, etc. etc. Hierhin gehören auch die Entschuldigungen, weil man auf dem Wege zur Stunde aufgehalten wurde, z. B. das Auto sprang nicht an, man blieb im Stau stecken etc. etc. und dementsprechend fühle man sich zur Zahlung der Stunde nicht verpflichtet. Die Honorarfrage verhindert jetzt die therapeutische Arbeit, zwingt den Therapeuten zu behandlungstechnischen Entscheidungen: Beharrt er auf der Bezahlung der Stunden und besteht der Patient seinerseits auf der Validität seiner Entschuldigungen, kommt es zu Streitereien, die u. U. zum Abbruch der Behandlung führen können. Will man dieser Gefahr ausweichen und läßt das Agieren in der Hoffnung unbearbeitet, später in einer ruhigeren Phase mit dem Patienten darüber reden zu können, so hat auch das in der Regel schlimme Folgen. Eine ist z. B. die, daß der Patient die Erfahrung macht, daß er der Überlegene ist. Damit verändert sich die therapeutische Beziehung. Man kann sagen, der Patient agiert die ödipale Situation aus und setzt den Vater matt. Wir wissen, daß das nicht ohne Schuldgefühle geschieht, und daß diese wiederum die analytische Arbeit behindern. Die andere, nicht weniger schlimme Folge ist die, daß der Analytiker in eine negative Gegenübertragung gerät, die seine wohlwollende Haltung einschränkt und seine kreative analytische Potenz mindert.

Ich möchte jetzt auf einige spezielle behandlungstechnische Probleme mit der Honorarabsprache bei Nichterscheinen des Patienten eingehen. Dies soll an drei Beispielen geschehen. Bei zwei Beispielen stammen die Schwierigkeiten aus der Neurosenstruktur des Patienten, bei dem dritten Beispiel stammen sie aus der Anwendung einer der Richtlinientherapie inadäquaten psychoanalytischen Theorie:

Behandlungstechnische Überlegungen - Drei Beispiele

Ich beginne mit der Neurosenstruktur eines *sadomasochistischen Patienten*. Dieser Typus stellt uns, wählt er als Agierfeld das Nichterscheinen zu den verabredeten Stunden, sehr schnell vor eine Pattsituation: versuchen wir, sein williges Bezahlen der nicht wahrgenommenen Stunden zu bearbeiten, stören wir seinen masochistischen Lustgewinn und provozieren damit seine Abwehr. Wir selbst geraten damit in die sadistische Position. Versuchen wir, dies zu vermeiden, indem wir sein Verhalten nicht deuten, verhindert die ungehemmte Befriedigung der masochistischen Lust, der sich der Patient hingibt, die analytische Arbeit. In den Fällen einer vollen Ausprägung der genannten Struktur, ist die Fortführung der analytischen Psychotherapie nicht mehr gegeben.

Bei meinem zweiten Beispiel handelt es sich um Patienten mit einer *Borderlinepathologie* und schweren Defekten der Charakterstruktur, einem Patiententypus, der immer häufiger in den letzten Jahren in unseren Praxen erscheint. Diese Patienten zwingen uns durch das häufige, nicht termingerechte Absagen von Stunden, häufig auch durch Fernbleiben von denselben ohne abzusagen, zu einer Änderung der klassischen Technik in Richtung auf eine pädagogische Arbeit am Verhalten, zur Konfrontation mit dem Realitätsprinzip und zu Modifikationen der Ichstruktur - eine Technik, die uns durch die Arbeiten Kernbergs vertraut ist. Versuche, hier mit der klassischen Technik, d. h. mit dem freien Einfall und mit Deutungen zu arbeiten, sind wenig aussichtsreich. Einmal, weil der Patient die Realität des Vertrags leugnet und die Stunden mit endlosen Streitereien über das zu zahlende Honorar und die nicht wahrgenommene Stunde ausfüllt, zum anderen, weil er die freie Assoziation in den Dienst der Abwehr stellt. Im Gegensatz zu Patienten, bei denen wir mit der klassischen Technik das Agieren beenden, nachdem das unbewußte Motiv gefunden ist, verstärkt hier jeder Versuch, das Verhalten analytisch anzugehen, das Agieren. Der Grund für das Versagen der klassischen Technik liegt darin, daß der Patient eine strukturelle Ich-Schädigung hat. Diese verunmöglicht ihm, ein Arbeitsbündnis mit dem Therapeuten einzugehen, Realität zu prüfen und Einsicht zu gewinnen. Bewährt haben sich in diesen Fällen folgende Regeln: Sollte die Therapie bis zu dem Punkt, an dem das Agieren einsetzt, in der Couch-Sessel-Position stattgefunden haben, sollte sie jetzt durch die vis-a-vis-Position ersetzt werden; sollte die Therapie bis jetzt dreistündig durchgeführt worden sein, sollte sie auf ein bis zwei Stunden pro Woche reduziert werden; das Thema der Stunden sollte auf das real vorliegende Problem eingeengt werden. Auf der Zahlung der nicht rechtzeitig abgesagten Stunden muß freundlich aber unbeirrt bestanden werden. Es ist nicht einfach, diesen Patiententypus in diesem engen Rahmen zu halten. Die beste Abwehr, der er sich jetzt bedienen wird, ist die Benutzung der freien Assoziation, die wir ihm ja zu Anfang der Technik als Arbeitsmethode empfohlen haben. Diese müssen wir ihm jetzt als Abwehr deuten.

Bei meinem dritten Beispiel erschwert eine *inadäquate Behandlungstechnik* die Bearbeitung des Agierens mit der Bezahlung nicht rechtzeitig abgesagter Stunden. Was meine ich mit nicht adäquater Technik? Hier muß ich etwas weiter ausholen. In der psychoanalytischen Literatur der letzten 20 Jahre nimmt die Behandlungstechnik der korrigierenden emotionalen Erfahrung einen immer größeren Raum ein. Sie ist ihnen vertraut und ich will nur die Stellen derselben hier anführen, die das Problem, um dessen Darstellung es mir geht, sichtbar machen. In dieser Technik bietet der Therapeut Übertragungshaltungen an, die es dem Patienten ermöglichen sollen, neue Übertragungsversuche zu unternehmen. Spitz (1962) bietet eine "diatrophische und eine Hilfs-Ich-Funktion" an, Nacht (1962) spricht von "liebevoller Präsenz", Winnicott geht auf diesem Wege am weitesten, indem er den Bereich der symbolischen Mutterhaltung verläßt und konkrete Mutterhaltungen und Mutterfunktionen fordert: "... gelegentlich muß das Halten auch physiologisch praktiziert werden" (Winnicott 1974, S. 311). Er will realiter die Mutter sein. Ich beobachte bei meiner Supervisionstätigkeit wie bei meiner Arbeit als Gutachter der Kassenärztliche Bundesvereingung daß Kollegen und Kolleginnen Winnicotts Technik übernehmen, als besäßen sie dieselben Rahmenbedingungen wie er. Die Technik wird jetzt, d. h. im Rahmen der Richtlinienpsychotherapie inadäquat, weil die Voraussetzungen fehlen, die Winnicotts Therapie kennzeichnen, nämlich hohe wöchentliche Stundenfrequenz - vier bis fünf Mal pro Woche - Behandlungszeiträume von 5 bis 10 Jahren und eine Klientel von gebildeten, zahlungsfähigen Patienten, die für diese Technik als geeignet von ihm ausgewählt werden. Diese langen Zeiträume erlauben Winnicott bei den reflexionsgeübten Patienten der "lesenden Schicht", die Entfaltung haltgebender Übertragung, tiefer Regressionen und die Internalisation neuer Erfahrungen an einer "good enough mother". Ich empfehle dem Leser die Lektüre des Berichts, den eine namhafte englische Analytikerin, Frau Little, über ihre Analyse bei Winnicott gemacht hat, um den Unterschied wahrnehmen zu können, der zwischen dieser Arbeitsweise und derjenigen der Richtlinientherapie besteht (Little 1990). Diese Analyse dauerte zweimal fünf Jahre und wurde hochfrequent durchgeführt. Winnicott übernimmt realiter die Rolle der guten Mutter, indem er die Patientin z. B. gegen ihre Mutter schützt, aktiv in ihr Leben eingreift, während der Stunden ihre Hand hält etc.

Wenn sich bei einem Patienten Winnicotts ein Agieren mit der Einhaltung der Stunden und der Bezahlung nicht wahrgenommener Stunden einstellt, hat er den zeitlichen und den methodischen Rahmen, es in Ruhe zu bearbeiten, ohne den Patienten traumatisieren zu müssen. Er muß die Position der "good enough mother" nicht aufgeben. Ganz anders ist die Situation, wenn das Agieren des Patienten um die Bezahlung nicht rechtzeitig abgesagter Stunden in einer

Richtlinientherapie mit drei bis zwei Wochenstunden, die von vornherein auf maximal 200 bis 300 Stunden determiniert ist, sagen wir um die 160. Stunde herum einsetzt. Jetzt gerät der Therapeut, der bisher mit der Winnicottschen Methode - dem Patienten zu einer neuen emotionalen Erfahrung an einer guten Mutter zu verhelfen - in Zugzwang: Er muß, da er nur einen definitiv festgelegten Zeitraum zur Verfügung hat, das Thema mehr oder weniger direkt angehen, d. h. das Agieren mit dem Ziel ansprechen, daß der Patient es aufgibt und er die Zahlung leisten muß. Für den Patienten bedeutet dies eine dramatische Veränderung der Beziehung. Die bisher gute Mutter wird plötzlich etwas ganz anderes, etwas, das Klarheit der Verhältnisse und Geld von ihm fordert, Geld für etwas, sein Agieren nämlich, das er glaubte, sich im Rahmen von "good mothering" erlauben zu können. Er versteht nicht, warum sich der Muttertherapeut plötzlich verändert, warum er plötzlich auf Befriedigungen verzichten soll, die ihm bisher gewährt wurden. Das ist die Krise der inadäquaten Technik. Der Patient ist enttäuscht, fühlt sich hinters Licht geführt, befürchtet, daß die liebevoll gewährende Mutterhaltung nur ein Trick war. Die Bearbeitung dieser Krise ist sehr schwierig. Der Patient ist jetzt ratlos und wütend, der Therapeut nicht weniger ratlos, weil er das Inadäquate seines Vorgehens nicht vorausgesehen hat. Ist er tapfer, nimmt er den Stier bei den Hörnern und erklärt dem Patienten seinen Fehler, und so ist vielleicht die Weiterarbeit zu retten. Aber sie wird sehr viel Zeit in Anspruch nehmen, denn der Patient braucht sie jetzt um zu verstehen, wo er sich wirklich befindet, nämlich in einer Therapie, die nach den Regeln der Krankenkasse geführt wird, in der der Therapeut die Spielregeln derselben vertritt. Sollte es dem Therapeuten gelingen, den Abbruch zu verhindern, droht die Gefahr, daß die Analyse nicht in dem festgelegten Zeitraum beendet werden kann. Damit der Patient nicht plötzlich mit seinen ungelösten Problemen alleine auf der Straße steht, muß der Therapeut jetzt, so finde ich, die Verantwortung für seinen Kunstfehler übernehmen und die Therapie in irgendeiner Weise zu einem guten Ende führen.

Ich wende mich jetzt der anderen Stelle zu, wo im Rahmen der Richtlinientherapie das Honorar eine wichtige Rolle spielen kann. Dies ist dann der Fall, wenn nach Abschluß einer nach den Regeln der Richtlinien durchgeführten "analytischen Psychotherapie", diese als Privatbehandlung, für die der Patient jetzt selber zahlen muß, fortgeführt werden soll.

Worauf muß jetzt besonders geachtet werden? Zunächst auf das, was im Übergang von der kostenlosen Therapie in die privat finanzierte Therapie geschieht. Im Unbewußten des Patienten verändert sich das Bild des Therapeuten, war er bisher eine gute, gebende Mutter, stellt er jetzt am Ende des Monats Forderungen, verlangt etwas so Profanes wie Geld. Das kann zu einer tiefen Enttäuschung führen, weil der Patient jetzt die Phantasie, der Therapeut habe ihn aus Liebe kostenlos behandelt, revidieren muß. Je unbewußter diese Enttäuschung abläuft, desto leichter kann es geschehen, daß der Therapeut sie nicht erkennt.

Hier können ihn Symptome wie depressive Verstimmung, Störungen der vorher guten Zusammenarbeit, Blockaden des freien Einfalls, lange Schweigephasen etc. aufmerksam machen. Hierhin gehört auch, daß der Patient plötzlich äußere Gründe angibt, warum er die Therapie nicht fortführen kann: berufliche, familiäre oder ökonomische Gründe. Die Durcharbeitung der Krise ist in der Regel nicht einfach, weil ein Behandlungsfehler im ersten Abschnitt der Therapie stattgefunden hat, der jetzt korrigiert werden muß. Der Fehler ist der, daß die Übertragungsphantasie, die jetzt die Behandlung stört, nämlich die, der Therapeut habe die Therapie aus Zuneigung kostenlos durchgeführt, damals nicht analysiert wurde. Wie immer, wenn Deutungen zur rechten Zeit versäumt werden und später nachgeholt werden müssen, stellen sich ihr große Widerstände entgegen.

Oft wird auch übersehen, daß der Wunsch des Patienten, die Behandlung fortzusetzen, nicht aus therapeutischem Interesse erwächst, sondern aus dem Wunsch, die Verbindung mit dem Therapeuten fortzusetzen. Auch hier sind infantile Sehnsüchte nach liebevoller Nähe wie infantile Ängste vor Verlust derselben am Werk. Das Honorar, das er nun zahlen will, setzt die kindliche Haltung fort, Nähe und Liebe durch Geben und Gefälligsein zu erwerben. Wir haben es hier also mit jener Art tiefer Selbstwertschwäche zu tun, die die Vorstellung verunmöglicht, um seiner selbst willen geschätzt und geliebt werden zu können. Nicht übersehen werden darf auch die Vermeidung der Trennungsangst und der Verlustängste, die hier mitspielen. Weil den Patienten eine zukunftsfreudige Vorstellung eines eigenen selbständigen glücklichen Lebens fehlt, wehren sie sich gegen die Zukunft verheißende Trauerarbeit. Trauerarbeit wird vermieden, weil sie die Akzeptanz der Trennung vorwegnimmt. In diesem Falle muß der Patient den infantilen Mißbrauch des Honorars verstehen lernen, verstehen lernen, daß er wiederholt, statt zu erinnern, und daß er nicht erinnern will, weil Erinnerungen ihn in genau jene traumatischen Situationen zurückführen, in denen sein depressives Gefühl, unwert zu sein, entstanden ist.

Eine Variante dieser neurosenspezifischen Verarbeitung des Honorars bei privat finanzierten Fortführungen der Richtlinientherapie ist folgende: Bei Beginn der Fortführung der Privatbehandlung muß die Honorarfrage geklärt werden. Der soeben beschriebene Patiententyp wird dazu neigen, einem für seine Verhältnisse zu hohen Honorar zuzustimmen. Die Folge wird sein, daß er unbewußt eine Bestätigung dafür schafft, nur dann geschätzt zu werden, wenn er viel gibt. Im Fortgang der Therapie entsteht dann die Situation, daß der Patient sein Leben enorm reduzieren, an allen Ecken und Enden sparen muß, um die Liebe seines Therapeuten zu erhalten. Ich bemerkte eine solche verzweiflungsvolle Situation, als eine junge Lehrerin nicht in die Schulferien fuhr, obgleich sie darüber klagte, sehr erschöpft zu sein. Meine Frage, warum sie nicht in die Ferien fahre, deckte dann die lange Zeit verborgene Opferhaltung auf, und wir konnten das Honorar so weit senken, daß sie ihr Leben nicht mehr einengen mußte.

Dieser Fall macht unsere spezielle Berufssituation sichtbar. Würde ich auf meinem Honorar bestanden haben, wäre die Therapie die Fortsetzung einer neurotischen Fixation gewesen, d. h., eine Scheintherapie, die gerade das, was Therapie leisten soll, nicht hätte leisten können, nämlich die Eröffnung neuer Entfaltungsräume - und die nicht nur in der Phantasie. Was nutzt es, wenn eine junge Frau, die in der Therapie dahin kommt, ihre ungelebte Weiblichkeit zu entdecken, nicht die Mittel hat, sich schön zu machen, schöne Kleider zu kaufen und in Gesellschaft zu gehen, weil sie die ihr zur Verfügung stehenden Mittel dem Übertragungsobjekt opfert? Wir sehen, wie weit wir auch professionell in die Regeln der freien Marktwirtschaft eingebunden sind; die Entscheidung zu diesem Beruf führt uns in Grenzzonen, wo die konsequente Nutzung der freien marktwirtschaftlichen Gesetze unseren Beruf aufhebt und schließlich verunmöglicht.

Ich beende jetzt die behandlungstechnischen Überlegungen und wende mich einem grundsätzlichen Aspekt des Geldes im therapeutischen Setting zu. Vorher jedoch noch eine kurze letzte Bemerkung zur Technik. Sie werden sich vielleicht gefragt haben, warum ich nichts zum Thema der Symbolbedeutung des Geldes, des Zahlens und des Bezahltwerdens gesagt habe. Diese Auslassung hat Methode. Sie markiert eine Auffassung von psychoanalytischer Technik, der folgend ich dem klinischen Aspekt von Übertragung, Widerstand und Gegenübertragung den Vorrang vor der Arbeit an Inhalten und an metatheoretischen Konzepten gebe. Im übrigen verschleiert die bevorzugte Arbeit an den Symbolbedeutungen leicht die Realität, daß der Patient wirklich Geld, d. h., richtiges Geld, an jemanden zu zahlen hat, der mit der Ausübung dieses Berufs seinen Lebensunterhalt verdient.

Ich komme jetzt zu den angekündigten grundsätzlichen Aspekten des Geldes im therapeutischen Setting, zur Frage, welches der beiden Systeme, das der Privatfinanzierung, oder das der Fremdfinanzierung, das bessere ist, zu einer Fragestellung, die derzeit in Deutschland bedeutungslos ist, weil die Mehrzahl von uns fast ausschließlich im System der Fremdfinanzierung arbeitet. Aber morgen kann diese Frage, wenn, wie angedroht, Psychotherapie nicht mehr kassenüblich sein soll, für uns alle höchst bedeutungsvoll werden.

Die grundsätzlichen Aspekte des Honorars

Eine Antwort auf die gestellte Frage, die sich auf empirische Forschung stützen könnte, gibt es nicht. Mit Sicherheit aber läßt sich sagen, daß jeder der beiden Finanzierungsmodi Vor- und Nachteile hat, positive und negative Auswirkungen auf den analytischen Prozeß, auf die Arzt-Patienten-Beziehung und den Effekt der Therapie. Wenn dem so ist, kann es nur noch darum gehen, ob und in wieweit diese Einwirkungen der Deutungsarbeit zugängig sind oder nicht. Dies gilt, soweit ich sehe, für die Einwirkungen beider Finanzierungsmodi gleichermaßen.

Erschwert wird die wissenschaftliche Diskussion über die Finanzierungsfrage durch folgende Hindernisse: einmal durch Skotome, zum anderen durch ideologische Prämissen, beide bei den Vertretern der Privatfinanzierung.

Ich beginne mit den Skotomen. Die Verteidiger der Privatfinanzierung behaupten, daß ein erwachsener Mensch in einer analytischen Therapie nicht gesund werden kann, wenn er sie nicht selber finanziert. Das Skotom verhindert zu sehen, daß es auch im System der Privatfinanzierung den zahlenden Dritten gibt, daß z. B. Ehefrauen und erwachsene Kinder nicht selber zahlen. Mir ist nicht bekannt, daß diese Personen in der Therapie "nicht gesund werden können": Wenn man bedenkt, daß Frauen etwa zwei Drittel der psychotherapeutischen Klientel ausmachen und daß viel von ihnen im System der Privatfinanzierung als Ehefrauen und Töchter erscheinen, müßte man nach dieser Voraussage erwarten, daß es eine umfangreiche Literatur gäbe, die vom Scheitern dieser nicht selbst bezahlten Analysen berichtet. Sie fehlt uns aus naheliegenden Gründen.

Was hier nicht gesehen werden darf, darf auch nicht bei dem sonst so gern zitierten Gründungsvater, Freud, zur Kenntnis genommen werden, der 1909 über seinen berühmten Patienten, den sog. "Rattenmann" - einen Rechtsanwalt, dessen Analyse von seiner Mutter bezahlt wurde - schreibt, daß er völlig gesundet die Analyse verlassen habe (Freud 1909). Daß Freud sogar über ein Jahrzehnt Gratisanalysen durchgeführt hat, d. h. Analysen, die ein reines Geschenk an den Patienten waren und auch bei ihnen "schöne Erfolge" erzielte, hat das Skotom ebensowenig behoben wie der Erfolg der Therapie beim "Rattenmann". Wie erfolgreich diese Gratisanalysen waren, wissen wir dadurch, daß uns die Namen einiger dieser Personen, wie ihre spätere Lebensgeschichte bekannt sind. Die meisten von ihnen haben sich in der Geschichte der Psychoanalyse einen großen Namen als Forscher oder bedeutende Kliniker gemacht. Eissler (1974), der von diesen Erfahrungen Freuds weiß, formuliert in diesem Sinne, "daß die Bezahlung von Honoraren kein wesentlicher Teil des psychoanalytischen set up sei" (Eissler 1974, S. 99). Im Geiste des Skotoms, "ich will nicht sehen, was meine Überzeugungen stört", gibt es zahlreiche Untersuchungen über die negativen Auswirkungen der durch Krankenkassen finanzierten Therapien, aber kaum solche über die negativen Auswirkungen privat finanzierter Therapien, v. a. nicht über Therapien die, z. B. vom Ehemann bezahlt werden. Man betont die Abhängigkeit des Patienten von den Regeln und Richtlinien der zahlenden Krankenkassen, übersieht aber die Abhängigkeit der Frauen und erwachsenen Kinder vom zahlenden Familienoberhaupt. Man übersieht v. a. den grundsätzlichen Unter-schied, der zwischen den beiden Abhängigkeiten besteht: Die Abhängigkeit des Patienten von der Krankenkasse ist durch feste Regeln definiert, die der Patient kennt, auf die er sich einstellen kann, - die Abhängigkeit vom Familienoberhaupt dagegen ist durch reine Willkür bestimmt, sie ist unvorhersehbar und total. Wieviele Ehefrauen und erwachsene Söhne und Töchter haben wir in dem Moment aus der Analyse verloren, in dem sie im Patienten Lebensmöglichkeiten eröffnete, die dem zahlenden Familienoberhaupt nicht paßten. Schmerzlich in Erinnerung ist mir der Fall eines 12jährigen Knaben mit einem so schweren Stottersymptom, daß sein Schulbesuch gefährdet war. Wir hatten von Anfang an eine unmittelbare intensive Beziehung, die das Symptom in wenigen Monaten weitgehend besserte. In diesem Moment kam der Anruf des Vaters, eines höheren Offiziers aus Hitlers Armee: "Schicken Sie mir Ihre Rechnung, Herr Doktor. Diese Therapie gefällt mir nicht. Gestern hat Siegfried bei Tisch Scheiße gesagt". Zum Skotom gehört auch die fehlende Reflexion der Tatsache, daß der Kassen-patient ja nichts geschenkt bekommt, daß er aufgrund seiner Beitragsleistungen, die bei einem mittleren Einkommen etwa 14% desselben betragen - ein Anrecht auf Therapie hat.

Ich komme jetzt zu den ideologischen Prämissen, die das private Finanzierungssystem rechtfertigen sollen. Eine derselben ist die der Notwendigkeit des Opfers. Kemper stellte sie 1950 vor und begründete sie mit dem Hinweis darauf, daß "die Zahlungsverpflichtung geradezu zum analytischen Movens" werde (Kemper 1950, S. 200-213). Seine Theorie hat unsere Arbeit in Deutschland für mehrere Jahre nach dem Kriege geprägt. Ich erinnere mich an die Diskussion im Riemann-Kreis in München darüber, wie man es anstellen könnte, Patienten mit geringfügigen oder gar keinen Mitteln, ein Opfer für die Therapie aufzuerlegen. Eines dieser Opfer war, daß wir von Rauchern z. B. verlangten, uns den Geldwert einiger Zigaretten, die sie weniger rauchen sollten, als Honorar zu geben. Die Analyse wurde so zum Altar, auf dem Opfergaben dargebracht werden müssen. Ich glaube, wir alle haben uns nachträglich dessen geschämt, denn keiner von uns hat nach Kemper je diese Praktiken publiziert. Im Seehofer-Plan taucht jetzt in der Selbstbeteiligung des Patienten dieser Opfergedanke wieder auf.

Ich meine, und damit komme ich zum Schluß, wir sollten diesem Plan entschieden entgegentreten - auch dann, wenn er für alle Fächer in Kraft treten wird. V. a. sollten wir nicht übersehen, daß es unser Fach ist, dem die Selbstbeteiligung als erstem Fach angedroht wird, und dies als untrügliches Zeichen von Veränderung im Beziehungsfeld Gesundheitsdienst-Psychotherapie registrieren.

Da sich der Opfergedanke als therapeutisches Movens in den 26 Jahren der kassenfinanzierten Psychotherapie als unzutreffend erwiesen hat, kann die Einführung der Selbstbeteiligung nicht therapeutisch motiviert sein. Es handelt sich eindeutig um eine Sparmaßnahme. Wie immer wird sie dort angesetzt, wo der geringste Widerstand erwartet wird. Ich meine, wir haben gute Gründe uns zu wehren, Gründe, die sich aus der Besonderheit unseres Faches ergeben. Bei der hohen Frequenz und der langen Dauer unserer Therapien hätte die Selbstbeteiligung für unsere Patienten schlimme Folgen. Viele müßten auf eine psychotherapeutische Behandlung verzichten. Dadurch würden unsere Patienten gegenüber den Patienten, die in anderen Fächern behandelt werden, benachteiligt. Es würde für die Psychotherapie das vorbismarcksche Zweiklassensystem wieder hergestellt. Aber nicht nur eines zwischen reich und arm, sondern auch zwischen Männern und Frauen. Letztere - d. h. 2/3 unserer Patienten - würden aufgrund ihres niedrigeren Einkommens die Selbstbeteiligung schwerer leisten können als die Männer. Begonnen habe ich mit dem Geld im therapeutischen Setting und ende mit seiner Bedeutung im politischen Feld. Wir sehen, daß Psychotherapie nicht, wie es manche glauben und wünschen, jenseits der gesellschaftlichen Realität stattfindet.

Literatur

Cremerius J (1981) Die Präsenz des Dritten in der Psychoanalyse. Zur Problematik der Fremdfinanzierung. Psyche 35 : 1-41

Ehebald U (1978) Der Psychoanalytiker und das Geld - oder die Ideologie vom persönlichen Opfer des Patienten. In: Drews S et al. (Hrsg) Alexander Mitscherlich zu Ehren. Suhrkamp, Frankfurt aM, S 361-386

Eissler KR (1974) On some theoretical and technical problems regarding the payment of fees for psychoanalytic treatment. Int Rev Psychoanal 1 : 73-101

Faber ER, Haarstrick H (1994) Kommentar. Psychotherapierichtlinien. Jungjohann, Neckarsulm Stuttgart

Ferenczi S (1925) Zur Psychoanalyse von Sexualgewohnheiten. In: Ferenczi S (Hrsg) (1939) Bausteine zur Psychoanalyse, Bd 3. Huber, Bern, S 245-293

Freud S (1909) Bemerkungen über einen Fall von Zwangsneurose. GW Bd 7, S 379-463

Freud S (1913) Weitere Ratschläge zur Technik der Psychoanalyse. GW Bd 8, S 453-478

Freud S (1913) Zur Einleitung der Behandlung. GW Bd 8, S 458-467

Freud S (1914) Zur Geschichte der psychoanalytischen Bewegung. GW Bd 10, S 43-113

Freud S (1916/17) Vorlesungen zur Einführung in die Psychoanalyse. GW Bd 11, S 448

Freud S (1919) Wege der psychoanalytischen Therapie. GW Bd 13, S 184-194

Freud S (1923) Psychoanalyse und Libidotheorie. GW Bd 13, S 209-233

Kemper W (1950) Das Honorarproblem in der Psychoanalyse. Psyche 4 : 201-221

Mahony P (1993) Brief an E. Falzeder vom 4. 04.1 993. In: Falzeder E (ed) My grand-patient, my chief formento. Psychoanal Quaterly

Nacht S (1962) The curative factors in psychoanalysis. Int J Psychoanal 43 : 206-211, 233

Spitz RA (1962) Autoerotism re-examined. The role of early sexual formation. Psychoanal Study Child 17 : 283-315

Winnicott DW (1974) The aims of psychoanalytic treatment. In: Winnicott DW (ed) The maturational process and the facilitating environment. Hogarth, London

Rahmen und Regeln für Psychotherapeuten in der kassenärztlichen Versorgung

Erhard Effer

Mein Anteil am Leitthema geht wie selbstverständlich davon aus, daß die Psychotherapie in der vertragsärztlichen Versorgung einen Rahmen hat. Dagegen würde wohl auch niemand etwas einwenden. Das Thema wird aber dann Gegenstand oft sehr heftiger und engagierter Diskussionen, wenn man den Begriff des Rahmens z. B. mit Einschränkung, Begrenzung oder Ausschluß interpretiert.

Um diese Interpretation kommt man aber nicht herum, wenn Psychotherapie als Bestandteil der vertragsärztlichen Versorgung diskutiert werden soll. Dies liegt daran, daß die vertragsärztliche Versorgung selbst in ganz besondere Rahmenbedingungen eingebunden ist.

Wenn die Bundesrepublik Deutschland als sozialer Staat ihre Bürger durch ein gegliedertes Sozialversicherungssystem davor bewahrt, existenzbedrohende Risiken allein als persönliches Problem zu bewältigen, muß sie den Rahmen festlegen, in dem sie diese Sicherheit gewähren kann und will. Dieses System der sozialen Sicherheit ist aber ein äußerst dynamisches Gebilde mit einer über 100jährigen Geschichte. Diese Geschichte ist geprägt durch bahnbrechende gesetzliche Regelungen und durch eine fast unübersehbare Rechtsprechung.

Die Psychotherapie ist, gemessen an der historischen Entwicklung, erst kurze Zeit Bestandteil dieses Versorgungssystems. Aber mit der Aufnahme in dieses System fiel sie auch unter die Rahmenbedingungen, welche dieses System definieren und in denen es sich entwickeln kann.

Auf diese Rahmenbedingungen möchte ich im folgenden etwas näher eingehen. Dabei möchte ich nach den Systemelementen gliedern, von denen die Rahmenbedingungen im wesentlichen bestimmt sind. Ich möchte deshalb Ausführungen machen zunächst zum Leistungssystem, dann zum Vergütungssystem und damit auch zum Organisationssystem.

Der Leistungsrahmen für die Psychotherapie wird inhaltlich bestimmt durch die Vorschriften des Leistungsrechts der gesetzlichen Krankenversicherung und des Kassenarztrechts. In beiden Rechtskreisen wird die Versorgung des Versicherten strikt an die Forderung nach Notwendigkeit, Zweckmäßigkeit und Wirtschaftlichkeit gebunden. Eine Psychotherapie, die diese Anforderungen nicht erfüllt, darf von der gesetzlichen Krankenversicherung nicht gewährt, vom Vertragsarzt nicht erbracht und vom Versicherten nicht beansprucht werden.

Dabei bezieht sich das Leistungsspektrum der gesetzlichen Krankenversicherung vorrangig auf die Behandlung von Krankheit, die zwar begrifflich in den gesetzlichen Vorschriften nicht definiert, aber in der umfassenden Rechtsprechung dazu interpretiert und konkretisiert wird. Demzufolge konnte die Psychotherapie, die zunächst definiert werden mußte, in das Leistungsspektrum der kassenärztlichen Versorgung aufgenommen werden, als entsprechende Krankheitsbilder anerkannt worden waren.

Art und Umfang dieser Psychotherapie als Leistungsbestandteil der kassenärztlichen Versorgung wurde 1967 in Richtlinien des Bundesausschusses der Ärzte und Krankenkassen festgelegt. 1987 wurde durch dieselben Richtlinien das Leistungsspektrum um die Verhaltenstherapie erweitert. Diese Richtlinien des Bundesausschusses nehmen im gesamten Versorgungsbereich der Psychotherapie eine zentrale Stellung ein und beeinflussen alle oben genannten Elemente des Versorgungssystems. Dabei darf ich in Erinnerung rufen, daß der Bundesausschuß der Ärzte und Krankenkassen das höchste Gremium der gemeinsamen Selbstverwaltung in der vertragsärztlichen Versorgung ist. Es entscheidet autonom. Seine Mitglieder sind weder auf der Seite der gesetzlichen Krankenversicherung noch auf der Ärzteseite an Weisungen gebunden.

Die Entscheidungen des Bundesausschusses werden in Richtlinien getroffen, die dem Bundesgesundheitsminister vorgelegt werden müssen. Beanstandet er innerhalb einer vorgegebenen Frist nicht, werden die Richtlinien im Bundesanzeiger veröffentlicht und erlangen damit unmittelbar Bindungswirkung für den gesamten Bereich der vertragsärztlichen Versorgung, und zwar sowohl gegenüber den Krankenkassen als auch gegenüber den Ärzten.

Der Bundesausschuß setzt für die Bearbeitung der verschiedenen Aufgabenfelder Arbeitsausschüsse ein. Diese wiederum ziehen zu ihren Beratungen Sachverständige hinzu, die je nach Gegenstand der Beratung aus der medizinischen Wissenschaft, der Klinik oder der Praxis ausgewählt werden. Im Bereich der Psychotherapie wurden zu diesen Beratungen auch psychologische Psychotherapeuten hinzugezogen.

Mit der Aufnahme eines anerkannten Verfahrens zur Krankenbehandlung in das Leistungsspektrum der vertragsärztlichen Versorgung entstehen automatisch Verpflichtungen sowohl für die vertragsärztliche Selbstverwaltung als auch für die gemeinsame Selbstverwaltung mit den Krankenkassen. Dabei haben die Kassenärztlichen Vereinigungen nach dem Sicherstellungsauftrag dafür zu sorgen, daß in allen Versorgungsbereichen Ärzte, welche dieses Therapieverfahren anwenden können, in ausreichender Zahl vorhanden und auch möglichst gleichmäßig verteilt sind.

Da schon bei Einführung der Psychotherapie in die kassenärztliche Versorgung der Sicherstellungsauftrag mit entsprechend qualifizierten Ärzten allein nicht erfüllt werden konnte, wurde das Delegationsverfahren entwickelt, mit dem die Möglichkeit eröffnet wurde, qualifizierte Psychotherapeuten, die nicht Ärzte sind, in die kassenärztliche Versorgung einzubinden. Es handelt sich dabei um ein freiwilliges Kooperationsverfahren, welches dem Kassenarzt ermöglicht, z. B. einen psychologischen Psychotherapeuten zur Psychotherapie hinzuzuziehen, wobei dieser dann die Psychotherapie selbst eigenständig und eigenverantwortlich durchführt. Das Delegationsverfahren ist besonders unter berufspolitischen Aspekten immer wieder kritisiert worden und war schon mehrfach Gegenstand politischer Diskussionen, die letztlich zur Vorlage des Entwurfs zu einem Psychotherapeutengesetz führten.

Neben dem Sicherstellungsauftrag übernimmt die Kassenärztliche Vereinigung auch den Gewährleistungsauftrag. Dies bedeutet, daß die Kassenärztlichen Vereinigungen gegenüber den Krankenkassen die Gewähr dafür zu übernehmen haben, daß die vertragsärztlichen Leistungen ordnungsgemäß erbracht werden und die Abrechnungen der Vertragsärzte vor Weitergabe an die Krankenkassen sachlich-rechnerisch auf ihre Richtigkeit überprüft werden. Damit soll erreicht werden, daß den Krankenkassen nur solche Leistungen in Rechnung gestellt werden, die nach den oben angesprochenen Voraussetzungen Gegenstand der vertragsärztlichen Versorgung sind und abgerechnet werden können. Dabei ist insbesondere auch auf die Verpflichtung zur persönlichen Leistungserbringung zu achten, die im Rahmen der Psychotherapie eine ganz besondere Rolle spielt.

In diesem Zusammenhang sei darauf hingewiesen, daß der Rechtsanspruch des Versicherten auf Psychotherapie die entsprechende Leistung in der Regel unmittelbar auslöst. Die Leistung selbst wird von demjenigen, der berechtigt ist, in der vertragsärztlichen Versorgung diese Leistung zu erbringen, als Dienstleistung durchgeführt. Dieses bedeutet auch, daß der Versicherte einen Anspruch auf vollständige Gewährung dieser Dienstleistungen hat und diese nicht von Zahlungen oder Zuzahlungen des Versicherten abhängig gemacht werden dürfen. Insbesondere im Bereich der Psychotherapie ist die finanzielle Inanspruchnahme des Patienten durch den Psychotherapeuten auch als therapierelevantes Element immer wieder diskutiert worden. Es muß hier noch einmal darauf hingewiesen werden, daß es für finanzielle Beteiligung des Versicherten im Rahmen der vertragsärztlichen Versorgung keinen Raum gibt, es sei denn, daß dies durch gesetzliche oder vertragliche Vorschriften ausdrücklich so geregelt wurde. Dies könnte allerdings der Fall sein, wenn das Psychotherapeutengesetz in seiner derzeitigen Entwurfsfassung verabschiedet werden sollte. Erste Schritte in diese Richtung wurden in der vertragsärztlichen Versorgung z. B. mit der Einführung von gesetzlichen Zuzahlungsbestimmungen bei der Versorgung mit Arzneimitteln und Heilmitteln bereits getan.

Mit der Einführung der Psychotherapie in die kassenärztliche Versorgung sah sich der Bundesausschuß der Ärzte und Krankenkassen vor die Aufgabe gestellt, das Nähere über die wirtschaftliche Durchführung dieses Therapieverfahrens in Richtlinien (Psychotherapie-Richtlinien des Bundesauschusses der Ärzte und Krankenkassen 1967) festzulegen. Diese Richtlinien sind inzwischen mehrfach überarbeitet worden, haben aber die von Anfang an als notwendig erachteten Regelungsbereiche beibehalten. Ihr besonderer Wert besteht darin, auf dem Gebiet der Psychotherapie konkrete Aussagen zum Krankheitsbegriff und zu den geeigneten Therapieverfahren gemacht zu haben.

Die damit festgelegten Rahmenbedingungen für Psychotherapie in der vertragsärztlichen Versorgung stoßen natürlich wie alle eingrenzenden und beschränkenden Vorschriften verständlicherweise auf Kritik. Diese Kritik muß aber berücksichtigen, daß der Bundesausschuß seine Entscheidungen auf dem Boden des Leistungsrechts der gesetzlichen Krankenversicherung und des Kassenarztrechts treffen muß. Die dort bereits gesetzlich vorgegebenen Bedingungen kann der Bundesausschuß nicht verändern, er kann sich schon gar nicht darüber hinwegsetzen. Wenn sich der Bundesausschuß also gehalten sah, Bestimmungen zur wirtschaftlichen Durchführung von Psychotherapie zu treffen, mußte er zunächst festlegen, welchem Ziel Psychotherapie in der vertragsärztlichen Versorgung dienen soll. Dabei war völlig unumstritten, daß aufgrund der allgemein gesetzlichen Vorschriften Psychotherapie nur dann Anwendung finden kann, wenn sie der Krankenbehandlung dient.

Der mit Einführung der Psychotherapie sehr eng ausgelegte Neurosenbegriff wurde dabei zunehmend erweitert und das Krankheitsspektrum begrifflich differenzierter interpretiert. In allen Fällen setzen die Richtlinien (Psychotherapie-Richtlinien des Bundesauschusses der Ärzte und Krankenkassen 1976) bei Psychotherapie als Bestandteil der vertragsärztlichen Versorgung voraus, daß "das Krankheitsgeschehen als ursächlich bestimmter Prozeß verstanden wird, der mit wissenschaftlich begründeten Methoden untersucht und in einem Theoriesystem mit einer Krankheitslehre definitorisch erfaßt ist." Neben den Interpretationen zum Krankheitsbegriff sah sich der Bundesausschuß gezwungen, auch zum Bereich der therapeutischen Verfahren konkretisierende Aussagen zu machen. Hierin lag wahrscheinlich eine der schwierigsten Aufgaben überhaupt. Es war nicht damit getan, bestimmte Therapieverfahren als anerkannt oder zugelassen oder schlicht als sog. "Kassenleistung" zu deklarieren. Die eigentliche Leistung bestand vielmehr darin, verbindliche Kriterien für die Bewertung psychotherapeutischer Verfahren in den Richtlinien festzulegen. Dabei wird festgestellt, daß Psychotherapie nur dann als Krankenbehandlung verstanden werden kann, wenn sie methodisch definierte Interventionen anwendet, die "auch als Krankheit diagnostizierte seelische Störungen einen systematisch verändernden Einfluß nehmen und Bewältigungsfähigkeiten des Individuums aufbauen". Dabei können therapeutische Interventionen nur Anwendung finden, wenn sie als Ergebnis wissenschaftlicher Reflexion im Rahmen einer übergreifenden Theorie zu verstehen sind. Verkürzt dargestellt kann Psychotherapie in der vertragsärztlichen Versorgung nur dann angewendet werden, wenn sie der Behandlung von Krankheit dient und wenn die psychotherapeutischen Methoden ein im Sinne der Richtlinien anerkanntes Verfahren darstellen.

Dies allein ist jedoch nicht ausreichend, um den übergeordneten Bedingungen des Leistungssystems der vertragsärztlichen Versorgung gerecht zu werden. Wie eingangs bereits dargestellt, unterliegt das gesamte System den Forderungen des Wirtschaftlichkeitsgebotes. Diese Forderung ist bei der Leistungsgewährung und Leistungserbringung von zentraler Bedeutung. Zu ihrer Erfüllung wird in der vertragsärztlichen Versorgung ein außerordentlich kompliziertes Prüfsystem bereitgehalten, in dem besondere Prüfgremien mit paritätischer Besetzung der Vertragspartner tätig sind. Nachgewiesene Verstöße gegen das Wirtschaftlichkeitsgebot haben in der Regel Kürzungen des ärztlichen Honorars zur Folge.

Auch in diesem Punkt erfüllen die Richtlinien des Bundesausschusses der Ärzte und Krankenkassen einen sehr schwierigen Auftrag. Unter der übergeordneten Forderung (Psychotherapie-Richtlinien des Bundesauschusses der Ärzte und Krankenkassen 1976, 1987), "das Nähere für die wirtschaftliche Durchführung der Psychotherapie in der vertragsärztlichen Versorgung zu bestimmen", haben sie für die verschiedenen Therapieformen Behandlungskontingente festgelegt, in denen ein therapeutischer Erfolg in der Regel erwartet werden kann. Mit dem Einhalten dieser Therapiekontingente wird eine wirtschaftliche Psychotherapie unterstellt und damit bewirkt, daß die komplizierten Prüfverfahren zur wirtschaftlichen Versorgungsweise in diesem Bereich der vertragsärztlichen Versorgung nicht angewendet werden. Es muß damit festgestellt werden, daß durch die Richtlinien des Bundesausschusses auf dem Gebiet der Psychotherapie die ärztliche Therapiefreiheit sowohl in bezug auf die Indikationsstellung als auch in der Auswahl des Therapieverfahrens und der Dauer der Behandlung eine Einschränkung erfährt.

Diese Einschränkung erfolgt jedoch nicht willkürlich. Da die Kriterien, die zu diesen Einschränkungen führen, in den Richtlinien des Bundesausschusses offengelegt sind, muß sich eine Kritik inhaltlich mit den Richtlinien des Bundesausschusses auseinandersetzen. Dabei sollte der Kritiker allerdings den Nachweis erbringen, daß die Richtlinien der Erfüllung des gesetzlichen Auftrags nicht gerecht werden, daß sie wesentliche Entwicklungen nicht beachten oder daß die getroffenen Feststellungen falsch sind. Die Beschlüsse des Bundesausschusses können sowohl zu einer Erweiterung als auch zu einer Eingrenzung des Therapiespektrums führen. Eine wesentliche Erweiterung des Therapiespektrums erfolgte durch die Aufnahme der Verhaltenstherapie in das System der kassenärztlichen Versorgung. Diesen Entscheidungen waren tiefgehende und

langwierige Diskussionen vorausgegangen. Die Aufnahme in das Versorgungs-
spektrum hat nicht nur dieses nachdrücklich beeinflußt, sondern auch die
Verhaltenstherapie selbst.

Eine Eingrenzung des Therapiespektrums erfolgte durch den Ausschluß der
hochfrequenten analytischen Psychotherapie. Ich möchte im einzelnen jetzt nicht
näher auf die Umstände eingehen, die zu dieser Entscheidung geführt haben. Ich
möchte in diesem Zusammenhang auf den Artikel von Thomä (1994) hinweisen.
Jedenfalls muß ich hier festhalten, daß aufgrund der Beschlußfassung des Bundesausschusses vom 17. Dezember 1992 eine Psychotherapie mit einer Frequenz von
mehr als drei Wochenstunden kein anerkanntes Verfahren im Sinne der Psychotherapierichtlinien darstellt. Da es bei der durchgehenden hochfrequenten Behandlung regelhaft zur Überschreitung der bestehenden Höchstgrenzen nach den
Psychotherapierichtlinien kommt, konnte der Bundesausschuß nicht umhin, diese
Variante der analytischen Psychotherapie aus dem Bereich der vertragsärztlichen
Versorgung auszuschließen, weil eine regelhafte Überschreitung der Höchstgrenzen gleichbedeutend ist mit einer regelhaften Unwirtschaftlichkeit.

Nach den oben dargestellten Zusammenhängen in bezug auf den Leistungsanspruch und die Leistungsgewährung von Psychotherapie in der vertragsärztlichen Versorgung kann regelhafte Unwirtschaftlichkeit in diesem System
nicht akzeptiert werden, weil sie einen permanenten Verstoß gegen übergeordnete
Rechtsvorschriften darstellt. Die Behandlungskontingente in den Psychotherapie-
richtlinien werden immer wieder kritisiert. Dies bezieht sich nicht nur auf die
festgelegten Bewilligungsschritte, sondern auch auf die Höchstkontingente für die
einzelnen Behandlungsverfahren.

Die derzeit gültigen Höchstgrenzen liegen für analytische Psychotherapie bei
300 Stunden, für die tiefenpsychologisch fundierte Psychotherapie bei 100
Stunden und für die Verhaltenstherapie bei 80 Stunden. Die Regelungen zur
Gruppentherapie sind 150 Doppelstunden für analytische Psychotherapie, 80
Doppelstunden für tiefenpsychologisch fundierte und für die Verhaltenstherapie
ebenfalls 80 Doppelstunden. Bei der Psychotherapie von Kindern und Jugendlichen sind entsprechende Regelungen getroffen worden, wobei mit der letzten
Änderung der Psychotherapierichtlinien das Kontingent im ersten Bewilligungs-
schritt für analytische Psychotherapie bei Kindern und Jugendlichen erhöht
wurde.

Meine sehr geehrten Leserinnen und Leser, ich bin mir bewußt, daß hier ein
besonders neuralgischer Punkt der Psychotherapierichtlinien vorliegt. Ich bin mir
auch bewußt, daß Einschränkung der Therapiefreiheit zutiefst das ärztliche
Selbstverständnis berührt. Die Regelungen in den Richtlinien des Bundesausschusses der Ärzte und Krankenkassen sind aber untrennbar im Zusammenhang
mit dem übergeordneten Wirtschaftlichkeitsgebot in der vertragsärztlichen
Versorgung zu sehen. Schon mit Beginn der Kostendämpfungsgesetze wurde das

Prinzip der Wirtschaftlichkeit immer deutlicher dargestellt und in der politischen Diskussion zunehmend verschärft. Wer sich gegen dieses Prinzip in der vertragsärztlichen Versorgung wendet, muß sich mit der Bezahlbarkeit des gesamten Versorgungssystems auseinandersetzen.

Jahrzehntelang war es möglich, in gemeinsamer Selbstverwaltung die Bezahlbarkeit zu sichern. Die Politik hatte dies stets anerkannt und hat es der Selbstverwaltung überlassen, für die Funktionsfähigkeit des Systems zu sorgen. Ein Versorgungsbereich wie die Psychotherapie, in dem die Wirtschaftlichkeitsprüfung praktisch nicht stattfindet, wegen der besonderen Bedingungen wohl auch nicht stattfinden kann, verlangt bei der Finanzierung des Systems besonders Verantwortungsbewußtsein.

Das politische Umfeld wird durch die Forderung nach Beitragssatzstabilität in der gesetzlichen Krankenversicherung geprägt. Alle politischen Entscheidungen, insbesondere zur Vergütung der ärztlichen Leistungen, dienen vorrangig der Erfüllung dieser Forderung. Dies ist zu erkennen an den politischen Einflußnahmen auf die Berechnung der ärztlichen Gesamtvergütung. Wurde diese über Jahrzehnte nach Einzelleistungen berechnet, wurden mit dem Gesundheitsreformgesetz die verschiedensten Pauschalierungsmöglichkeiten eingeführt. Mit der Einführung der budgetierten Gesamtvergütung durch das Gesundheitsstrukturgesetz erfährt die politische Steuerung der Vergütungsentwicklung für ärztliche Leistungen in der vertragsärztlichen Versorgung einen vorläufigen Höhepunkt. Zu den spezifischen Auswirkungen, insbesondere auf dem Bereich der Psychotherapie, möchte ich im folgenden noch einige Ausführungen machen.

Neben dem Leistungssystem wird die vertragsärztliche Versorgung ganz wesentlich vom Vergütungssystem bestimmt. Nach der Einführung der gesetzlichen Krankenversicherung in Form des Krankenversicherungsgesetzes für Arbeiter im Jahre 1883 bestanden Rechtsbeziehungen nur zwischen den Krankenkassen und den einzelnen Ärzten. Wollte ein Arzt Behandlungen im Rahmen der gesetzlichen Krankenversicherung durchführen, mußte er Einzeldienstverträge mit den jeweiligen Krankenkassen abschließen. Dabei wurden meistens Pauschalvergütungen für die Behandlung aller Patienten einer Kasse in einem bestimmten Bezirk vereinbart.

Schon Ende des 19. Jahrhunderts war die Arztdichte relativ groß, insbesondere in den Ballungsgebieten, so daß sich die Kassen in der Regel aussuchen konnten, mit wem sie solche Verträge schließen wollten. Dies führte sogar dazu, daß die Krankenkassen teilweise öffentlich Kassenarztstellen ausschrieben und der Zuschlag dann dem Arzt erteilt wurde, der bereit war, mit der geringsten Honorarforderung die Versorgung zu übernehmen. Als Reaktion auf diese immer größer werdende wirtschaftliche Abhängigkeit von den Krankenkassen gründeten die Ärzte um die Jahrhundertwende örtliche Ärztevereine. Die Aufgabe dieser Ärztevereine war es, für die Ärzte eines Gebietes gemeinschaftlich Verträge mit den Krankenkassen auszuhandeln. So kam es dann im Jahre 1900 zur Gründung eines "Verbandes zur wirtschaftlichen Wahrung der ärztlichen Interessen" durch den Leipziger Arzt Hermann Hartmann. Dieser "Leipziger Verband" wurde später nach seinem Gründer Hartmannbund genannt. Ziel des Verbandes war vorrangig die Vergütung der ärztlichen Tätigkeit nach Einzelleistungen, die Einführung der freien Arztwahl und gesamtvertragliche Regelungen zwischen Ärzten und Krankenkassen statt der Einzeldienstverträge. Die Wahrnehmung der wirtschaftlichen Interessen der Kassenärzte wurde 1931 auf die Kassenärztlichen Vereinigungen als Körperschaften des öffentlichen Rechts übertragen. Die Kassenärztlichen Vereinigungen schlossen die Kassenarztverträge ab und nahmen die Honorare für die Verteilung an die Kassenärzte von den Krankenkassen entgegen. Jeder Kassenarzt war Pflichtmitglied seiner Kassenärztlichen Vereinigung. Den Gesamtverträgen anstelle der Einzeldienstverträge steht die Gesamtvergütung statt der Vergütung des einzelnen Arztes unmittelbar durch die Krankenkassen gegenüber. Die Zahlung der Gesamtvergütung erfolgt mit befreiender Wirkung für jeweils ein Quartal. Dies bedeutet, daß die einzelne Krankenkasse mit der Zahlung der Gesamtvergütung ihre Verpflichtung zur Gewährung der ambulanten ärztlichen Behandlung erfüllt hat und daß sie damit von weiteren Zahlungen für diesen Abrechnungszeitraum befreit ist.

Die Regelungen zur Berechnung der Gesamtvergütung werden in den genannten Gesamtverträgen zwischen den Kassenärztlichen Vereinigungen und den zuständigen Verbänden der Krankenkassen auf Landesebene getroffen. Zur Gesamtvergütung gehört die Vergütung aller in der ambulanten vertragsärztlichen Versorgung erbrachten ärztlichen Leistungen der zugelassenen Ärzte sowie der ermächtigten Ärzte und der ärztlich geleiteten Einrichtungen, wenn die Voraussetzungen, unter denen diese Leistungen in der vertragsärztlichen Versorgung zu erbringen sind, erfüllt werden. Im Rahmen des oben genannten Gewährleistungsauftrages ist die Kassenärztliche Vereinigung verpflichtet, die Erfüllung dieser Voraussetzungen zu überwachen.

Die Berechnung der Gesamtvergütung kann in den Gesamtverträgen nach Maßgabe unterschiedlicher Berechnungsarten erfolgen. Sie kann berechnet werden nach Einzelleistungen, Kopfpauschalen, Fallpauschalen, Festbeträgen oder gemischten Berechnungssystemen. Voraussetzung für die Vergütung der Leistungen im Rahmen der Gesamtvergütung ist, daß die Leistung Bestandteil vertragsärztlicher Versorgung ist. Untersuchungen und Behandlungsmethoden, die nicht Gegenstand der vertragsärztlichen Versorgung sind, dürfen zu Lasten der Krankenkassen solange nicht abgerechnet werden, bis der Bundesausschuß der Ärzte und Krankenkassen eine Empfehlung zur Aufnahme in die vertragsärztliche Versorgung gegeben hat. Dies gilt auch für die Psychotherapie.

Voraussetzung für die Vergütung ist weiterhin, daß die besonderen Kenntnisse und Erfahrungen des Arztes nachgewiesen wurden, welche zur Durchführung

bestimmter vertragsärztlicher Leistungen gefordert wurden. Für die Psychotherapie ergeben sich diese Voraussetzungen aus den Richtlinien des Bundesausschusses und aus den Psychotherapievereinbarungen. Auch hier wird ein
gesetzlicher Auftrag erfüllt, der nach Maßgabe des § 135 Abs. 2 des Sozial-
gesetzbuches V den Partnern der Bundesmantelverträge vorschreibt, für besondere vertragsärztliche Leistungen einheitliche Qualifikationserfordernisse festzulegen. Sind die genannten Voraussetzungen erfüllt, kann die Leistung bei der
zuständigen Kassenärztlichen Vereinigung abgerechnet werden. Mit der
Abrechnung des Vertragsarztes erwirbt dieser aber lediglich die Berechtigung zur
Teilnahme an der Verteilung der oben genannten Gesamtvergütung. Die Verteilung der Gesamtvergütung erfolgt nach Maßgabe des Honorarverteilungs-
maßstabs, der von jeder Kassenärztlichen Vereinigung im Benehmen mit den
jeweiligen Landesverbänden der Krankenkassen festgelegt wird.

Nur wenn die Gesamtvergütung nach Einzelleistungen berechnet wird, d. h.
wenn alle in der vertragsärztlichen Versorgung abgerechneten ärztlichen
Leistungen nach ihrer Prüfung auf die sachlich-rechnerische Richtigkeit in die
Gesamtvergütung eingehen und auch die Verteilung der Gesamtvergütung nach
Einzelleistungen erfolgt, erhält der Arzt die in Rechnung gestellten einzelnen
Leistungen auch tatsächlich so vergütet, wie sie in den Gebührenordnungen be-
wertet sind.

Eine der wesentlichen Maßnahmen der Kostendämpfungsgesetze war, daß die
Gesamtvergütung nicht mehr nur nach Einzelleistungen, sondern in weiten Teilen
pauschaliert berechnet werden mußte. Es würde zu weit führen, jetzt über die
verschiedenen Berechnungsformen der pauschalierten Gesamtvergütung zu
sprechen. Der vorläufige Höhepunkt der gesetzgeberischen Maßnahmen besteht
jedenfalls in der budgetierten Gesamtvergütung, die dem System der
vertragsärztlichen Versorgung durch das Gesundheitsstrukturgesetz vom 1. Januar
1991 vorgeschrieben worden ist. Damit ist erstmals die Höhe der Gesamtvergütung vom Gesetzgeber unmittelbar vorgegeben worden. Die Partner der
Gesamtverträge haben nicht mehr die Möglichkeit, die Höhe der
Gesamtvergütung selbst zu bestimmen. Für die Vergütung psychotherapeutischer
Leistungen bedeutet die Einführung der budgetierten Gesamtvergütung eine
besonders einschneidende Maßnahme. Schon in den Jahren der pauschalierten
Gesamtvergütung wurden psychotherapeutische Leistungen immer noch nach
festen Punktwerten außerhalb dieser als gedeckelt bezeichneten Gesamtvergütung
bezahlt. Seit dem Gesundheits-strukturgesetz sind auch psychotherapeutische
Leistungen aus der budgetierten Gesamtvergütung zu honorieren. Dies hat
natürlich zu einem deutlichen Absinken des Punktwertes bei der Psychotherapie
geführt.

Es wird dabei immer wieder auf die fehlenden Möglichkeiten der Psychotherapeuten hingewiesen, über andere Leistungen die Einkommensentwicklung zu

steuern. Ob dies ein Vorteil oder ein Nachteil ist, möchte ich dahingestellt sein lassen. Im Rahmen der budgetierten Gesamtvergütung jedenfalls führt jede Leistungsvermehrung zum Absinken der Punktwerte. Der Reflex, bei Absinken des einzelnen Punktwertes die Einkommenssituation durch Mehrarbeit zu beeinflussen, führt wegen des Leistungszuwachses zum weiteren Absinken des Punktwertes. Auf einer Vertreterversammlung der Kassenärztlichen Bundesvereinigung bezeichnete ein Delegierter dieses Phänomen als Entwicklung des Hamsterrades zur Ultrazentrifuge. Nun ist allerdings zu erkennen, daß mit den Vergütungssätzen, die sich in der budgetierten Gesamtvergütung ergeben, Psychotherapie nicht mehr sachgerecht vergütet ist. Dabei muß allerdings klar gesagt werden, daß die Verbesserung der Vergütung für psychotherapeutische Leistungen zu Lasten aller Ärzte geht, weil im System der budgetierten Gesamtvergütung nur das Geld zur Verteilung an die Vertragsärzte zur Verfügung steht, welches vom Gesetzgeber im vorhinein für das gesamte Versorgungssystem als ausreichend erachtet wurde.

Die Psychotherapie ist allerdings ein relativ kleines Segment des vertragsärztlichen Versorgungsspektrums. Im Jahre 1992 wurden 470 Mio. DM für Psychotherapie ausgegeben. Dieser Betrag verteilt sich ca. je zur Hälfte auf die ärztlichen und nichtärztlichen Psychotherapeuten. Insgesamt sind dies ca. 1, 5 % der im Jahre 1992 gezahlten Gesamtvergütung für den ambulanten Bereich. Da sich die budgetierte Gesamtvergütung nur so weiterentwickeln darf, wie sich die Grundlohnsumme in den entsprechenden Jahren weiterentwickelt, führt nicht nur die politisch immer wieder geforderte Vermehrung der psychotherapeutischen Leistungen zur Absenkung der Leistungsvergütung im jeweiligen Behandlungsfall, auch der Zuwachs an Therapeuten, die zur Vermehrung der Leistungen beiträgt, hat diesen Effekt. In den Diskussionen um das Gesundheitsstrukturgesetz hat die Kassenärztliche Bundesvereinigung immer nachdrücklich auf diese Effekte hingewiesen. Wir mußten feststellen, daß sich die verantwortlichen Politiker diesen Argumenten gegenüber völlig verschlossen zeigten.

Auch der vom Gesundheitsstrukturgesetz selbst ausgehende Effekt der Zunahme der Arztzahlen in der ambulanten vertragsärztlichen Versorgung durch die Vorschriften der Bedarfsplanung wurde bei den Vorgaben zur budgetierten Gesamtvergütung nicht zur Kenntnis genommen. Dabei haben manche Kassenärztliche Vereinigungen wegen der drohenden Zulassungssperre Zuwächse bei den Niederlassungen zwischen 10 % und 20 %. In den zurückliegenden Jahren betrug der Nettozugang von Kassenärzten ziemlich konstant um die 2 % pro Jahr.

Sollte das Psychotherapeutengesetz in Kraft treten, werden auf dem oben dargestellten Hintergrund eine Fülle neuer Probleme zu bewältigen sein. Wir werden vielleicht Gelegenheit haben, als ärztliche und psychologische Psychotherapeuten bei den gemeinsamen Beratungen im Arbeitsausschuß des Bundesausschusses der Ärzte und Krankenkassen unsere Kooperations- und Konsensfähigkeit unter

Beweis zu stellen. Dies wird nötig sein, denn der Rahmen in der vertrags-ärztlichen Versorgung umschließt die gesamte Psychotherapie, weil sie als Dienstleistung dem Versicherten der gesetzlichen Krankenkasse in einheitlicher Weise zur Verfügung gestellt werden muß.

Jegliche Weiterentwicklung, die auch auf diesem Gebiet notwendig ist und nicht behindert werden sollte, soweit sie einer verbesserten Versorgung psychisch Kranker dient, kann sich nur in dem oben dargestellten Rahmen bewegen. Dabei bleibt nicht viel Spielraum, auch nicht für den Bereich der Psychotherapie. Es be-darf kluger Entscheidungen, um den verbleibenden Gestaltungsraum zu nutzen.

Literatur

Psychotherapie-Richtlinien des Bundesauschusses der Ärzte und Krankenkassen vom 3. 05. 1967

Psychotherapie-Richtlinien des Bundesauschusses der Ärzte und Krankenkassen vom 27. 01. 1976 (Bundesanzeiger Nr. 76)

Psychotherapie-Richtlinien des Bundesauschusses der Ärzte und Krankenkassen vom 03. 07. 1987 (Bundesanzeiger Nr. 156a)

Thomä H (1994) Zur Kontroverse um Frequenz und Dauer analytischer Psychotherapien. Psyche 48: 287-323

Kein System ohne Regeln

Rosmarie Welter-Enderlin

Der Begriff "Regeln" löst vielleicht auch bei Ihnen Assoziationen aus, die mit mulmigen Gefühlen gekoppelt sind. Sie verbinden damit vielleicht pädagogische Einengungen – alles, was dem Menschen Spaß macht, ist ihm durch Regeln verboten. Regeln als gnadenlose Unentrinnbarkeit: Harte Strafe droht, wenn sie gebrochen werden. Ein Beispiel aus der Erinnerung:

Im Haus meiner besten Freundin aus der Kindheit hingen in jedem Raum Listen mit Regeln dafür, was zu tun und was zu lassen sei. Aus einem chaotischen Haushalt kommend, faszinierte mich die Ordnung, welche durch diese Listen erzeugt wurde, und gleichzeitig grauste ich mich davor. Daß es im Haus der Freundin neben den geschriebenen auch ungeschriebene Regeln gab, erfuhr ich jeweils als Gast beim sonntäglichen Mittagessen: Die drei Töchter und ich bekamen je ein halbes Stücklein Braten auf den Teller gelegt, auch die Mutter teilte sich nur eine halbe Portion zu, während sie dem Vater, einem hageren, höheren Beamten, zwei große Stücke servierte. Die Frage, wer in dieser Familie die Regeln entschied und wer sie zu befolgen hatte, beschäftigte mich damals schon. Aber ich hätte nicht gewußt, wem ich sie hätte stellen können. Schon als Kind war ich übrigens nicht sicher, daß das vordergründige Bild von den demütigen Frauen und dem anspruchsvollen Mann die ganze Geschichte erzählte. Später, und mit Hilfe der Soziologie der Geschlechter, ist mir dann zum Regelsystem dieser Familie das Bild vom "offiziellen Patriarchat" und dem dazu gehörigen "heimlichen Matriarchat" zugefallen ...

Lassen Sie mich nun die Themen meines Beitrags skizzieren:

1. Erfahrungen im Umgang mit Regeln im therapeutischen System.
2. Entwicklungen des Regelbegriffs in systemischen Therapietheorien.
3. Therapeutische Anliegen.
   a) Wie können wir als Therapeut/innen Regeln erkennen und beeinflussen?
   b) Wie können wir Prozesse des Aushandelns und Lernens zweiter Ordnung anstoßen?

4. a) Sprachregeln und ihre Bedeutung für den Einschluß oder Ausschluß von
       Menschen aus sozialen Systemen.
   b) Wie Regeln spielerisch verwandelt werden können.

Erfahrungen im Umgang mit Regeln im therapeutischen System

Was dem klassischen Setting der Psychoanalyse die Couch, ist dem systemischen
Therapiesetting die Möglichkeit, durch Tonband, Videokamera oder Einweg-
scheibe eine therapeutische Metaposition herzustellen, welche neben dem
emotionalen Sich-Einlassen auf Klientinnen und Klienten in der Begegnung von
Mensch zu Mensch regelmäßig einen gewissen professionellen Abstand schafft.
Wer jedoch nur Abstand hält, wird wesentliche Informationen, die nur über eine
affektive Begegnung möglich sind, verpassen. Das ist der Nachteil starrer
Abstinenz- oder Neutralitätsregeln. Wer sich hingegen emotional einläßt, seine
Position als teilnehmender Beobachter dabei aber ganz aufgibt, wird zum Mitglied
einer menschlichen Bezugsgruppe: in Familien zur Mutter, zum Vater oder zum
Kind, in Organisationen zum Manager, der selber die Ärmel hochkrempelt, statt
die Klienten in ihren Fähigkeiten zur Selbstorganisation zu unterstützen.

In meiner Praxis als Familien- und Organisationsberaterin habe ich die
Erfahrung gemacht, daß es günstig ist, schon im Vorfeld der ersten Sitzung ein
Blatt mit Informationen zu Therapieregeln zu verschicken, die ich einerseits vor-
gebe und die andrerseits zur Verhandlung offen sind. Meine Vorgaben zu den
Therapieregeln betreffen:

- Ort der Therapie bzw. der Beratungsgespräche (mit Ermutigung zur Benützung
  öffentlicher Verkehrsmittel, da meine Praxis gegenüber dem S-Bahnhof liegt),
- Klärung des Begriffs "systemische Therapie",
- Therapiesetting: Hinweis auf meinen Gebrauch der Videoanlage zur Selbst-
  Supervision und auf mögliche Einbeziehung von Kollegen/innen zur
  Konsultation
- Hinweis auf die therapeutische Schweigepflicht

Zur *Verhandlung offen* ist, wer an der Therapie teilnimmt und in welchen
Intervallen. Außerdem steht eine Honorarskala mit sechs Positionen zur Diskussion, die sich an den Einkommensverhältnissen eines Paares oder einer Familie
und ihren besonderen Lebensbedingungen orientiert (z. B. bedingt durch eine
chronische Krankheit). Bei Organisationsberatungen unterscheide ich bei den
Honorarvorschlägen zwischen Profit- und Non-Profit-Organisationen.

Was auf den ersten Blick wie eine trockene Formalität aussehen mag, die allerdings Transparenz für jene schafft, die sich auf das Abenteuer Therapie oder Organisationsberatung einlassen, entspricht in Wirklichkeit einem wichtigen ersten therapeutischen Schritt und bestätigt die systemische Regel "Willst du erkennen, lerne zu handeln". Eine Vorgabe von außen, ganz besonders, wenn sie symbolträchtige Themen wie Geld oder Zeit betrifft, bündelt nicht nur gegenseitige Erwartungen, sondern greift oft mitten in die Regelkreise eines Problemsystems. Dazu ein Beispiel aus einer Paartherapie:

"Irma schämt sich, Mark ärgert sich".
Irma und Mark, ein Paar um die Fünfzig, sind beide zum zweiten Mal verheiratet und haben fünf Kinder aus den beiden ersten Ehen großgezogen, drei von ihr, zwei von ihm. Irmas Mann starb, Mark ließ sich von seiner Frau scheiden. Das Paar ist seit 20 Jahren zusammen. Mark, Ingenieur in leitender Stellung, meldet dringend zu einer Paartherapie an. Im Aufnahmegespräch erzählt er, Irma habe kürzlich ihren Beruf als Lehrerin wieder aufgenommen und sei seither völlig verändert. Seit die Kinder weg seien, orientiere sie sich ganz nach außen. Vor einem Jahre habe sie außerdem im Haus ihrer verstorbenen Eltern bosnische Frauen und Kinder einquartiert. Seither habe sie überhaupt keine Zeit mehr für ihn oder für seine Gäste. Irma erklärt im ersten Gespräch, sie sei seit Jahren nicht mehr so glücklich gewesen wie jetzt und wolle nie mehr im alten Lebensstil als angepaßte, versorgende Gattin und Gastgeberin leben, damit seine Geschäfte noch besser florieren. Wenn Mark nur einsehen könnte, daß sie dieses Glück des Gebens statt Nehmens gerne mit ihm teilen würde ...

Das Beispiel von Irma, Mark und mir als Dritter zeigt, auf welche Weise schon eine erste therapeutische Begegnung mitten in den Kern einer Paargeschichte treffen kann, wenn es um etwas scheinbar Einfaches wie die Verhandlung einer therapeutischen Regel für das Honorar geht. Meine Vorgaben laden zur Stellungnahme ein, und diese Stellungnahme ist hier, wie bei einem Paar in Krise über das zentrale Thema "Geben und Nehmen" zu erwarten, kontrovers. Da ich Paartherapie konsequent als triadisches Geschehen verstehe, schließe ich mich natürlich beim entstehenden Konflikt als teilnehmende Beobachterin mit meinem Standpunkt in meine Beschreibung des Geschehens ein. Mark erklärt mir wütend, daß er meine abgestufte Honorarskala "das letzte" finde. Wieder einmal erlebe er dieselbe Situation, unter der er anderswo leide, daß nämlich soziale Parasiten von den Vermögens- und Einkommenserträgen der arbeitsamen Bevölkerung zehren. Irma weint heftig dazu und sagt mir, sie schäme sich für ihren Mann. Meine erste Reaktion auf Mark ist Wut. "Schon wieder so ein arroganter Sprößling einer Goldküstenfamilie" (wie das rechte Ufer des Zürichsees genannt wird), denke ich. Er ist Erbe eines Familienvermögens, das beträchtlich sei, läßt er wissen. Irmas "Listen der Ohnmacht", ihre Schuldzuweisung und Scham für Mark und ihre

Tränen, gefallen mir allerdings ebenso wenig wie sein Gepolter über die linken und grünen Parasiten, die seinen großbürgerlichen Wohlstand wegfressen wollen. Beim Durchatmen und Nachdenken kommen mir dann meine professionelle Erfahrung und mein Wissen zu Hilfe. Ich vermute, daß in dem kritischen Ereignis "Therapiehonorar" die chronifizierten langjährigen Unterschiede bzw. Konflikte zwischen den Lebens- und Sinnwelten dieses Paares aufscheinen, ohne deren Verständnis ich nicht weiterkomme. Ihre unterschiedlichen Welten erkenne ich dabei als *Grund*, auf dem sich Irmas und Marks regelhafte Interaktionsmuster als *Figur* entwickelt haben. Mit dem Begriff "Grund" meine ich hier nicht etwa Kausalität, sondern ein dicht verwobenes Muster von Geschichten, eine Art individueller und gemeinsamer Melodien, zu der die beiden ihren leidbringenden Tanz tanzen. Ein Tanz, der das Paar durch seine starre Regelhaftigkeit einengt, ohne daß sie das selber so wollen, und scheinbar ohne Aussicht, eine neue "Melodie" als Anlaß für neue Regeln zu erfinden.

Eine mündliche Mitteilung des Genfer Soziologen Jean Kellerhals fällt mir dazu ein. Er hat herausgefunden, daß ererbtes Geld meistens eine ganz andere Bedeutung hat als selbst erworbenes: Wie es schon bei Goethe heißt "Was du ererbt von deinen Vätern, erwirb es, um es zu besitzen". Ich verberge meine Irritation gegenüber Mark und Irma nicht etwa, sondern fasse sie vorerst in Worte, um im nächsten Atemzug nach den Geschichten zu fragen, welche das Paar in diesem offensichtlich schmerzhaften Regelkreis gefangen halten. Meine Frage nach der Bedeutung von Marks ererbtem Geld trifft ins schwarze. Lebhaft erzählt er mir vom Auftrag, den ihm nicht nur sein Vater, sondern auch ein kinderloser Onkel zusammen mit ihrem großen Vermögen hinterlassen haben. "Erwirb es, um es zu besitzen", heißt tatsächlich sein Motto. Irma ihrerseits ist genau so verstrickt in alte Aufträge, allerdings mit völlig gegensätzlichen Inhalten. Ihr Vater, ein "grüner" Dorfschullehrer und ihre Mutter, eine "rote" Gemeindepolitikerin, haben ihr überzeugend die Regel vorgelebt: Geld ist da, um das Unrecht, das Mensch und Natur widerfährt, gut zu machen, selbst wenn das immer nur einen Tropfen auf einen heißen Stein bedeuten kann. Zu den Geschichten von Irma und Mark paßt David Reiss Beschreibung familialer Bedeutungssysteme als Regulativ ihrer Selbstorganisation, in Boscolo u. Bertrando (1994):

"Was Reiss ein "Paradigma" nennt, ist die Summe dieser Regeln und Annahmen. Der Prozeß beginnt als eine Methode zur Bewältigung irgendwelcher zufälliger Ereignisse, wird allmählich jedoch immer abstrakter und verliert alle direkten Bezüge zu spezifischen Ereignissen, um zu einer Reihe von Annahmen zu werden, die allgemein genug sind, um es der Familie zu ermöglichen, sich in einer Vielfalt von verschiedenen Situationen zu orientieren. Es ist interessant, daß das Familienparadigma nicht in der Erinnerung der Familie bewahrt wird, sondern in der einzigartigen Art und Weise ihrer Selbstorganisation."

Das bedeutet für mich als Beobachterin des leidbringenden Paartanzes, daß ich die Grundregeln oder Melodien, zu denen Irma und Mark tanzen, erfahren will. Indem ich zu meinen eigenen Werten stehe, die ja auch ihre Bedeutungsgeschichte haben und sich in meiner progressiven Honorarskala niederschlagen, das Paar nach den individuellen Geschichten zum Thema Geld frage, ermögliche ich sowohl Mark als Irma eine neue, konstruktivere Beschreibung ihres Konflikts. Ihr Verhalten bekommt sogar Sinn, sobald sie sich in den Rollen als Sohn bzw. als Neffe oder als Tochter definieren. Es können sich ihnen nun Möglichkeiten von Ausnahmen oder Alternativen zu diesen Rollen eröffnen, wenn sie von mir darin unterstützt werden, als erwachsene Partner miteinander überholte Regeln so zu verhandeln, daß diese konsensfähig werden. Wie Irma und Mark im Lauf der gemeinsamen Gespräche schließlich Abschied genommen haben von ihren alten Aufträgen und diese revidierten, will ich hier nicht erzählen. Wichtig ist mir die Feststellung, daß bei meiner Auffassung von systemischer Therapie bereits in der ersten emotionalen Begegnung mit Menschen, welche ihre Beziehung in der Triade mit mir über ein chronifiziertes Problem zwischen ihnen definieren, Regelkreise erkennbar werden. Dadurch eröffnen sich schon in der ersten Stunde neue Verstehens- und Handlungsmöglichkeiten. Dazu Ludewig (1992):

"Die Arbeit des Therapeuten richtet sich demgemäß darauf, ein günstiges Klima zu fördern, in dem die Problemdynamik aktualisiert und verstört werden kann. Der Therapeut bietet sich als Partner an, der die Emotionen und Erwartungen des Kunden (Klienten) auf sich bündelt, und er macht dies zum Thema der Therapie. Die Interventionen beziehen sich also auf die einzig verfügbare Kommunikation, nämlich auf jene zwischen Therapeut und Kunde im gemeinsamen Therapiesystem. Sie zielen darauf, den Problemmonolog in einem geeigneten Dialog zu verflüssigen."

Entwicklungen des Regelbegriffs in systemischen Therapietheorien

Ich hoffe, daß der Begriff der Regeln inzwischen seinen Schrecken als einseitiger Ausdruck von Repression verloren hat. Wenn wir davon ausgehen, daß kein lebendes System ohne Regeln auskommt, sagen wir damit allerdings noch nichts zur Frage, welche Werte durch Regeln festgemacht werden, und wer diese bestimmt. Wir sagen auch nichts über die Nützlichkeit bestimmter Regeln zur Erhaltung von Kontinuität oder zur Ermöglichung von Wandel, zwei Aspekte, die als sog. Fließgleichgewicht sprunghafte oder allmähliche Entwicklungen fördern, ohne daß dabei die fraglose Selbstverständlichkeit von "Wurzeln" verlorengeht. Solche Wurzeln der Kontinuität braucht der Mensch in Beziehungen offenbar so sehr wie die "Flügel" der Verwandlung. Der mögliche Schrecken über die interaktionelle Regelsteuerung menschlichen Verhaltens hat unter Umständen jedoch seine Richtigkeit. Wenn Regeln nämlich unveränderbar sind, werden die entsprechenden Beziehungen durch immerwährende Wiederholung von einstmals nützlichen Verhaltensmustern, die sich nicht mit ihrer Weiterentwicklung vereinbaren lassen, erstarren oder sogar absterben.

Lassen Sie mich nun die Entwicklungen des Regelbegriffs für die klinische Theoriebildung der letzten Jahrzehnte skizzieren. In den 50er Jahren erfolgte in den Sozialwissenschaften eine konzeptionelle Wende gegenüber den damals dominanten wissenschaftlichen Modellen, die auf Aristoteles zurückgeführt werden und deren Anliegen war, eine letzte Wahrheit, also die Essenz komplexer Phänomene, zu suchen und zu beschreiben. Damit will ich nicht etwa behaupten, ähnliche Wenden oder gar Revolutionen hätten in der wissenschaftstheoretischen Geschichte nicht bereits früher stattgefunden, allerdings häufig ohne langandauernde Folgen für den dominanten Diskurs. Wer z. B. das Werk von Paracelsus liest (16. Jh.), findet Bestätigung für diese Idee. Paracelsus ist wissenschaftlich eine Randfigur geblieben, die allerdings in paradigmatischen Übergangszeiten wie der unseren ab und zu aus der Versenkung geholt wird.

Individuen als Teile größerer sozialer Netze zu beschreiben, war *das* Thema der erwähnten konzeptuellen Wende. Es bedeutete, sich zu interessieren dafür, wie ihre Entwicklungsmöglichkeiten und Handlungsfreiräume mittels kommunikativer Prozesse von Regeln gesteuert werden. Irving Goffmann und andere Autoren führten die Idee von Verhaltens- und Kommunikations*mustern* und das Interesse an "Spielen" und an Spieltheorien in die Sozialwissenschaften ein. Sie fragten insbesondere, in welcher Weise soziale Ordnung bzw. davon abweichendes Verhalten durch Regeln erzeugt wird, und wie daraus redundante Interaktionsmuster entstehen. Sie beobachteten, daß Menschen in allen Beziehungen, die über den Moment hinausführen, das Spektrum ihrer gegenseitigen Handlungsmöglichkeiten durch Regeln festlegen, sehr oft, ohne darüber zu reden, sondern durch averbale Zeichen. Abweichungen im Verhalten eines Beziehungspartners irritieren und rufen nach korrigierenden Reaktionen (sog. negativem Feedback), die meist mit hohem Streß verbunden sind. Therapeutinnen und Therapeuten unterliegen gemäß diesem Modell demselben Regelsystem: Je mehr sie Veränderungen forcieren, desto mehr Widerstand erzeugen sie. Wandel zu induzieren, ohne solchen direkt herauszufordern, war ein Grund für die Entwicklung paradoxer Interventionen in dieser Phase der Bildung von systemischen Therapietheorien (Selvini et al. 1977)

Die erste Generation systemorientierter Therapeut/innen hatte sich auf ein eher simplistisches Modell menschlicher Interaktion bezogen, indem sie sich auf die Frage konzentrierte, wie menschliche Gruppen es schaffen, den Status quo mittels Regelsteuerung aufrecht zu erhalten. Oder anders: In welcher Weise Widerstand gegen Veränderungen, z. B. im Ablösungsprozeß eines Jugendlichen, von seiner Familie "verursacht" werde. Daß mit der Übertragung der Idee aus der Kybernetik, menschliche Systeme seien regelgesteuert und Regeln hielten den Status quo aufrecht, das alte Ursache-Wirkung-Axiom aufrechterhalten wurde, wirkte sich oft negativ auf die Praxis der Familientherapie aus. Indem Eltern als die für die Familienregeln kausal Verantwortlichen gesehen wurden, wurden sie so beschrieben, daß sie – z. B. zur Ablenkung von einer unbefriedigenden Paarbeziehung – ein Kind in überholten Regelkreisen gefangen hielten und es an seiner Entwicklung hinderten. Damit wurden die einen Mitglieder eines sozialen Systems als aktive, aber undurchschaubare Regel*geber* beschrieben, die anderen als passive Regel*empfänger*: Erzeuger- und Opferrollen waren damit betoniert. Die Essenz von Verrücktheit, Einzelne als Träger von System-stabilisierenden Sündenbockrollen zu bezeichnen, war damit festgeschrieben. Durch den Gebrauch eines Regelbegriffs, der an der Aufrechterhaltung eines vorgegebenen Gleichgewichts zur Erreichung normativer Ziele orientiert war, der sog. Homöostase, konnten Abweichungen dazu nur als Fehler bzw. Irrtum verstanden werden. Negative Rückkoppelung als Reaktion auf Abweichungen wurde denn auch als "Irrtumaktiviert" beschrieben. Man definierte sie als Antwort auf Abweichungen von Regeln mit dem Ziel zu verhindern, daß diese das Gleichgewicht eines sozialen Systems zerstören könnten. Diese Phase der Theoriebildung wird als *Kybernetik I* in der Geschichte systemischen Denkens bezeichnet. Was dabei vernachlässigt wurde, ist die Idee, daß Menschen nicht einfach Täter oder Opfer von Regelkreisen sind, und auch nicht einfach passive Teile eines größeren Ganzen, sondern aktive Gestalter ihrer Wirklichkeit. Selbst wenn ein Teil unserer Möglichkeiten zur Gestaltung unseres Lebens durch biologische und soziale Bedingungen begrenzt bleibt, steht uns ein anderer, bedeutsamer Teil zur Gestaltung offen.

In einer zweiten Entwicklungsphase systemischen Denkens wurde dann auf die Frage fokussiert, in welcher Weise Regelkreise in menschlichen Beziehungssystemen sich *verändern* lassen, bzw. wie allfällige Abweichungen zu bisherigen Regeln als Vorboten möglichen Wandels statt als zu korrigierende Fehler verstanden werden könnten. Statt Abweichungen bloß unter dem Aspekt von Störungen, z. B. von psychischen oder von Verhaltensstörungen, zu verstehen, lernten Therapeuten/innen, nach deren Bedeutung als Signale für nötige Veränderungen im sozialen System zu fragen. Unter dem Aspekt der Selbstregulierung (Autopoese) menschlicher Gruppen begannen sich sowohl Forscher als auch Therapeuten für die Bedeutung von Regeln als "Steuerungsmöglichkeit" von Kontinuität und von Wandel zu interessieren: Das Wurzel-Flügel- bzw. Bindungs-Autonomiedilemma als Grundelement menschlicher Entwicklung wurde damit auf der interaktionellen Ebene beschreibbar.

Wichtig für das therapeutische Denken und Handeln sind beim Regelbegriff der Kybernetik II folgende Aspekte:

- Sowohl Morphostase, d. h. Regelerhaltung, als auch Morphogenese, d. h. Transformation von Regeln und Strukturen, haben ihre Bedeutung als Prozesse der Erhaltung *und* der Überwindung von Regelmäßigkeit. Zuviel Erstarrung kann ausbalanciert werden durch sprunghafte oder allmähliche Abweichung davon, zuviel Wachstum zurückgebunden durch eine Rückbesinnung auf System-erhaltende Grundorientierungen und durch Erkennen der Folgen zu schneller Entwicklungen, sog. "Runaways".

- Zur Erkenntnis, daß alle Mitglieder eines sozialen Systems teilnehmen an der Bildung und der Befolgung von Regeln - aktiv oder passiv, konstruktiv oder destruktiv -, gehört die Frage, nach welchen Kriterien diese entwickelt und kontrolliert werden. Es ist die Frage der Verhandelbarkeit von Regeln im Gegensatz zu einseitiger Kontrolle durch jene, welche Definitionsmacht beanspruchen. Wir kommen also nicht um die Frage nach den *Machtverhältnissen* in einer bestimmten sozialen Gruppe herum. Regeln verfestigen Werte, und Regeln können Werte verändern, z. B. von unilateral vorgegebenen zu konsensorientierten Vereinbarungen. Regeln können Menschen an Systeme anschließen oder sie von ihnen ausschließen, mit weitreichenden Folgen. Ich werde auf diese Fragen im letzten Teil meines Beitrages noch eingehen.

- Wenn wir als Therapeutinnen und Therapeuten die bestehenden Regeln eines sozialen Systems erkennen wollen, um Veränderungen zu vielfältigeren Möglichkeiten anzuregen, tun wir das immer rückbezüglich auf unsere eigenen Vorstellungen und Werte. Ich habe dies mit dem Beispiel von Irma und Mark illustriert. Wir kommen also nicht darum herum, uns als Professionelle mit den Grundorientierungen auseinanderzusetzen, die uns selber leiten, sowohl als Individuen mit einer bestimmten Biographie wie als Mitglieder von professionellen Institutionen und Organisationen. Im folgenden Teil geht es um den therapeutischen Umgang mit Regeln von menschlichen Systemen.

Therapeutische Anliegen

a) Wie können wir Regeln erkennen und sie so beeinflussen, daß die Existenz gleichwertiger, autonomer Menschen durch konsensorientierte Neuregelung ihres Zusammenlebens in Richtung von größerer Komplexität von Denken und Handeln ermöglicht wird?

Dies ist eine zentrale Frage, die uns als Praktikerinnen und Praktiker interessiert, und sie läßt sich nicht einfach beantworten. Erstens sind die meisten, gerade die leidbringenden Regeln, implizit und darum nicht leicht erkennbar, und zweitens bedeutet Erkennen noch nicht automatisch, daß daraus gemeinsame Orientierungen und Handlungsmöglichkeiten entwickelt werden. Die einfachste und gleichzeitig therapeutisch konstruktivste Idee heißt darum: Regeln lassen sich am ehesten erkennen, wenn davon abweichendes Verhalten als Vorbote notwendiger Entwicklungen statt einseitig als zu beseitigendes Problem verstanden wird. Leider sind wir als Professionelle aber oft so sozialisiert, daß wir Abweichungen von Normen vorwiegend als Mängel bzw. als Symptome klassifizieren. Damit sind wir aber Gefangene von Defizit-orientierten Regelkreisen, die wir nicht selbst erfunden haben: Regelkreise von Klientenfamilien oder von Institutionen, Regelkreise wie das DSM oder andere Klassifizierungsinstrumente. Dadurch übersehen wir jedoch leicht, daß Symptome auch als Ausdruck sozialer Dilemma im Spannungsfeld zwischen Kontinuität und Transformation eines Systems verstehbar sind, und daß aus einer solchen Sichtweise leichter neue Optionen des Handelns entstehen können. Da alles Gesagte und alles Beschriebene von einem Beobachter gesagt und beschrieben wird, müssen wir uns fragen, wer jeweils Definitionskompetenz hat, oder anders, wie Sprache Abweichungen von Regeln definiert, ob als Krankheit oder als Bosheit oder aber als Vorbote von Entwicklungsmöglichkeiten.

Sorgfältiges Hinhören auf sprachliche und nicht-sprachliche Informationen läßt also Regeln erkennen, die auf direkte Fragen von einer Arbeitsgruppe oder einer Familie oft nicht beantwortet werden können. Ein Beispiel aus der Forschungspraxis meines Kollegen Bruno Hildenbrand zur Illustration:

In "Alltag als Therapie" (1991, S. 84-112) erzählt Hildenbrand die Geschichte einer Bauernfamilie, die den unfertigen Umstrukturierungsprozeß vom Nebenerwerbs- zum Vollerwerbsbetrieb mit der chronischen Depression der Mutter, Gerda, und dem mißlungenen Ablöseprozeß des Sohnes, Heinz, bezahlt. Das Familiengesprächsthema "Wer melkt bei uns?" provoziert eine Spaltung zwischen sog. Gesunden und sog. Kranken in der Familie, eine Spaltung, die auf unabgeschlossene, unerledigte Geschichten verweist. Diese Familiengeschichten werden in der Folge, angeregt durch Fragen des Interviewers, im Zusammenhang mit dem mißlungenen Umbruch des Betriebskonzepts dieser Bauernfamilie erzählt. Nachdem der Familienvater in den 60er Jahren als Bergmann arbeitslos geworden war, stellte er den bisherigen Nebenerwerbsbetrieb auf einen Vollerwerbsbetrieb um, indem er zusätzlich Kühe kaufte. Gerda, die Bäuerin, war schon bei der Einheirat in den damaligen Nebenerwerbshof mit der Frage konfrontiert gewesen, welchen eigenen Bereich sie sich gegen ihre Schwiegermutter in Haus und Hof erobern könnte. Diese Frage ist für jede einheiratende Bäuerin entscheidend. Gerda ist es schon damals nicht gelungen, einen eigenen Bereich zu finden. Das Melken der Kühe durch sie hätte als wichtiger Aspekt der Grenzziehung zur eingesessenen Bäuerin einen solchen markiert. Nachdem ihr dies mißlungen war, flüchtete Gerda vorübergehend in ihre eigene

Herkunftsfamilie zurück. Ihr Mann entzifferte ihre Flucht jedoch nicht als Aufforderung, sich mehr um seine Frau und ihre Stellung in Haus und Hof zu kümmern. Sein seither chronifizierter Satz "Gerda hat es in den Nerven" wurde im Gegenteil zum Anlaß, sie erst recht vom Melken und einem damit verbundenen eigenen Kompetenzbereich auszuschließen. Gerda und der ihr eng verbundene Sohn Heinz sind so seit Jahren die Gefangenen eines Regelkreises, bei dem sie gleichzeitig Familienharmonie *und* Strukturtransformation vertreten. Beiden gerät diese unmögliche Mission als Mittler zwischen den beharrenden und den progressiven Kräften in der Familie zum Verhängnis und stempelt sie zu Kranken. "Die wer melkt"-Geschichte kann damit als Ausdruck einer von Beginn an mißlungenen gemeinsamen ehelichen Konstruktion von Wirklichkeit betrachtet werden", schreibt Bruno Hildenbrand.

Der Autor entwirft anschließend in seiner Rolle als Forscher eine alternative Geschichte zu jener, welche diese Bauernfamilie in einem endlosen Regelkreis gefangen hält, indem er sich fragt, was sie damals anders hätte tun können, als Strukturtransformationen fällig waren. Der Forscher erfindet also, weil ohne therapeutischen Auftrag, auf dem Papier eine Geschichte, wie sie in der Wirklichkeit ganz anders hätte verlaufen können. Er fragt, wie dieser Bauer und diese Bäuerin die Organisation ihrer Ehe als Teil von bäuerlicher Tradition und gleichzeitig als Teil von Aufbruch und Wandel so hätten gestalten können, daß daraus ein fließendes statt ein starres Gleichgewicht zwischen gesunden und kranken Mitgliedern entstanden wäre. Das beschriebene starre Gleichgewicht wird vom Systemtheoretiker Bateson (1982) als Schisma bezeichnet und mit chronischen ungelösten Problemen, die oft zur Symptombildung führen, verknüpft.

Das Mißlingen der Entwicklung neuer Regeln in der untersuchten Bauernfamilie lastet Hildenbrand übrigens nicht individuell dem Bauern und auch nicht der Bäuerin und ebenfalls nicht der Schwiegermutter oder dem zur Zeit des Interviews als schizophren bezeichneten Sohn Heinz an. Der Forscher meint dazu "Der Grund für das Mißlingen der Transformation ist in den individual- und familiengeschichtlichen Voraussetzungen zu suchen, u. a. darin, daß weder Bauer noch Bäuerin eine entsprechende Sozialisation (zur aktiven, bezogenen Auseinandersetzung mit ihrem Dilemma) mitbrachten".

b) Die Frage an uns Therapeutinnen und Therapeuten ist also, wie wir bei einem entsprechenden Auftrag Paare, Familien oder Organisationen motivieren können, auffälliges oder abweichendes Verhalten eines Mitgliedes so aufzuschlüsseln, daß es als Anlaß für das Aushandeln neuer Spielregeln übersetzt werden kann. Unsere Chance besteht einerseits im Privileg der erwähnten Begegnung mit einer als problematisch definierten Familie oder einem Angehörigen, die oder der uns auf eine Frage wie "Wer melkt?" Geschichten als Auftakt für neu zu verhandelnde Regeln erzählt. Unser therapeutisches Privileg andererseits auch darin, daß wir uns nicht nur in Geschichten einlassen, sondern auch immer wieder eine Metaposition zu den regelhaften Verhaltensmustern einnehmen und damit Veränderungen anstoßen können. Das folgende Schema zeigt, wie lernende Systeme Konfliktlösungen innerhalb bestehender Normen (Lernen 1) oder durch deren Erweiterung und Differenzierung (Lernen 2) erreichen können.

Regelkreise und Lernen

In der folgenden Abbildung 1 ist zu sehen, wie einschleifige Regelkreise Kontrolle und Korrektur von Abweichungen von vorgegebenen Normen ermöglichen:

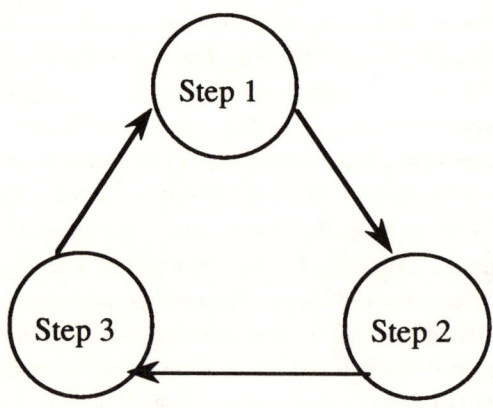

Abb. 1. Lernen 1. Ordnung

In Abbildung 2 ist zu sehen, wie doppelschleifige Regelkreise einen "zweiten Blick" auf eine Situation und Infragestellung der regelgesteuerten Normen ermöglichen.

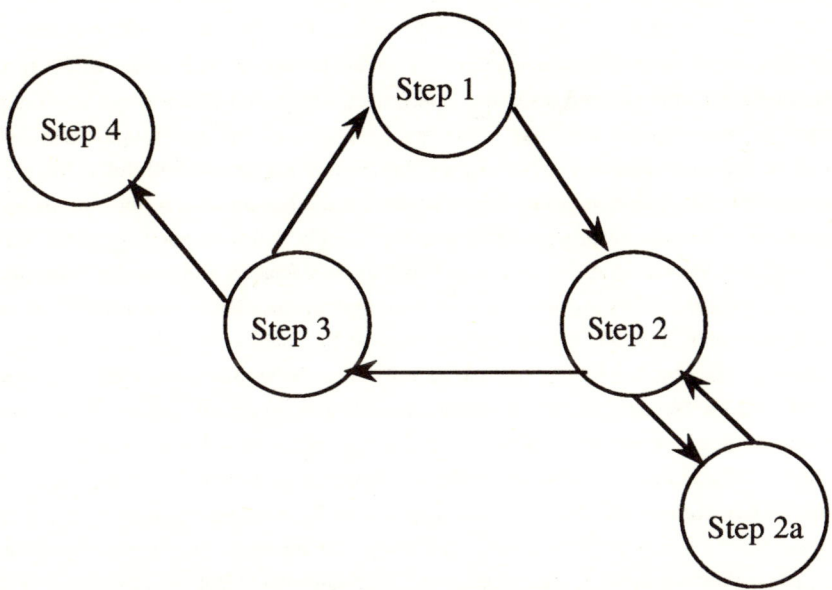

Abb. 2. Lernen 2. Ordnung: Step 1: Erfahren, Erfassen und Beeinflussen einer Situation, Step 2/2a: Vergleich dieser Information mit vorgegebenen Normen, Step 3: Infragestellen der bisherigen Normen (Abweichung als Vorbote von Wandel), Step 4 Initiative zur Erweiterung bisheriger Normen

Aus der Metaposition eines therapeutischen Beobachters (im zweiten Schema) ergeben sich Möglichkeiten des Aushandelns von Familienregeln oder von Arbeitsbedingungen, bei der wir die Mitglieder eines Problemsystems einladen, neue Perspektiven des Sehens und des Handelns wahrzunehmen. "Reculer pour mieux sauter", aus dem Spielfeld austreten, um Spielregeln zu erkennen, neu zu verhandeln und um aus den bisherigen zukünftige Wirklichkeiten zu entwerfen, könnte dieser Prozeß genannt werden.

Ich möchte nun einen solchen Prozeß des Lernens 2. Ordnung am Beispiel einer kürzlichen Familientherapie veranschaulichen:

Regeln und Wünsche als unterschiedliche Kategorien von Spielregeln

Chris (40) ist Mitglied der Anonymen Alkoholiker, seine Frau Helen (38) war lange wegen Depressionen bei einem Psychiater in Therapie. Die Idee zur Familientherapie stammt von ihm. Das präsentierte Problem sind enorme Schuldgefühle der Eltern darüber, daß sie die beiden Töchter, Melanie (10) und Kathleen (8), während der Jahre ihrer großen Krisen vernachlässigt oder vielleicht sogar emotional ausgebeutet hätten. Seit es den Eltern besser gehe, drehe Melanie auf und teste ihre Eltern nach Strich und Faden durch aggressives Verhalten, berichten sie. Da beide Eltern aus Familien mit strengen religiösen Normen kommen, war ihr Anliegen von Anfang an, ihre Kinder auf keinen Fall durch Regeln zu unterdrücken. Sie kommunizieren ihre Wünsche an die Kinder darum nur indirekt, und, falls diese ihre unausgesprochenen Erwartungen nicht erfüllen, auch mit dem Mittel schweigender Vorwurfshaltung. In einem Familiengespräch, das sich um das letzte derartige Ereignis dreht, platzt Melanie mit dem Vorschlag heraus, daß sie nun endlich, wie andere Kinder auch, konkrete Listen mit Rechten und Pflichten wolle. Meine Anerkennung für diesen Vorschlag des Kindes ergänze ich mit der an die verunsicherten Eltern gerichteten Idee, daß neben *Regeln* für die alltäglichen Rituale vielleicht alle das Recht haben könnten, *Wünsche* aneinander zu äußern, die sich jedoch von den Regeln unterscheiden. Damit knüpfe ich an die Grundorientierung des Paares an, auf gar keinen Fall, wie ihre eigenen Eltern, Regeln als unentrinnbares Mittel von Repression einzusetzen. Im letzten Familiengespräch erzählen Eltern und Kinder dann, daß ihnen die (wenigen) neuen Regeln nun Gelegenheit geben, sie auch ab und zu brechen, ohne daß daraus der alte Zirkus "Täter, Opfer, Retter" entsteht. Durch die Unterscheidung ihrer Wünsche von den Regeln hätten sie eine Fülle von spielerischen Möglichkeiten für das tägliche Leben gefunden.

Sprachregeln und ihre Bedeutung für den Ein- und Ausschluß von Mitgliedern sozialer Systeme

Das Haus der Sprache wird nicht selten zum Gefängnis. Ingeborg Bachmann dazu: "Die Sprache ist in Babel erfunden". Sprache ist nicht neutral und nicht unschuldig; sie schafft Wirklichkeiten und bindet verbal wie nicht-verbal Kommunizierende in einem Regelspiel fest, das heilen oder krank machen kann. Sprache ist in ihrer Tendenz konservativ und verfestigt dadurch Rollen, die wir bewußt vielleicht schon längst in Frage gestellt haben. Sprache wird geschlechtsspezifisch unterschiedlich reguliert, nur schon deshalb, weil die Tonlagen einer Männer- und einer Frauenstimme implizite Wertungen mit sich bringen. Männer keifen oder zetern nicht, Frauenstimmen klingen weder getragen noch füllen sie den Raum. Sprachregeln bestimmen, wer wo wieviel Rederaum bekommt oder aber davon ausgeschlossen ist. Auch Therapeutinnen und Therapeuten sind meistens so sehr an die dominanten Sprachregeln gewöhnt, daß sie beispielsweise eine Verschiebung in Richtung von gleichgewichtigem Rederaum der Geschlechter schnell einmal als massive Benachteiligung von Männern wahrnehmen und diese schützen.

Als Frau bin ich Angehörige einer Mehrheit der Bevölkerung, welche aber die Minderheit bedeutet an den Orten, wo Inhalte von Politik und Forschung sowie die Verteilung von Ressourcen geregelt werden. Daß ich hier zu Wort komme, kann entweder die Ausnahme von dieser Regel sein und damit auf ihre allgemeine Gültigkeit verweisen, oder Sie, liebe Leserin und lieber Leser, können das als Vorbote zukünftiger Entwicklungen deuten. Die zweite Variante, die ich vorziehe, spricht für die Aufgeschlossenheit der Veranstalter der Lindauer Psychotherapiewochen dem "Genderthema" gegenüber.

Seit Jahren beschäftige ich mich mit den Möglichkeiten eines gerechten, auf der verhandelbaren Verteilung von Ressourcen aufgebauten Zusammenlebens von Frauen und Männern mittels geeigneter Sprachregeln. Dabei ist mir wichtig zu betonen, daß die Unterschiede im Zugang zu Privilegien bzw. der erwähnte Ausschluß von Frauen aus bestimmten Männerdomänen - z. B. von Universitätslehrstühlen oder Mitgliedschaft in der Leitung von Konzernen - nicht bloß an sprachlichen Symbolen oder Konstruktionen festgemacht werden, sondern auch in realen Machtverhältnissen verankert sind. Meine diesbezüglichen Erfahrungen machen mir deshalb den zur Zeit modischen Subjektivismus und den radikalen Konstruktivismus postmoderner Therapieschulen suspekt. Darin werden Menschen einseitig als Informationsträger, nicht aber als Machtträger konstruiert. Wenn ich hier für das Verständnis von verborgenen Sprachregeln plädiere, geht es mir darum, die impliziten Regeln dominanter sozialer Strukturen durchschaubar und damit verhandelbar zu machen. Ich tue dies mit folgendem Schema:

Tabelle 1. Sprechregeln und soziale Position

Sozialer Standort	Sprachregeln und ihre Funktionen	Kontext-bedingungen	Zeitaspekt
Hoher Sozialstatus "männlich"-orientiert	Positional: Festigung bestehender Machtverhältnisse durch eindeutige Argumente	Sitzordnung: hierarchisch oben/unten Kontextsensibilität: gering	Monochron: lineare Kausalität lineare Zeitvorstellung: weil gestern ... darum heute...
Niedriger Sozialstatus "weiblich" orientiert	Relational: (personal) erzählend mehrdeutig; an Beziehungen und Verstehen orientiert	Sitzordung: kreisförmig, auf der selben Ebene Kontextsensibilität: hoch	Polychron: Gleichzeitigkeit von Narration und Argumentation; zirkuläre Zeitvorstellung: gestern, heute, morgen sind Aspekte derselben Wirklichkeit

Entwickelt habe ich diese Skizze anhand der Arbeiten von Douglas (1981), Hall (1969) und Scheflen (1974). Ich meine, daß das Schema für sich spricht, möchte aber dringend darauf hinweisen, daß mit den Begriffen "weiblich" und "männlich" nicht unbedingt Frauen und Männer, sondern Sprachregeln in bestimmten Situationen gemeint sind, die weit mehr von Positionen der Macht (oder Ohnmacht) als von Biologie gesteuert sind. Weil die weibliche Mehrheit in den vorherrschenden sozialen Strukturen statusmäßig jedoch zur Minderheit gehört, muß davon ausgegangen werden, daß ihre niedrigere Position in den verbalen und averbalen Sprachregeln ausgedrückt wird. Einfach gesagt bedeutet das, daß die sog. männlichen Sprachregeln mit dem durchschnittlich höheren Sozialstatus von Männern zu tun haben, die sog. weiblichen mit dem niedrigeren von Frauen. Männer in der Rolle als Therapeuten können oder sollten gelegentlich durchaus in die "one-down" Position relationaler Sprachcodes gehen oder - als Erwerbslose - hinein gestoßen werden. Auch Frauen können in Kontexten, in denen sie mehr Macht haben als andere (z. B. gegenüber Kindern) mit positionaler Sprache ihren Status zu sichern suchen.

Ohne Verständnis für die verborgenen Sprachregeln, welche die gesellschaftliche Konstruktion von Wirklichkeit aufrechterhalten, können wir diese kaum beeinflussen. Lassen Sie mich zum Schluß ein Beispiel erzählen, das zeigt, auf welche Weise im öffentlichen Raum einer Fernsehsendung die dominierenden männlich- positionalen Sprachregeln unseres schweizerischen Verkehrsministers spielerisch unterlaufen wurden, und mit welchen Folgen. Es handelt sich um die politische Sendung "Arena" des Schweizer Fernsehens im Vorfeld der Volksabstimmung (1994) zur Alpeninitiative. Da einer der Begründer der Initiative, Dr. med. Reinhard Waeber, Mitglied unseres Ausbildungsteams ist, verdanke ich ihm die Geschichte dieser Sendung. Sie ist einfach und läßt sich so zusammenfassen: Nachdem die Initiativgruppe als Vorbereitung zur Fernsehdebatte mit dem schweizerischen Verkehrsminister seine und die Sprachregeln seiner politischen Gruppe analysiert hatte - wie zu erwarten vorwiegend positionale, lineare Argumentationsketten, monochron und ohne Bezug auf die Dialogpartner – entschloß sich diese zu einer komplementären, relationalen anstatt der in diesem Kontext erwarteten symmetrischen Sprachregelung. Vor laufenden Kameras wurden von Teilnehmer/innen der Initiativgruppe *Geschichten* der vom Transit-Schwerverkehr Betroffenen erzählt. Es ging vorerst um Geschichten aus dem Alltag, nicht um Ideologien und nicht um eindeutige, schlagende wirtschaftliche oder politische Argumente. Persönliche Erfahrungen und Ansichten kamen vor, Verstand von Hausverstand nicht getrennt, wie es übrigens zur weiblichen Rolle im abendländischen Geschlechterkontrakt gehört, wonach der Mann abstrakt argumentiert, die Frau aber Geschichten erzählt. Männer *und* Frauen taten hier beides, erzählen und argumentieren, und erst noch auf spielerische Weise. Und sie überzeugten so sehr, daß sie Unterstützung fanden bei der Mehrheit der Zuschauerinnen und Zuschauer. Man mag über die Weisheit der vom Volk angenommenen Alpeninitiative anderer Meinung sein als das Initiativkomitee. Aber was den spielerischen Umgang mit Sprachregeln betrifft, war die bewußte Abweichung von den vorgegebenen Spielregeln der Gegner der Initiative erfolgreich. Das Resultat war, entgegen allen politischen Vorhersagen, die Annahme der Abstimmungsvorlage.

Literatur

Bateson G (1982) Geist und Natur. Suhrkamp, Frankfurt aM

Douglas M (1981) Ritual, Tabu und Körpersymbolik. Suhrkamp, Frankfurt aM

Hall ET (1969) The hidden dimension. Anchor Books, New York

Hildenbrand B (1994) Alltag als Therapie. Ablöseprozesse Schizophrener in der psychiatrischen Übergangseinrichtung. Huber, Bern

Ludewig K (1992) Systemische Therapie. Klett-Cotta, Stuttgart

Selvini-Palazzoli M (1977) Paradoxon und Gegenparadoxon. Klett-Cotta, Stuttgart

Scheflen AE (1974) How behavior means. Anchor Books, New York

Welter-Enderlin R (1992) Paare - Leidenschaft und lange Weile. Piper, München

Verhaltenstherapie: Äußerer Rahmen und Rollenerwartungen in der therapeutischen Beziehung

Dirk Zimmer

Vorbemerkungen

Verhaltenstherapie gilt neben der Psychoanalyse als das zweite offizielle, wissenschaftlich anerkannte psychotherapeutische Verfahren und wird entsprechend von den Krankenkassen bezahlt.

Ich möchte an dieser Stelle ein wenig Einblick in einen Therapieansatz geben, der in den Lindauer Texten noch sehr spärlich vertreten ist. Nach wie vor existiert über Verhaltenstherapie bei Psychoanalytikern das Negativimage, oberflächlich, symptomorientiert, technologisch, konfliktscheu und beziehungsblind zu arbeiten. Im Kontrast beschreiben einige analytische Verbandsvertreter ihre eigene Therapie als die kausale Therapie. Demgegenüber argumentieren Verhaltens-therapeuten, daß es kaum ein psychotherapeutisches Grundverfahren mit einer derart differenzierten therapeutischen Methodik gibt und sicherlich keines mit einer vergleichbaren empirischen Absicherung bezüglich theoretischer Fundierung, Wirksamkeit und Indikationsspektrum wie die Verhaltenstherapie.

Wenn sich die beiden großen psychotherapeutischen Verfahren auf der verbandspolitischen Ebene gerne als Konkurrenten gebärden, sind die Kontakte unter Arbeitskollegen oft sehr viel einfacher. Läßt man die ideologischen Konflikte beiseite, verstehen sich unorthodoxe und pragmatisch denkende Analytiker und Verhaltenstherapeuten sehr gut miteinander und können voneinander lernen. Dies finden wir in der konkreten Klinikarbeit, in der Forschung und erfreulicherweise auch in einzelnen Ausbildungsgängen.

Um die ideologischen Gräben nicht an der falschen Stelle zu vertiefen, möchte ich keinen Forschungsüberblick geben (s. Grawe et al. 1994; Margraf (in Vorb.)), sondern vielmehr einige Eindrücke zur Gestaltung des therapeutischen Rahmens und der therapeutischen Beziehung aus der Sicht der Verhaltenstherapie darstellen, in der Hoffnung, daß auf dieser Ebene ein fruchtbarer Austausch zwischen den Therapeuten und Verbandsvertretern verschiedener Therapieschulen möglich ist.

Der äußere Rahmen

Verhaltenstherapie ist ein Kurzzeitverfahren. Die gesetzlichen Krankenkassen bewilligen derzeit bei einem Kurzantrag neben den vier probatorischen Sitzungen 25 weitere, bei einem Langzeitantrag 45 Stunden, verlängerbar auf 60, in Ausnahmen 80 Sitzungen. Dies entspricht in etwa dem Umfang von fokalen Kurzzeitansätzen auch in der Psychoanalyse. Verhaltenstherapie wird überwiegend ambulant angewendet, meist in wöchentlichen Sitzungen. Einige psychotherapeutische bzw. psychosomatische Fachkliniken arbeiten schwerpunktmäßig verhaltenstherapeutisch. Zunehmende Verbreitung finden verhaltenstherapeutische Maßnahmen auch in psychiatrischen Kliniken.

Rollenerwartungen und Konzepte

Da die meisten Patienten mit den Namen psychotherapeutischer Schulen wenig Inhaltliches verbinden, müssen der äußere Rahmen und die Konzeption verhaltenstherapeutischer Arbeit in Vorgesprächen geklärt werden. Wenn mich Patienten fragen, was denn nun Verhaltenstherapie sei und was da auf sie zukomme, so versuche ich - je nach Patient - folgende Ideen zu vermitteln:

(a) Verhaltenstherapie geht zurück auf die empirische Forschung in der Psychologie, speziell der klinischen Psychologie, insbesondere der Psychologie des Lernens, der Gedanken und der Gefühle. Psychotherapie ist unterstütztes Lernen.

(b) Um sinnvolle Ansatzpunkte für neues Lernen im Rahmen der Psychotherapie zu finden, ist eine genaue Mikroanalyse der Aufrechterhaltung der Symptomatik notwendig. Darüber hinaus ist ein hinreichendes Verständnis der Ätiologie und biographischen Einbettung der Problematik sehr hilfreich. In der Verhaltenstherapie ist die Unterscheidung zwischen Aufrechterhaltung und Genese deswegen wichtig, weil die konkrete Therapieplanung, d. h. die nächsten denkbaren Lernschritte für einen Patienten nur aus einem Verständnis der aufrechterhaltenden Mechanismen seiner Symptomatik abgeleitet werden können.

(c) Lernen hat etwas mit Erfahrungen zu tun, mit korrigierenden Gegenerfahrungen. Psychotherapie ist hilfreich, sofern sie Gegenerfahrungen zu alten Befürchtungen und sich wiederholenden Beziehungsproblemen ermöglicht. Die neuen Erfahrungen in der Therapeut-Patient-Beziehung sind wichtig, aber vergleichsweise weniger wichtig als die Erfahrungen, die dort gemacht werden, wo das Problem existiert und spürbar ist, also im Alltag, in den realen Beziehungen. Aus diesen Gründen ist die Erwartung in der Verhaltenstherapie nicht, daß primär das therapeutische Gespräch heilsam ist. Es ist es nur insoweit, als es die Möglichkeit erleichtert, heilende Erfahrungen, also neue bessere Erfahrung in der Wirklichkeit selbst zu machen. Wie gelingen solche Erfahrungen?

(d) Zwei Dinge müssen zusammen kommen: Die Bereitschaft des Patienten, Dinge zu tun, die er spontan nicht tun würde und Mut zum Risiko aufzubringen, die Zeit während der Therapie als experimentelle Zeit zu nutzen, um neue Erfahrungen machen zu können. Nicht alle Erfahrungen werden positiv und konstruktiv sein. Sofern sie es aber sind, entsteht eine eigene Kraft, die das Neue aufrechterhält. Auch aus negativen Erfahrungen kann man lernen, wenn Unterstützung und Hilfe von Therapeuten gewährleistet sind. Dieses Konzept impliziert, daß vom Patienten über die Gespräche mit dem Therapeuten hinaus zwischen den Sitzungen Zeit eingeplant werden muß, in der er z. B. systematische Beobachtungen seiner eigenen Empfindungen, Gedanken und Verhaltensmuster vornimmt, bei denen er systematisch auch neue Erfahrungen versucht.

(e) Dieser Mut zu neuen Erfahrungen reicht aber alleine nicht aus, sonst wären Selbsthilfemanuale erfolgreicher. Die zweite und entscheidende tragende Säule in einer Psychotherapie mit verhaltenstherapeutischem Schwerpunkt ist - auf dem Boden einer tragfähigen Beziehung - die Systematik des Faches, die sich aus den klinisch-psychologischen Grundlagen, der Psychotherapieforschung, den empirischen störungsspezifischen Befunden ableitet und dieses Wissen mit der konkreten Mikroanalyse der Aufrechterhaltung der Symptomatik in Beziehung setzt.

(f) Die Zusammenarbeit zwischen Patient und Therapeut, von manchen auch empirische Kooperation genannt (Beck et al. 1986), setzt hohe Transparenz und klare Strukturierung und Arbeit, oftmals in kleinen Schritten, voraus.

(g) Lernen braucht Erfolge. Lernen geschieht oft in kleinen Schritten und verläuft selten geradlinig.

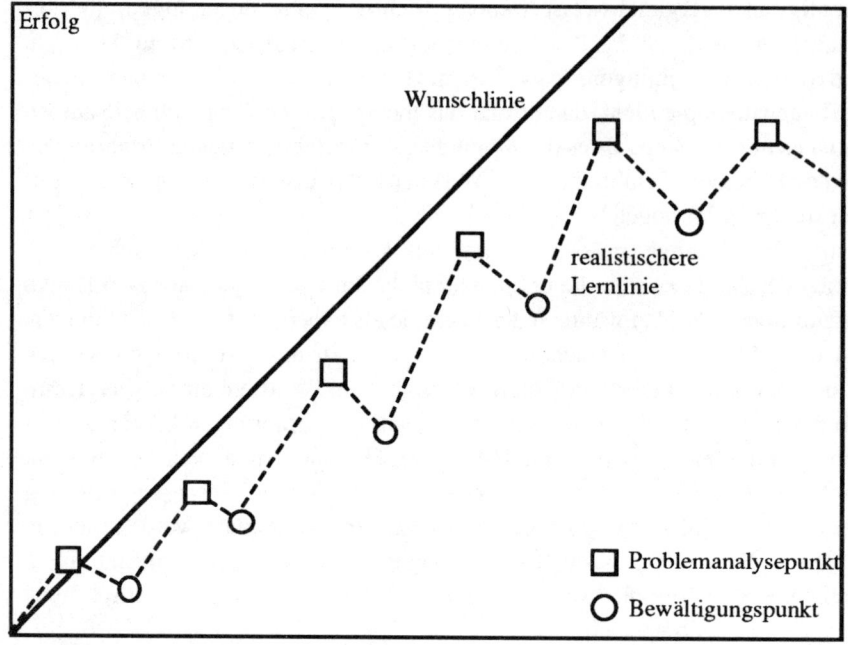

Abb. 1. Therapeutische Lernkurve

Wie in der Psychoanalyse gehen wir auch in der Verhaltenstherapie davon aus, daß die interessanten Daten und Befunde aus den Brüchen der Lernverläufe abzuleiten sind. Arbeiten sich Analytiker am Widerstand entlang, so gilt dies ähnlich in der Verhaltenstherapie, und zwar derart, daß die Einbrüche in der Therapiemotivation und in den Lernfortschritten oft die Quelle der entscheidenden, weiterführenden Informationen sind.

Patienten wünschen sich den glatten Fortschritt, sie sehnen sich nach einer geraden, steil ansteigenden Kurve des Fortschritts. Aus diesen Gründen male ich Patienten oft Schaubilder auf, ähnlich dem von Abb. 1. Häufig finden wir in der Therapie, etwa von Depressiven, daß nach anfänglicher Euphorie nach Therapiebeginn Stimmungseinbrüche auftreten. Patienten sind verzweifelt, weil sie gehofft haben, daß es ihnen durch die Therapie besser ginge. Dies sollte es natürlich langfristig auch. Anhand derartiger Schaubilder erkläre ich, daß gerade die nicht glatten Verläufe fruchtbare Informationsquellen und damit die Basis für den wirklichen Fortschritt sind. Eine genaue Mikroanalyse der inneren und äußeren Vorläufer von Stimmungseinbrüchen ist die Basis für ein vertieftes Verständnis der Aufrechterhaltung der Symptomatik. Ohne sie könnten sinnvolle Lernschritte nicht geplant werden. Diese Problemanalyse kann jedoch im Anfang einer

Therapie niemals vollständig sein. Jedenfalls wäre dies die Ausnahme. Wie dies eine Patientin während der Behandlung formulierte: "Ich habe den Eindruck, ich scheitere auf immer höherem Niveau".

So finden wir immer wieder in Verhaltenstherapien, daß z. B. erfolgreich bearbeitete Angstsymptome überhaupt erst den Blick freimachen, um weitere wichtige Lebensthemen und Probleme ansehen zu können. Diese Gedanken werden viele psychoanalytische Kollegen sicherlich unterstreichen. Meines Erachtens ist spezifisch für die Verhaltenstherapie die systematische Planung und Auswertung der anderen Lernaspekte, die in Abb. 1 als Bewältigungspunkte bezeichnet werden. Sie sind doppelt wichtig: Sie geben Auskunft darüber, welche Lernprinzipien die Bewältigung akuter symptomatischer Einbrüche möglich machen, und sie vermitteln Patienten das Gefühl, Probleme selbst bewältigen zu können. Dieses wachsende Gefühl des Vertrauens in die eigene Handlungskompetenz bzw. Bewältigungskompetenz stellt einen wichtigen Prädiktor für Rückfallgefährdung dar. Je größer am Ende der Therapie das Gefühl des Patienten ist, daß er selbst Kompetenzen besitzt, seine Problematik zu beeinflussen, desto geringer werden Rückfälle sein (Bandura 1977; Zimmer et al. 1994).

Behandlungsziele in der Verhaltenstherapie

Damit wird ein übergreifendes Prinzip angesprochen, das im Vorgespräch thematisiert werden sollte: Allgemein gesagt, ist es nicht das Ziel verhaltenstherapeutischer Behandlungen, immerwährende Symptomfreiheit zu gewährleisten. Dazu sind die zu bewältigenden Lebensthemen zu komplex und schwierig (Wer muß nicht mit gelegentlichen Ängsten und depressiven Stimmungen kämpfen?). Ziel kann nur ein veränderter Umgang mit sich und seiner Umwelt sein (Kanfer 1961):

(a) Größeres Wissen um die eigenen kognitiv-emotionalen Fallen und Schemata, die als ungünstige Muster der Wahrnehmung, des Erlebens und Verhaltens auch weiterhin ein Gefährdungspotential darstellen;

(b) die frühzeitige Wahrnehmung dieser Muster und größere Fähigkeit, früh die Weichen zu stellen und statt altem Problemverhalten bzw. Konfliktvermeidungsverhalten neu Erworbenes und Erkämpftes einzusetzen.

Das Ende der Psychotherapie ist nicht das Ende des Lernens. Patienten werden nicht alle Probleme gelöst haben, hoffentlich aber wieder in die Lage versetzt sein, mit den natürlichen Ressourcen und der Unterstützung von Freunden und Familie lern- und entwicklungsfähig zu sein.

Die starke Betonung der Ausbildung von Selbsthilfekompetenzen (Kanfer et al. 1991) impliziert zugleich, daß psychotherapeutische Unterstützung v. a. für eigene Arbeit gegeben werden sollte, d. h. so, daß eigenes Bemühen um Einsicht und neue Erfahrungen gefördert wird. Dies heißt selbstverständlich nicht, daß nicht einige Patienten sehr viel persönliche Unterstützung und Begleitung benötigen und erhalten. Es bedeutet nur, daß Therapeuten nicht tun, was ihre Patienten selbst tun könnten. Wie Haley (1978) sehen wir, daß Psychotherapie nicht nur eine Hilfe ist, sondern über die stigmatisierenden Rollenzuschreibungen von Therapeut und Patient Abhängigkeiten und Unselbständigkeit fördert, wenn sie unnötig in die Länge gezogen wird. Aus guten und nicht nur pragmatischen Gründen ist ja auch eine große Zahl der psychoanalytischen Behandlungen im Kurzzeitrahmen angesiedelt.

So lautet - im Einklang mit der empirischen Psychotherapieforschung - das Motto vieler Verhaltenstherapien: So kurz wie möglich, aber so viel wie nötig.

Technik versus Beziehung

In den 60er Jahren wurde Verhaltenstherapie mit dem Einsatz standardisierter Verfahren gleichgesetzt. Psychoanalytiker dagegen wurden als Spezialisten für Übertragungsphänomene gesehen. Aus der Perspektive dieser Zuschreibung fanden einige Autoren (z. B. Wachtel 1981) die Kombination beider Ansätze vielversprechend. Ich teile diese ehrenwerte Ansicht nicht, obwohl ich viel von analytischen Kollegen und Autoren gelernt habe, weil ich die Zuordnung und Aufteilung (Psychoanalyse = Beziehungsarbeit und Verhaltenstherapie = Techniken) seit langem für antiquiert halte. Zumindest in der Verhaltenstherapie existieren sowohl ein ausgefeiltes und differenziertes Methodenrepertoire als auch eine breite Erfahrung in der Gestaltung der Therapeut-Patient-Beziehung (Kanfer et al. 1991; Lazarus 1978; Zimmer 1983).

Die Abbildung 2 zeigt, daß es für den sinnvollen Einsatz von spezifischen Verfahren eine Reihe von Voraussetzungen gibt, auf die ich hier nicht näher eingehen kann (Kanfer et al. 1991).

1.   **Beziehungsaufbau**

- Affektive Beziehung (Vertrauen, Sicherheit), erste Rollenklärung
- vorläufige Problemanalyse

2.   **Erleichterung einer Selbstverpflichtung**

- Motivationsklärung und Erleichterung von Hoffnung
- Rollenklärung
- Informierte und freiwillige Entscheidung für die Therapie

3.   **Ausführliche Problemanalyse**

4.   **Einsatz therapeutischer Verfahren**

- Problemzentrierte, strukturierte Arbeit / fortlaufende Evaluation
- Ggf. Änderungen des therapeutischen Vorgehens und der Beziehungsgestaltung zur Sicherstellung von Mitarbeit und Eigenständigkeit des Patienten.

5.   **Vorbereitung der Ablösung**

- Problemlöse-Fähigkeit des Patienten ausreichend?
- Internale Kontroll-Attribuierung ("Was habe ich für mich getan?")
- Soziale Kompetenz / Netzwerk ("Gibt es gute persönliche Beziehungen außerhalb der Therapie?")
- Bearbeitung der Trennung vom Therapeuten nötig?

6.   **Beendigung**

- Ausblenden sinnvoll? Ggf. Planung von Katamnese-Gesprächen

Abb. 2. Phasen der Therapeut-Patient-Beziehung

Darüber hinaus gilt auch bei der Therapiedurchführung, daß die Therapie fast immer kurz vor dem Ende angekommen ist, wenn ihre Durchführung unproblematisch wird. Interessant ist es, die Aufmerksamkeit auf die Teile der Therapie zu lenken, die unerwartete Schwierigkeiten aufwerfen.

In dem von uns vorgeschlagenen Konzept der funktionalen Beziehungsgestaltung (Zimmer 1993, 1995a) geht es darum, daß Therapeuten ihr Beziehungsangebot sehr genau auf drei Dinge abstimmen: (a) Das Beziehungsangebot des Patienten und seine interaktionalen Muster, (b) die spezifische Symptomatik und (c) die Phase des therapeutischen Prozesses. Offensichtlich benötigen z. B. Suizidgefährdete in der Anfangsphase ein anderes Beziehungsverhalten des Therapeuten als Alkoholkranke. Sicherlich fordert der Beziehungsaufbau andere Schwerpunkte als die Ablösephase.

Erstmals wurde bei mir das Interesse an der Frage der funktionalen Beziehungsgestaltung 1973 im Rahmen eines Postgraduierten-Studiums geweckt, als ich als Beisitzer an Therapien von Arnold Lazarus in den USA teilnahm. Zu meinem Erstaunen verhielt sich Lazarus über die Sitzungen hinweg sehr unterschiedlich: Ein Patient duzte den Therapeuten, der zweite sprach ihn mit Professor Dr. Arnold Lazarus an. Ein Patient lebte in der Familie des Therapeuten für ca. 4 Wochen, mit der Begründung von Lazarus, daß er dem Patienten ein Bild davon geben wollte, wie eine Familie lebt. Einen Patient holten wir jeden Morgen um halb acht Uhr aus dem Bett und nahmen ihn mit in die Therapie, um eine stationäre Einweisung dieses depressiven Patienten überflüssig zumachen. Ein weiterer Patient mußte 100 Dollar zahlen und wurde wieder weggeschickt, weil er fünfzehn Minuten zu spät zur Sitzung kam. Auf meine Frage an Lazarus, warum er sich derart unterschiedlich verhalte, kam die allgemeine Antwort, daß das jeweilige Beziehungsangebot seiner Einschätzung nach für den Patienten hilfreich und wichtig sei. Seit dieser Zeit arbeite ich an Konzepten und Leitlinien der funktionalen Beziehungsgestaltung.

Nun ist lange bekannt, daß nicht die Ideologie der Therapeuten das wirksame und heilsame Agens der Behandlung ist, sondern ihr reales Verhalten. Früh hatten Psychoanalytiker hinter der Einwegscheibe Verhaltenstherapeuten zugesehen und etwa Wolpe attestiert, daß er entgegen seinen Schriften ein einfühlsamer und differenzierter Therapeut mit hohen suggestiven Anteilen sei (Klein et al. 1969). Spätere reale Untersuchungen von Videoaufzeichnungen zeigten bei Vergleichen mit Psychoanalytikern, Gestalttherapeuten, Gesprächstherapeuten und anderen im wesentlichen folgendes Bild: Wenn es konsistente Unterschiede im Beziehungsverhalten gab, dann in der Richtung, daß Verhaltenstherapeuten die größte Flexibilität in der Interaktion mit Patienten zeigten und sich am stärksten aktiv und persönlich in die Therapie einbrachten (zur Übersicht: Zimmer 1983; Zimmer u. Zimmer 1992).

Lassen Sie mich auf einige der beschriebenen Fragen anhand eines Fallbeispiels noch einmal näher eingehen:

Von einem ärztlichen Kollegen bekam ich eine Patientin wegen Prüfungsängsten überwiesen mit dem Hinweis, daß eine andere Psychotherapeutin die Behandlung abgebrochen habe. Schnell fühlte ich mich von der Patientin in eine beeindruckende Interaktion verwickelt, bei der sich Berge schwer lösbarer Probleme aufzuhäufen schienen, bei der sie über mangelnde Unterstützung klagte und viele Hinweise auf eine problematische Ehesituation lieferte, ohne jedoch hierauf näher eingehen zu wollen. Nachdem ich mich zur Behandlung bereit erklärt hatte, erlebte ich eine Weile, daß nun plötzlich die Stunden inhaltlich eher flach verliefen, um dann immer öfter auf eine problematische Weise zu enden: Etwa fünf Minuten vor Sitzungsende brachte die Patientin emotional wichtige bis dramatische Ereignisse zur Sprache und versuchte die Zeitgrenze zu überziehen. Meine Versuche, strukturelle Klarheit zu schaffen, endeten in Weinkrämpfen auf Seiten der Patientin, die sie auch teilweise auf dem Flur fortsetzte, während ich schon mit dem nächsten Patienten sprach.

Ich fühlte mich emotional unter Druck gesetzt und auch vereinnahmt, wenn nächtliche Anrufe kamen, bei denen sie kaum sprach, sondern nur am Telefon weinte. Auf der anderen Seite hatte ich Mühe, eine systematische Exploration und Anamnese durchzuführen. Ich konnte verstehen, daß sie aus anderen Beziehungen berichtete, daß sie nach anfänglicher Unterstützung den Eindruck hatte, fallen gelassen zu werden. Auch ich war nahe an diesem Punkt, nur noch die eigene Frustration zu spüren. Andererseits war es in meinen Augen eine entscheidende Gegenerfahrung, daß ich die Therapie nicht abbrach, daß ich ihr weiterhin meine Unterstützung anbot, gleichzeitig aber sehr klare Grenzen setzte. Im Gegensatz zu anderen Patienten, die ich ermutige, mich in Krisen anzurufen, sagte ich hier, daß ich eine stationäre Aufnahme für notwendig halten würde, wenn sie die Anrufe nicht kontrollieren könne, und wenn sie den Stundenrahmen von 50 Minuten nicht konstruktiv für sich nutzen könne. Sie testete mich mehrmals, aber ab der achten Stunde gelang es mir, mit ihr in einem 50 Minuten-Rhythmus zu arbeiten, u. a. durch eine sehr strikte Stundentagesordnung. Ich hatte ihr aufgetragen, vor jeder Sitzung zu überlegen, welche der Themen der vergangenen Woche in ihren Augen Priorität für die Bearbeitung in der Sitzung hätten. Ich fragte sie gezielt danach und konnte mich ihr dann auch wieder mit der notwendigen therapeutischen Empathie zuwenden.

Im Laufe der Therapie konnten wir als ein biographisches Muster herausarbeiten, daß sie eigene zwischenmenschliche Bedürfnisse nur auf eine problematische Art umsetzen konnte. Zunächst verschwieg sie diese auf der Basis eines tiefen Mißtrauens, nicht geliebt zu werden, stieß andere aus Furcht vor Zurückweisung selbst zurück und inszenierte dann Dramen, die bei Mitmenschen eine Mischung aus Hilfebedürfnissen, Schuldgefühlen und Ärger auslösten. Danach benahm sie sich so, daß sie alles mit sich machen ließ, um mögliche Beziehungen nicht zu gefährden. Dieses Verhalten nannten wir in der Therapie Modell "Fußabtreter".

Nach einer Rekursion auf frühe Erfahrungen (mit ihren Eltern und mit vielfältigen medizinisch notwendigen Krankenhausaufenthalten) versuchte ich mit ihr alternative Kognitionen, Emotionen und Verhaltensmöglichkeiten zu erarbeiten. Sie sah das alles ein, erwies sich aber als ausgesprochen hartnäckig und zögerlich in der Umsetzung dieser neuen Gedanken. Immer wieder kontrastierten wir Reaktionsmöglichkeiten für konkrete Lebenssituationen unter der Überschrift, wie das Modell "Fußabtreter" von den Reaktionen einer Frau abweichen würde, die Selbstrespekt und Selbstachtung leben könnte. Ein Durchbruch kam in der 30. Sitzung, als ich mich den größten Teil der Sitzung einfühlsam um das Erleben des Ehemannes gekümmert hatte, um dessen Situation zu verstehen. Am Ende der Sitzung beschwerte sich die Patientin bei mir mit den Worten "Mein Mann ist doch nicht ihr Patient. Heute haben wir die ganze Zeit über ihn gesprochen. Dabei bin doch ich ihre Patientin!" Hierauf versuchte ich, massiv verstärkend, also lobend, zu reagieren. Ich sagte ihr, daß ich auf eine derartige Reaktion seit einem halben Jahr warte und es toll fände, daß sie ihr jetzt gelungen sei. Sie habe gemerkt, daß ihre Interessen mißachtet worden seien, in diesem Fall von mir, und hätte sich aktiv und konstruktiv für sich selbst eingesetzt. Dies sei ein gutes Gegenmodell zu ihrem alten Beziehungsmuster.

Eine Woche später gelang es ihr, einem Kommilitonen spontan sehr angemessen Ärger über eine falsche Behandlung auszudrücken. Der Erfolg: Kein Beziehungsdrama folgte, sondern eine Entschuldigung des Kommilitonen. Diese Gegenerfahrungen führten zu einer erhöhten Bereitschaft, i. S. eines Selbstsicherheitstrainings vielfältige Lebenssituationen im Rollenspiel zu üben und durchzusprechen, um konstruktivere Alternativen für zwischenmenschliche Konflikte zu erarbeiten, die schließlich auch auf die Ehesituation angewandt werden konnten.

Insgesamt dauerte die Behandlung 60 Sitzungen. Die Patientin hat gelernt, ihr altes Erlebens- und Beziehungsmuster, das sie in einer frühen Notsituation gelernt hatte und das ihr in Fleisch und Blut übergegangen war, frühzeitiger zu erkennen und immer wieder durch eine erwachsenere Form der Konfliktbewältigung zu ersetzen.

Natürlich war es auch in dieser Therapie notwendig, die Ablösung und Beendigung der Therapie gut vorzubereiten und zu besprechen. Fragen, die Therapeuten sich einige Zeit vor dem Ende einer Behandlung stellen sollten: Inwieweit ist die Patientin in der Lage, ihr problematisches Muster selbst zu analysieren, frühzeitig die Fallen zu erkennen und aktiv Weichen zu stellen? Hat die Patientin erleben können, daß sie hierzu in Phasen auch ohne therapeutische Unterstützung in der Lage ist? Gibt es deutliche symptomatische Besserung und affektive Entlastung? Konnte das soziale Netz aktiviert oder aufgebaut werden, damit der Therapeut als einfühlsamer Gesprächspartner zumindest partiell ersetzt werden kann durch Freunde, die zwar keine Therapeuten sind, mit denen aber doch relevante Themen besprochen werden können?

Zur Vorbereitung des Endes einer Behandlung gibt es in der Verhaltenstherapie eine ganze Reihe systematischer Gedanken und Vorgehensweisen (Kanfer et al. 1991; Zimmer u. Zimmer 1992). Gerade Anfänger müssen allerdings oft erst lernen, bezüglich der Therapeutenrolle ihre Gratifikation nicht aus der Abhängigkeit und Dankbarkeit ihrer Patienten zu ziehen, sondern aus ihrer wachsenden Unabhängigkeit eben auch von ihren Therapeuten (Zimmer 1995b). Hier sind auf seiten der Therapeuten persönliche und fachlich-technische Kompetenzen gefragt. Die Aspekte der Beziehungsfertigkeiten und der technischen Fertigkeiten sind interessanterweise in der Verhaltenstherapie hoch korreliert (r = 0.71; Vallis u. Shaw 1988), d. h. die technisch versierten Kollegen sind überwiegend interaktionell geschickt und kompetent und vice versa.

Es ist die Aufgabe des Therapeuten, Therapien nicht über Gebühr zu verlängern. Manchmal gilt es, ein klares Ende zu setzen und gut vorzubereiten. Bei einzelnen Patienten hat es sich auch als sehr günstig herausgestellt, katamnestische Sitzungen in längeren Abständen (3 Monate, 6 Monate etc.) anzubieten. Gelegentlich hilft auch die Aufforderung, der Patient möge sich in einem Jahr noch einmal melden. Die Anteilnahme und das Interesse des Therapeuten können manchen Patienten stärken, kritische Lebensphasen auch ohne fortdauernde Therapie zu meistern.

Literatur

Bandura A (1977) Self-efficacy. Toward a unifying theory of behavioral change. Psychol Rev 2 : 191-215

Beck AT, Rush J, Shaw BF, Emery G (1986) Kognitive Therapie der Depression, 2. Aufl., Urban & Schwarzenberg, München

Grawe K, Donati R, Bernauer F (1994) Psychotherapie im Wandel. Von der Konfession zur Profession. Hogrefe, Göttingen

Haley J (1978) Gemeinsamer Nenner Interaktion. Pfeiffer, München

Kanfer FH (1961) Comments on learning in psychotherapy. Psychol Rep 9 : 681-699

Kanfer FH, Reinecker H, Schmelzer D (1991) Selbstmanagement-Therapie. Springer, Berlin Heidelberg New York Tokyo

Klein MH, Dittmann SI, Parloff MB, Gill MM (1969) Behavior therapy observations and reflexions. J Consult Clin Psychol 33 : 259-266

Lazarus A (1978) Verhaltenstherapie im Übergang. Reinhardt, München

Margraf J (Hrsg) (in Vorb.) Lehrbuch der Verhaltenstherapie. Springer, Berlin Heidelberg New York

Margraf J, Brengelmann JC (Hrsg) (1992) Die Therapeut-Patient-Beziehung in der Verhaltenstherapie. Röttger, München

Vallis TM, Shaw BF, McCabe SB (1988) The relationship between therapistcompetency in cognitive therapy and general therapy skill. J Cogn Psychother 188 : 237-249

Wachtel P (1981) Psychoanalyse und Verhaltenstherapie - ein Plädoyer für ihre Integration. Klett-Cotta, Stuttgart

Zimmer D (Hrsg) (1983) Die therapeutische Beziehung. Konzepte, empirische Befunde und Prinzipien ihrer Gestaltung. edition psychologie, Weinheim

Zimmer D (1995a, in Vorb.) Funktionale Beziehungsgestaltung: In: Reinecker H, Schmelzer D (Hrsg) Verhaltenstherapie als Selbstmanagement - Fred Kanfer zum 70. Geburtstag. Hogrefe, Göttingen

Zimmer D (1995b in Vorb.) Supervision in Verhaltenstherapie. In: Margraf J (Hrsg) Lehrbuch der Verhaltenstherapie. Springer, Berlin Heidelberg New York Tokyo

Zimmer D, Lindinger P, Mitschele U (1994) Neue Wege der verhaltenstherapeutischen Behandlung des Rauchens, Teil 2: Prädiktoren der Veränderung. Verhaltensther 3 : 312-316

Zimmer D, Zimmer FT (1992) Die therapeutische Beziehung in der Verhaltenstherapie. Konzepte und Gestaltungsmöglichkeiten. In: Margraf J, Brengelmann JC (Hrsg) Die Therapeut-Patient-Beziehung in der Verhaltenstherapie. Röttger, München, S 11-37

Keine Lust auf Politik - oder:
Muß die Bundesrepublik neu gegründet werden? -
Eine republikanische Animation*

Claus Leggewie

Von der Politikverdrossenheit zur Gründungslust

In Sachen Politik macht sich Unlust breit. Die Nullbock-Stimmung der
Außenseiter scheint aufs ganze Volk übergesprungen zu sein. Der Umstand, daß
1994 manche gleich viermal wählen gehen durften und die meisten wenigstens
zweimal mußten, wurde mit dem Schimpfwort "Superqualjahr" kommentiert, als
handele es sich um eine unanständige Zumutung: Qual der Wahl. Was Politiker
bei uns aufführten, heißt es weiter, sei ein Trauerspiel, weshalb sich bei
Wählerinnen und Wählern im ganzen Land Lustlosigkeit breit macht. Die
Demokratie westlich-liberalen Typs, nun weltweit durchgesetzt und ohne ernsthafte Alternative, hat wenig Sexappeal. Man verbringt seine freie Zeit lieber mit
anderen Objekten der Begierde. Zugleich steht nachdrücklich im Raum, daß
Politik Spaß machen müsse: Der aktive Bürger wünscht sich Politik "in der ersten
Person", und ein Berufspolitiker, der sich dem Slogan anschließt, gibt sich als
Mitglied der "Toskana-Fraktion" zu erkennen, die das Politikmachen genießen
möchte wie einen süffigen Weißwein der Feriengegend. Und wenn der Wein
Korken hat oder zu sauer ist, kann man ihn ja ausschütten und von der Politik ab-
lassen, wie man eine enttäuschende Liebschaft verläßt oder ein Hobby aufgibt.

Aber was ist überhaupt dran an der Unlust an der Politik, an der vielzitierten
Politikverdrossenheit? Bestimmte Indizien dafür sind unverkennbar: Die
Wahlbeteiligung ist deutlich gesunken, Parteien und Gewerkschaften sind überal-
tert und haben erhebliche Nachwuchssorgen, ohne daß die Abgewanderten dafür
nun in die Bürgerinitiativen strömten. V. a. junge Menschen, auch die einst so po-
litikfreudigen Studenten, fühlen sich von der herkömmlichen Politik nicht mehr
angesprochen und vertreten. Das Ansehen der politischen Klasse schwindet weiter
und die Skepsis über Leistung und Legitimität demokratischer Politik nimmt be-

---

* Bearbeitete Form des Vortragsmanuskripts, erschienen in "Beiträge für den Westdeutschen
Rundfunk" (Gedanken zur Zeit, 7. 5. 1994) und die "Wochenpost" (Berlin) (9. 11. 1994).

drohliche Ausmaße an. Das gilt für Deutschland, aber noch mehr in klassischen Demokratien wie der britischen und französischen und erst recht in Italien oder Rußland.

Aber es stimmt eben auch das Gegenteil. Neue politische Bewegung ist ebenso unverkennbar: Der Sturz des real existierenden Sozialismus war durch ungeahnte Bürgererhebungen bewirkt. Auf den Straßen von Paris und der Provinz erlebte man kürzlich geharnischten Protest junger Franzosen, denen man die Zukunft verweigert - erste Anzeichen für eine "Partei der Jungen", die sich, mit noch unklarer Zielsetzung, formiert. Und trotz Parteienkrise werden auch allenthalben neue Parteien gegründet, die auf Anhieb erfolgreich in Parlamente einziehen. In den Parteien gibt es hier und da Basisaufstände und tastende Satzungskorrekturen, auch in den Parlamenten wird ein nachdenklicherer Ton angeschlagen. Das unbezahlte Engagement fürs Gemeinwohl ist keineswegs verschwunden, und man gewinnt den Eindruck, daß die Eigenaktivität der Bürger in dem Maße steigt, wie ihre Enttäuschung über die Politiker zunimmt, aber auch zu erkennen ist, daß die vielgescholtenen Eliten oft nur als Sündenböcke der eigenen, ganz unpolitischen Passivität und Verweigerung hergehalten haben.

Das Schlagwort "Politikverdrossenheit" ist mit guten Gründen als demoskopisches Artefakt entlarvt worden, als ein Kunstprodukt zusammengeschusterter Umfragen, die im Medienumlauf suggestive und selbstbestätigende Kraft entfalten. So manche Malaise, die summarisch unter "Verdrossenheit" aufgeführt wurde, entspringt eher einer fruchtbaren Irritation, die nach republikanischer Animation sucht. Sie signalisiert den Politikprofis: Hört auf mit den würdelosen Ritualen und der dreisten Korruption, verlaßt die gewohnten Pfade und eröffnet neue Wege. Diese Art von Unzufriedenheit ist politischer als manche Veranstaltung der offiziellen Politik. Hinzu kommt, daß viel von dem, was früher den Volksvertretern anvertraut und überlassen blieb, durch die wachsende Komplexität der Gegenstände der Politik und dank des gestiegenen Selbstbewußtseins der Bürger längst von den Parlamentsbänken und Parteizentralen ausgewandert ist in Sphären, die Bürger autonom verwalten und entscheiden wollen. Ein Beispiel dafür sind die jüngsten Arbeitszeitregelungen in Betriebsregie, die die festgefahrene und phantasielose Politik des eigentlich zuständigen Wirtschaftsministers blamieren.

Also Vorsicht mit vorschnellen Urteilen über die angeblich entpolitisierten Deutschen, die sog. unpolitische Jugend und die vermeintliche Krise der Demokratie. Das ändert aber noch nichts an den verbreiteten Unlustgefühlen genüber der Politik - und macht v. a. noch keine Lust darauf. Die Frage ist zunächst: Darf man den Begriff Lust überhaupt auf die Politik anwenden? Geht nicht von vornherein in die Irre, wer diese elementar der Realität und Öffentlichkeit verhaftete Sphäre den intimen Sensationen von Lust und Unlust aussetzt? In den Lexika wird Lust definiert als ein hoher Grad sinnlich angenehmer Empfindung, und da kommt einem, wie gesagt, spontan anderes in den Sinn als ausgerechnet Politik. Sie wird normalerweise mit Pflicht oder Routine assoziiert, und wo Lust ins Spiel kommt, sind Fanatismus und Massenpsychose nicht weit. Der Begriff Lust ist verwandt mit Vergnügen, Wonne und Wollust, und das Bedeutungsfeld, das der Duden absteckt, reicht von unschuldigen Amüsements im heiteren oder komischen Fach bis in die Unsäglichkeiten lüsterner Geilheit - und zwar nicht in dem entschärften Ton, in dem Sechsjährige heute ganz beiläufig von geilen Turnschuhen und noch geileren Phänomenen daherreden.

Zur Präzisierung der Frage: was ist Lust? muß man etwas ausholen und die zuständigen Wissenschaften konsultieren. In der Neurophysiologie wie in der Psychoanalyse gelten Lust (und als Pendant Schmerz) als die entscheidenden verborgen sind und unsere Gefühlswelt weithin beherrschen. Für den Nervenarzt sind Lust und Unlust eher ein Problem der neurohormonalen Steuerung, weshalb, wie man kürzlich in einer Illustrierten erfuhr, das Gehirn unser größtes Sexualorgan ist und der Hypothalamus, wie es ein Hirnforscher ausgedrückt hat, das "Vergnügungsviertel im Gehirn" (Pöppel 1993). Lust ist Zustand und Handlung in einem - sie bedarf der organischen Bewegung und Energiezirkulation ebenso wie der rationalen Kenntnis und des sprachlichen Ausdrucks. Man kann Lust deshalb als *affektive Aufmerksamkeit* bezeichnen, als "Trieb mit dem Bewußtsein des Triebes" (Spinoza). Libido, der psychoanalytische Fachbegriff für Lust oder die drängende "Energie solcher Triebe, welche mit all dem zu tun haben, was man als Liebe zusammenfassen kann", unterschied Freud (1915) deshalb von der rein körperlichen Erregung. Wichtiger sind die Objekte, auf die sich derart erotische Wünsche beziehen und daß sie, dank ihrer besonderen Plastizität, je nach Stimmung, Alter und Temperament wechseln können. Lust ist eine Weise, auf die Außenwelt Bezug zu nehmen, und wie wir das tun, ist laut Freud durch zwei Grundprinzipien organisiert. Er sagte (1911): "Wie das Lust-Ich nichts anderes kann als wünschen, nach Lustgewinn arbeiten und der Unlust ausweichen, so braucht das Real-Ich nichts anderes zu tun als nach Nutzen zu streben und sich gegen Schaden zu sichern". Die Korrespondenz von Lust- und Realitätsprinzip folgt einer Ökonomie, die das wünschende Subjekt mit der Wirklichkeit vertraut macht und es ihr anpaßt, Wünsche zurückstellen kann wie eine Investition, die man sich aufspart, die uns aber vor irrealen, unerfüllbaren Vorstellungen nicht bewahrt.

Kann man also Lust auf Politik haben wie auf eine Zigarette (nach dem Motto: "Ich politisiere gern"), wie Lust auf einen anderen Menschen, das Hören von Musik oder das Betrachten eines Kunstwerks? In der Politik badet man bekanntlich nicht gern lau. Sprichwörtliche Macher wie Helmut Schmidt oder noch mehr die Kärrner von der Art des Herbert Wehner galten landläufig als die einschlägigen, an kalte Duschen und frühes Aufstehen gewohnten Politikertypen, nicht die Genießer der Saumagen- oder Toskana-Fraktion. F. J. S, der nun sogar in Bayern vom Sockel gestoßen wird, verkörperte die andere, die abgründige Seite der Politik: Ihm, dem politischen Vollblut, werden exzessive Machtgier, destruktive Antriebe und die Aufwiegelung der Massen angelastet. Diese überschüssigen und bedrohlichen Seiten werden aber meist auf etwas anderes zurückgeführt: auf den Wunsch nach persönlicher Bereicherung, auf den Verfolg egoistischer Interessen oder die Eroberung eines Privilegs - was ja auch oft genug der Fall war.

Aber die bohrende Vermutung verborgener Ziele *hinter* der Politik hat uns den Blick auf ihre primären, eigenständigen Motive verstellt. Wir sind auf die abwegigen, gewissermaßen perversen Seiten des politischen Geschäfts fixiert. Wann immer Lust ins Spiel kommt, signalisiert das eine Gefahr, und damit vertreten die lustlosen Kritiker das preußische Ethos der asketischen Pflichterfüllung, das "Politik als Beruf" prägt und auszeichnet. Ein Nebeneffekt der Skandalisierung und Moralisierung von Politik ist, daß einem die blanke Lust an ihr vergeht. Das ist die eine Übertreibung, der die andere auf dem Fuße folgt. Seit sich Bürgerinitiativen und soziale Bewegungen aufgemacht haben, selbst Politik zu treiben - ganz entspannt und unentfremdet, rein nach *gusto* - muß Politik auf Teufel komm 'raus Spaß machen. Dieses Schaukeln zwischen viktorianischer Prüderie und zwanghafter Libertinage hält kein politisch motivierter Mensch aus. Die Profis geben schlechte Vorstellungen, das Publikum wendet sich mit Grausen ab, die republikanischen Tugenden gehen ein.

Dabei liegen doch die lustvollen - soll man sagen: erotischen? - Momente der Politik auf der Hand: Politik hat es auch mit Leidenschaften, nicht nur mit Interessen zu tun. Wie im psychischen Haushalt müssen sie eine Balance finden. Doch jede politische Handlung durchläuft den Zyklus von Erregung, Verführung und Befriedigung. Da diese eigentümliche Wunschmaschine Politik im öffentlichen Raum wirkt, beginnt sie - historisch in der antiken Polis wie in jeder politischen Karriere - mit einem Akt der Exhibition: Der private, unbekannte Akteur der Polis tritt auf den Marktplatz, er entblößt seine Vorstellungen und damit sich selbst vor unbekannten anderen, setzt sich dem fremden Publikum mit seinen Widerreden aus. Jeder, der außerhalb eines privaten Kreises das Wort ergreift und Aufmerksamkeit für sich reklamiert - von der Kandidatenkür in der Schülervertretung bis zur Rede vor einer unüberschaubaren Menge - kennt dieses primäre politische Gefühl des Heraustretens aus der Anonymität. Im weiteren hat Politik dann viel mit Werbung, mit Überredung und Verführung zu tun; kein politischer Akteur wirbt nicht, indem er sich für eine Sache einsetzt oder ein bestimmtes Projekt vorschlägt, zugleich auch für sich, um Übereinstimmung und Sympathie - und riskiert damit oft genug das Scherbengericht. Der obrigkeitliche Respekt vor Politikern ist heute längst einer rituellen Anmache gewichen; selbst die Bombardierung eines Kanzlers oder Präsidenten mit faulen Eiern und Tomaten geht als Äußerung zivilen Ungehorsams durch. Manche halten das nicht mehr aus und viele begeben sich erst gar nicht in diese heiße Küche. Fragt man aber Politiker, warum sie sich das antun, antworten sie doch mit einem ehrlichen Seufzer: sie seien zufrieden, etwas bewegt und gestaltet zu haben.

Gottlob gibt es in normalen Zeiten nicht alle Tage eine Bastille zu stürmen oder einen Jahrhundertfrieden zu stiften. Demokratien sind erst mal ganz durchschnittliche Routineveranstaltungen. Gottlob auch gestattet diese Regierungsform jedem, sich herauszuhalten, also desinteressiert und leidenschaftslos zu bleiben. Nur totalitäre Regime verordnen andauernde Politik in allen Lebenslagen - und verderben damit, wie man jetzt in vielen Ex-Diktaturen beobachten kann, den Appetit auf Dauer. Verflogen ist der bürgerliche Elan, der zum Sturz von Tyrannen wie Pinochet und Honecker, zum Abtritt übermächtig scheinender Regime geführt hat, indem sich Menschen auf öffentlichen Plätzen versammelten und politischen Reden an andere hielten, als sei ein Heiliger Geist in sie gefahren, indem sie Tag und Nacht für die Errichtung einer neuen Ordnung stritten und arbeiteten. Diese zweifellos erotischen Augenblicke der jüngsten politischen Geschichte sind einer lähmenden Katerstimmung gewichen, die auch uns im Westen erfaßt hat, obwohl wir das ganze nur am Fernsehschirm erlebt haben. Doch bleibt aus solchen historischen Momenten der Grundantrieb des Politischen: die Fähigkeit des Menschen, einen neuen Anfang setzen zu können, ein Gemeinwesen zu gründen oder neu zu gestalten. Gewiß ist Politik eher der linken Gehirnhälfte und dem Realitätsprinzip zuzuordnen, doch liegt in eben diesem Antrieb die urtümliche Dimension des Politischen, die Quelle der Lust an der Politik.

Mir scheint, die Unlust an der Politik ist Teil einer generellen Lustlosigkeit. Denn nicht nur die Lust an politischen Unternehmungen und Neuerungen, selbst die Lust an der Lust ist vielen vergangen. Im Siegeszug des Populismus erleidet Politik so dasselbe Schicksal wie Erotik im Zeitalter der Pornographie. Gerade weil Befriedigung rasch und leicht zu bekommen scheint, bleibt sie im Endeffekt völlig aus. Die an sich begrüßenswerte und unumkehrbare Demokratisierung hat bei vielen ungewollt das gleiche Ende gefunden wie die sexuelle Befreiung: den Überdruß. Die Politik hat als Lustobjekt ausgedient - nicht weil sie so fern ist, sondern weil sie ihre einstige Aura der Unnahbarkeit verloren hat, die begehrenswerten Objekten eigen ist. Das Publikum hat keine Berührungs- und Schwellenangst mehr, aber damit ist Politik auch kein Objekt mehr, das sich annähert und entzieht und gerade dadurch attraktiv bleibt. Sie bietet kaum noch Widerstände und Wartefristen, oder wo diese, aufgrund der besonderen Schwierigkeiten politischer Gestaltung heute, zu hoch werden und zu lange dauern, läßt man dann rasch davon ab und ist "frustriert" (Sichtermann 1993).

Die mediale Inszenierung hat ihren Teil an der Entsublimierung des Politischen: Die politischen Profis üben sich, rhetorisch-mimetisch geschult, in Selbstdarstellung. Auch das Publikum hält für Politik vornehmlich das, was "über den Sender geht". Als ich einmal eine Gruppe hochengagierter Studenten fragte, woran sie den Erfolg einer politischen Aktion bemessen, antworteten sie spontan und übereinstimmend: wenn wir damit ins Fernsehen (oder wenigstens in die Lokalzeitung) gekommen sind. Dabei findet Politik oft genau dort statt, wo die Kameras nicht hinkommen. Die Inszenierung des bloßen Spektakels banalisiert die in der Politik angelegte Spannung und reduziert sie auf den Thrill reiner Schaustellerei und privater Vorteilsnahme.

Was kann man dagegen tun? Dagegen hilft nicht mehr, sondern paradoxerweise weniger Bürgernähe der professionellen Politik. Die Grenze, die früher in Begriffen wie "in die Politik gehen" oder in Sätzen wie "da beschloß ich, Politiker zu werden" aufschien, muß rekonstruiert werden, das Spannungsfeld zwischen Politik und Nicht-Politik sollte erhalten bleiben. Das ist keine Rückkehr zur Arkanpolitik der Kabinette hinter verschlossenen Türen. Denn die andere Seite des zivilen Engagements, der wiedererweckten politischen Leidenschaft und der Interessenwahrnehmung, besteht ja genau darin, übertriebene Erwartungen an "die" Politik aufzugeben, so als komme in demokratischen Gesellschaften alles Heil von oben oder von einem Regierungswechsel nach den Wahlen oder von einem "unverbrauchten" Gesicht (mit oder ohne Bart). Die Anstiftung zu politischem Handeln kann sich nicht darin erschöpfen, Bürgerinnen und Bürger im Superwahljahr an ihre verdammte Pflicht und Schuldigkeit zu erinnern und sie inständigst darum zu bitten, die Stimmen nicht ausgerechnet den Rechtsradikalen zu geben. Republikanische Reanimation ist mehr als politisches Showbusiness. Wer höhere Ansprüche an die Politik hat, muß die, angesichts der zweifelhaften Qualität der politischen Klasse und der Dimension des geschehenen Umbruchs, v. a. an sich selber und seinesgleichen richten. Es reicht eben nicht, "Lustgewinn" aus der hämisch-kritischen Distanz zum politischen Betrieb zu ziehen und genüßlich zuzuschauen, wie die Welt in Scherben fällt. Lust an der Politik ist also v. a. Gründungslust.

Etappen der Gründung: Bundesrepublik Deutschland alt und neu

Vor einem Vierteljahrhundert wurde in Bonn die "alte" Bundesrepublik gegründet, und vor fünf Jahren beschleunigte sich in Berlin der revolutionäre Prozeß, der zur "neuen" Bundesrepublik führte. Auf die alte BeeRDe sind schon zahlreiche Nachrufe gehalten worden, aber sind wir auch auf dem (Schleich)Weg in die dritte, die Berliner Republik? Nicht Vertragsschlüsse oder Verfahrensroutinen stiften politische Gemeinschaften, auch nicht die anachronistisch gewordene Souveränität, sondern - so meine These - periodische Gründungsakte. "Gründung" ist ein politischer Mythos, der in seiner Weitererzählung seinerseits Begründungskraft entwickelt. Die Anfangssituation - ein revolutionärer Bruch, eine Verfassungsgebung, eine charismatische Stiftung, eine Abspaltung oder Vereinigung - wird auf Dauer gesetzt und durch Mythenbildung überhöht.

Zwei markante Gründungsdaten rahmen die Zweite Republik ein: das Geburtsjahr 1949 mit der Verkündung des Grundgesetzes, der Wahl des ersten Bundestages und der Einsetzung der meisten Institutionen des demokratisch-föderalen westdeutschen Staates, sekundiert durch die ganz anders gelagerte und nicht durch freie Zustimmung legitimierte Staatsgründung in der DDR, und die formelle Vereinigung der deutschen Bundesländer 1989/90. Sie bildete den ursprünglichen Gründungsakt in vieler Hinsicht nach, hat ihn aber wieder nicht durch plebiszitäre Zustimmung untermauert oder durch Verfassungsreform in der Substanz verändert. Den beiden Daten kann man als nähere Bestimmungen *verordnete* Gründung und *verpaßte* Neugründung anfügen. Das erste Adjektiv bezeichnet den Souveränitätsvorbehalt der alliierten Mächte, das zweite nimmt die Kritik an den Modalitäten des Beitritts der "fünf neuen Länder" auf, die aus Ostdeutschland und allen politischen Lagern der "alten" Bundesrepublik" kommt. Die Verwirklichung der Einheit ist hinter ihren Notwendigkeiten und Möglichkeiten geblieben.

Das dritte Datum im Gründungsprozeß ist umstritten: 1968. Diese Jahreszahl ist nicht auf einen singulären Vorgang bezogen, sondern bündelt als symbolisches Datum den politisch-kulturellen Wandel, der sich in Protesten kleiner Minderheiten Bahn brach, dann aber die ganze deutsche Gesellschaft tangierte und umkrempelte - wie der untergründige Mentalitätswandel bis zur friedlichen Revolution zeigt, auch die ehemalige DDR, in der "1968" zunächst einzig die Niederschlagung des "Prager Frühlings" symbolisierte.

1949: Verordnete Gründung

Wenn man die Gründung der Bundesrepublik als "verordnete" bezeichnet, dann nicht, um ihre Westbindung zu denunzieren. Die Entstehung beider deutscher Staaten entsprang als Folge der militärischen Niederlage und der terroritialen Zerstückelung des Deutschen Reiches außenpolitischer Vernunft, nicht dem eigenen und freien Entschluß der Deutschen. Die Bundesrepublik stand lange unter diesem Primat der Außenpolitik, die sie nur als Juniorpartner beeinflussen konnte und selbst vorrangig als Deutschlandpolitik betrieb, als Versuch zur Lösung oder Stabilisierung der "deutschen Frage". Auch die *raison d'etre* der DDR war weniger der Aufbau eines sozialistischen Staatswesens, sondern Sicherung der

Ostgrenze gegenüber Polen, wobei sie zugleich als Vorfeld des sowjetischen Machtimperiums diente. Beide Gründungen dienten also der Sicherung der europäischen und globalen Nachkriegsordnung, und die Bundesrepublik bleibt bis heute *ein einzigartig supranational eingebetteter Staat.*

Die frühe Bundesrepublik stand im Schatten der durch ihre Gründung selbst besiegelten Teilung. So wurde nicht zufällig der 17. Juni 1953, als emphatische Bekundung des Wiedervereinigungswillens interpretiert, Nationalfeiertag, nicht ein Verfassungstag oder ein anderes symbolisches Datum. Heilung der Teilung also, doch die ausdrückliche Zukunftsbestimmung: Wiedervereinigung wurde immer unwahrscheinlicher und unglaubwürdiger - bis zu dem Zeitpunkt ihrer alle Welt und gerade die Deutschen selbst überraschenden Verwirklichung.

Die "postnationale" Aufhängung der Bundesrepublik im bipolaren Weltsystem und ihre antikommunistische Destination bestärkte ein anderes Identitätsmerkmal der Bundesdeutschen, das im "Wirtschaftswunder" bestimmend wurde: Die Rivalität mit der anfangs durchaus attraktiven sozialistischen Alternative animierte zur Perfektionierung eines eigenartigen Wirtschaftstyps, der sozialen Marktwirtschaft, die programmatisch wie faktisch einen "Dritten Weg" darstellt. Erfolgreich prägte sie das Selbstverständnis der Bundesrepublik als *prosperierende Exportarbeitsgemeinschaft ohne politische Ambitionen.* Dieser Machtverzicht entsprach dem Selbstverständnis der Nachkriegsdeutschen, als Lehre (oder Buße) der Defekte und Verfehlungen des Deutschen Reiches.

"Die" Vergangenheit, v. a. der Holocaust und die Anzettelung des Zweiten Weltkrieges, bildete ein drittes Ferment des Ursprungsmythos der Bundesrepublik, die sich - ohne radikale Säuberung ihrer Führungseliten - in wachsender moralisch-kultureller Distanz zum Dritten Reich positionierte - wobei diese Demarkierung mit dem "roten Totalitarismus" aufgerechnet und vermengt war. *Postnationalismus, Prosperität und Antiextremismus* bildeten die negative Identität der Zweiten Republik. Dieses Muster bildete die DDR mit *Internationalismus, Produktivkraftentwicklung und Antifaschismus* "schöpferisch" nach.

Die Gründung der Bundesrepublik war damit ein Akt der geistigen Zerstörung, eine "Phönixiade" (Luhmann 1990). "Weimar" war die Fehlermatrix, nicht das Modell für Bonn. Dieser gesuchten Diskontinuität hält man oft das Odium der vermeintlich "restaurativen Tendenz" der Epoche entgegen, wie als erster Walter Dirks den zählebigen intellektuellen Vorbehalt gegen die "Adenauer-Republik" formuliert hat. Gemeint ist die von den Westalliierten geförderte Instandsetzung des für die NS-Diktatur mitverantwortlichen Kapitalismus - angeblich auf Kosten eines antikapitalistischen und gesamtdeutschen Wiederaufbaus, woran auch Sozialdemokraten bis in die Fünfziger Jahre zu glauben bereit waren - ein Mythos, der heute in der Kritik der DDR-Abwicklung wiederauflebt. Gewiß sind die frühen antifaschistischen Experimente eines selbstverwalteten Sozialismus abgewürgt worden, speziell in der sowjetischen Besatzungszone, und ebensowenig ist der 1948 eingeschlagene Weg alternativlos oder, wenn man die Folgen von fast vierzig Jahren Wachstum bedenkt, einer Alternative nicht bedürftig. Aber diese lautet eher sozialökologische Modernisierung. Zugkraft und Machbarkeit jedes anderen Dritten Weges werden nachträglich überschätzt.

Der Begriff Restauration trifft eher ein kulturelle Umkehrbemühung in der Gesellschaft, befördert durch die westdeutsche Familienpolitik, die zum Beispiel die Beschäftigung von Frauen in der alten Bundesrepublik relativ niedrig hielt. Das Familienmodell prägte auch die politische Kultur der "Volksparteien", getragen von der Sehnsucht, den "Zivilisationsbruch" zu kitten, den der millionenfache Mord an den Juden und die Verbrechen von SS- und Wehrmachtsangehörigen im Osten fast jeder Familie als moralische Hypothek hinterlassen hat. Man wollte hinter die perversen Modernisierungseffekte des Nationalsozialismus zurück, der ja auch ein Programm zur Zerstörung der bürgerlichen Familie und Welt war.

Die Charakterzüge der frühen Bundesrepublik - *supranationale Westbindung, exportstarke soziale Marktwirtschaft, negative Identifizierung mit dem Nationalsozialismus* - verinnerlichten die meisten Westdeutschen. Sie nahmen die verordnete Gründung in einer Mischung von "Wir sind noch mal davongekommen" und "Wir sind wieder wer" an und begannen die Zweite Republik nicht gerade zu lieben, aber doch zu akzeptieren. Die Geschäfte führte die Flakhelfergeneration; ihr standen charismatische Symbolfiguren wie Adenauer, Heuss und Erhard vor, die zumeist *weder* mit den Nazis paktiert hatten *noch* ins Exil gegangen waren. So gelang es, die zunächst demokratieskeptische und obrigkeitsstaatliche Stimmung in nüchterne Zustimmung und verhaltenes Staatsbürgertum umzumünzen - in einer singulären Volksparteienkonkordanz, die sehr bald jede radikale Aberration nach rechts- und links außen ausschied. *Civic culture* aber, Zivilgesellschaft in einem anspruchsvolleren Sinne, war zunächst Fehlanzeige. An ihrer Stelle wirkte ein handfester Antikommunismus, und überdauerte, meist im Verborgenen, den ganz gewöhnlichen Antisemitismus, die Lebenslügen der beiden Republiken nach Hitler.

1968: Glücklich gescheiterte Umgründung

Diese Kehrseiten und der überfällige Generationswechsel ließen den primären Gründungsmythos der Bundesrepublik rasch dahinwelken. Er war nicht erneut zu beglaubigen, als sich Mitte der 60er Jahre das außenpolitische Koordinatensystem veränderte, die Wirtschaft in ungeahnte Rezessionsturbulenzen geriet und sich, als Folge der unterdessen verbreiteten Konsumstandards, ein lebensweltlicher Stilwandel einstellte, den man zu Recht als "stille Revolution" (Inglehart 1993) wahrnehmen konnte. Besonders in Westdeutschland verbreitete sich dabei, wie es Niklas Luhmann (1990) als Betroffener ironisch ausgedrückt hat, die "Gewohnheit zu protestieren". Im Gefolge der Schüler- und Studentenbewegung erblühte eine regelrechte Protestkultur, die sich den Usancen und "Errungen-schaften" der Bundesrepublik verweigerte. Daß Luhmann (1990) dieser Neigung zum Dagegensein "in einem Kontext funktionierender Demokratie auch einen Frühwarneffekt, v. a. im Bezug auf die Probleme der Ökologie und auf die Themen eines möglichen politischen Widerstandes" zubilligt und sein sozialwis-senschaftlich-politischer Gegenspieler Habermas, auch er seinerzeit Zielscheibe radikaler Kritik, den Aktivisten um 1968 à la longue eine "Fundamental-liberalisierung" der Republik bis weit in die Reihen der Unionsparteien hinein bescheinigt (Habermas 1993), deutet die ökumenische Aufnahme des 68er-Mythos in den Gründungsmythos der Bundesrepublik an.

Die Akteure, die diese Seligsprechung wohl als Beweis repressiver Toleranz getadelt hätten, wollten zwar etwas "ganz anderes": sozialistische Revolution (was ihnen bis heute die Verachtung des damaligen Establishments eintrug). Aber ins-gesamt hat sich eine milde Lesart eingebürgert, wonach die Ereignisse um '68 als *glücklich gescheiterte Umgründung* der Republik zu interpretieren sind. Denn im Zusammenhang mit der neuen, bereits unter der christlich-liberalen Koalition vor-bereiteten Ostpolitik, passend zum wirtschaftlichen und kulturellen Moderni-sierungsschub und in den sozial-liberalen Inneren Reformen institutionalisiert, beförderte die Studentenrevolte, wie durch eine List der Geschichte, Stabilität und Dynamik der Zweiten Republik. Sie erlebte eine Art zweiten Frühling, und als paradoxe Folge der höheren Protestbereitschaft und trotz der vorübergehenden Wiederkehr der extremen Rechten und Linken stiegen Zustimmungsbereitschaft, Demokratiezufriedenheit und aktive Beteiligung im ganzen, nun auch außerhalb der herkömmlichen Parteien in den "neuen sozialen Bewegungen". Hatte die frühe Bundesrepublik einer politisch-ökonomischer Verwestlichung von außen bedurft, produzierte sie die "Amerikanisierung" ihrer politischen Kultur und Lebensstile jetzt selbst - vor dem Hintergrund eines zum Teil aggressiven Antiamerikanismus. So hat letztlich der umgeleitete Umgründungsversuch von 1968, der den zeitgeist-reichen Slogan "Mehr Demokratie wagen" provozierte, den Gründungsmythos der

Bundesrepublik erneuert und erweitert. Die Thematisierung der Legitimations-krise verschaffte der Zweiten Republik - ein höheres Maß an Legitimität und den Bedarf an mehr direkter Mitwirkung und Einmischung: *civic culture* eben. Auch die massive Konfrontation mit den alten Eliten und die Attraktion kollek-tivistischer und basisdemokratischer Ideale verhinderte nicht das Auftauchen neuer charismatischer Figuren wie Willy Brandt zu Beginn der 70er Jahre, womit erstmals ein von der äußersten Linken und aus dem Exil kommender Politiker die Bundesrepublik verkörpern konnte. Und trotz der zum Teil forcierten Politik der Zweistaatlichkeit schuf die Öffnung nach Osten à la longue auch die Voraus-setzungen der späteren Vereinigung.

Anhand dieser faktischen Neugründung kann man eine Idee der Philosophin Hannah Arendt aufgreifen, die sie wiederum bei Thomas Jefferson gefunden hat. Der Vorschlag des amerikanischen Gründungsvaters war, zur Vermeidung gewalt-tätiger Umstürze wie der Französischen Revolution die Verfassung "in bestimm-ten Zeitabständen zu revidieren", wobei diese periodischen Wiedervorlagen unge-fähr dem Rhythmus des Generationswechsel entsprechen sollten: Die Neu-gründung sollte jeder Generation neu die Identifikation mit der Republik er-möglichen und damit dem natürlichen Umstand Rechnung tragen, den man als "innere Einwanderung" der nachwachsenden Bevölkerung bezeichnen kann. Ein solches Verfahren läßt sich nicht vorschreiben oder inszenieren. Man kann aber die negativen Folgen eines ausgebliebenen Generationswechsels spüren, der zur nachhaltigen Entfremdung der Jungen führt und damit letztlich zur Erosion der inneren Voraussetzungen der Republik.

1989: Vertane Neugründung?

Wenn man weiter in *politischen Generationen* rechnet, stünde derzeit dringend eine erneute Gründung auf der Tagesordnung, die angesichts des grundstürzenden Wandels der Weltgesellschaft seit Mitte der 80er Jahre überfällig ist. Die geopoli-tischen und ökonomischen Voraussetzungen der "neuen" Bundesrepublik haben sich radikal gewandelt. Der in den 60er Jahren erreichte Primat der Innenpolitik wirkt angesichts der weltgesellschaftlichen Risikolagen provinziell, die auf Erweiterung des Wohlfahrtsstaates oder mechanische Umverteilung gerichteten Konzepte anachronistisch. Der 80 Millionen Menschen umfassende deutsche Nationalstaat hat sein identitätsstiftendes Surrogat, die ökonomische Sicherheit, verloren; eine Art Ostverschiebung der politisch-kulturellen Voraussetzungen der Bundesrepublik stünde an, allerdings nicht im Sinne der deutschen Freunde von Schirinowkij und Milosevic, sondern als Erbschaft der Bürgerbewegung der alten

DDR. Davon kann bekanntlich keine Rede sein. Schon die Hauptstadtdebatte, dann die sich eher radikalisierende Fremdheit zwischen Ost- und Westdeutschen, schließlich die fast arkan und gewollt ergebnislos betriebene Verfassungsreform und nicht zuletzt die politische (Selbst)Marginalisierung der "Neufünfländler" zeigen, daß die Vereinigung ein staatsrechtlicher Torso und eine Investitionsruine geblieben ist: Wir sind, wohl täglich mehr, "eine Nation, die keine sein will" (Christian Meier). Dagegen helfen die undeutlichen Beschwörungen des CDU-Fraktionsvorsitzenden Wolfgang Schäuble, der auch die konfessionellen Grundlagen seiner Partei schwinden sieht, nichts, wenn die Politik seiner Regierung trotz aller Transferleistungen die Grundlagen praktischer Solidarität nicht nur nicht schafft, sondern systematisch untergräbt, und das antikommunistische Revival seiner Partei die PDS erstarken läßt, die das Ressentiment von der anderen Seite hegt und pflegt.

So hält nach 5 Jahren eine ganz große Koalition an den Grundlagen der "alten Bundesrepublik" fest, die auch die neue sein und doch ganz die alte bleiben soll. In diesem Reflex vereinen sich Besitzstandsdenken, berechtigte Bedenken über eine konservative "Veröstlichung" mit der schieren Angst vor dem Neuen. Die meisten Altbundesrepublikaner haben den Zeitenwechsel als passive Beobachter erlebt und registriert. Daß bei den Feierlichkeiten zum 40. Jahrestag des Grundgesetzes 1989 noch beträchtlicher Änderungsbedarf konstatiert wurden, ist rasch in Vergessenheit geraten, als es zum Schwur kam - eine politische Phantasieverkümmerung, die auch in der programmatischen Schwäche der Opposition, inklusive der als Protestpartei angetretenen *Grünen*, zum Ausdruck kommt.

Von "Bonn" aus gesehen, bestand und besteht weiterhin eigentlich kein Grund zur Neugründung. Die die Wende bewirkt haben - den Fall der Mauer, die Währungsunion und schließlich die Vereinigung - die ostdeutschen Akteure, schaffen den Wechsel nicht. Sie haben ihren Elan verloren und der erweiterten Bundesrepublik keinen Kreativitätsschub geben und keine Neugründung aufzwingen können. In Bonn (und Berlin) wird nicht einmal der symbolische Beitrag der Runden Tische anerkannt - aber das könnte auch nur anders sein, wenn sich "Berlin" nicht als kongeniale Jammergemeinschaft präsentierte. An charismatischen Persönlichkeiten mangelt es entschieden, dafür macht sich ein telekratisch präparierter Populismus breit. Ost- wie Westdeutsche pflegen die Lebenslüge, daß es wohl besser gewesen wäre, "1989 ff." hätte gar nicht stattgefunden - ach, könnte man nur weiter in den Nischen leben.

Zwar ist die innere Zustimmung zur "neuen" Bundesrepublik hoch; ihre Stabilität scheint im Vergleich zu älteren Nationalstaaten mit einstmals gefestigter nationaler Identität höher. Aber Risse im Gebälk des Institutionensystems und seiner tragenden sozial-moralischen Milieus sind unverkennbar. In dieser Situation macht sich, nicht mehr bloß in Zirkeln der extremen Rechten, die

Illusion breit, man könnte die alte Bundesrepublik in radikaler Weise verabschie-
den und anstelle des so gescholtenen "Westextremismus" der letzten 40 Jahre die
deutsche Sonderrolle in der Mitte Europas wiederbeleben. Diesem abenteuerli-
chen Umgründungsprojekt - von der Bundesrepublik retour zum Deutschen Reich
- entspricht das illusorische Ansinnen, irgendwie die DDR wiederzugründen.
Ohne beides in einen Topf werfen zu wollen, revidieren sie gemeinsam den
Gründungsmythos der Bundesrepublik ebenso wie die ökumenische Interpretation
von 1968. Wie die Gründung von 1949 eine schiefe Ebene der Restauration hatte
und der Umgründungsversuch von 1968 mit dem Feuer der totalitären Revolution
spielte, wirft die verpaßte Neugründung von 1989 den häßlichen Schatten des re-
visionistischen Geschichtspolitik und eines so oder so autoritären National-
populismus. Wenn die "Einheit der Lebensverhältnisse" weiter so eklatant verfehlt
wird, bekommt der nationale Mythos eine Chance, den republikanischen zu
verdrängen. Auch die Warnung Hannah Arendts: Wo so wenig Gründung ist,
wächst die Gewalt, das Gegenteil des Politischen, hat ihre Aktualität, zumal
xenophobe Gewalttaten auch in klassischen Demokratien um sich greifen.

Nicht die Wiederherstellung des Deutschen Reiches oder die politisch-kul-
turelle "Veröstlichung" der Republik können Leitfiguren der ausstehenden
Neugründung sein. Sie verlangt eine politische Berücksichtigung der "inneren
Einwanderung", nicht allein in Gestalt der neuen Generation, der man nicht nur
die immensen ökologischen Schäden und finanziellen Schulden hinterlassen darf.
Zu den "Neuen" zählen auch die "inneren Emigranten" der ehemaligen DDR, die
ausgewandert sind, ohne sich überhaupt von der Stelle bewegt zu haben, indem
sie ihrer bisherigen Lebensumstände radikal entfremdet und bloß ökonomisch
kompensiert wurden. Zu den Neuen zählen auch die Millionen tatsächlicher
Einwanderer, darunter ethnische Deutsche, die - aus Ost- und Südeuropa und der
Dritten Welt kommend - auf den Märkten der Bundesrepublik und sozialpolitisch
recht gut, in ihrer kulturellen Eigenständigkeit leidlich, aber als Staatsbürger so
gut wie gar nicht anerkannt und integriert sind. Die Stabilität der neuen
Bundesrepublik darf nicht auf der Marginalisierung dieser wahlpolitisch irrelevan-
ten Gruppen aufgebaut werden. Vielmehr kann man bei ihnen entscheidende
Erneuerungspotenzen suchen. Was die Verfassungskommission zur technischen
Anpassung des Grundgesetzes minimiert und die politische Klasse bewußt dilato-
risch behandelt hat: die Neugründung der Republik im Sinne der Beglaubigung
der Geschehnisse und der Bewältigung einer krisenhaften Situation, diese
Aufgabe ist unter dem dreifachen Gesichtspunkt des Generationswechsels, der in-
neren Einheit und der endlichen Anerkennung eines jahrzehntelangen
Einwanderungsprozesses höchst aktuell. Die Richtung einer Reformulierung des
Gründungskonsenses und einer Reformpolitik sind damit auch benannt:
Fortsetzung der Europäischen Konföderation, Reform des Staatsangehörig-
keitsrechtes, Umstellung des Wirtschafts- und Steuersystems durch ökologische

Bilanzierung und neue Solidarität, verbesserte Bürgerbeteiligung und sachgemäße Übernahme internationaler Verantwortung der Bundesrepublik im Rahmen eines reformierten Systems der Vereinten Nationen.

Literatur

Freud S (1911) Formulierungen über die zwei Prinzipien des psychischen Geschehens. GW, Bd 8

Habermas J (1993) Die nachholende Revolution. Suhrkamp, Frankfurt aM

Inglehart R (1993) Kultureller Umbruch. Campus, Frankfurt aM

Luhmann N (1990) Dabeisein und Dagegensein. FAZ, 22. 08. 1990

Pöppel E (1993) Lust und Schmerz. Über den Ursprung der Welt im Gehirn. Siedler, Berlin

Sichtermann B (1993) Erotik im Zeitalter der Pornographie. Freibeuter 58: 79-86

Ansätze zur Qualitätssicherung auf der Basis des Common Core Questionnaire

Eine individuelle graphische Rückmeldung des Aus- und Weiterbildungsstandes von Psychotherapeutinnen und Psychotherapeuten als Aspekt der Strukturqualität [*]

Wolfgang Lutz, Dietmar Czogalik und Horst Kächele

Qualitätssicherung (QS) dient der "Gewährleistung einer humanen, zeitgemäßen und wirksamen Behandlung der Patienten" (Staatssekretär Jagoda im Symposium zur Qualitätssicherung des BM AS 1990 S. 10). Qualitätssicherung ist aber auch ein Reiz- und Modethema (vgl. z. B. Kordy 1992; Symposion zur Qualitätssicherung des BMAS 1990), welches im Moment häufig im Zusammenhang mit dem Stichwort "Kostenexplosion im Gesundheitswesen" auftaucht. Gemeint ist ein neuer Schwerpunkt in der Evaluationsforschung, welcher zum Ziel hat, bereits etablierte therapeutische Maßnahmen im Gesundheitswesen bezüglich ihrer Qualität im klinischen Alltag zu untersuchen. Das momentane Interesse an diesem Thema, auch im psychotherapeutischen Versorgungsbereich, ist auf das Gesundheitsreformgesetz 1988 zurückzuführen, welches nach § 137 Sozialgesetzbuch V Krankenhäuser, Vorsorge- und Rehabilitationseinrichtungen verpflichtet, sich an Maßnahmen zur Qualitätssicherung (QS) zu beteiligen. Auch für die ambulante Versorgung sind rechtliche Regelungen zur Qualitätssicherung getroffen worden (§ 135 und § 92).

Das zentrale Ziel von Qualitätssicherungsprogrammen im Gesundheitswesen ist die Erhaltung und Verbesserung der Versorgungsqualität bezogen auf Prävention, Diagnostik, Therapie und Rehabilitation (vgl. z. B. Lohr 1990; Selbmann 1992; Kordy u. Kächele 1994; Mc Donald u. Marks 1992; Sachverständigenrat 1989).

Zur Operationalisierung von Qualität hat sich die Unterscheidung nach Donabedian (1966) in Struktur, Prozeß und Ergebnisqualität (vgl. Abb. 1) durchgesetzt.

Die *Strukturqualität* bezieht sich auf die Voraussetzungen des Versorgungssystems. Dazu gehören neben den baulichen und technischen Voraussetzungen v. a. die Aus- und

---

[*] Evaluations- und Organisationsstudie - EOS 3 der Forschungsstelle für Psychotherapie Stuttgart.

Weiterbildung, sowie die Qualifikation des gesamten Personals. Die traditionellen Elemente der Qualitätssicherung beziehen sich auf diesen Bereich, dazu zählen etwa Aus- und Weiterbildungspläne, Zulassungs- und Prüfungsvorschriften, sowie Planungsmodelle zur Versorgung. Ein weiterer wichtiger Aspekt der Strukturqualität, der auch in dem hier vorgestellten Projekt eine große Rolle einnimmt, ist die Frage der Motivation und Zufriedenheit mit der Arbeit.

Unter dem Begriff *Prozeßqualität* sind alle diagnostischen, therapeutischen und pflegerischen Maßnahmen und Leistungen zu verstehen, welche zugunsten des Patienten durchgeführt werden.

Die *Ergebnisqualität* bildet die eigentliche Zielgröße der Behandlung (Sachverständigenrat zur Konzentrierten Aktion im Gesundheitswesen 1989; Kordy 1992; Selbmann 1992). Hierzu zählt die Verbesserung des Gesundheitszustands der Patienten unter den Gesichtspunkten Heilung, Verbesserung des Wohlbefindens und Lebensqualität, sowie Letalität und Komplikationen. Auch der Aspekt der Patientenzufriedenheit findet in der Literatur zur Qualitätssicherung immer mehr Beachtung (z. B. Kordy 1992).

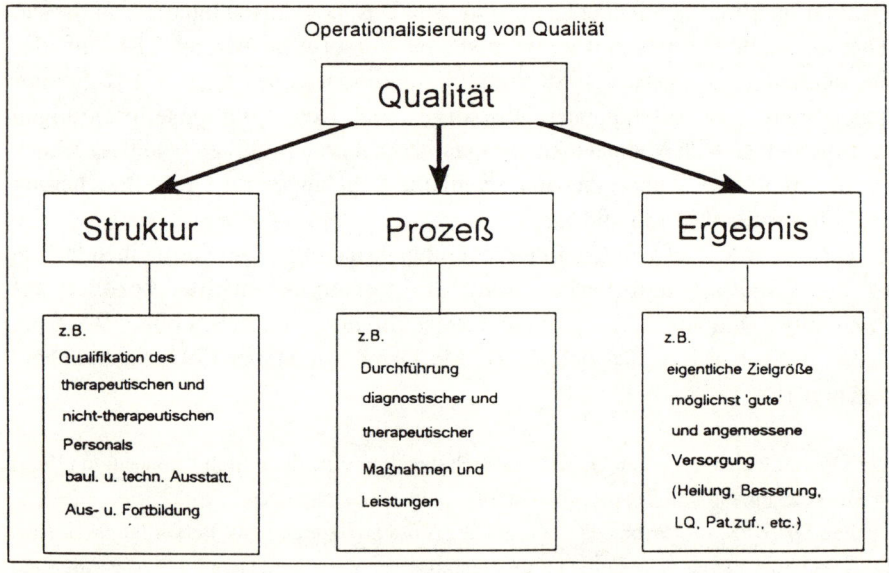

Abb. 1. Operationalisierung von ·Qualität

Qualitätssicherung beschränkt sich nicht auf die Beobachtung bzw. Erhebung von relevanten Behandlungsindikatoren, sondern es müssen auch gezielte Vergleiche mit Standards (Fauman 1992) hinsichtlich guter oder schlechter Qualität (bezogen auf die Ergebnis-, Prozeß- und Strukturqualität) durchgeführt werden. Das bedeutet, es werden im Sinne einer problemorientierten Qualitätssicherung, Problembereiche identifiziert bzw., in der Sprache der Qualitätssicherung, "Auffälligkeitssignale" erzeugt (Selbmann 1992; Kordy u. Kächele 1994) und rückgemeldet. Diese Signale werden, falls sie auftauchen, mit gezielten Maßnahmen angegangen (Güntert u. Horrisberger 1991). Die entsprechenden Problemlösungsschritte müssen zuletzt hinsichtlich ihrer Tauglichkeit und Effektivität überprüft werden.

Qualitätssicherung bietet neben diesem problemorientierten Fokus auch die Möglichkeit, die positiven Aspekte eines Versorgungsbereichs z. B. der Psychotherapie aufzuzeigen (Mc Donald u. Marks 1992). Moderne Qualitätssicherung im Gesundheitswesen dient so dem Aufbau einer "Corporate Identity" (Piwernetz et al. 1991). Vertrauensbildung durch Transparenz nach innen, sowie nach außen und Motivationssteigerung aller am Behandlungsprozeß Beteiligter sind hierbei die zentralen Aspekte, vor dem Hintergrund einer möglichst rationalen Versorgungsorganisation (Newman u. Sorenson 1985) zu einer versorgungssystem-orientierten Psychotherapieforschung (vgl. auch Kordy u. Kächele 1994; Strupp u. Howard 1992; Zielke 1993; Schulte 1993).

In der Regel folgt, wie oben beschrieben, Qualitätssicherung einem problemorientierten Paradigma. Das heißt, daß sie zunächst mit der Beobachtung relevanter Variablen beginnt und danach ein Vergleich der individuellen Ausprägungen in diesen Variablen mit Qualitätsstandards vorgenommen wird (vgl. Kordy 1992; Selbmann 1992). Standards für bestimmte Versorgungsbereiche werden im Rahmen von sog. Konsensuskonferenzen und/oder auf der Basis empirisch fundierter Theorien bestimmt (Selbmann 1992). Ein entsprechendes Modell zur Qualitätssicherung stationärer Psychotherapie mit einem Schwerpunkt auf der Ergebnis- und Prozeßqualität (Kordy 1992; Lutz et al. 1994) existiert bereits, aber auch die Rentenversicherungsträger sowie weitere Arbeitsgruppen beschäftigen sich mit Maßnahmen zur Qualitätssicherung in der Psychotherapie (Müller-Fahrnow 1993; Lueger et al. 1994; Grawe u. Braun 1994).

Für den hier anvisierten Bereich der Strukturqualität existieren (noch) keine Standards. Die während der Lindauer Psychotherapiewochen durchgeführte und in diesem Beitrag beschriebene graphische Rückmeldung und Einschätzung kann insofern als eine Erkundungsstudie (EOS 3) zu einer empirischen Herangehensweise an Fragen der Strukturqualität verstanden werden. Strukturqualität umfaßt in diesem Projekt die Aspekte der therapeutischen Aus- und Weiterbildung, Motivation und Lebenszufriedenheit.

Organisation und Ablauf der Erkundungsstudie

Ein wesentlicher Aspekt einer praxisbezogenen Qualitätssicherung in der Psychotherapie besteht darin, daß Methodik und Konzeption von Qualitäts-sicherungs-Projekten auf eine einfache Integration der Ergebnisse in den klinischen Alltag abzielen sollten (Kächele u. Kordy 1992).

Entsprechend wurde auf der Basis des CCQ (Development of Psychotherapists Common Core Questionnaire) eine direkte individuelle Rückmeldung des Ausbildungsstandes und der Motivation der Teilnehmerinnen und Teilnehmer der Lindauer Psychotherapiewochen ermöglicht. Der CCQ ist ein 440 Items umfas-sendes Instrument, welches im Rahmen des Collaborative Research Networks eingesetzt wird und als Datenmaterial für eine internationale Studie zur Entwicklung von Psychotherapeuten und Psychotherapeutinnen dient (vgl. z. B. Orlinsky 1993; Buchheim et al. 1992; Orlinsky et al. 1991).

Zur Realisierung dieses Konzepts wurden einige Fragen aus dem CCQ heraus-gegriffen, die verschiedene Bereiche der Strukturqualität abdecken. Das Rückmeldeblatt stützt sich auf eine Auswahl von Items des CCQ aus den Bereichen: Berufliche Ausbildung, praktische Berufserfahrung, Entwicklung als Therapeut(in), theoretische Orientierung, derzeitige Praxis (Motivation) [1].

Im Sinne einer wissenschaftlichen Dienstleistung wurde den Teilnehmerinnen und Teilnehmern, die eigene Position bezüglich Ausbildung, Motivation sowie Arbeits- und Lebenszufriedenheit im Vergleich zu dem statistisch ermittelten Interquartilbereich der Erhebung von 1991 (Buchheim et al. 1992) rückgemeldet. Auf diese Weise konnten sie ihre eigene Position im Vergleich mit der eigenen Psychotherapeutengruppe (zumindest ei-ner ähnlichen von 1991) vornehmen. Dies wiederum erlaubte eine Reflektion der eigenen Position und konnte gegebenenfalls zu weiteren Reaktionen bezüglich des eigenen Weiter- oder Ausbildungsstandes und der eigenen Motivation anregen.

Zusätzlich wurde der Datensatz aus dem Jahre 1991 zur Verfügung gestellt. Denjenigen Psychotherapeuten, die 1991 an der Erhebung in Lindau teilgenommen hatten, wurde eine Rückmeldung ihrer damaligen Angaben angeboten, d. h. eine computergestützte Ausgabe ihrer Daten von 1991 vorgenommen (vgl. Abb. 3). Damit war es für diese Teilnehmerinnen und Teilnehmer möglich, ihren damaligen Angaben zu ihrem Weiter- und Ausbildungs-stand, zur theoretischen Orientierung, zur Praxistätigkeit sowie ihrer Motivation zu erhalten und die Veränderungen im Jahresvergleich zu betrachten.

---

[1] Anhang 1 zeigt am Beispiel einer Therapeutin das Feedbackkonzept.

Die Rückmeldung dauerte ca. 5 Minuten pro Teilnehmer, so daß es möglich war, mit den Psychotherapeutinnen und Psychotherapeuten das Ergebnis direkt zu besprechen. Die Abbildungen 2 und 3 zeigen den Ablauf und die Organisation des Projekts während der Lindauer Psychotherapiewochen.

David Orlinsky, der Initiator der Internationalen Studie zur Entwicklung von Psychotherapeutinnen und Psychotherapeuten, zusammen mit Barbara Parks und Jan Meyer-Berg, stellte den Teilnehmerinnen und Teilnehmern zusätzliche Informationen zu verschiedenen Untergruppen (in Abhängigkeit von der Berufserfahrung in Jahren und der Anzahl der behandelten Patienten) zur Verfügung. Die ausgefüllten Bögen gehen in die Internationale Studie zur Entwicklung von Psychotherapeutinnen und Psychotherapeuten ein.

Die Verständlichkeit dieser erstmals erprobten direkten graphischen Rückmeldung und ihr Anregungsgehalt wurden dann anschließend mit Hilfe eines kurzen Rückmeldeblattes zur Rückmeldung evaluiert (im Anhang 2 wird dieses Evaluationsblatt gezeigt).

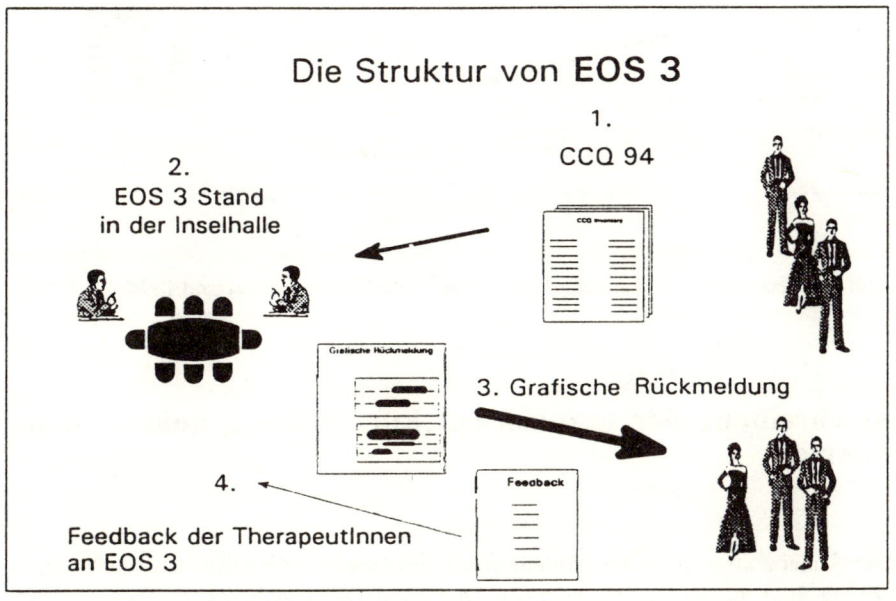

Abb. 2. Ablaufschema zum EOS 3

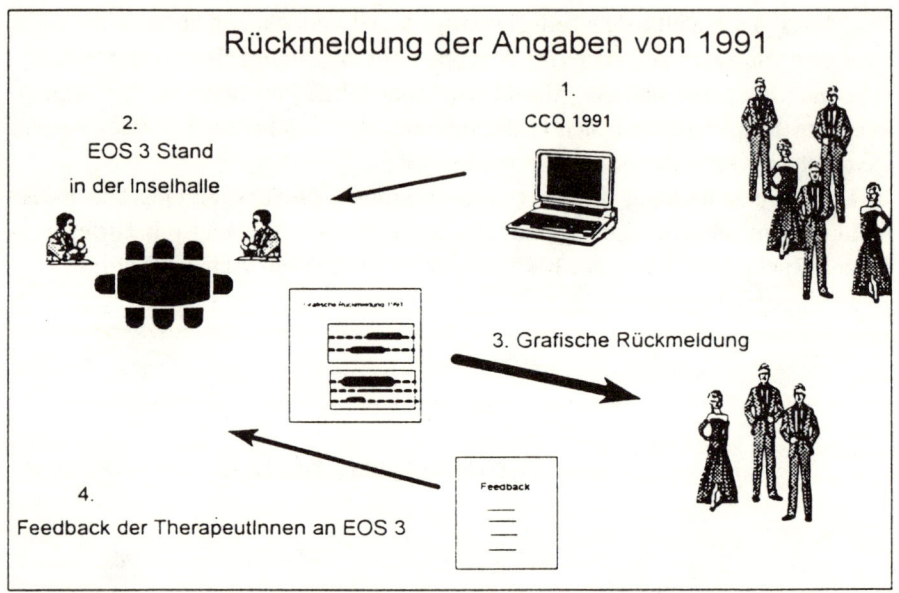

Abb. 3. Feedback für die Teilnehmerinnen und Teilnehmer von 1991 und 1994

Beschreibung der graphischen Rückmeldung anhand eines Beispiels

Die Angaben der Teilnehmerinnen und Teilnehmer wurden auf den Interquartil-bereich und das arithmetische Mittel der Lindauer Stichprobe des Jahres 1991 bezogen. Der Therapeut erfuhr also, ob er/sie in einer extremen (0-25% bzw. 75-100%) oder einer "durchschnittlichen" (25-75%) Position liegt. Diese Art der Rückmeldung orientierte sich konzeptuell an dem sog. "Klinikprofil" (vgl. Scheibe 1990) und an Ergebnissen zur graphischen Präsentation von Daten (es handelt sich um eine Modifikation der sog. "Boxplots" vgl. z. B. Cleveland 1985; Ryan 1989).

Die gesamte Rückmeldung bestand aus 3 Blättern: Auf dem ersten Blatt wurde das Konzept erklärt (Anhang 1 zeigt die Ergebnisse einer Therapeutin, wobei die Angaben zu den Charaktervariablen verändert wurden). Der schraffierte Balken zeigt den Interquartilbereich an (den Bereich vom 25sten bis zum 75sten Percentil der Vergleichsstichprobe). Der mittlere Balken gibt das arithmetische Mittel, als einen gut bekannten und die Orientierung erleichternden Parameter an. Das Kreuz zeigt die jeweilige Position des/der Therapeute(i)n. Der/die Therapeut/in hat somit zu jeder Frage die Information, in welchem Bereich sich seine/ihre Angaben bewegen und ob er sich bezüglich einer Frage eventuell außerhalb des Bereichs befindet, in dem die meisten seiner Kollegen ihre Angaben gemacht haben. Im folgenden werden die Ergebnisse einer 35jährigen Psychotherapeutin in Psycho-analytischer Ausbildung deskriptiv dargestellt (die dazugehörigen Graphiken sind im Anhang 1 nachzulesen):

Die 1. Graphik im Anhang 1 zeigt, daß diese Teilnehmerin seit 6 Jahren psychothera-peutisch tätig ist und sich seit einem Jahr in Supervision befindet. Betrachtet man sich die Interquartilbereiche und die Mittelwerte zu den entsprechenden Fragen, wird deutlich, daß die meisten Psychotherapeuten, die 1991 an der Erhebung teilgenommen haben, eine rela-tiv große psychotherapeutische Erfahrung aufweisen (der Interquartilbereich der Frage 1 liegt zwischen 3 und 12 Jahren, der Mittelwert bei 8, 3 Jahren). Im Durchschnitt verfügen die Psychotherapeuten über 5, 8 Jahre formelle didaktische Ausbildung, für die mittleren 50% lag die Ausbildung zwischen 3 und 9 Jahren und die formelle Supervision lag zwischen 1 und 5 Jahren (Mittelwert = 3, 8). Die Beispieltherapeutin arbeitete seit 6 Jahren in einer öffentlichen ambulanten Einrichtung. Interessant ist, daß die Teilnehmerinnen und Teilnehmer des Jahres 1991 im Durchschnitt (x = 3, 4 Jahre) die meiste Erfahrung in öffentlichen stationären Einrichtungen aufwiesen, gefolgt von der Berufserfahrung in privater Praxis (x = 2, 9 Jahre) und öffentlich ambulanten Einrichtungen (x = 1, 8 Jahre). Es zeigt sich auch, daß der Interquartilbereich der Berufserfahrung in privaten stationären Einrichtungen, privaten ambulanten Einrichtungen und Gemeinschaftspraxen Null ist, dagegen die Mittelwerte [2] relativ hoch liegen. Das bedeutet, daß wenige Psycho-therapeuten viel Erfahrung in diesen Settings haben, die deutlich überwiegende Zahl jedoch keine Erfahrung in diesen Settings aufweist.

Die 2. Graphik im Anhang 1 zeigt die *theoretischen Orientierungen* auf. Die Beispieltherapeutin gibt an, sie sei am stärksten von psychoanalytischen oder psychody-namischen Konzepten bestimmt (diese ist in Psychoanalytischer Ausbildung), zusätzlich sei ihre Praxis ein wenig durch systemtheoretische Konzepte bestimmt. Die relativ gerin-gen Mittelwerte und Interquartilbereiche für verhaltenstherapeutische (x = 1, 2; IQB : 0-2) und kognitive Konzepte (x = 1,3; IQB : 0-2) und die hohen Raten bei psychodynamischen

---

[2] Der Mittelwert für private stationäre Einrichtungen liegt bei 1, 3 Jahren, für private ambulante Einrichtungen bei 0, 4 Jahren und für Gemeinschaftspraxen bei 0, 8 Jahren.

Konzepten, zeigen, daß die Praxis der meisten Psychotherapeuten, die 1991 teilgenommen haben, durch psychodynamische Theoriekonzepte (x = 3,4; IQB : 3-4) bestimmt ist.

Die 3. und 4. Graphik im Anhang 1 veranschaulichen *Informationen zur gegenwärtigen therapeutischen Arbeit*. Die Therapeutin empfindet sich als "natürlich" in ihrer Arbeit mit Patienten. Sie glaubt, daß es ihr sehr gut gelinge, eine therapeutische Beziehung zu Patienten aufzubauen und sie fühle sich sehr sicher in ihrer Rolle als Therapeutin. Bezüglich dieser beiden Fragen liegt sie aus ihrer Perspektive in den Extrembereichen im Vergleich zur Gesamterhebung der Psychotherapeuten von 1991. Auf der anderen Seite ist ihre Antwort auf die Frage: "Haben Sie das Gefühl frühere Unzulänglichkeiten als Therapeut/in zu überwinden?", weniger deutlich positiv. Ihre Angabe liegt hier nahe dem Mittelwert (3, 2) und am unteren Ende des Interquartilbereichs.

Der nächste Fragenkomplex, der rückgemeldet wurde, geht nochmals auf die *Empfindungen und Schwierigkeiten in der derzeitigen therapeutischen Arbeit* ein: "Die Therapeutin ist niemals zornig über Faktoren im Leben des Patienten, die einen günstigen Therapieausgang unmöglich machen. Sie ist auch niemals besorgt, daß ihre persönlichen Lebensumstände, die Arbeit mit einem Patienten beeinträchtigen. Wenn sie in Schwierigkeiten ist, modifiziert sie eher selten ihre therapeutischen Einstellungen oder ihren therapeutischen Ansatz gegenüber dem Patienten".

Die letzte Graphik im Anhang 1 beschäftigt sich mit der *Motivation* sowie der *Arbeits- und Lebenszufriedenheit*. Die Beipieltherapeutin erlebt eine deutliche Befriedigung in ihrer gegenwärtigen therapeutischen Tätigkeit und liegt diesbezüglich im Interquartilbereich (3-4) ihrer Kolleginnen und Kollegen. Sie erlebt weiterhin wenig Unzufriedenheit in ihrer therapeutischen Praxis. Ihre Lebenszufriedenheit ist relativ hoch und entsprechend empfindet sie ihre derzeitige Lebenssituation als wenig belastend. Sie ist auch nicht frustriert mit einem Patienten, bei dem sie das Gefühl hat, daß er ihre Zeit verschwendet.

Evaluation des Feedback-Modells

Es wurden 220 CCQ-Bögen ausgefüllt am EOS 3 Stand abgegeben. Insgesamt gaben wir 161 Rückmeldungen (129 für 1994 und 32 für 1991) an die Teilnehmerinnen und Teilnehmern der Lindauer Psychotherapiewochen 1994. Dies entspricht einer guten Rücklaufquote, besonders, wenn man bedenkt, daß das Ausfüllen der 440 z. T. offenen Fragen des CCQ geraume Zeit in Anspruch nimmt und von den Teilnehmerinnen und Teilnehmern nochmals ein kurzes Feedback zum Feedback verlangt wurde (vgl. Anhang 2). Von 161 Rückmeldungen gingen 44, 7% an Frauen (n=72) und 55, 3% an Männer (n=89).

Die Abb. 4 zeigt die Prozentangaben der einzelnen Antwortkategorien der Frage "Wie verständlich war für Sie die graphische Rückmeldung?". Es ist dieser

Graphik deutlich zu entnehmen, daß für die meisten Teilnehmerinnen und Teilnehmer diese erstmals eingesetzte graphische Rückmeldung in dieser Art leicht verständlich war, die Erläuterungen genügten und es keine Verständnisschwierigkeiten gab.

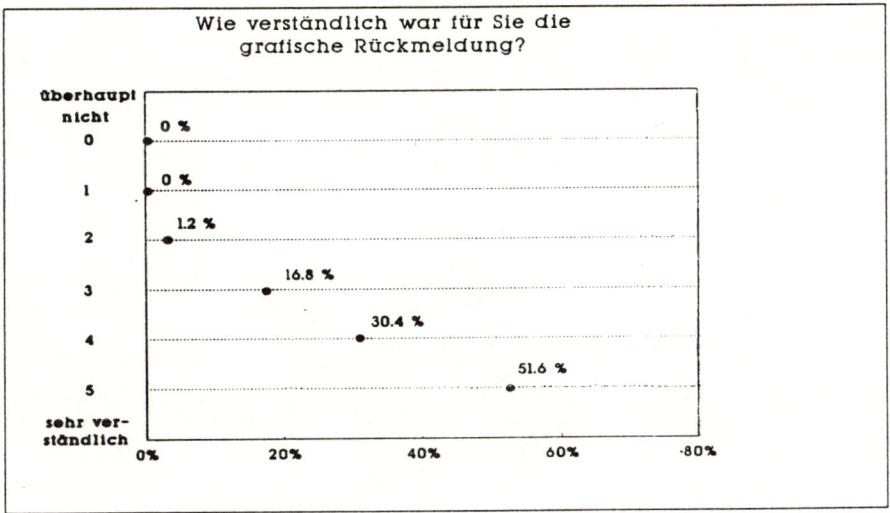

Abb. 4. Evaluation: "Wie verständlich war für Sie die graphische Rückmeldung?" (n=161)

Die Abbildung 5 zeigt, daß eine direkte graphische Rückmeldung zumindest bei den Teilnehmern des Projekts als motivationssteigernd erlebt wurde. 83% der Befragten antworteten positiv (Antwortkategorien 3-5) auf die Frage, inwieweit sie denken, daß eine solche Rückmeldung die Motivation, einen umfangreichen Fragebogen auszufüllen, erhöhen kann. Dies ist eine wichtige Information für zukünftige Studien, die mit umfangreichen Erhebungsinstrumenten arbeiten. Zügige, leicht verständliche Rückmeldungen könnten, wenn sich dieses Ergebnis hier bestätigen sollte, die Rücklaufquoten steigern.

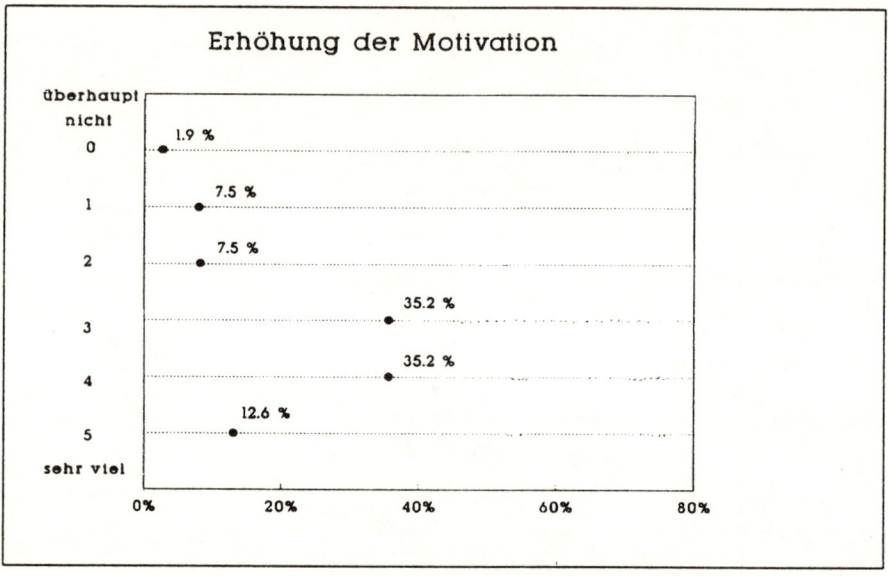

Abb. 5. Evaluation: "Denken Sie, daß eine solche graphische Rückmeldung die Motivation, einen umfangreichen Fragebogen auszufüllen, erhöhen kann?" (n=159, missings = 2)

In den Abbildungen 6 und 7 geht es um die für die Qualitätssicherung wichtige
Frage, inwieweit eine Rückmeldung und Vergleichsmöglichkeit überhaupt von
den Therapeutinnen und Therapeuten als anregend bezüglich ihrer eigenen
Praxistätigkeit sowie ihrer Fort- und Weiterbildung erlebt wird. Es geht hier nicht
um die Frage, inwieweit Verhaltensänderungen erreicht werden, sondern nur um
das Thema des Gehalts der Anregung. Auch hier zeigt sich ein positives
Feedback, wenn auch nicht so deutlich, wie in den ersten beiden Fragen: 67, l' %
der befragten Psychotherapeuten kreuzen auf die Frage nach dem Anregungsgehalt für die eigene Praxis und 62, 1% auf die Frage nach dem Anregungsgehalt
für die eigene Fort- und Weiterbildung positive Antwort-kategorien an. Wobei nur
5% bzw. 9, 3% ein solches Feedback als sehr anregend erlebten.

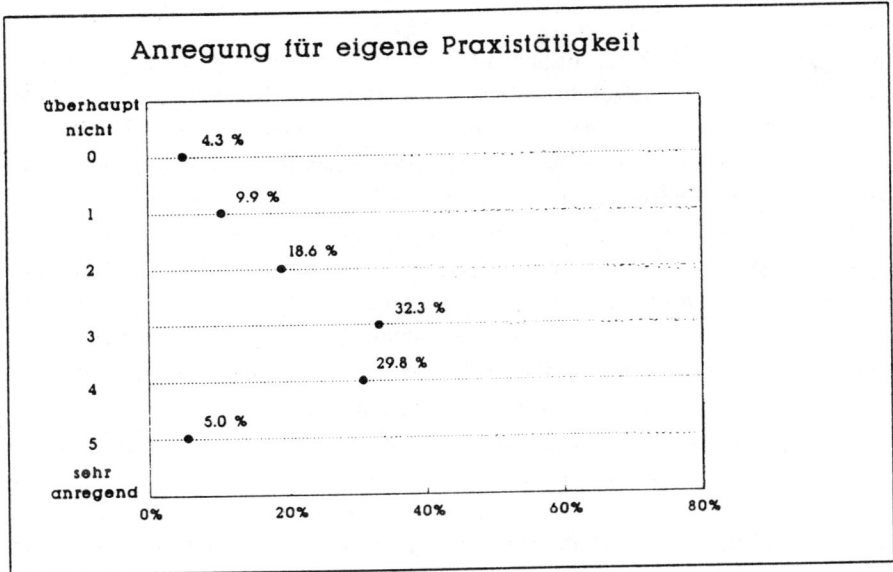

Abb. 6. Evaluation: "Halten Sie eine solche Rückmeldung und Vergleichsmöglichkeit für anregend bezüglich Ihrer eigenen Praxistätigkeit?" (n=161)

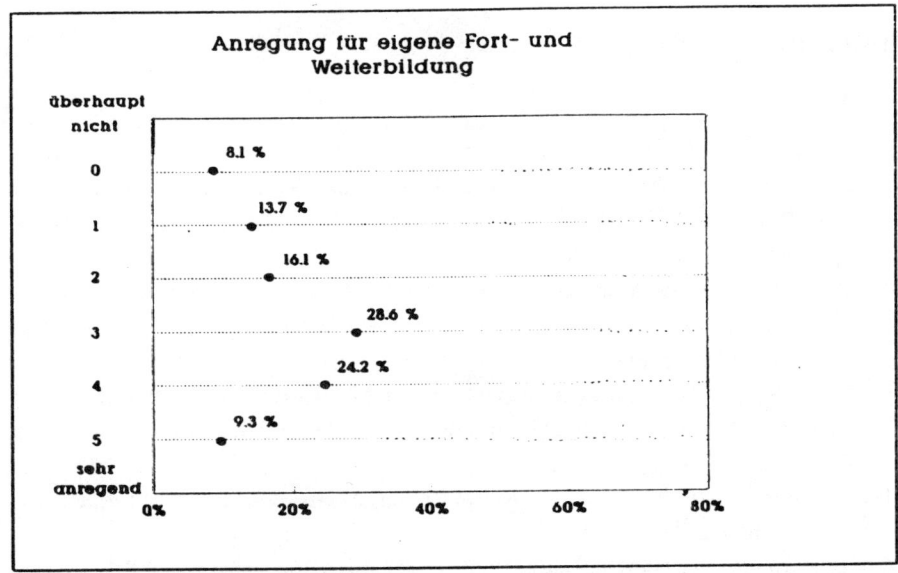

Abb. 7. Evaluation: "Halten Sie eine solche Rückmeldung und Vergleichsmöglichkeit für anregend bezüglich Ihrer eigenen Fort- und Weiterbildung?" (n=161)

Abschließende Bemerkungen

Insgesamt war die hier beschriebene Informationsstudie erfolgreich. Nicht nur, daß 220 CCQ-Bögen ausgefüllt wurden, die wiederum in die Internationale Studie zur Entwicklung von Psychotherapeutinnen und Psychotherapeuten eingehen und zur Forschung zu diesem Themenfeld beitragen, auch das graphische Feedback-Konzept ist auf positive Resonanz gestoßen. Es handelt um eine Informations-studie zur Qualitätssicherung und in diesem Sinne um einen ersten Schritt in Richtung eines problemorientierten Qualitätssicherung-Konzepts der Struktur-qualität. Die Mittelwerte und Interquartilangaben der Vorgängerstudie als "Qualitäts-Standards" taugen als "brauchbare Notlösungen". Es gibt keine Informationen darüber, in welcher Beziehung die hier verwendeten Parameter zur Qualität der therapeutischen Prozesse und Ergebnisse stehen.

Deutlich wurde, daß eine individuumsorientierte zügige Rückmeldung empiri-scher Ergebnisse nicht nur die Motivation erhöht, an entsprechenden Projekten teilzunehmen, sie kann auch als wichtiger Schritt in Richtung auf eine stärkere Kooperation zwischen Forschung und Praxis verstanden werden. Besonders im Rahmen von Qualitätssicherungs-Maßnahmen wird diese Art der angewandten Forschung immer wichtiger.

Literatur

Buchheim P, Cierpka M, Kächele H, Orlinsky D (1992) Erfahrungen einer ersten Befragung von Psychotherapeuten mit der deutschen Version des "Common Core Questionnaire". In: Buchheim P, Cierpka M, Seifert Th (Hrsg) Lindauer Texte. Springer, Berlin Heidelberg New York

Bundesministerium für Arbeit- und Sozialordnung (1990) Symposium zur Qualitäts-sicherung, Teil 1: Stationäre und ambulante medizinische Versorgung - Bestands-aufnahme und Perspektiven

Cleveland WS (1985) The elements of graphing data. Monterey, California Wadsworth

Donabedian A (1966) Evaluation of the quality of medical care. Milbank Mem Fund Quart 44 : 66-203

Faumann MA (1992) Psychiatry. In: Wetzel RP (ed) Assessing quality health care - per-spectives for clinicans

Grawe K, Braun U (1994) Qualitätskontrolle in der Psychotherapiepraxis Z Klin Psychol 23 : 242-267

Günthert B, Horrisberger B (1991) Qualitätssicherung im Krankenhaus. f & w 3 : 179-183

Kächele H, Kordy H (1992) Psychotherapieforschung und therapeutische Versorgung. Nervenarzt 63 : 517-526

Kordy H (1992) Qualitätssicherung : Erläuterung zu einem Reiz- und Modewort. Z Psychosom Med 38 : 310-324

Kordy H, Kächele H (1994) Ergebnisforschung in der Psychosomatischen Medizin. In: Uexküll von Th (Hrsg) Psychosomatische Medizin. Urban & Schwarzenberg, München Wien Baltimore

Lohr KN (1990) (ed) Medicare: A strategy for quality reassurance, vol 1. National Academic Press, Washington

Lueger W, Stammer H, Leeb B, Dötsch M, Bölle, M, Kordy H (1994) Das Heidelberger Modell der aktiven internen Qualitätssicherung stationärer Psychotherapie (im Druck)

Mc Donald R, Marks I (1992) Qualitätssicherung im Gesundheitswesen: Ein Modell zur routinemäßigen Behandlungsauswertung. In: Fiegenbaum W, Markgraf J, Florin I, Ehlers A (Hrsg) Zukunftsperspektiven der Klinischen Psychologie. Springer, Berlin Heidelberg New York

Müller-Fahrnow W (1993) Routineeinsatz von Qualitätssicherungsprogrammen in der Rehabilitation 1993. BfA aktuell, Berlin, S 43-61

Newman FL, Sorenson JE (1985) Integrated clinical and fiscal management in mental health: A guidebook. Ablex, Norwood

Piwernetz K, Selbmann HK, Vermeij DJ (1991) "Vertrauen durch Qualität" Das Münchner Modell der Qualitätssicherung im Krankenhaus. Krankenhaus 11 : 557-560

Orlinsky D, Gerin P, Davis J (1991) SPR Collaborative Research Network: "International study on the development of psychotherapists. Background and research plan. 22nd annual conference of Society of Psychotherapy Research, Lyon

Orlinsky D (1993) The development of psychotherapists: A multinational comparitive study. Paper, IVth European Meeting, Society for Psychotherapy Research

Ryan TP (1989) Statistical methods for quality improvement. John Wiley, New York

Sachverständigenrat für konzentrierte Aktion im Gesundheitswesen (1989) Qualität, Wirtschaftlichkeit und Perspektiven der Gesundheitsversorgung. Nomos, Baden-Baden

Scheibe O (1990) Chirurgische Qualitätssicherung in Baden-Württemberg. In: Bundesministerium für Arbeit- und Sozialordnung (1990) Symposium zur Qualitätssicherung, Teil 1: Stationäre und ambulante medizinische Versorgung - Bestandsaufnahme und Perspektiven, S 125-140

Schulte D (1993) Wie soll Therapieerfolg gemessen werden? Z Klin Psychol 12 : 374-393

Selbmann HK (1992) Qualitätssicherung in der ambulanten Versorgung. Fortschr Med 110 : 183-186

Zielke M (1993) Wirksamkeit stationärer Verhaltenstherapie. Beltz PVU, München

Anhang 1

Anleitung der individuellen graphischen Rückmeldung auf der Basis des CCQ

Im folgenden erhalten Sie eine individuelle graphische Rückmeldung einiger Ihrer Fragebogenauswertungen im Vergleich zur Erhebung während der Lindauer Psychotherapiewochen 1991. Die Auswahl der rückgemeldeten Fragen orientiert sich an Aspekten der Strukturqualität. Dazu gehören Fragen zum Aus- und Weiterbildungsstand, zur theoretischen Orientierung, derzeitigen therapeutischen Arbeit und zur Motivation bzw. Zufriedenheit mit der Arbeit. Falls Sie Fragen zu dem Vorgehen haben oder Ihnen etwas unverständlich erscheint, wenden Sie sich bitte an das wissenschaftliche Begleitpersonal zu diesem Projekt. Wir helfen Ihnen gerne weiter.

In den Graphiken wird Ihre eigene Position (markiert durch das Kreuz) auf den Interquartilbereich (25%-75%) und den Mittelwert (markiert durch den senkrechten Strich) der Lindauer Stichprobe des Jahres 1991 bezogen.

Der schraffierte waagrechte Balken zeigt den Bereich an, in dem sich die mittleren 50% der Angaben aus dem Jahre 1991 (der Bereich zwischen 25% und 75%) befinden. Sie können also bei jeder Frage abschätzen, ob Sie eher in einer "extremen" Position (0-35% zwischen 75%-100%) oder einer "durchschnittlichen" Position (25%-75%) im Vergleich zu Ihren Kollegen liegen.

Graphik 1: zur beruflichen Ausbildung

Von den Psychotherapeuten/innen, die 1991 an der Erhebung teilgenommen haben, hatten 54% bereits eine Ausbildung in einer bestimmten oder mehreren Therapieformen und es befanden sich 40% zu dieser Zeit in einer Ausbildung für eine bestimmte Form der Psychotherapie:

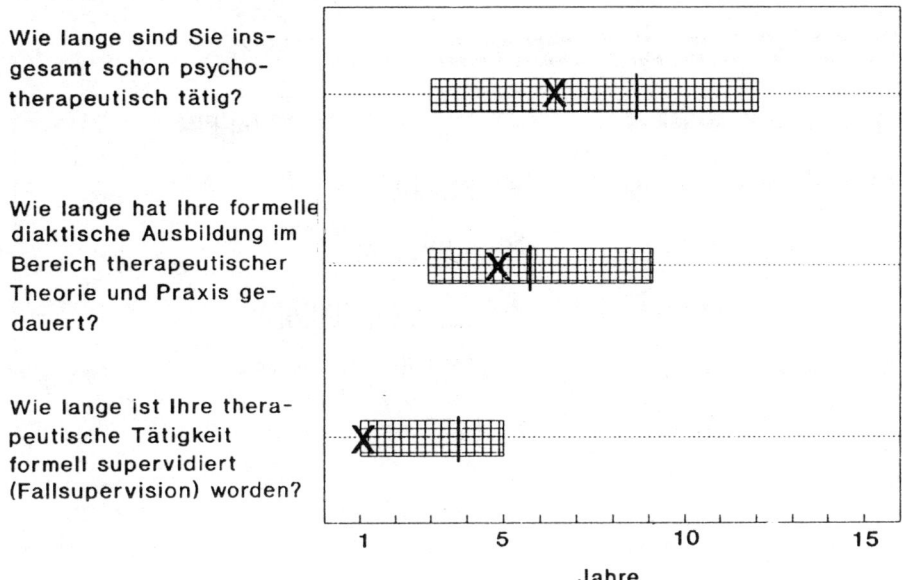

Graphik 2: zur praktischen Berufserfahrung

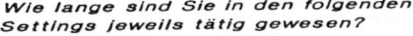

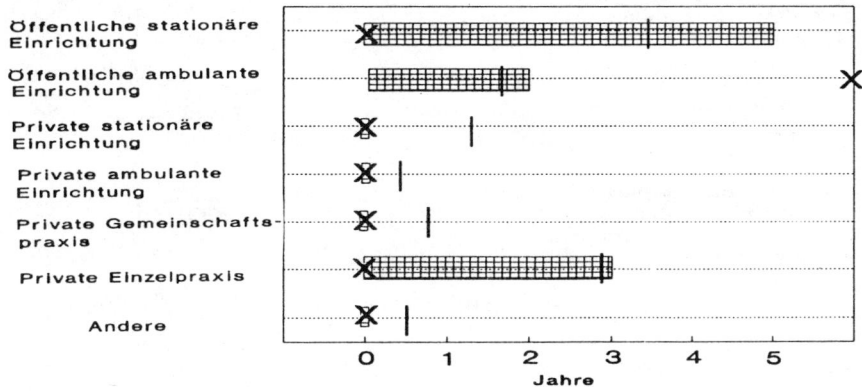

Graphik 3: zur theoretischen Orientierung

Wie stark sind Sie in Ihrer gegenwärtigen Praxis von den folgenden theoretischen Konzepten bestimmt?

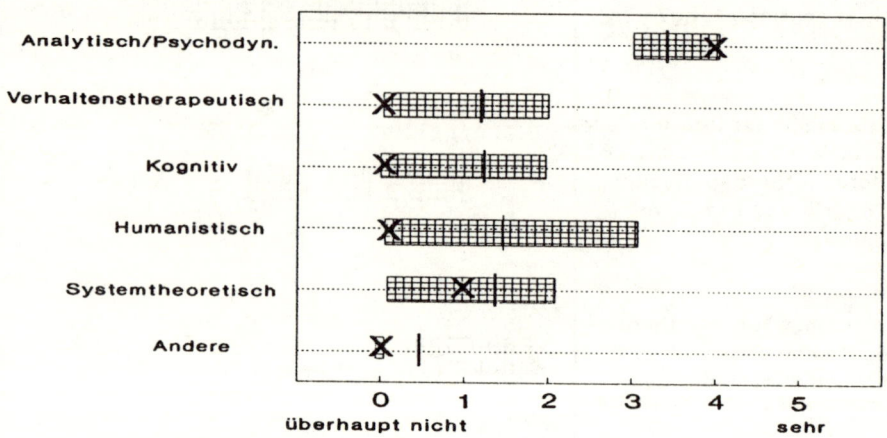

Graphik 4: zur derzeitigen therapeutischen Arbeit

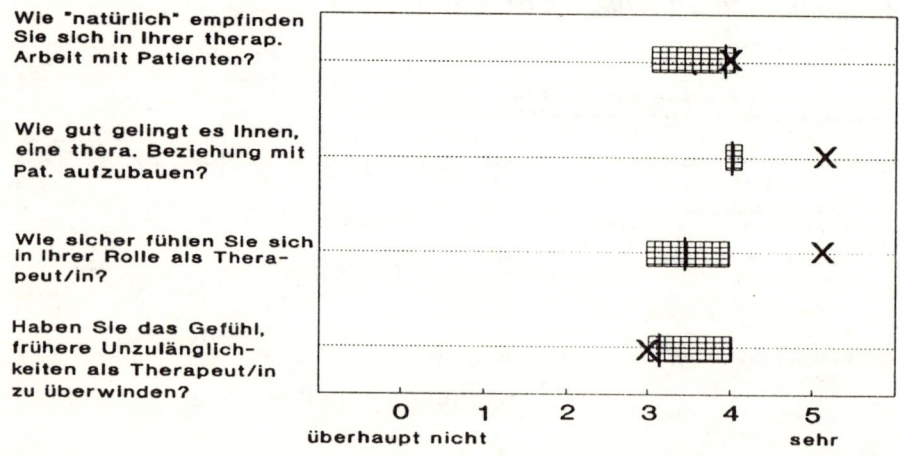

Wie oft empfinden bzw.
erleben Sie (sich) derzeit:

Zornig, weil best. Faktoren
im Leben des Patienten
einen günstigen Therapie-
ausgang unmöglich
machen?

Besorgt, daß Ihre persön-
lichen Lebensumstände,
die Arbeit mit einem
Patienten beeinträchtigen?

Wenn Sie Schwierigkeiten
haben, wie oft...

Versuchen Sie, Ihre beun-
ruhigenden Gefühle inner-
lich zu verarbeiten?

Verändern Sie Ihre therap.
Einstellung oder Ihren
therap. Ansatz gegen-
über dem Patienten?

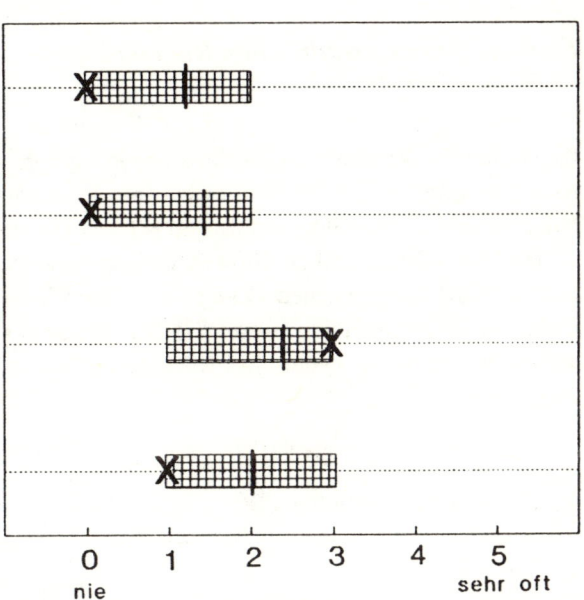

Graphik 5: zur Motivation und zur Arbeits- bzw. Lebens-
zufriedenheit

Wie groß ist die Befrie-
digung, die Sie in Ihrer
gegenw. therap. Tätig-
keit erleben?

Wieviel Unzufriedenheit
erleben Sie derzeit in
Ihrer therapeut. Praxis?

Wie befriedigend ist Ihr
Leben im Moment?

Wie belastend ist Ihre
derzeitige Lebens-
situation?

Wie oft emppfinden Sie
sich derzeit: Frustriert
mit einem Patienten, der
Ihre Zeit verschwendet?

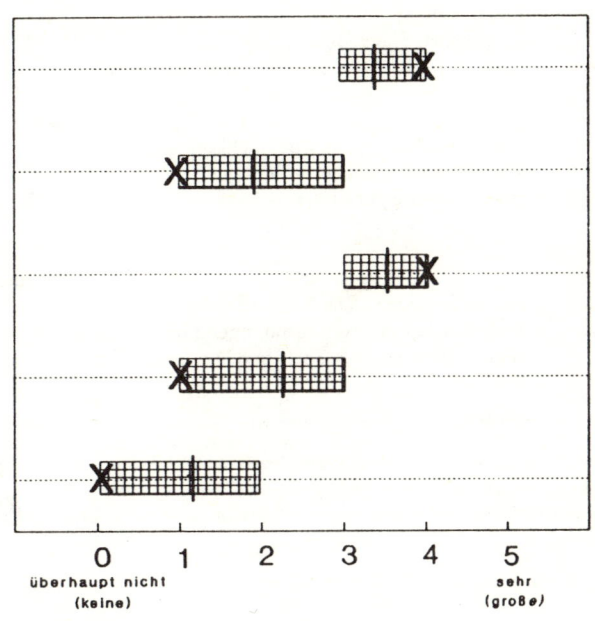

Anhang 2

Evaluation der graphischen Rückmeldung

Nachdem Sie nun den Fragebogen zur "Entwicklung von Psychotherapeuten und Psychotherapeutinnen" ausgefüllt und eine graphische Rückmeldung erhalten haben, möchten wir Sie bitten, eine kurze Einschätzung über das hier erstmals eingesetzte Verfahren der graphischen Rückmeldung zu geben.

Um die Vertraulichkeit Ihrer Angaben zu gewährleisten, möchten wir Sie bitten, in die vorgesehenen Felder (0-1) Ihren individuellen Code einzutragen. Dabei ist es zweckmäßig, wenn Sie den gleichen Code wie beim Fragebogen verwenden (d. h. die ersten drei Buchstaben des Vornamens Ihres Vaters, z. B. FRE KAR).

0-1. THERAPEUT(INN)EN–CODE: L___I___I___J   L___I___I___J

1-1. Wie verständlich war für Sie die
grafische Rückmeldung?

[0= überhaupt nicht...5= sehr verständlich]

0   1   2   3   4   5

1-2. Denken Sie, daß eine solche grafische
Rückmeldung die Motivation, einen umfangreichen Fragebogen auszufüllen, 0
erhöhen kann?

[0= überhaupt nicht...5 sehr viel]

1   2   3   4   5

2-1. Halten Sie eine solche Rückmeldung und
Vergleichsmöglichkeit für anregend bezüglich Ihrer eigenen Praxistätigkeit? 0

[0= überhaupt nicht...5 sehr anregend]

1   2   3   4   5

2-2. Halten Sie eine solche Rückmeldung und
Vergleichsmöglichkeit für anregend bezüglich Ihrer eigenen Fort- und Weiterbildung?

[0= überhaupt nicht...5 sehr anregend]

0   1   2   3   4   5

Wenn Sie Interesse an weiteren Projekten der Forschungsstelle für Psychotherapie (Stuttgart) zur Qualitätssicherung haben, können Sie sich schon hier an Herrn Lutz wenden oder über untenstehende Adresse weitere Informationen anfordern.

Sachregister